Juana Christina von Stein
**Melancholie als poetologische Allegorie**

Juana Christina von Stein

# Melancholie als poetologische Allegorie

—

Zu Baudelaire und Flaubert

**DE GRUYTER**

Gedruckt mit freundlicher Unterstützung der Geschwister Boehringer Ingelheim Stiftung für Geisteswissenschaften in Ingelheim am Rhein.

ISBN 978-3-11-070975-9
e-ISBN (PDF) 978-3-11-058922-1
e-ISBN (EPUB) 978-3-11-058709-8

**Library of Congress Cataloging-in-Publication Data**
Names: Stein, Juana Christina von, author.
Title: Melancholie als poetologische Allegorie. Zu Baudelaire und Flaubert/
  Juana Christina von Stein.
Description: Boston: De Gruyter, 2018. | Includes bibliographical references.
Identifiers: LCCN 2018029290 (print) | LCCN 2018031679 (ebook) | ISBN 9783110587029 |
  ISBN 9783110587029 (hardback)
Subjects: LCSH: Baudelaire, Charles, 1821–1867. Fleurs du mal. | Flaubert, Gustave, 1821–1880.
  Madame Bovary. | Melancholy in literature. | BISAC: LITERARY CRITICISM/European/
  General. | LITERARY CRITICISM/European/French. | LITERARY CRITICISM/European/Italian.
Classification: LCC PQ2191.F63 (ebook) | LCC PQ2191.F63 S74 2018 (print) | DDC 841/.8--dc23
LC record available at https://lccn.loc.gov/2018029290

**Bibliografische Information der Deutschen Nationalbibliothek**
Die Deutsche Nationalbibliothek verzeichnet diese Publikation in der Deutschen
Nationalbibliografie; detaillierte bibliografische Daten sind im Internet über
http://dnb.dnb.de abrufbar.

© 2020 Walter de Gruyter GmbH, Berlin/Boston
Dieser Band ist text- und seitenidentisch mit der 2018 erschienenen gebundenen Ausgabe.
Coverabbildung: Georges Michel (1763–1843), „Vue de Paris des hauteurs de Meudon"
© Fondation Custodia, Collection Frits Lugt, Paris
Satz: Dörlemann Satz, Lemförde
Druck und Bindung: CPI books GmbH, Leck

www.degruyter.com

# Danksagung

Mein besonderer Dank gilt meinem Doktorvater Herrn Prof. Dr. Andreas Kablitz, der mich stets so elanvoll wie fürsorglich unterstützt hat. Ebenfalls möchte ich mich bei Herrn Prof. Dr. Joachim Küpper für seine kritische Begleitung und wertvolle Unterstützung bedanken. Herrn Prof. Dr. Dr. Glenn W. Most bin ich für manchen Rat sehr dankbar. Herrn PD Dr. Peter Werle möchte ich meinen ganz großen Dank für seine unermüdliche Hilfe und Diskussionsfreude aussprechen. Von Herzen danke ich Herrn PD Dr. Axel Rüth. Meiner Mutter und meinem Vater danke ich für ihre liebevolle Unterstützung – ihnen ist diese Arbeit gewidmet.

Köln, im Juni 2018

# Inhalt

**Danksagung** —— V

**Einleitung** —— 1

I    Die ‚alte' und die ‚neue' Krankheit: Melancholie und Hysterie in Baudelaires Flaubert-Kritik —— 12

II   Melancholie-Darstellung in *Les Fleurs du Mal* und *Madame Bovary* —— 45
II.1    Die Topografie des *ennui* bei Baudelaire —— 45
II.2    Melancholie in *Madame Bovary*: der Rückgriff auf die Tradition —— 74
II.2.1   Das Erbe der Humoralpathologie —— 75
II.2.2   Melancholie als Phantasma der Sünde (*acedia*) —— 89
II.2.3   (Selbst-)Inszenierungen nach Dürers *Melencolia I* —— 108

III  *Mélancolie* und *nouveauté* – Zeitlichkeit in den *Fleurs du Mal* und in *Madame Bovary* —— 124
III.1.1   Die *passante* als Dame Melencolie —— 126
III.1.2   Zur *nouveauté* in *Le Voyage* —— 160
III.2.1   Der paradoxe Reiz des Neuen in *Madame Bovary*: *Le nouveau* und der *marchand de nouveautés* —— 187
III.2.2   Emma Bovarys Sterben: Realismus und Allegorie —— 205

**Schlussbemerkung** —— 223

**Literaturverzeichnis** —— 229
   Primärtexte —— 229
   Sekundärtexte —— 231

# Einleitung

Die Unterscheidung zwischen Klassik und Romantik, zwischen Antike und Moderne, wie sie in Deutschland von den Brüdern Schlegel getroffen wurde, fand durch Madame de Staël in Frankreich Verbreitung und führte die *Querelle des anciens et des modernes*, „ein konstantes Phänomen der Literaturgeschichte"[1], zu einem vorläufigen Endpunkt. In seinem Aufsatz *Über das Studium der griechischen Poesie* stellt Friedrich Schlegel die ephemeren Grundzüge der modernen Poesie wie folgt heraus: Ihr fehle eine *„vollständige Schönheit, die ganz und beharrlich wäre; eine Juno, welche nicht im Augenblick der feurigsten Umarmung zur Wolke würde."*[2] Einer ihrer wesentlichen Züge sei ein *„rastlose[s] unersättliche[s] Streben nach dem Neuen, Piquanten und Frappanten, bei dem dennoch die Sehnsucht unbefriedigt bleibt."*[3] Das neu gesteckte Ziel der modernen Dichtung, das nicht mehr absolute, sondern nur noch *relativ* Schöne, nennt Schlegel in seiner Vorrede zum Studium-Aufsatz das ‚Interessante': „dasjenige, was provisorischen ästhetischen Wert hat."[4] Weil das ‚Interessante' als solches immer wieder aufs Neue überbietbar ist, kann es das ‚absolute Interessante' nicht geben. Was bleibt, ist ein ‚bedingt Schönes', das keiner Vorstellung ästhetischer Vollkommenheit genügen kann, ein Schönes, dem ein konstitutiver Mangel anhaftet.

---

1 Ernst Robert Curtius, *Europäische Literatur und lateinisches Mittelalter*, Bern 1948, S. 255.
2 Friedrich Schlegel, „Über das Studium der griechischen Poesie", in: *Kritische Friedrich-Schlegel-Ausgabe*, hg. von Ernst Behler unter Mitwirkung von Jean-Jacques Anstett und Hans Eichner, Bd. 1: *Studien des klassischen Altertums*, eingeleitet und herausgegeben von Ernst Behler, Paderborn/München/Wien 1979, S. 216 (hier wie im Folgenden gilt: alle Hervorhebungen im Original).
3 Schlegel, „Über das Studium der griechischen Poesie", S. 228.
4 Schlegel, „Über das Studium der griechischen Poesie", S. 214. Schon in der Ästhetik der französischen Spätaufklärung wird das Kriterium ‚interessant' aufgewertet, indessen ohne dem ‚Schönen' direkt gegenübergestellt zu werden (siehe hierzu Karlheinz Stierle, „Diderots Begriff des Interessanten", in: *Archiv für Begriffsgeschichte* 23 [1979], S. 55–76, hier bes. S. 66 f. und S. 75 f.). Erst ab der Mitte des 19. Jahrhunderts wird die unmittelbare Ersetzung des Schönen durch das Interessante in der französischen Literaturkritik zum Thema gemacht, so liest man etwa zu Beginn von Hippolyte Taines Aufsatz „Les jeunes gens de Platon" von 1855: „Le laid est beau, j'y consens, mais le beau est encore plus beau. [...] ce monde moderne est fort triste, parce qu'il est fort civilisé. Chacun y fait effort ; chacun peine et travaille de corps et d'esprit, et les œuvres d'art, qui devraient nous calmer, nous agitent, depuis que nos poëtes cherchent ce qui intéresse, non ce qui est beau, et se font artisans de passions, non de bonheur." (Ders., *Essais de critique et d'histoire*, Paris 1892, S. 155).

Der Mangel, der in der frühromantischen Theorie noch einem Defizit gleichkommt, wird ab den 1850er Jahren zu einem veritablen Konzept aufgewertet und zum Ausgangspunkt einer eigenständigen Poetik der Moderne ausgebaut, die sich allererst durch die Verzeitlichung ihrer Kategorien auszeichnet: Die alte Kategorie des Schönen wird durch die Kategorie des Neuen substituiert. Obgleich es seit jeher der Anspruch der Kunst ist, Neues hervorzubringen, wurde dieses erst ab der zweiten Hälfte des 19. Jahrhunderts in den Rang einer unverzichtbaren Kategorie erhoben und damit zu einem Wert an sich.[5] Das Schöne wird folglich nicht mehr als ein merkmalsbestimmtes Phänomen verstanden, das sich über spezifische Gegenstandseigenschaften wie Ebenmaß oder Reinheit bestimmen ließe – es ist nun vielmehr an die Bedingung des Neuen gebunden. Dessen allerdings nur kurz währender Reizwert erklärt die nie abzuschließende Suchbewegung der ästhetischen Moderne, in der dasjenige, das doch zur Überwindung des ‚Alten' geschaffen wird, bereits im Augenblick seiner Enthüllung zu veralten beginnt, womit das jeweils Neue selbst ein zu überwindendes Altes wird.

Dieser strukturelle Widerspruch ist bislang allein in der Theorie explizit aufgezeigt worden.[6] Doch auch in den literarischen Gründungstexten der Moderne

---

[5] Zum ‚Neuen' in der Moderne bzw. zur ‚Neuheit' der Moderne sei verwiesen auf den von Maria Moog-Grünewald herausgegebenen Sammelband *Das Neue. Eine Denkfigur der Moderne*, Heidelberg 2002, auf Boris Groys' *Über das Neue. Versuch einer Kulturökonomie*, München/Wien 1992, aber auch auf Hans Robert Jauß' *Literaturgeschichte als Provokation*, Frankfurt a. M. 1970, und Jauß' *Studien zum Epochenwandel der ästhetischen Moderne*, Frankfurt a. M. 1989 (insbesondere das *Vorwort* und S. 89–96), sowie Uwe Japps, *Literatur und Modernität*, Frankfurt a. M. 1987, bes. S. 298 f.

[6] Hier ist insbesondere Adornos *Ästhetische Theorie* zu nennen (in: *Gesammelte Schriften*, Bd. 7, hg. von Rolf Tiedemann, Frankfurt a. M. $^5$2014; zum Neuen bei Adorno – aber auch bei Walter Benjamin – sei vor allem verwiesen auf die Arbeiten von Sylvia Zirden, *Theorie des Neuen. Konstruktion einer ungeschriebenen Theorie Adornos*, Würzburg 2005, und Norbert Zimmermann, *Der ästhetische Augenblick. Theodor W. Adornos Theorie der Zeitstruktur von Kunst und ästhetischer Erfahrung*, Frankfurt a. M. u. a. 1989). Adorno, der das Neue zum Merkmal der Kunst der Moderne erhoben hat, wählt in den *Minima Moralia* gerade in Bezug auf Baudelaire die Formulierung: „Das Neue, eine Leerstelle des Bewußtseins, gleichsam geschlossenen Auges erwartet, scheint die Formel, unter der dem Grauen und der Verzweiflung Reizwert abgewonnen wird. Sie macht das Böse zur Blume" (Ders., *Gesammelte Schriften*, Bd. 4, *Minima Moralia. Reflexionen aus dem beschädigten Leben*, hg. von Rolf Tiedemann, Frankfurt a. M. 1980, S. 269). Leicht modifiziert wäre der Satz allerdings noch zutreffender: „Sie macht *auch* das Böse zur Blume", ist doch die moderne Literatur nicht nur der Thematisierung des Bösen gewidmet, aber sie bezieht das Böse und Hässliche ausdrücklich mit ein, ohne es negativ zu bewerten. Weil schon bei Aristoteles steht, dass auch Abstoßendes in der künstlerischen Nachahmung mit ästhetischem Lustgewinn wahrgenommen werden kann (in allen Gemäldegalerien kann man sich von diesem Gedanken eindrücklich überzeugen), bedeutet Baudelaires sogenannte Ästhetik des Hässlichen keinen mo-

selbst, so soll in der Arbeit gezeigt werden, findet er sich bereits angelegt: In Baudelaires *Fleurs du Mal* und Flauberts *Madame Bovary* kommt er in der paradoxen Form eines Begehrens (des lyrischen Ichs des Gedichtbands und der Protagonistin des Romans) zum Ausdruck, in welchem das Gewünschte ausschließlich im Abwesenden identifiziert wird, während das Verfügbare zum Abkömmlichen wird. Hierbei, so die These der folgenden Untersuchung, ist die literarische Darstellung von Melancholie – eines Gemütszustands, der von der Empfindung einer grundsätzlichen Mangelhaftigkeit der Welt zeugt – analog zu eben jener eingangs genannten konstitutiv-programmatischen ‚Mangelhaftigkeit' der Kunst der Moderne konzipiert.

Baudelaires Gedichtzyklus lässt einen Weltaufbau erkennen, der allein dem Neuen einen uneingeschränkten Wert zuspricht. Gleichwohl ist dieses Neue immer nur ein vorübergehendes, denn der lyrische Sprecher wird fortwährend auf das Alte zurückgeworfen, auf die Empfindung der Gleichförmigkeit alles Seienden, den *ennui*.[7] Dementsprechend wird in *Le Voyage*, dem letzten Gedicht der *Fleurs du Mal*, die Belanglosigkeit der Welt und die Vergeblichkeit menschlichen (und künstlerischen) Strebens vorgeführt, der Tod als die denkbar extremste Erfahrung des Neuen gehandelt – und so schließt der Gedichtzyklus mit den Worten: „Plonger au fond du gouffre, Enfer ou Ciel, qu'importe ? / Au fond de l'Inconnu pour trouver du *nouveau !*"[8]

In Flauberts *Madame Bovary* flackert das Glück Emma Bovarys nur in den flüchtigen Augenblicken auf, in denen die Protagonistin Neues wahrnimmt, sei es durch eine neue Liebschaft oder durch den Erwerb neuer Gegenstände beim „marchand de nouveautés". Im selben Moment ist es aber auch schon nicht mehr

---

dernen Durchbruch – letztendlich handelt es sich, so wird im Folgenden gezeigt werden, lediglich um ein Unterkapitel der Ästhetik des Neuen.

7 Manche Anregung verdanke ich dem Aufsatz „Ennui – Curiosité – Nouveau. Zu einer ‚Archäologie' der Moderne mit Rücksicht auf Baudelaire" von Maria Moog-Grünewald, der zu den substantiellsten Untersuchungen der *Fleurs du Mal* in der jüngeren Zeit zählt (erschienen in: Heinrich Assel/Hans-Christoph Askani [Hg.], *Sprachgewinn – Festschrift für Günter Bader*, Münster 2008, S. 124–139). Moog-Grünewald zeigt darin, in welchem Maße der Baudelairesche *ennui* sich durch seine Verwandtschaft zur christlichen *acedia* vom romantischen *mal du siècle* unterscheidet. Die Hauptsünde verweise hierbei nicht nur auf ein leidendes Ich, sondern bilde auch die Ursache einer *curiositas*, die Moog-Grünewald überzeugend als Analogon zur modernen Ästhetik deutet (heißt es doch in Baudelaires *Le Voyage*: „La Curiosité nous tourmente et nous roule / Comme un Ange cruel qui fouette des soleils", vgl. Maria Moog-Grünewald, „Ennui – Curiosité – Nouveau", bes. S. 138 f.).
8 *Le Voyage*, Baudelaire, *Œuvres Complètes* I, hg. von Claude Pichois, Paris 1975, S. 134.

neu, verliert jeglichen Reiz und findet als eine weitere Belanglosigkeit Einlass in die Flaubertsche Romanwelt.[9]

Seitdem Baudelaire in *Le Peintre de la vie moderne* die Moderne zumindest ‚zur Hälfte'[10] als *transitoire* und *fugitif* bezeichnet hat, reden Schriftsteller wie Literaturtheoretiker dem Ephemeren vermehrt das Wort und greifen zu weiteren interpretationsfähigen Schlagworten, um eine Ästhetik der Moderne fassbar zu machen. Der von Walter Benjamin in die Kulturwissenschaft eingeführte Terminus des *chock*, welcher die Baudelairesche Ästhetik über den Umweg der – vorgeblich konkreten – sogenannten Großstadterfahrung greifbar machen möchte, ist hier vor allen anderen Versuchen zu nennen.[11] In der vorliegenden Arbeit soll das Augenmerk nicht auf das transitorische Moment des geglückten ästhetischen Bruchs, die *nouveauté* selbst, sondern auf deren Nährboden gerichtet werden: Aus einsichtigen Gründen kann der *chock* nur eintreten, wenn vorher Ruhe geherrscht hat, können *transitoire* und *fugitif* nur aus dem Fixen hervorgehen, kann das Neue nur dem Alten, Alltäglichen, dem Bekannten, ja dem Belanglosen entwachsen; Diskontinuität braucht Kontinuität, das Extraordinäre das Banale. Um als solche erscheinen zu können, bedarf die *nouveauté* in den *Fleurs du Mal* der Ödnis des *ennui*, in *Madame Bovary* des belanglosen Alltags in der Provinz. Im Gedichtzyklus wie im Roman ist es letzten Endes immer ein Ungenügen der erlebenden Instanzen, das zur Grundstimmung und zugleich zum Handlungsantrieb wird.

---

**9** Es geht in der Romanwelt folglich stets weniger um die Eigenschaft des begehrten Objekts selbst als vielmehr um jenen kurzen Augenblick der ersten Wahrnehmung oder sogar nur der Vorstellung von der geglückten Aneignung dieses Objekts; vgl. hierzu Joachim Küpper, der diese „Dialektik des Begehrens" in „Mimesis und Botschaft bei Flaubert" auf den Punkt bringt (*Romanistisches Jahrbuch* 54 [2003], S. 180–212, hier S. 196).

**10** „La modernité, c'est le transitoire, le fugitif, le contingent, la moitié de l'art, dont l'autre moitié est l'éternel et l'immuable" (Baudelaire, *Œuvres Complètes* II, hg. von Claude Pichois, Paris 1976, S. 695).

**11** Generell gilt es, die enge Verknüpfung von ästhetischer Erfahrung der Moderne und dem ‚Großstadt-Erlebnis' an sich, wie sie seit Benjamin immer wieder beschworen wird, neu zu überdenken. Eine Analogie zwischen einer zunehmenden Beschleunigung der urbanen, politischen, wirtschaftlichen, sozialen und technischen Veränderungen im 19. Jahrhundert und dem immer ‚flüchtiger' werdenden Charakter der Kunst muss nicht zwingend gegeben sein, bloß weil sich künstlerische Prozesse ebenso wie ihre Resultate oftmals in Bildern eines beschleunigten Alltags offenbaren. Die ästhetische Moderne unmittelbar und quasi mimetisch an die materielle Moderne anzubinden – wie dies bei Benjamin geschieht –, ist letztlich nicht mehr als eine rhetorisch leicht umgestaltete Variante der marxistischen Widerspiegelungstheorie. Grundsätzlich sollte darüber hinaus bedacht sein, dass Flaubert zwei weltliterarisch bedeutende Romane verfasst hat, deren ‚Weltmodell' zwar nicht deckungsgleich, aber auf einer abstrakten Ebene doch parallel ist, und von denen der eine in der Großstadt, der andere in der (tiefsten) Provinz spielt.

Dieses Ungenügen wird in beiden Texten in Allegorien der Melancholie ausgedrückt – und hiermit kommen wir zum konstitutiven Strukturmerkmal dieser beiden Schlüsseltexte der Moderne, das im Konnex zwischen Melancholie und moderner Ästhetik liegt.

Die Empfindung von *Mangelhaftigkeit* bildet den Ausgangspunkt der Vergleichbarkeit: Dem Melancholiker ist die Welt so eingerichtet, dass er in ihr nur permanenten Mangel empfindet, wie auch dem Künstler das Kunstwerk der Moderne immer ein defizitäres ist. Das schier unersättliche Sehnen und Begehren, in dem Flauberts Emma Bovary wie Baudelaires lyrischer Sprecher gefangen sind, ihrer beider Streben nach einem unerreichbaren Ideal, ist als bewusst gestaltete Analogie zur Ästhetik der Moderne zu verstehen.

Melancholie wird traditionell als Ursache oder Auslöser für die Entstehung von künstlerischen Werken gewertet;[12] hier soll sie im Folgenden umgekehrt als eine thematische und motivische Konsequenz verhandelt werden, die einer spezifisch modernen künstlerischen Problematik erwachsen ist. Damit zielt diese Arbeit auf eine Neubewertung der Darstellungen der Melancholie in Baudelaires *Les Fleurs du Mal*, einer Gedichtsammlung, die gemeinhin als der Gründungstext der modernen Lyrik gilt,[13] und in Flauberts *Madame Bovary*, einem Markstein des modernen Erzählens.[14] Ausführlich sollen in den Werken selbst diejenigen Textstellen

---

**12** Zum Verhältnis von Melancholie und Kreativität bei Baudelaire und Flaubert sei insbesondere auf die Arbeiten von Henning Mehnert (*Melancholie und Inspiration. Begriffs- und wissenschaftsgeschichtliche Untersuchungen zur poetischen „Psychologie" Baudelaires, Flauberts und Mallarmés. Mit einer Studie über Rabelais*, Heidelberg 1978) und Peter Bürger („Der Ursprung der ästhetischen Moderne aus dem ennui", in: Ludger Heidbrink [Hg.], *Entzauberte Zeit. Der melancholische Geist der Moderne*, München/Wien 1977, S. 101–119) verwiesen.
**13** Dass Merkmale der Moderne besonders gut an der Lyrik herausgearbeitet und aufgezeigt werden können, hat die Literaturwissenschaft oft genug unter Beweis gestellt; vgl. dazu etwa *Immanente Ästhetik – ästhetische Reflexion: Lyrik als Paradigma der Moderne*, hg. von Wolfgang Iser, München 1966, oder Paul de Man, *Blindness and Insight. Essays in the Rhetoric of Contemporary Criticism*, Minneapolis 1983, bes. Kap. IX. Dass der Beginn der modernen Lyrik in den theoretischen und literarischen Texten Baudelaires zu verorten ist, hat Hugo Friedrich als erster aufgezeigt (ders., *Die Struktur der modernen Lyrik. Von der Mitte des neunzehnten bis zur Mitte des zwanzigsten Jahrhunderts*, Hamburg ⁹2006).
**14** Inwiefern Modernität bei Flaubert vorrangig durch Innovationen auf der Vermittlungsebene entsteht, ist bei Joachim Küpper nachzulesen (*Ästhetik der Wirklichkeitsdarstellung und Evolution des Romans von der französischen Spätaufklärung bis zu Robbe-Grillet. Ausgewählte Probleme zum Verhältnis von Poetologie und literarischer Praxis*, Stuttgart 1987, darin das Kapitel „Flauberts Rivalität mit Balzac und der Entwurf eine neuen ‚Stils'"). Dass metapoetische Reflexionen zur Moderne auch auf der *Histoire*-Ebene des Romans zu finden sind, soll in dieser Arbeit gezeigt werden.

bearbeitet werden, welche aufgrund ihrer Prominenz in der Forschung (so etwa *À une passante* in den *Fleurs du Mal* oder die Sterbeszene in *Madame Bovary*) oder wegen ihrer exponierten Stellung im Text selbst (so etwa *Le Voyage* in den *Fleurs du Mal* oder die Eingangsszene in *Madame Bovary*) hohe Relevanz besitzen.

Den lyrischen Sprecher der *Fleurs du Mal* und die Romanprotagonistin Emma Bovary eint eine identische Struktur des Begehrens, die auf der steten Erwartung des Neuen basiert: Auf Sehnen folgt eine unbefriedigende Erfüllung, die erneutes Sehnen hervorruft. Was die beiden hingegen voneinander unterscheidet, ist das Verhältnis, in dem sie zu ihrem jeweiligen Autor stehen, und welches zunächst die Vergleichbarkeit der Texte einzuschränken scheint: Die Relation zwischen modellierender Instanz und Modelliertem ist bei Baudelaire und Flaubert eine andere, zwischen dem Sprecher der *Fleurs du Mal* und seinem Autor steht nicht die ironische Distanz, die den Erzähler, und letztlich den Autor, von der Figur Emma trennt.[15] Darüber hinaus wird in den *Fleurs du Mal* dem melancholischen Leiden eine universelle Natur zugeschrieben, man denke nur an die einleitenden Worte des Gedichtbandes: „Tu le [l'Ennui] connais, lecteur"[16]. Der unpersönliche Erzähler der *Madame Bovary* hingegen schildert Emmas strukturelle Unzufriedenheit so, als handle es sich um das individuelle Leiden einer Figur, die dementsprechend von den anderen Figuren auch nicht verstanden wird. Geradezu unabhängig hiervon lässt indessen der Erzähler des Romans ebenfalls eine Welt entstehen, in der schlichtweg alles mangelhaft und belanglos ist. So wird eine Welt aufgebaut, die – freilich auf einer anderen Ebene, denn Emma Bovary ahnt mehr als sie versteht – deckungsgleich mit der Wahrnehmung der Romanprotagonistin ist, wodurch eben doch ein vom Autor aufgebautes Weltmodell erkennbar wird, das in diesem wesentlichen Punkt demjenigen der *Fleurs du Mal* entspricht.

Mit welchen Allegorien beide Autoren die Melancholie zur Darstellung bringen, hat die Forschung ausgiebig herausgearbeitet.[17] In der vorliegenden Arbeit soll

---

**15** Dies gilt ungeachtet der Tatsache, dass die Flaubert-Forschung oftmals Selbstauskünfte des Autors anführt, die das Gegenteil beweisen sollen (wie etwa das nicht belegbare Zitat „Madame Bovary – c'est moi!"). Andere Selbstauskünfte könnten dagegengehalten werden (siehe etwa Flauberts Brief an Marie-Sophie Leroyer de Chantepie vom 18. März 1857, *Correspondance* II, hg. von Jean Bruneau, Paris 1980, S. 691).
**16** *Au lecteur*, Baudelaire, S. 6.
**17** So etwa François Porché, *Baudelaire. Histoire d'une âme*, Paris 1944; Guy Sagnes, *L'ennui dans la littérature française de Flaubert à Laforgue (1848–1884)*, Paris 1969; Jonathan Culler, *Flaubert. The Uses of Uncertainty*, London 1974 (bes. das Kapitel „Precocious Boredom"); Henning Mehnert, *Melancholie und Inspiration*; Ross Chambers, „Vapeurs d'Emma, vertige du texte: *Madame Bovary* et la mélancolie", in: Michel Guggenheim (Hg.), *Women in French literature*, Stanford

nun gezeigt werden, wie Baudelaire und Flaubert die Melancholie selbst zur Allegorie werden lassen, zu einer Allegorie, die wiederum auf ein Uneigentliches jenseits der Melancholie verweist, auf nichts geringeres als das ästhetische Programm der Moderne.

Zunächst muss jedoch offengelegt werden, dass die Melancholie, wie sie in den *Fleurs du Mal* und in *Madame Bovary* dargestellt wird, nicht ausschließlich eine Empfindung von Traurigkeit zum Ausdruck bringen kann, wonach es auf den ersten Blick aussieht. Denn obgleich Baudelaire und Flaubert der Melancholie eine neue Bedeutung zukommen lassen, bedienen sich beide durchweg traditioneller Darstellungstopoi und lassen scheinbar jegliche Originalität im Umgang mit dem Motiv vermissen. Dass dieser Schein trügt, verdeutlicht indes bereits die kritisch-distanzierte, teils gar ironische Haltung Baudelaires und Flauberts gegenüber der Melancholie.[18]

Zugegebenermaßen ist die Melancholie seit jeher ihrem eigenen Diskurs verhaftet, kann sie doch außerhalb desselben gar nicht erst erkannt werden:[19] Melancholie wird allein durch ein Rekurrieren auf Vorbilder zum Ausdruck gebracht, was nicht zuletzt daran liegt, dass der Begriff, und dies bereits seit seiner ersten Erwähnung in der Antike, eine abstrakte Vorstellung und kein aus der

---

1988, S. 157–167; Pierre Dufour, „*Les Fleurs du Mal*: dictionnaire de mélancolie", in: *Littérature* 72 (1988), S. 30–54; Jean Starobinski, *La mélancolie au miroir. Trois lectures de Baudelaire*, Paris 1989; Yves Hersant, *Mélancolies. De l'Antiquité au XX$^e$ siècle*, Paris 2005. Den Versuch, Baudelaires und Flauberts Melancholie bzw. die Wahrnehmung und Empfindung des modernen Melancholikers unter Berücksichtigung sozialhistorischer Aspekte zu interpretieren und an die Produktion moderner Kunstwerke zu binden, unternehmen Peter Bürger („Der Ursprung der ästhetischen Moderne") und Ross Chambers (*Mélancolie et opposition. Les débuts du modernisme en France*, Paris 1987). Gerhard Poppenberg versucht in „.... *une irréalisable envie d'une volupté plus haute...* Madame Bovary und die Moderne" (in: *PhiN* 53 [2010], S. 33–61, darin bes. im dritten Teil) eine Verbindung zwischen Emma Bovarys ‚spiritueller Leere' und dem ‚modernen Menschen' herzustellen.

**18** In diesem Zusammenhang sei darauf hingewiesen, dass der *ennui*, vom jungen Chateaubriand einmal abgesehen, vor allem Thema derjenigen gewesen ist, die man später als *petits romantiques* bezeichnet hat. Zu nennen sind hier insbesondere Benjamin Constant, Senancour und Alphonse Rabbe (vgl. hierzu die Studie von Reinhard Kuhn, „Ennui in der französischen Literatur", in: *Die Neueren Sprachen* 65 [1966], S. 17–30, hier S. 28). Darüber hinaus, so muss hinzugefügt werden, ist das Thema *ennui* schon zu Beginn des 19. Jahrhunderts, mindestens fünfzig Jahre vor dem Erscheinen der *Fleurs du Mal* und der *Madame Bovary*, überaus erschöpfend behandelt worden – vom *Werther* (der in Frankreich euphorisch aufgenommen worden ist, man denke nur an Napoleons Begeisterung für den Briefroman) über den *René* bis hin zum *Alphonse*.

**19** Zur Rekonstruktion des historischen Diskurses der Melancholie sowie zu strukturellen Gemeinsamkeiten zwischen Melancholie und Literatur sei insbesondere auf die Einleitung in Martina Wagner-Egelhaafs Monographie verwiesen: *Die Melancholie der Literatur: Diskursgeschichte und Textfiguration*, Stuttgart/Weimar 1997.

empirischen Beobachtung abgeleitetes Phänomen darstellt.[20] Auch in der Mitte des 19. Jahrhunderts herrscht unter Medizinern keine Einigkeit darüber, welche Störung diese rein hypothetische Idee eigentlich bezeichnet. Im literarischen Diskurs kann ein Beschreiben und Erkennen der Melancholie nur dann erfolgen, wenn auf ein althergebrachtes Zeichen verwiesen wird.[21] Aufgrund dieser extremen Diskursgebundenheit lesen sich Darstellungen der Melancholie oftmals, als stammten sie aus ein und derselben Feder. Von der Antike bis in die Moderne lassen sich in literarischen wie philosophischen Beschreibungen des Weltschmerzes kaum Veränderungen ausmachen. Die Anamnese, die Seneca in *De tranquillitate animi* erstellt,[22] liest sich wie ein Kommentar zu Baudelaires fast zweitausend Jahre später entstandener Gedichtsammlung, und Pascals berühmte Formulierung aus den *Pensées*, „Ennui. Rien n'est si insupportable à l'homme que d'être dans un plein repos, sans passion, sans affaire, sans divertissement, sans application"[23], beschreibt die mentale Befindlichkeit des an der spätantiken oder mittelalterlichen ‚Mönchskrankheit' Leidenden nicht weniger treffend als diejenige Emma Bovarys. Aufgrund der Kontinuität und Austauschbarkeit der Beschreibungselemente gilt der Lebensekel als transhistorisches, ja anthropologisches Phänomen. Diesem stehen jedoch die epochenspezifischen philosophischen, theologischen und literarischen Diskurse um *melancholia*, *taedium vitae*, *acedia* oder *ennui* und *spleen* zur Seite – Diskurse, die immer für einen Rest von historischer Differenz sorgen werden. Eine genaue Unterscheidung der Termini wird in dieser Arbeit bewusst vernachlässigt, eben aus dem Grunde, dass es sich bei der Melancholie zu keinem historischen Zeitpunkt um ein empirisch beobachtbares Phänomen gehandelt hat und der Eindruck vermieden werden soll, sie

---

**20** So spricht der medizinische Diskurs der Antike von *mélaina cholé*, der ‚schwarzen Gallenflüssigkeit', ohne ihr indes jemals eine existierende Körpersubstanz zuweisen zu können.

**21** Die wichtigste, weil umfangreichste Sammlung derjenigen Zeichen, die auf Melancholie verweisen, findet sich nach wie vor in der Arbeit zur Geschichte der Melancholie von Raymond Klibansky, Erwin Panofsky und Fritz Saxl: *Saturn und Melancholie. Studien zur Geschichte der Naturphilosophie und Medizin, der Religion und der Kunst*, übers. von Christa Buschendorf, Frankfurt a. M. 1992.

**22** Als Beispiel hierfür sei die folgende Stelle angeführt: „Aliud ex alio iter suscipitur et spectacula spectaculis mutantur. Ut ait Lucretius: ‚Hoc se quisque modo semper fugit.' Sed quid prodest, si non effugit? Sequitur se ipse et urget gravissimus comes." („So folgt eine Reihe der anderen, ein Schauspiel dem nächsten, ganz wie Lukrez feststellt: ‚So sucht jeder die Flucht vor sich selbst.' Aber was hilft das, wenn die Flucht mißlingt? Man bleibt sich zwar ständig auf der Spur, ist sich aber selbst der lästigste Begleiter", aus: Seneca, *Von der Seelenruhe. Philosophische Schriften und Briefe*. Hg. und aus dem Lat. übertr. v. Heinz Berthold, Leipzig 2002, S. 134).

**23** Blaise Pascal, *Pensées* (529), *Œuvres complètes* II, hg. von Michel Le Guern, Paris 2000, S. 772.

könne als ein solches behandelt werden. Dasjenige, was als Untersuchungsgegenstand bleibt, ist also nicht die Melancholie als solche, sondern es sind die Symptome desjenigen, der – im künstlerischen Artefakt – behauptet, an ihr zu leiden und sie zum Gegenstand seiner Rede macht, in der vorliegenden Arbeit das lyrische Ich der *Fleurs du Mal* und die Romanfigur Emma Bovary.[24] Geradezu exemplarisch schildern Baudelaire und Flaubert als prominente Vertreter derjenigen Generation, die allgemein als vom *mal du siècle* heimgesucht gilt, in ihren Werken eine prototypische Melancholie.[25] Beide bedienen sich alter, um nicht zu sagen uralter Bilder, wenn sie nicht nur die romantische Melancholie, sondern auch die antike Humoralpathologie, die mittelalterliche *acedia* und das *ingenium melancholicum* der Renaissance in ihren Texten aufgreifen, indes ohne dabei zu einer Synthese zu gelangen, die dem *ennui* des 19. Jahrhunderts charakteristische Züge verleihen würde. Die beziehungslose Haltung, die der Melancholiker seiner Umwelt gegenüber einnimmt, sei es diejenige des lyrischen Sprechers in den *Fleurs du Mal* oder diejenige Emma Bovarys, wirkt dermaßen unoriginell, ja einfallslos und traditionell, dass sie mit den ästhetischen Programmen des Lyrikers wie des Romanciers kaum vereinbar erscheint, ist doch deren poetologischen Reflexionen als Kernstück die Unabdingbarkeit des Neuen, des Originellen, ausdrücklich eingeschrieben.

Dass weder Baudelaire noch Flaubert sich in dem Maße mit der in ihren Werken dargestellten Melancholie identifizieren, wie es eine Grundannahme der Forschung ist, kann darüber hinaus aus den Aversionen der beiden Autoren gegen jegliche Konzepte des ‚Schöpferischen' abgeleitet werden.[26] Seitdem im *Problem XXX* aus dem *Corpus Aristotelicum* die Frage aufgeworfen worden ist, warum der ‚außergewöhnliche' Mensch immer auch Melancholiker sei, hängt der

---

[24] In diesem Sinne macht Wolf Lepenies in seiner Studie über den Zusammenhang von Melancholie und gesellschaftlichen Verhältnissen gleich im ersten Satz der Einleitung deutlich: „Nach den Ursachen von Fremd- und Eigen*benennungen* wird in diesem Buch gefragt; nicht, ob einer melancholisch ist, sondern was es bedeutet, wenn einer behauptet, er sei es" (Ders., *Melancholie und Gesellschaft*, Frankfurt a. M. 1972, S. 7). Wie eng die individuelle Erkrankung des Melancholikers mit dem Diskursphänomen verknüpft ist, wie groß doch letztendlich immer die Rolle des dem „kulturellen Gedächtnis eingeprägte[n] Formel- und Bilderreservoir[s]" ist, zeigt Wagner-Egelhaaf in ihrer Studie zur Melancholie der Literatur auf (*Die Melancholie der Literatur*, hier S. 528).
[25] Siehe hierzu die umfassende Arbeit Guy Sagnes', *L'ennui dans la littérature française*.
[26] Dies ist nach wie vor nirgendwo besser nachgezeichnet als in Hugo Friedrichs Baudelaire-Kapitel in der *Struktur der modernen Lyrik* (darin bes. unter den Überschriften „Konzentration und Formbewusstsein; Lyrik und Mathematik" und „Kreative Phantasie"). Vgl. auch Flauberts Brief an Louise Colet vom 27. 2. 1853 (Flaubert, *Correspondance* II, hg. von Jean Bruneau, Paris 1980, S. 252).

Melancholie Inspiration und Schöpferisches untrennbar an.²⁷ Wenn nun sowohl das unverhältnismäßig stark ausgeprägte traditionelle Moment in der Darstellung der Melancholie bei Baudelaire und Flaubert als auch die Beschaffenheit der überaus genie-affinen Melancholie mit den theoretischen Überlegungen der beiden Schriftsteller nicht in Einklang zu bringen sind, muss dies als Hinweis darauf gesehen werden, dass die Melancholie in den *Fleurs du Mal* wie in *Madame Bovary* auf etwas anderes als sich selbst verweist.²⁸

---

**27** Aristoteles, *Problemata Physica*, übers. von Hellmut Flashar, hg. von Ernst Grumach, Darmstadt 1962, S. 250–261. Ein Thema, das auf Selbstwahrnehmung und Genialität basiert, bietet sich wie kaum ein zweites zur Parodie an. Eine breite Auswahl deutschsprachiger Parodien über die Melancholie hat Ludwig Völker in seiner Anthologie zusammengestellt (ders., *„Komm, heilige Melancholie". Eine Anthologie deutscher Melancholie-Gedichte. Mit Ausblicken auf die europäische Melancholie-Tradition in Literatur- und Kunstgeschichte*, Stuttgart 1983, darin „Kritik, Satire, Parodie", S. 487–506). In der französischen Literatur wird das Thema der Melancholie durchweg mit großer Ernsthaftigkeit behandelt; in französischsprachigen Anthologien (etwa Yves Hersant, *Mélancolies. De l'Antiquité au XXᵉ siècle*, Paris 2005, oder Madeleine Bouchez, *L'Ennui. De Sénèque à Moravia*, Paris 1973) findet sich kein literarhistorisches Beispiel einer Verhöhnung der Thematik. Selbst einem Autor wie Flaubert, der wahrlich nicht dafür bekannt ist, dem Elend seiner Protagonisten mit bedingungsloser Empathie zu begegnen, wird generell unterstellt, es mit der Melancholie einer Emma Bovary oder eines Frédéric Moreau durchaus ernst gemeint zu haben. Als Beleg für diese ‚aufrichtige' Auseinandersetzung mit der Melancholie werden gemeinhin Auszüge aus der privaten Korrespondenz angeführt, in der sich Flaubert über seine eigene Melancholie auslässt. Angemerkt hierzu sei, dass die Melancholikerin Emma Bovary eine jeglicher Intellektualität abholde Frau aus der Provinz, der Melancholiker Frédéric Moreau ein lediglich mäßig begabter junger Mann ist. Jegliches Geniale, welches dem Melancholiker gemeinhin anhaftet, liegt ihnen derart fern, dass sich hier eine Distanz offenbart, die nur eine ironische sein kann. In diesem Sinne formuliert Flaubert in seinem Eintrag im *Dictionnaire des idées reçues* zur *Mélancolie*: „Signe de distinction du cœur et d'élévation de l'esprit" (Flaubert, *Œuvres Complètes* II, hg. von René Dumesnil und Albert Thibaudet, Paris 1952, S. 1017). Baudelaires mitunter ironische Behandlung der Thematik tritt beispielsweise in dem Gedicht *La Béatrice* zutage, in dem der melancholische Dichter-Sprecher schildert, wie er von einer Horde Dämonen verlacht wird. Diese bezeichnen ihn als eine erbarmungswürdige Karikatur, ja eine veritable Witzfigur, die –, Hamlets Pose nachahmend', ‚eine Rolle spielend' – glaubt, die ganze Welt interessiere sich für ihren altbekannten Weltschmerz (Baudelaire, *OC* I, S. 116 f.).

**28** Die Einsicht, dass sich in beiden Texten die Darstellung der Melancholie letzten Endes doch von derjenigen anderer zeitgenössischer Schriften unterscheidet, klingt in der Forschung immer wieder durch, ohne dass weitergehende Deutungsangebote gemacht würden (siehe Anm. 17, hier sind besonders Sagnes, Mehnert und Chambers zu nennen). Die hier postulierte Bedeutung der Melancholie als Allegorie verneint in keiner Weise die primäre Bedeutung der Allegorien der Melancholie als Ausdrucksmittel eines veritablen *ennui*. Hier soll lediglich eine Bedeutung hinzugedacht werden, welche die vorhergegangene nicht untergräbt; Melancholie, die durch Allegorien zum Ausdruck gebracht wird und Melancholie, die selbst wieder zur Allegorie einer Poetik wird, bestehen nebeneinander.

Im Folgenden soll herausgearbeitet werden, inwiefern in den beiden berühmtesten Werken Baudelaires und Flauberts die Interdependenz von melancholischem Ungenügen an dieser Welt und dem kurzen Aufflackern von Neuheit, das heißt: die Interdependenz von *mélancolie* und *nouveauté*, in Analogie zu einem ästhetischen Streben nach einem unerreichbaren *Idéal* aufgebaut ist.

Die Untersuchung gliedert sich in zwei Teile. Im ersten Abschnitt wird die hohe, fast schon epigonal zu nennende Traditionalität aufgezeigt, die Baudelaires und Flauberts Melancholie-Diskurs kennzeichnet. Im Zentrum des Interesses steht dabei die Frage, auf welche Weise Baudelaire und Flaubert den Melancholiediskurs weiterverarbeiten, und ihn dabei, obwohl sie auf dessen klassische allegorische Beschreibungen zurückgreifen, so funktionalisieren, dass durch ihn Aussagen über etwas anderes, über die Melancholie hinausgehendes, getroffen werden können.

Darauf aufbauend lässt sich die Melancholie, selbst nur Abstraktum und somit nur durch Allegorien ausdrück- und darstellbar, als eine Denkfigur begreifen, die trotz ihrer Unfassbarkeit über die Jahrtausende hinweg einen derart hohen Grad an Konkretheit gewonnen hat, dass sie selbst nun ihrerseits die Funktion erfüllen kann, als vorgebliches Konkretum allegorisch auf ein Abstraktum zu verweisen. Ihre allegorische Darstellungsweise soll daraufhin geprüft werden, ob und gegebenenfalls wie sie bei Baudelaire und Flaubert selbst zu einer Allegorie wird, die wiederum selbstreferentielle Aussagen über eine Poetik der Moderne erlaubt. Wenn nun die von Baudelaire und Flaubert in den literarischen Texten geschilderte Wechselwirkung von *mélancolie* und *nouveauté* die Beschaffenheit des ästhetischen Programms der Moderne illustriert, so könnte die hierbei zum Vorschein kommende strukturelle Unerreichbarkeit des ‚Neuen' auf eine romantische Poetik des Absoluten zurückverweisen bzw. diese gar in avancierterer Form fortführen, was gegen die These einer radikalen Abkehr Baudelaires und Flauberts von der literarästhetischen Romantik sprechen würde.

# I Die ‚alte' und die ‚neue' Krankheit: Melancholie und Hysterie in Baudelaires Flaubert-Kritik

In der Nachfolge romantischer Ironie haben die französischen Schriftsteller des 19. Jahrhunderts große Anstrengungen unternommen, ihre eigenen literaturtheoretischen Überlegungen nicht nur als immanente Poetik, sondern auch explizit in selbstreflexiven Theorien zum Ausdruck zu bringen, wie die kaum noch zählbaren Briefwechsel, tagebuchartigen Aufzeichnungen und Vorworte bezeugen. Für die philologische Auseinandersetzung mit den Werken der betreffenden Autoren ist diese Fülle an literaturtheoretischen Texten indes nicht nur von Vorteil. Insbesondere die Flaubert-Forschung lässt sich die Richtung ihrer Erkenntnisinteressen mit bemerkenswerter Regelmäßigkeit und häufig sogar Ausschließlichkeit von nicht-literarischen Äußerungen des Autors selbst vorgeben: Der Großteil des hermeneutischen Rüstzeugs der Interpreten ist vom Schriftsteller selbst zur Verfügung gestellt worden.[1] So ist es zu einer besonderen Eigenart der Flaubert-Forschung geworden, Thesen über das ästhetische Programm des Autors der *Madame Bovary* aufzustellen, die schon in der Korrespondenz Flauberts zu finden sind. Hier sei beispielhaft auf die drei Schlagwörter *impassibilité*, *impersonnalité* und *impartialité* verwiesen, mit denen Flaubert seinen eigenen Stil beschreibt.[2] Die vermeintliche Leidenschaftslosigkeit, die Unpersönlichkeit und die Unparteilichkeit Flauberts führen die lange Liste der Gemeinplätze der Flaubert-Interpretationen traditionell an; gleichwohl verfiele ohne die Kenntnis der Flaubertschen Korrespondenz wohl kein aufmerksamer Leser der *Madame Bovary* auf den Gedanken, den Stil des Buchs als ‚unpersönlich', ‚unparteiisch' oder sogar ‚leidenschaftslos' zu bezeichnen.

Flauberts literarischem Werk selbst hingegen wird nur sporadisch die Eigenschaft zugesprochen, selbstreferentielle poetologische Aussagen erkennbar werden zu lassen. Die wenigsten Interpreten verzichten in ihrer Argumentation auf Begründungen, die aus nicht-literarischen Schriften des Romanciers stammen. Diese Vorgehensweise ist oftmals aufschlussreich, indessen steht zu befürchten, dass das Festhalten an vom Autor selbst getätigten poetologischen Äußerungen den Blick auf andere Interpretationsansätze gerade versperrt. Lediglich in den Kritiken der Zeitgenossen Flauberts finden sich Herangehensweisen,

---

**1** Vgl. hierzu Küpper, *Ästhetik der Wirklichkeitsdarstellung*, bes. S. 105 f.
**2** Die Begriffe bilden keineswegs eine vom Autor intendierte Reihung programmatischer Schlagwörter. Vielmehr sind sie aus verschiedenen Briefen Flauberts entnommen und erst von der Forschung zur Trias erhoben worden.

die – gezwungenermaßen, waren die persönlichen Notizen des Autors doch noch nicht zugänglich – allein den literarischen Text berücksichtigen. Das prominenteste Beispiel solch einer zeitgenössischen Interpretation, die ausschließlich auf der Lektüre des Romans basiert, ist der im Herbst 1857 erschienene Artikel Charles Baudelaires, „Madame Bovary. Par Gustave Flaubert"[3].

Die interpretatorische Relevanz der mitunter rätselhaft formulierten Kritik Baudelaires ist umso evidenter, als Flaubert drei Tage nach der Veröffentlichung des Artikels mit seiner vollsten Zustimmung reagiert:

> Votre article m'a fait le plus *grand* plaisir. Vous êtes entré dans les arcanes de l'œuvre, comme si ma cervelle était la vôtre. Cela est compris et senti *à fond*. Si vous trouvez mon livre suggestif, ce que vous avez écrit dessus ne l'est pas moins […].[4]

Die Zeilen finden sich in den ersten überlieferten Briefwechseln zwischen Baudelaire und Flaubert.[5] Vorausgegangen ist Flauberts durchweg positive Besprechung der *Fleurs du Mal*, auf die hier kurz eingegangen werden soll, zeugt sie doch erstmalig davon, wie erfolgreich beide Autoren sich darum bemühen, das ästhetische Programm des jeweils anderen aufzudecken.

Die kurze Lobeshymne Flauberts auf den Gedichtzyklus der *Fleurs du Mal* enthält Gedanken, die sich in späteren maßgeblichen Baudelaire-Interpretationen widerfinden lassen: So spricht der Romancier Baudelaires Versuch an, jegliche Form von Epigonalität zu vermeiden, wodurch die Notwendigkeit eines radikal neuen Stils entstehe: „Vous ne ressemblez à personne (ce qui est la première de toutes les qualités). L'originalité du style découle de la conception. La phrase est toute bourrée par l'idée, à en craquer."[6] Inwiefern es Baudelaire gelungen ist, ein Kunstwerk zu schaffen, in dem die Kunst selbst das Thema bildet und der Wirklichkeit allenfalls der Status eines gering geschätzten Materials zukommt, zeigt Flaubert mit den folgenden Worten auf: „En résumé, ce qui me plaît avant tout dans votre livre, c'est que l'art y prédomine. Et puis vous chantez la chair sans l'aimer, d'une façon triste et détachée qui m'est sympathique. Vous êtes résistant comme le marbre et pénétrant comme un brouillard d'Angle-

---

3 Erschienen am 18. Oktober 1857 in der Kunstzeitschrift *L'Artiste* (Baudelaire, *OC* II, S. 76–86). Ein weiteres prominentes Beispiel zeitgenössischer Kritik wäre Sainte-Beuves Artikel über *Madame Bovary* (datiert auf den 4. Mai 1857), in: *Causeries du lundi*, Bd. XIII, Paris 1925–1929, S. 346–363.
4 Flaubert, *Corr.* II, Paris 1980, S. 772, 21. Oktober 1857.
5 Vgl. Lewis Gardner Miller, „Gustave Flaubert and Charles Baudelaire – Their Correspondance", in: *PMLA* 49 (1934), S. 630–644, hier S. 632.
6 Flaubert, *Corr.* II, 13. Juli 1857, S. 744.

terre."⁷ Und zu den Texten, die ihn am meisten beeindruckt haben, zählt Flaubert das *Ennui*-Gedicht *Le Spleen*, „[...] qui m'a navré, tant c'est juste de couleur! Ah! vous comprenez l'embêtement de l'existence, vous! Vous pouvez vous vanter de cela, sans orgueil."⁸

Angesichts der so hellsichtigen wie überschwänglichen Worte, die nicht nur Flaubert für die *Fleurs du Mal*, sondern die vor allem Baudelaire in seinem ausführlich begründeten Urteil über den Roman finden wird, ist es verwunderlich, dass sich weder die Flaubert- noch die Baudelaire-Forschung in größerem Maße mit Baudelaires Interpretation von *Madame Bovary* auseinandergesetzt hat.⁹ Parado-

---

7 Flaubert, *Corr.* II, 13. Juli 1857, S. 745.
8 Ebd.
9 Die Ausnahme bildet Karin Westerwelles Interpretation in *Ästhetisches Interesse und nervöse Krankheit: Balzac, Baudelaire, Flaubert*, Stuttgart/Weimar 1993, darin Kapitel I: „Die Rezeption Emma Bovarys als Hysterikerin", S. 8–39. Hiervon abgesehen sind lediglich vier weitere Artikel über Baudelaires *Madame-Bovary*-Kritik zu finden: Anfang der vierziger Jahre resümiert Margaret Gilman unter dem Titel „Two Critics and an Author: Madame Bovary Judged by Sainte-Beuve and by Baudelaire" die von Sainte-Beuve und Baudelaire verfassten Artikel zu *Madame Bovary* (*The French Review* 15 [1941], S. 138–146). John E. Gale weist 1967 in seinem kurzen Artikel „Sainte-Beuve and Baudelaire on Madame Bovary" nach, dass Gedanken, die Baudelaire in seinem Text über *Madame Bovary* äußert, in Ansätzen schon bei Sainte-Beuve zu finden sind. Der Schwerpunkt seiner Analyse liegt darin, ästhetische Prinzipien offen zu legen, welche Sainte-Beuve wie Baudelaire in *Madame Bovary* aufzeigen bzw. eben gerade nicht aufzeigen (ders., „Sainte-Beuve and Baudelaire on *Madame Bovary*", in: *The French Review* 41 [1967], S. 30–37). Gérard Gasarian geht in seinem Aufsatz „La figure du poète hystérique ou l'allégorie chez Baudelaire" dem Titel zum Trotz nur in Ansätzen auf Baudelaires Bezeichnung „*poète hystérique*" ein, dies allerdings tut er auf originelle Art und Weise: Mit dem Begriff ‚hysterischer Dichter' seien Emma Bovary und Flaubert gleichermaßen bezeichnet („,Le poète hystérique', c'est à la fois Flaubert et Emma, le montreur et sa marionette", S. 179). Von dieser Überlegung ausgehend, versucht Gasarian generelle Aussagen über Baudelaires Verwendung der Allegorie zu formulieren (z. B. „L'allégorie constitue pour Baudelaire un ‚Miroir de soi' [...]", ebd.), (in: *Poétique* 86 [1991], S. 177–191). Nicht unerwähnt bleiben darf der 2009 erschienene Aufsatz von Florence Vatan, „Emma Bovary: parfaite hystérique ou poète hystérique?" (in: Madame Bovary *et les savoirs*, Pierre-Louis Rey/Gisèle Séginger [Hg.], Paris 2009, S. 219–229). Darin gleicht die Verfasserin vor allem die Darstellung der Hysterikerin Emma Bovary mit dem offiziellen Hysteriediskurs der Zeit ab, und gelangt schließlich zu der Feststellung, dass der Hysteriker wie der ‚hysterische Dichter' ein Individuum sei, dessen Inneres in einer „dissonance" bzw. in einer „discordance douloureuse" zur Außenwelt stehe (S. 228 f.). Grundsätzliche Überlegungen zur Hysterie in *Madame Bovary* finden sich in Juliette Azoulais Aufsatz „Le savoir médical dans la scène des abricots", ebenfalls in: Madame Bovary *et les savoirs*, Pierre-Louis Rey/Gisèle Séginger [Hg.], Paris 2009, S. 231–241. Auch Yvan Leclercs Artikel „*Madame Bovary* et *Les Fleurs du mal*: lectures croisées", in dem sich der Verfasser zwar nur am Rande mit Baudelaires Flaubert-Kritik auseinandersetzt, soll hier der Vollständigkeit halber nicht unerwähnt bleiben. Darin wählt Leclerc – durchaus passend – die Figur des Don Juan als

xerweise wird der Artikel in der Forschung gelobt – Victor Brombert etwa weist ihm gar eine privilegierte Position innerhalb der „most spirited pages written on *Madame Bovary*"[10] zu –, aber nicht analysiert. Und wenn sich doch ein Interpret mit Baudelaires Kritik beschäftigt, so beschränkt sich das Unterfangen zumeist darauf, ,Hysterisches' im Charakter der Romanfigur Emma Bovary (Baudelaire bezeichnet sie in seinem Artikel als „poète hystérique") im Romantext aufzuzeigen.[11] Einzig Karin Westerwelle analysiert Baudelaires *Madame-Bovary*-Aufsatz ausführlicher und stellt die wichtige Beobachtung an, der psychologische Terminus, so wie Baudelaire ihn verwendet, könne über das Krankheitsbild hinaus auf eine Art poetologisches Grundsatzprogramm verweisen. Diese Vermutung bildet den Ausgangspunkt der folgenden Überlegungen, allerdings weniger im Hinblick auf die Hysterie[12], als vielmehr auf eine andere psychische Disposition Emmas: ihre Melancholie. Emmas Bovary als Melancholikerin zu bezeichnen, bedarf einiger Erläuterungen.

Auch wenn der Begriff der Hysterie nicht ein einziges Mal im Roman fällt, darf es als Tatsache gelten, dass das Verhalten Emma Bovarys allen zeitgenössischen Kriterien klinischer Hysterie genügt: Madame Bovary *ist* Hysterikerin.[13] Die Frage, ob sie auch als eine Melancholikerin gelten darf, ist hingegen wesentlich schwieriger zu beantworten. Was sie mit dem Melancholiker teilt, ist das Ungenügen an der Realität. Was sie hingegen von ihm unterscheidet, ist ihr hochgradiger Aktionismus und ihre Entschlossenheit – bis hin zum Selbstmord: Sie *tut* ständig etwas, um das empfundene Ungenügen am Gegebenen zu überwinden, und sie gelangt bis zu ihrer Selbsttötung nicht zu jener ,klassischen', zur Passivität einladenden melancholischen Einsicht, dass die Welt in ihrer Gesamtheit nun einmal

---

Ausgangspunkt für einen Vergleich zwischen Roman und Gedichtband (ders., „Madame Bovary et Les Fleurs du mal : lectures croisées", in: *Romantisme* 62 [1988], S. 41–49). Jacques Neefs hebt in seinem kurzen Aufsatz „La prose du réel" insbesondere die Bedeutung hervor, die Baudelaire Flauberts *impersonalité* beimisst (in: Barbara Vinken/Peter Fröhlicher [Hg.], *Le Flaubert réel*, Tübingen 2009, S. 21–29).
**10** Victor Brombert, *The Novels of Flaubert. A Study of Themes and Techniques*, Princeton 1966, S. 88.
**11** Vgl. dazu neben den oben genannten Arbeiten auch den Beitrag von Kayoko Kashiwagi, „Les vapeurs d'Emma Bovary et la médecine officielle de l'époque" (in dem von Rey und Séginger herausgegebenen Sammelband *Madame Bovary et les savoirs*, darin S. 219–229).
**12** Vgl. Karin Westerwelle, *Ästhetisches Interesse und nervöse Krankheit*, darin bes. das Kapitel „Baudelaires Analyse von *Madame Bovary*: Emma Bovary als « poète hystérique »", S. 8–23.
**13** Ein Abgleich der Symptome Emma Bovarys mit der zeitgenössischen Hysteriediagnostik ist bei Marc Föcking nachzulesen, in: *Pathologia litteralis. Erzählte Wissenschaft und wissenschaftliches Erzählen im französischen 19. Jahrhundert*, Tübingen 2002, darin Kapitel 4.2.3. „Hysterie und Aprikosen".

so eingerichtet ist, dass der Mensch eben nur ein permanentes Ungenügen in und an ihr empfinden kann.[14]

Und doch spricht für die Behauptung, dass es sich bei Emma Bovary um eine Melancholikerin handelt, allererst die Tatsache, dass sie als Melancholikerin wahrgenommen werden möchte. Denn der Melancholiker ist – im Gegensatz zum Hysteriker, dessen Gemüt sich durch sein Handeln offenbart – wesentlich schwieriger ‚von außen' zu erkennen, was seine ‚objektive' Bestimmung seit jeher zu einem schwierigen, fast könnte man sagen unmöglichen Unterfangen macht. Nach ‚außen' zeigt sich die innere Empfindung des Ungenügens an der Welt allenfalls in der ein oder anderen prototypischen Pose oder einem düsteren Blick, ansonsten aber kennzeichnet den Melancholiker gerade die Verweigerung von Handeln, sein Handeln als Nicht-Handeln.[15] Eben weil die Melancholie seit ihrer ersten Erwähnung in der Antike ein reines Abstraktum bildet, kommt den Selbstauskünften desjenigen, der für sich in Anspruch nimmt, ein Melancholiker zu sein, allergrößte Bedeutung zu.[16] Hieraus ergibt sich für Flauberts Protagonistin: selbst wenn sie nur eine schwach ausgeprägte Veranlagung zur Melancholie aufweisen sollte, tut sie doch auffällig viel, um als Melancholikerin *wahrgenommen* zu werden.[17] Diese Selbststilisierung ist im Grunde völlig ausreichend, um Emma Bovary sowohl als Hysterikerin als auch als Melancholikerin zu bezeichnen. Sie weist melancholische *und* hysterische Züge auf – wobei zu Beginn des Romans die Melancholie, im weiteren Verlauf die Hysterie überwiegt.

---

[14] Denkbar ist jedoch, dass Emma unmittelbar vor ihrem Tod ein Stück weit der Vergeblichkeit ihres Strebens nach Glück gewahr wird. Dies könnte ihr bizarres Lachen erklären, mit dem sie das Lied des blinden Bettlers kommentiert; vgl. Flaubert, *OC* I, Kapitel 3.VIII, S. 589, sowie das Kapitel „Melancholie als Phantasma der Sünde (*acedia*)" dieser Arbeit.

[15] Melancholie zeigt sich nach außen, russisch-formalistisch gesprochen, sozusagen als Minus-Prijom. Zum Zusammenhang von *ennui* und ‚Handlungshemmung' sei verwiesen auf Wolfgang Lepenies' Studie *Melancholie und Gesellschaft* (darin: „Exkurs über die Problematik von Handlungshemmung und Reflexion in Psychologie, Psychiatrie und Psychopathologie") sowie auf Valentin Mandelkow, *Der Prozeß um den ‚ennui' in der französischen Literatur und Literaturkritik*, Würzburg 1999, bes. das Kapitel „Die Konzeptualisierung von ‚ennui' als Handlungshemmung in der Psychopathologie der Charcot-Nachfolge". Mit der berechtigten Frage, woher die künstlerische Ausdruckskraft des eigentlich doch kraftlosen Melancholikers kommt, beschäftigt sich Ulrich Horstmann (der auch Robert Burtons *Anatomy of Melancholy* übersetzt hat) in: „Die Kunst des Großen Umsonst: Melancholie als ästhetische Produktivkraft", in: ders./Wolfgang Zach (Hg.), *Kunstgriffe. Auskünfte zur Reichweite von Literaturtheorie und Literaturkritik. Festschrift für Herbert Mainusch*, Frankfurt a. M. 1989, S. 127–138.

[16] Vgl. hierzu auch Lepenies, *Melancholie und Gesellschaft*, S. 7.

[17] Eine Auflistung der von Emma inszenierten Symptome, die sie als Melancholikerin kennzeichnen, findet sich in Kapitel II.2 dieser Arbeit „Melancholie in *Madame Bovary*: Der Rückgriff auf die Tradition".

Diese Entwicklung der Affekte führt uns zu einer für unsere Lesart des Romans zentralen Bewertung des Verhältnisses von Hysterie und Melancholie. Emmas kontinuierlich stärker werdende Hysterie ist ein Indiz dafür, dass *diese* Melancholikerin sich nicht mit ihrer Welt-Traurigkeit abfindet, sondern in der Sucht nach dem Immer-Wieder-Neuen (freilich vergeblich) einen Ausweg sucht. Vergleichbare Textbewegungen – Flucht aus der Melancholie in Verhaltensformen, die dann hysterisch werden – findet man bei Baudelaire: Dessen lyrischer Sprecher der *Fleurs du Mal* gilt zweifellos als Melancholiker, wiewohl er doch ebenfalls von einem hochgradigen Aktionismus angetrieben wird, welcher konträr zu dieser dominierenden Charaktereigenschaft steht. Dieses Paradoxon thematisiert Baudelaire in *Le mauvais vitrier* aus den *Petits poèmes en prose*:

> Le moraliste et le médecin, qui prétendent tout savoir, ne peuvent pas expliquer d'où vient si subitement une si folle énergie à ces âmes paresseuses et voluptueuses, et comment, incapables d'accomplir les choses les plus simples et les plus nécessaires, elles trouvent à une certaine minute un courage de luxe pour exécuter les actes les plus absurdes et souvent même les plus dangereux.[18]

Ganz in diesem Sinne stellen auch Emmas hysterische Ausbrüche keineswegs einen Widerspruch zu ihrer Melancholie dar, sondern dürfen im Gegenteil als ein Symptom derselben gelten.

Es ist in diesem Zusammenhang nun von besonderem Interesse, dass die *neue* Krankheit Hysterie[19] und die *alte* Krankheit Melancholie sowohl bei Baudelaire als auch bei Flaubert oftmals in unmittelbarem Zusammenhang zueinander erwähnt werden – ja beide Krankheiten scheinen zusammen zu gehören.[20] Im

---

**18** Baudelaire, OC I, S. 285–287, hier S. 285. Zu dem Prosagedicht sei vor allem auf die Lektüre Karin Westerwelles in *Ästhetisches Interesse und nervöse Krankheit* hingewiesen, aber auch Richard D. E. Burtons „Destruction as Creation: ‚Le mauvais vitrier' and the Poetics and Politics of Violence" (in: *Romanic Review* 83 [1992], S. 297–322) und Nicolae Babuts' „*Le mauvais vitrier* and *Mademoiselle Bistouri*" (in: *Symposium* 2 [1995], S. 179) sollen hier genannt sein.
**19** ‚Neu' ist die Häufigkeit, mit der die Krankheit im 19. Jahrhundert Erwähnung findet; ob der in die Antike zurückreichende Geschichte der Hysterie müsste man korrekterweise von ‚wiederentdeckt' sprechen. Siehe auch Sabine Föllinger, „Σχέτλια δρῶσι: ‚Hysterie' in den hippokratischen Schriften", in: Renate Wittern/Pierre Pellegrin (Hg.), *Hippokratische Medizin und antike Philosophie. Verhandlungen des VIII. Internationalen Hippokrates-Kolloquiums in Kloster Banz/ Staffelstein vom 23. bis zum 28. September 1993* (Medizin der Antike, Band 1), Hildesheim 1996, S. 437–450.
**20** Als Beispiel für die Verbindung zwischen Melancholie und Hysterie bei Baudelaire sei hier der Beginn der *Épigraphe pour un livre condamné* zitiert, welche als Vorwort für die dritte Ausgabe der *Fleurs du Mal* (1868) gedacht war und in der Baudelaire *mélancolique* auf *hystérique* reimt: „Lecteur paisible et bucolique, / Sobre et naïf homme de bien, / Jette ce livre saturnien, / Orgiaque et mélancolique. // Si tu n'as fait ta rhétorique / Chez Satan, le rusé doyen, / Jette ! tu n'y

Folgenden soll der Hypothese nachgegangen werden, dass immer dann, wenn die beiden Autoren den Begriff der Hysterie gebrauchen, damit in erster Linie nicht das medizinische Phänomen als solches gemeint ist, sondern vielmehr die *Mitteilung* über einen wie auch immer gearteten *ennui* gemacht wird;[21] mit anderen Worten: Hysterisches muss in beiden Texten tatsächlich als *Effekt* der Melancholie verstanden werden, nicht als Krankheit eigenen Rechts.[22] Das hysterische Handeln bildet den wahrnehmbaren Höhepunkt einer für sich genommen ebenso schwer sichtbaren wie unerträglich gewordenen melancholischen Anspannung, deren Ursprung in einem Ungenügen an der Welt liegt.[23] Dieser

---

comprendrais rien, / Ou tu ne me croirais hystérique" (Baudelaire, *OC* I, S. 138). Auch ein Brief, den Flaubert am 8. April 1852 an Louise Colet geschrieben hat, zeugt davon, inwiefern der Autor der *Madame Bovary hystérie* und *ennui* als zusammengehörend erachtet: „Je sais bien qu'il n'est point aisé de dire proprement les banalités de la vie. Et les hystéries d'ennui que j'éprouve en ce moment n'ont pas d'autre cause" (Flaubert, *Corr.* II, S. 68).

**21** Auch Freud macht im Jahre 1916 in *Trauer und Melancholie* auf das erhöhte Kommunikationsbedürfnis des Melancholikers aufmerksam: „Endlich muß uns auffallen, daß der Melancholiker sich doch nicht ganz so benimmt wie ein normalerweise von Reue und Selbstvorwurf zerknirschter. Es fehlt das Schämen vor anderen, welches diesen letzteren Zustand vor allem charakterisieren würde, oder es tritt wenigstens nicht auffällig hervor. Man könnte am Melancholiker beinahe den gegenteiligen Zug einer aufdringlichen Mitteilsamkeit hervorheben, die an der eigenen Bloßstellung eine Befriedigung findet" (*Trauer und Melancholie*, Berlin 1982 [1917], S. 38). Zum Verhältnis von Hysterie und Mitteilung sei überdies auf die Arbeit des Psychoanalytikers Lucien Israël verwiesen: *L'hystérique, le sexe et le médecin*, Paris 1976 (in der deutschen Übersetzung lautet der Titel *Die unerhörte Botschaft der Hysterie*).

**22** *Colère* und *mélancolie* sind gleichermaßen auf *bile* zurückzuführen, leitet sich doch auch die *colère* von dem lateinischen Wort für Galle (*cholera*) ab (vgl. *Etymologisches Wörterbuch der französischen Sprache*. Hg. von Wilhelm Meyer-Lübke, Heidelberg 1928, S. 230, s. v. ‚colère',).

**23** Auch ein Blick in das Herkunftswörterbuch macht deutlich, wie legitim es doch ist, eine Verbindung zwischen *ennui* und *Hysterie* zu sehen, geht doch bereits der Begriff *ennui* auf das lateinische ‚inodiare' zurück und beinhaltet somit von Beginn an Zorn und Hass (vgl. Walther von Wartburg, *Französisches etymologisches Wörterbuch*, Bd. 4, Basel 1952, S. 701–704). Gleichwohl bilden die beiden Begriffe in ihrem Kern ein gegensätzliches Paar: der eine bezeichnet traurige Weltabgewandtheit, der andere den an die Welt gerichteten Zornesausbruch. Vgl. hierzu Dantes *Divina Commedia*, in der die beiden Hauptlaster *acedia* und *ira* in den gleichen Höllenkreis verwiesen sind. Hier wird dem aristotelischen Argument aus der *Nikomachischen Ethik* gefolgt, nach dem die Tugend als die Mitte zwischen zwei Extremen festgelegt ist, *acedia* und *ira* sich also gegenseitig aufheben können. Vgl. hierzu auch Erich Loos' Aufsatz: „Die Hauptsünde der *acedia* in Dantes *Commedia* und in Petrarcas *Secretum*. Zum Problem der italienischen Renaissance", in: Fritz Schalk (Hg.), *Petrarca. Beiträge zu Werk und Wirkung*, Frankfurt a. M. 1975, S. 156–183, bes. S. 160–162 und S. 167, sowie Siegfried Wenzel, *The Sin of Sloth: Acedia in Medieval Thought and Literature*, Durham (North Carolina) 1967; besonders das Kapitel „The Fifth Circle in Dante's Hell" dieser ersten großangelegten und systematischen Monographie zur mittelalterlichen *acedia* ist hier von Interesse. Zur Wechselwirkung von Zorn und Melancholie, siehe auch Robert

strukturelle Zusammenhang zwischen Melancholie und Hysterie ist grundlegend für das Verständnis von Baudelaires Deutung der *Madame Bovary*.

Baudelaire eröffnet seinen Essay über *Madame Bovary* mit der Feststellung, dass einzig die Liebe zur Schönheit und zur Gerechtigkeit einen Autor wie den der *Madame Bovary* bewege: „[...] il a ordre de se frayer une voie nouvelle, sans autre excitation que celle de l'amour du Beau et de la Justice."[24] Einige Seiten weiter stellt er fest, dass trotz des *amour du Beau et de la Justice* eine moralische Instanz in dem Werk fehle, was auch Kritiker und schließlich der Staatsanwalt gleich nach dem Erscheinen des Romans festgestellt und bemängelt hatten.[25] Ein derartiges Korrektiv, so Baudelaire, sei aber auch gar nicht von Nöten, um Moral zu vermitteln:

> Absurdité! Éternelle et incorrigible confusion des fonctions et des genres! – Une véritable œuvre d'art n'a pas besoin de réquisitoire. La logique de l'œuvre suffit à toutes les postulations de la morale, et c'est au lecteur à tirer les conclusions de la conclusion.[26]

Baudelaire nimmt hier Bezug auf den *Madame-Bovary*-Aufsatz von Sainte-Beuve, der im Mai 1857 erschienen war und in dem der Literaturkritiker das Fehlen einer moralischen Instanz im Text bemängelt.[27] Damit ist jener Aspekt des ästhetischen

---

Burtons Kapitel „Emulation, Hatred, Faction, Desire of revenge, Causes" und „Anger a Cause" in *The Anatomy of Melancholy*, hg. von Floyd Dell und Paul Jordan-Smith, New York 1927 [1621], S. 231–235. Ferner sei hier angemerkt, dass schon Hippokratiker und Peripatetiker eine enge Verbindung zwischen Melancholie und Epilepsie proklamierten, die dem – vermutlich – epileptischen Flaubert bekannt gewesen sein könnte, denn auch noch der französische Psychiater Bénédict Morel macht in seinem im Jahre 1860 erschienenen Werk *Traité des maladies mentales* auf die Verbindung zwischen Epilepsie und Melancholie aufmerksam (ders., *Traité des maladies mentales*, Paris 1860, S. 469 ff. und bes. S. 702 f.). Den antiken Autoren zufolge handelt es sich gar um ein und dieselbe Krankheit, welche entweder als Melancholie, in diesem Fall schlägt sie sich als geistige Erkrankung nieder, oder als Epilepsie ausbreche, die sich rein körperlich bemerkbar macht (vgl. Klibansky u. a., *Saturn und Melancholie*, S. 54, Anm. 41 und S. 59, Anm. 55).

**24** Baudelaire, *OC* II, S. 76.
**25** Man bedenke hier, dass noch im Jahre 1862 Victor Hugo mit einem überaus moralisierenden Roman wie *Les Misérables* allergrößten Erfolg gehabt hat.
**26** Baudelaire, *OC* II, S. 81 f.
**27** In dem Aufsatz „*Madame Bovary* par M. Gustave Flaubert" (Mai 1857) von Charles-Augustin Sainte-Beuve heißt es über die im Roman fehlende moralische Instanz: „Tout en me rendant bien compte du parti pris qui est la méthode même et qui constitue *l'art poétique* de l'auteur, un reproche que je fais à son livre, c'est que le bien est trop absent; pas un personnage ne le représente. [...] Pourquoi ne pas avoir mis là un seul personnage qui soit de nature à consoler, à reposer le lecteur par un bon spectacle, ne pas lui avoir ménagé un seul ami? [...] Le livre, certes, a une moralité: l'auteur ne l'a pas cherchée, mais il ne tient qu'au lecteur de la tirer, et même

Programms Flauberts angesprochen, der unter seinen Zeitgenossen für besonderes Aufsehen gesorgt hat: Obgleich jegliche explizite Moralität darin fehlt, mündet das Werk nicht in einen reinen Ästhetizismus.[28] Die „véritable œuvre d'art" könne sich ihres ethischen Charakters niemals gänzlich entledigen, auch wenn dieser in hohem Maßen durch die Dominanz des Ästhetischen sozusagen ‚neutralisiert' erscheint; es sei die Aufgabe des Lesers, die finale Schlussfolgerung zu ziehen. Oder wie Goethe schon vierzig Jahre zuvor – die moralische, aber auch jede andere Form von Zweckfreiheit, das Autonomieprinzip der Moderne prädizierend –[29] in *Dichtung und Wahrheit* über den „Zwiespalt zwischen der hervorbringenden und benutzenden Klasse" schrieb: „[...] ein gutes Kunstwerk kann

---

terrible." (in: *Causeries du lundi*, Bd. XIII, Paris 1925–1929, S. 346–363, hier S. 362). Es ist kaum verwunderlich, dass Sainte-Beuves Lektüre den Autor der *Madame Bovary* nicht überzeugt hat. Siehe hierzu die folgende Formulierung Flauberts vom 9. Mai 1857: „L'article de Sainte-Beuve a été bien bon pour les bourgeois. Il a fait à Rouen (m'a-t-on dit) grand effet" (Flaubert, *Corr.* II, S. 712). Wenn Baudelaire in seinem *Madame-Bovary*-Aufsatz den Kritiker Sainte-Beuve nicht beim Namen nennt (Baudelaire spricht gar von *plusieurs critiques*), so mag dies daran liegen, dass dieser ihm geholfen hatte, seinen Gedichtband *Les Fleurs du Mal* vor Gericht zu verteidigen, und Baudelaire ihn daher nicht offen angreifen wollte (vgl. dazu John E. Gale, „Sainte-Beuve and Baudelaire on Madame Bovary", *The French Review* 41 [1967], S. 30–37, hier S. 31).

28 Vgl. auch die folgende, Ende 1856 kurz vor der Veröffentlichung von *Madame Bovary* getätigte Äußerung Flauberts: „La morale de l'Art consiste dans sa beauté même, et j'estime par-dessus tout d'abord le style, et ensuite le Vrai" (*Corr.* II, 12. Dezember 1856, S. 652). Siehe ferner auch Hugo Friedrich, der Flauberts Wirken als eine „Art Rache an der Niedrigkeit des Daseins" bezeichnet: „Die jahrelange Arbeit an den Romanen, die Flaubert zum Vorbild aller künstlerischen Zucht und Strenge macht, ist nur die technische Auswirkung einer derartigen ethischen Funktion der Kunst. Sie ist ihm eine Rache und Entgiftung, und zugleich ein exercitium spirituale, worin er sich, im Akt der reinen Erkenntnis und Aussage, von allen Unreinheiten der Subjektivität reinigen wollte. Sie ist weiterhin – und auf solche Weise muß man diese Dinge schließlich verstehen – die letzte mögliche Haltung einer künstlerischen Willensnatur in der pessimistischen Jahrhunderthälfte gegenüber dem als völlig entwertet empfundenen Dasein. Die Willenskraft, mit der Flaubert seinem Werk gedient hat, bewahrte ihn vor jedem leeren Ästhetizismus. Mit diesem mehr ethischen als ästhetisierenden Sinn seiner Kunst hängt es auch zusammen, daß Flaubert von seinen Werken nichts mehr wissen wollte, wenn sie einmal hervorgebracht waren." (Ders., *Drei Klassiker des französischen Romans. Stendhal, Balzac, Flaubert*, Frankfurt a. M. ⁷1973, S. 134 f.). Zur Verbindung zwischen Kunst und Moral bei Flaubert sei verwiesen auf Benjamin F. Bart, „Flauberts Romanbegriff", in: Winfried Engler (Hg.), *Der französische Roman im 19. Jahrhundert*, Darmstadt 1976, S. 325–338, aber auch auf Gerhard Frey, *Die ästhetische Begriffswelt Flauberts. Studien zu der ästhetischen Terminologie der Briefe Flauberts*, München 1972, S. 282–288.

29 Schon Kierkegaard hat 1843 in *Entweder – Oder* (*Tagebuch des Verführers*) die Eigengesetzlichkeit der modernen Ästhetik, die eben keinerlei ethischen Normen verpflichtet ist, auf eine ebenso radikale wie epochemachende Art und Weise herausgestellt, stehen doch nunmehr Ästhetisches und Ethisches geradezu in einem antagonistischen Verhältnis zueinander.

und wird zwar moralische Folgen haben, aber moralische Zwecke vom Künstler fordern, heißt ihm sein Handwerk zu verderben."[30]

Wie nun der literarische Nährboden beschaffen sein soll, auf dem Ästhetisches wie Ethisches im Schatten des Banalen und Hässlichen gedeihen können, legt Baudelaire in seiner Kritik ausführlich dar. Enthusiasmiert bespricht er en détail, warum Flauberts Wahl des literarischen Sujets nur auf eine Figur wie die der gelangweilten Gattin eines Landarztes fallen konnte. Seine Ausführungen eröffnet er mit der Frage nach den konkreten Mitteln, mit denen der Autor der *Madame Bovary* die Gemüter zu bewegen trachtet: „Quel est le moyen le plus sûr de remuer toutes ces vieilles âmes ?"[31] Was die ‚greisen Seelen', das bürgerliche literarische Publikum des Zweiten Kaiserreichs, aufrütteln kann, muss etwas Außergewöhnliches, etwas Neues sein. Damit es als solches erkennbar wird, setzt das Außergewöhnliche freilich voraus, dass alles andere als denkbar gewöhnlich präsentiert wird:

> Nous étendrons un style nerveux, pittoresque, subtil, exact, sur un canevas banal. Nous enfermerons les sentiments les plus chauds et les plus bouillants dans l'aventure la plus triviale. Les paroles les plus solennelles, les plus décisives, s'échapperont des bouches les plus sottes.[32]

Baudelaire zufolge ist das Gewöhnliche vornehmlich im ‚stupiden' Milieu der Provinz zu finden, womit der Ort der Romanhandlung bereits vorgegeben wäre. Die wiederum unerträglichsten Akteure der Kleinstadt seien die Kleinbürger und in diesem Milieu der Einfalt bilde das Motiv des Ehebruchs wiederum die denkbar ‚verbrauchteste', ja ‚prostituierteste' („la donnée la plus usée, la plus prostituée", heißt es im Text) Zutat – Baudelaire verwendet den schwer übersetzbaren Ausdruck „l'orgue de Barbarie le plus éreinté"[33].

Die geballte Trivialität des Stoffs lässt Baudelaire vermuten, Flaubert sei mit dem Roman eine Art Wette eingegangen. Eine Wette, die den Beleg liefern soll, dass alle Stoffe gleich gut oder schlecht geeignet seien, zu Kunst verarbeitet zu

---

[30] Johann Wolfgang Goethe, *Dichtung und Wahrheit*, hg. von Klaus-Detlef Müller, Darmstadt 1998, S. 485; vgl. Cornelia Klinger, „Moderne", in: Karlheinz Barck/Martin Fontius u. a. (Hg.), *Ästhetische Grundbegriffe*, Bd. 4, Stuttgart/Weimar 2002, S. 121–167, hier S. 151. Zum Verständnis der Autonomie der Kunst bei Goethe und Flaubert (hier vor allem in den *Wahlverwandtschaften* und in *Madame Bovary*) sei verwiesen auf Norbert Christian Wolf: „Ästhetische Objektivität. Goethes und Flauberts Konzept des Stils", in: *POETICA* 34 (2002), S. 125–169, bes. S. 153–158.
[31] Baudelaire, *OC* II, S. 80.
[32] Ebd.
[33] Ebd.

werden, ja dass die vulgärsten Stoffe gar die besten seien: „Dès lors, *Madame Bovary* – une gageure, une vraie gageure, un pari, comme toutes les œuvres d'art – était créée."[34] In einer Hinsicht aber müsse sich die Heldin von der allgemeinen Gewöhnlichkeit ihres Umfelds abheben: Es sei vonnöten, dass sie eine unbezähmbare Begierde nach höheren Sphären mitbringt („une aspiration irréfrénable vers un monde supérieur"[35]). Hierzu führt Baudelaire weiter aus, dass es dem Autor glücklicherweise niemals ganz gelungen sei, eine restlos weibliche Figur entstehen zu lassen: männliche Tugenden schlügen immerfort durch.[36] So sei mit der Hausfrau aus der tiefsten Provinz einerseits ein literarisch niedriger Gegenstand gegeben, gleichzeitig jedoch führe ihre charakterliche Ausstattung mit ‚männlichen' Zügen, wie das Verlangen nach Höherem, zur Entstehung von etwas ganz und gar ‚Wunderbarem'.[37] Im Folgenden wird gezeigt werden, in welchem Maße diese *merveille* nicht nur auf dem Wechselspiel von Männlichkeit und Weiblichkeit, sondern auch auf der Interdependenz von Melancholie und Hysterie gründet. Letzteren Begriff gilt es hier vorab in seiner damaligen Bedeutung näher zu betrachten.

Das Interesse der Literatur am Medizinischen ist Charakteristikum des 19. Jahrhunderts,[38] dessen Schriftsteller auf Wissensbestände zurückgreifen und diese produktiv für ihre eigene Semantik nutzen. Die literarischen Werke sind selbst aber keine Wissenstexte und folgen als fiktionale Texte auch gänzlich anderen Strategien der Kohärenzbildung. Während Wissenstexte mit Wahrheitsanspruch argumentieren und also explizit Behauptungen und deren Begründungen aufstellen, findet die Kohärenzbildung in literarischen Texten implizit statt.[39] Im Zuge einer solchen impliziten Kohärenzbildung bedient sich Flaubert der medizinischen Wissensbestände seiner Zeit – und blendet alle für ihn irrelevanten Aspekte selbstredend aus. Eine ernsthaft wissenschaftliche Auseinandersetzung mit dem medizinischen Diskurs über Hysterie lässt sich weder bei Flaubert noch bei Baudelaire erkennen – verständlicherweise, sind literarische Texte doch

---

34 Baudelaire, *OC* II, S. 81.
35 Ebd.
36 „[...] il n'a pas pu ne pas infuser un sang viril dans les veines de sa créature [...]" (Ebd.).
37 So schlussfolgert Baudelaire: „Il en est resulté une merveille ; [...] madame Bovary, pour ce qu'il y a en elle de plus énergique et de plus ambitieux, et aussi de plus rêveur, madame Bovary est restée un homme" (Ebd.).
38 Vgl. hierzu Odo Marquard, „Über einige Beziehungen zwischen Ästhetik und Therapeutik in der Philosophie des neunzehnten Jahrhunderts", in: Hans Joachim Schrimpf (Hg.), *Literatur und Gesellschaft. Vom neunzehnten ins zwanzigste Jahrhundert*, Bonn 1963, S. 22–55, bes. S. 48–50 und Marc Föcking, *Pathologia litteralis*.
39 Vgl. Andreas Kablitz, *Kunst des Möglichen. Theorie der Literatur*, Freiburg 2012, S. 149 ff.

keine institutionellen Orte für die Produktion von Wissen im wissenschaftlichen Sinne. Für den Interpreten sind die Wissen*kontexte* gleichwohl interpretationsrelevant.[40]

Weder Mediziner noch Psychologen haben sich je auf eine Definition von Hysterie festlegen können.[41] In der medizinischen Diskussion des 19. Jahrhunderts herrscht allein darüber Einigkeit, dass Hysterie nur dann auftritt, wenn sich derjenige, der an ihr leidet, in Gesellschaft befindet.[42] Allein diese grundlegende

---

[40] Hier seien folgende Arbeiten angeführt, in denen die naturwissenschaftlichen Interessen der beiden Autoren nachgezeichnet werden: Pierre Vallery-Radot, „Baudelaire. Médecine et médecins", in: *La presse médicale* 64 (1956), S. 517 f.; sowie die Beiträge in dem bereits genannten von Rey und Séginger herausgegebenen Sammelband (Madame Bovary *et les savoirs*, 2009). Bekanntermaßen finden sich insbesondere in *Madame Bovary* häufig – und mitunter überaus beliebig ausgewählt – Erkenntnisse und Begriffe aus den Naturwissenschaften. Inwiefern Mitte des 19. Jahrhunderts naturwissenschaftliche Diskurse zum Jargon des Kulturbetriebs gehören, ist bei Marc Föcking nachzulesen (*Pathologia litteralis*, darin Kapitel 4.2.1 „,Science' versus Szientismus: Flaubert und der ‚coup d'œil médical'", S. 212–222, bes. S. 221 f.). Überraschende Erkenntnisse zur Verbindung zwischen Psychopathologie und literarischem Stil bei Flaubert finden sich in Martin von Koppenfels' Aufsatz „Flauberts Hand – Strategien der Selbstimmunisierung", in: *POETICA* 34 (2002), S. 171–191; vgl. auch ders. *Immune Erzähler. Flaubert und die Affektpolitik des modernen Romans*, München 2007.

[41] Prägnante Definitionsversuche zur Hysterie finden sich vor allem in nicht-medizinischen Studien. Insbesondere in den letzten Jahrzehnten sind von der Flaubert- und Baudelaireforschung zahlreiche Bestimmungsversuche unternommen worden, die sich allerdings meist nur auf ausgewählte Aspekte der Erkrankung beziehen. So sei hier beispielsweise auf Gérard Gasarian verwiesen, der die Hysterie als solche für eine „maladie de lecture" hält („elle survient au moment où le lecteur se méprend, dans une double méprise qui trouble le sens de son identité"; ders., „La figure du poète hystérique ou l'allégorie chez Baudelaire", *Poétique* 86 [1991], S. 177–191, hier bes. S. 177 f.).

[42] Vgl. die Standardschriften des 19. Jahrhunderts zur Hysterie: Jean Baptiste Louyer-Villermay, *Traité des vapeurs, ou maladies nerveuses et particulièrement de l'hystérie et de l'hypocondrie*, Bd. 1, Paris 1832, s. v. ‚Hystérie', S. 1–216, sowie dessen Aufsatz zur Hysterie im *Dictionnaire des sciences médicales* von Panckoucke, Bd. 23, Paris 1818, S. 226–273. Für eine sehr detaillierte Analyse der Hysterie siehe Hector Landouzy, *Traité complet de l'hystérie*, Paris 1846. Auch ein Blick in Diderots *Encyclopédie* ist durchaus lohnend. Darin wird besonders auf das konvulsive Moment der Erkrankung sowie auf die Verbindung zwischen Hysterie und Melancholie hingewiesen: „HYSTÉRIQUE: [...] c'est le genre nerveux qui est principalement affecté ; ce qui est démontré par les symptomes aussi multipliés que variés, qui les accompagnent, qui ont tous rapport à la nature des mouvemens convulsifs ou spasmodiques ; il s'ensuit que l'on doit aussi rapporter l'espece de maladie dont il s'agit ici, à la mélancolie [sic] qui en est comme le genre : ainsi voyez : MÉLANCHOLIE [sic]." (Ders., *Encyclopédie ou Dictionnaire raisonné, des sciences, des arts et des métiers par une société de gens de lettres. Mis en ordre et publié par M. Diderot, et quant à la partie mathématique par M. d'Alembert*, Paris 1751–1780, Bd. 8, Paris 1765, S. 420). Zur szenischen Selbst-Inszenierung der Hysterikerin, und dies ist für die Interpretation von Emmas Gebaren von besonderem Interesse, siehe Marc Föcking, der in seiner Arbeit zeigt, in welchem

Eigenschaft spricht dafür, dass es sich bei dem Wechselspiel zwischen Melancholie und Hysterie, wie bereits angedeutet, um ein veritables – wenn auch freilich sehr spezielles – Modell der Mitteilung handelt.[43] Auf diesen Gedanken soll im Folgenden immer wieder Bezug genommen werden.

Ohnehin sollte dem hysterischen Moment im Charakter Emma Bovarys vielleicht weniger Bedeutung beigemessen werden als dies gemeinhin in der Forschung der Fall ist: Betrachtet man nämlich die anderen weiblichen Figuren in Flauberts Roman, so stellt man fest, dass Emma nicht die einzige ist, die ein hysterisch-nervöses Gebaren an den Tag legt. Vielmehr lässt sich dies bei jeder Frauenfigur, die näher geschildert wird, ausmachen.[44] So wird schon Madame Bovary *mère* als mit einem derartigen Temperament ausgestattet beschrieben: „[...] d'humeur difficile, piaillarde, nerveuse."[45] Und auch Charles Bovarys erster Ehefrau Héloïse werden Züge nervöser Krankheit zugesprochen:

> Il lui fallait son chocolat tous les matins, des égards à n'en plus finir. Elle se plaignait sans cesse de ses nerfs, de sa poitrine, de ses humeurs. Le bruit des pas lui faisait mal ; on s'en allait, la solitude lui devenait odieuse ; revenait-on près d'elle, c'était pour la voir mourir, sans doute.[46]

Flauberts undifferenzierte Verwendung von Nervosität in der Ausgestaltung seiner Figuren erklärt sich nicht etwa durch Nachlässigkeit oder medizinische Unkenntnis, sondern scheint ihren Ursprung schon in einer völlig beliebigen medizinischen Terminologie zu haben. So schreibt er in einem Brief an George Sand vom 29. September 1866:

---

Maße namhafte Mediziner der zweiten Hälfte des 19. Jahrhunderts, unter ihnen Briquet, Charcot, Richer und noch Dubois, das Verhalten der Hysterikerin mit der Arbeit einer Schauspielerin vergleichen: „L'hystérique est une actrice en scène, une comédienne ; mais ne le lui reprochons jamais, car elle ne sait pas qu'elle joue ; elle croit sincèrement à la réalité des situations." (Paul-Charles Dubois, *Les Psychonévroses et leur traitement moral*, Paris 1904, S. 214, zitiert nach Marc Föcking, *Pathologia litteralis*, darin S. 245 f.). Eine Zusammenfassung des Hysterie-Diskurses des 19. Jahrhunderts bietet Karin Westerwelles Kapitel „Hysterie und nervöse Krankheit. Medizingeschichtliche und kulturgeschichtliche Aspekte im 19. Jahrhundert (1800–1860)" (in: *Ästhetisches Interesse und nervöse Krankheit*, S. 40–132).
43 Zur (Selbst-)Inszenierung der Heldin als Hysterikerin sei verwiesen auf Joachim Küpper „Das Ende von Emma Bovary", in: Hans-Otto Dill (Hg.), *Geschichte und Text in der Literatur Frankreichs, der Romania und der Literaturwissenschaft. Festschrift Rita Schober zum achtzigsten Geburtstag*, Berlin 2000, S. 71–93, hier bes. S. 81.
44 Vgl. hierzu auch Kayoko Kashiwagi, „Les vapeurs d'Emma Bovary", S. 209–211.
45 Flaubert, *OC* I, 1.I, S. 296.
46 Flaubert, *OC* I, 1.I, S. 301.

> Les sciences psychologiques resteront où elles gisent, c'est-à-dire dans les ténèbres et la folie, tant qu'elles n'auront pas *une nomenclature exacte*, et qu'il sera permis d'employer la même expression pour signifier les idées les plus diverses.⁴⁷

Was er von den medizinischen Konzepten der Nervenleiden hielt, zeigt etwa sein Eintrag aus dem *Dictionnaire des idées réçues*:

> Nerveux : Se dit chaque fois qu'on ne comprend rien à une maladie, cette explication satisfait l'auditeur.⁴⁸

Auch Baudelaire unterstreicht in seiner *Madame-Bovary*-Kritik die Unschärfe des Begriffs; es handele sich mithin bei der Hysterie um ein physiologisches ‚Mysterium' „que l'Académie de médecine n'a pas encore résolu"⁴⁹.

Das Phänomen der Hysterie, das den Höhepunkt seiner Popularität wohlgemerkt erst im ausklingenden 19. Jahrhundert erreicht, betrifft zwar im Besonderen die weibliche Pathologie⁵⁰, doch hindert dies Baudelaire nicht daran, mit großer Selbstverständlichkeit auch den männlichen Hysteriker zu beschreiben.⁵¹ Gleichermaßen bezeichnet Flaubert sich selbst in nicht-literarischen Äußerungen immer wieder als Hysteriker.⁵² Wenn Baudelaire Emma Bovary mit männlichen

---

47 Flaubert, *Corr*. III, hg. von Jean Bruneau, Paris 1991, S. 536 f.
48 Flaubert, *OC* II, S. 1018. Zur Unwirksamkeit der medizinischen Behandlung von Nervenleiden schreibt Flaubert an Edna Roger des Genettes am 6 Oktober 1871: „Comme je vous plains! J'ai peur que vous ne suiviez un très mauvais régime. Pardonnez-moi cette outrecuidance, mais j'ai, à mes dépens, acquis beaucoup d'expérience en fait de névroses. Tous les traitements qu'on leur applique ne font qu'exaspérer le mal. – Je n'ai pas encore rencontré, en ces matières, *un* médecin intelligent. – Non! pas un! C'est consolant! Il faut s'observer soi-même scientifiquement et expérimenter ce qui convient." (Flaubert, *Correspondance* IV, hg. von Jean Bruneau, Paris 1998, S. 383).
49 Baudelaire, *OC* II, S. 83.
50 Hiervon zeugt allein schon die Etymologie des Bergiffs: „*Hystérique* (1568; lat. hystericus, gr. husterikos, de *hustera* « utérus », l'attitude des malades étant autrefois considérée comme un accès d'érotisme morbide féminin)" (Alain Rey/Josette Rey-Debove [Hg.], *Le Petit Robert*, Paris 1990, S. 953).
51 In Baudelaires *Madame-Bovary*-Kritik lautet der Abschnitt in seiner Gänze: „L'hystérie! Pourquoi ce mystère physiologique ne ferait-il pas le fond et le tuf d'une œuvre littéraire, ce mystère que l'Académie de médecine n'a pas encore résolu, et qui, s'exprimant dans les femmes par la sensation d'une boule ascendante et asphyxiante (je ne parle que du symptôme principal), se traduit chez les hommes nerveux par toutes les impuissances et aussi par l'aptitude à tous les excès?" (Baudelaire, *OC* II, S. 83). Wobei nicht unerwähnt bleiben darf, dass zwischen dem 16. und dem 19. Jahrhundert die Krankheit nicht systematisch der Frau zugeordnet worden war (vgl. hierzu Mehnert, *Melancholie und Inspiration*, S. 41).
52 So finden wir beispielsweise in Flauberts Korrespondenz den folgenden Auszug: „Me traiter d'anachorète est peut-être une comparaison plus juste que vous ne croyez. Je passe des semaines

Eigenschaften ausgestattet sieht – „presque mâle", „ornée (inconsciencieusement peut-être) de toutes les qualités viriles" –,[53] so stellt er lediglich die männlichen Züge der Romanfigur heraus und deckt nicht etwa Dimensionen von ‚Weiblichkeit' im Charakter des Autors Gustave Flaubert auf, wie mitunter in Interpretationen zu lesen ist.[54] Auf den ersten Blick mag es verwunderlich erscheinen, dass Baudelaire und Flaubert ‚männliche Hysteriker' beschreiben, sind diese im medizinischen Diskurs des 19. Jahrhunderts doch sozusagen inexistent. Diese Beobachtung relativiert sich jedoch in Anbetracht der Tatsache, dass beide Autoren den zeitgenössischen Diskurs über Nervenkrankheiten als diffus und vollkommen kontingent erachten, und ihn mitunter auf ironische oder gar abschätzige Art und Weise aufgreifen. Wenn Baudelaire dessen ungeachtet Emma Bovary zum ‚hysterischen

---

entières sans échanger un mot avec un être humain. Et à la fin de la semaine, il m'est impossible de me rappeler un seul jour, ni un fait quelconque. Je vois ma mère et ma nièce les dimanches, et puis c'est tout. [...] Les nuits sont noires comme de l'encre, et un silence m'entoure, pareil à celui du Désert. – La sensibilité s'exalte démesurément dans un pareil milieu. J'ai des battements de cœur pour rien. Chose compréhensible, du reste, dans un vieil hystérique, comme moi. – Car je maintiens que les hommes sont hystériques comme les femmes et que j'en suis un. Quand j'ai fait *Salammbô* j'ai lu sur cette matière-là « les meilleurs auteurs » et j'ai reconnu tous mes symptômes." (Flaubert, *Correspondance* III, 12. Januar 1867, S. 591 f.).

**53** Baudelaire, *OC* II, S. 82.

**54** Weil weder Baudelaire noch Flaubert das Geschlecht des hysterischen Menschen zum Problem erklären (im Übrigen ist schon E. A. Poe unter anderem von Baudelaire als ‚Hysteriker' bezeichnet worden, vgl. Roger Bauer, *Die schöne Décadence. Geschichte eines literarischen Paradoxons*, Frankfurt a. M. 2001, darin das Kapitel „Nerven, Neurosen, Hysterien. Die Décadence als Dégénérescence", bes. S. 81 f.), erscheint es erlässlich, hier näher auf die Genderdiskussion einzugehen (siehe hierzu vor allem Mary Orr: *Madame Bovary. Representations of the Masculine*, Bern 1999 und *Flaubert writing the Masculine*, New York 2002). Doch sei an dieser Stelle auf Elisabeth Bronfens Aufsatz „Gustave Flaubert's *Madame Bovary* and the Discourse of Hysteria" verwiesen. Darin arbeitet Bronfen überzeugend und in aller Klarheit Baudelaires Behauptung heraus, Emma Bovary strebe nach einem romantischen Ideal wie ihr Autor nach einem ästhetischen („The analogy between Flaubert's aesthetic romance with pure style and Emma's romance with pure desire is such that, in this book about nothing, the heroine is held together by an internal force of urgency, by an undefined yet insistent desire for an impossibiliy", S. 67), warum indes die Hysterie (der sie, wie L. Israël, den Status einer Kommunikationsform zuspricht, S. 68 f. u. S. 82) als verbindendes Element zwischen Autor und Figur fungieren soll, wird nicht gänzlich klar: „If Emma resembles her author by virtue of the fact that she is an excessive dreamer and that she can transform her psychosomatic disorder into writing, she displays a masculine side in the course of her hysteria, which confirms Freud's theory of the bisexuality of hysteric fantasies. The other half of this equation, however, is that Flaubert's hysteria – revealing itself not only in the fact that he was able to create this heroine but above all in the fact that he experienced a strong identification with her body language, which at times led him to somatize her fantasies – comes to articulate the author's feminization." (in: *Nineteenth-Century Prose* 25 [1998], S. 65–101, hier S. 94).

Dichter' ausruft und Flaubert dieser Betitelung zustimmt, so kann und soll hier vermutet werden, dass mit dem Begriff der Hysterie etwas gemeint ist, was über die medizinische Semantik hinausgeht. Der zeitgenössische medizinische Diskurs der Hysterie und anderer Nervenleiden stellt eben, wie oben erwähnt, lediglich einen Wissens*kontext* dar, auf den sich die literarischen Autoren in völliger Freiheit beziehen können, um Bedeutung zu generieren.[55]

Baudelaire zufolge weist die Figur Emma Bovary in ihrer Eigenschaft als *poète hystérique* sowohl weibliche als auch männliche Züge auf, welche ihr zusammen ein „tempérament équivoque"[56] verleihen. Dies ermöglicht Flaubert zweierlei: Zum einen wird hierdurch die Gewöhnlichkeit des Sujets sichergestellt, denn der Roman spielt im Alltag einer Ehebrecherin aus der Provinz, nach Baudelaire also in den denkbar niedrigsten Sphären. Zum anderen aber heben ihre männlichen Züge die Romanfigur aus ebendiesen Miasmen wieder heraus: „Énergie soudaine d'action, rapidité de décision, fusion mystique du raisonnement et de la passion, qui caractérise les hommes créés pour agir."[57] Am Ende einer Aufzählung zwiegeschlechtlicher Charakterzüge Emma Bovarys gelangt Baudelaire zu seiner eigentlichen These: Emma Bovary sei sowohl *homme d'action* als auch *poète hystérique*.[58] Den *homme d'action* meint Baudelaire in der Darstellung der jugendlichen Emma zu erkennen: Hierbei handele sich um denjenigen, der mit der Begabung ausgestattet ist, über die Freuden des Lebens ungewöhnlich verheißungsvolle Vermutungen anzustellen. Ebendieses Fähigkeit bemerken schon die Ordensschwestern in der jungen Klosterschülerin: Konkret bestehe Emmas Talent darin, sich etwas anderes als das Hier und Jetzt vorstellen und ersehnen zu können. So stellt Baudelaire fest : „Les bonnes sœurs ont remarqué dans cette jeune fille une aptitude étonnante à la vie, à profiter de la vie, à en conjecturer

---

[55] Grundsätzliches zur Verbindung zwischen Medizin und Literatur ist nachzulesen in: Nicolas Pethes/Sandra Richter (Hg.), *Medizinische Schreibweisen. Ausdifferenzierung zwischen Medizin und Literatur (1600–1900)*, Tübingen 2008, darin besonders die Einleitung, S. 1–11, sowie in: Roland Borgas u. a. (Hg.), *Literatur und Wissen. Ein interdisziplinäres Handbuch*, Stuttgart/Weimar 2013, hier insbesondere Kapitel 2.6 „Medizin", S. 85–95. In Anbetracht der spärlichen Ergebnisse der zahlreichen medizinischen oder psychologischen Analysen des fiktionalen Textes *Madame Bovary* scheint es, die literaturwissenschaftliche Forschung habe allzu sehr den naturwissenschaftlichen Diskurs im Blick gehabt, ohne dass dieser überzeugende interpretatorische Schlüsse ermöglicht habe. Bei der Auslegung dieses realistischen Romans ist es vor allem dann sinnvoll, einen Blick auf das medizinische Wissen der Zeit zu werfen, wenn angezeigt ist, *effet de réel* und allegorisches Motiv voneinander abzutrennen (vgl. in dieser Arbeit das Kapitel über „Emma Bovarys Sterben: Realismus und Allegorie").
[56] Baudelaire, *OC* II, S. 83.
[57] Baudelaire, *OC* II, S. 82.
[58] Baudelaire, *OC* II, S. 83.

les jouissances ; – voilà l'homme d'action !"⁵⁹ Es handelt sich bei diesen Sehnsüchten indes um eine Konstruktion ganz im Sinne des Baudelaireschen *Idéal*: Das Ersehnte ist stets nur vorgeblich erfahrbar; man kann seiner – nicht einmal durch Aneignung – niemals dauerhaft habhaft werden, wodurch Emmas sehnsüchtigem Streben eine strukturell unabschließbare Bewegung des Begehrens eingeschrieben ist.

Baudelaire weist darauf hin, dass Flauberts Heldin im Laufe des Romans ihrer Frömmigkeit mehr und mehr verlustig geht, sie sich immer weniger dem Sakralen und umso stärker dem Profanen hingibt, die ästhetische die religiöse Erfahrung Stück um Stück ablöst:⁶⁰ „[…] elle substituait dans son âme au Dieu véritable le Dieu de sa fantaisie, le Dieu de l'avenir et du hasard, un Dieu de vignettes, avec éperons et moustaches ; –– voilà le poète hystérique."⁶¹ Auf den Konnex zwischen Melancholie und ihrem Gegenstück, der eigentlich verbotenen Handlung, geht schon Thomas von Aquin ein, dessen Moraltheorie Bestandteil des französischen Schulkanons des 19. Jahrhunderts war. In der *Summa theologica* lautet die entsprechende Stelle zu den *filiae acediae*: „Inquantum autem propter tristitiam a spiritualibus aliquis transfert se ad delectabilia exteriora, ponitur filia acediae evagatio circa illicita."⁶² Auch Emmas Ungenügen an dieser Welt – Baudelaire zeigt den von ihr empfundenen Mangel bezeichnenderweise besonders an ihrer gleichermaßen fehlgeleiteten wie unerfüllten Religiosität auf – wird im Laufe der Romanhandlung immer wieder in neuen Höhepunkten des nach der christlichen Sündenlehre Unerlaubten gipfeln, in einem ‚Ausschwirren nach dem Verbotenen', wie es bei Thomas geschildert wird. Doch bevor es zu verbotenen Handlungen kommt, versucht Emma ihre grundlegende Unzufriedenheit durch das Imaginieren von etwas Anderem zu überwinden, wobei sie mitunter eine (wenn auch nur in ihrer Fantasie) eigenständige Schöpfung von Neuem initiiert. An dieser Stelle tritt der von Baudelaire so bezeichnete *poète hystérique* auf den Plan: Nicht nur möchte Emma aus ihrem Ungenügen heraus das Privileg der Schöpfung ergreifen und die von Gott geschaffene Welt nach den Maßstäben ihrer eigenen Fanta-

---

59 Ebd.
60 Unersättlich hatte sie sich als Klosterschülerin an den weltlichen Freuden ergötzt. Baudelaire fasst dies folgendermaßen zusammen: „Cependant la jeune fille s'enivrait délicieusement de la couleur des vitraux, des teintes orientales que les longues fenêtres ouvragées jetaient sur son paroissien de pensionnaire ; elle se gorgeait de la musique solenelle des vêpres […]" (ebd.).
61 Ebd.
62 Thomas von Aquin, *Summa theologica Iᵃ q. 1–49*, in: *Sancti Thomae de Aquinato Opera omnia iussu impensaque Leonis XIII P.M edita*, Tomus IV, *Prima Pars Summae theologiae*, cura et studio Fratrum Predicatorium, Romae 1888 [Corpus Thomisticum Editio Leonina], IIᵃ–IIae, q. 35 a. 4 ad 2.

sie, ganz in der Manier eines Renaissance-Künstlers,[63] neu kreieren, sondern sie ersetzt auch den ‚wahren Gott' (*Dieu véritable*) durch einen von ihr selbst geschaffenen, einen ‚Vignettengott' (*Dieu de vignettes*), worunter wir uns weniger einen Gott der Andachtsbilder und Heiligenbildchen vorzustellen haben, als vielmehr den romantischen Dichter, der – teilweise ausgesprochen verkitscht – in Illustrationen romantischer Texte abgebildet ist, wie sie Champfleury in seiner Sammlung *Les Vignettes romantiques* zusammengestellt hat.[64] Seine Ausführungen über die Imaginationskraft der Protagonistin schließt Baudelaire mit der Exklamation „– voilà le poète hystérique", welche in unmittelbarem Zusammenhang mit dem vorausgegangenen „– voilà l'homme d'action!" steht und auch solchermaßen zu verstehen ist: Der *poète hystérique* – auf den es hier ankommt – hat als charakterliche Voraussetzung die Begabung des *homme d'action*. Diese besteht in dem Vermögen, das *Idéal* zu erahnen, welches ihm freilich immer versagt bleiben wird. Es ist die durch diese Unmöglichkeit sich einstellende Erkenntnis von der Mangelhaftigkeit der Welt, welche ihn eine melancholische Grundhaltung einnehmen lässt. Emma Bovary ist insofern ein ‚hysterischer Dichter', als sie immer wieder versucht, die Leerstelle zu füllen, welche das Wissen um das *Idéal* hinterlässt. Baudelaire beschreibt diese ‚poetische' Veranlagung der Protagonistin mit ganz ähnlichen Worten und semantischen Oppositionen wie er sie auch in *L'Albatros* zur Inszenierung des Vogels/Dichters verwendet. So bezeichnet er Emma Bovary in ihrer Eigenschaft als *poète hystérique* als einerseits „vraiment grande"[65] und andererseits „pitoyable"[66] und „ridicule"[67]. Seinen über den Menschen hinwegfliegenden Albatros nennt er „prince des nuées" und „roi de l'azur". Dann jedoch, wenn sich der Vogel nicht mehr in höheren Gefilden bewegt, wird er als „gauche et veule" sowie „comique et laid" beschrieben, und lässt „piteusement" seine

---

[63] Siehe hierzu ferner: Ernst Kris/Otto Kurz, *Die Legende vom Künstler. Ein geschichtlicher Versuch*, Frankfurt a. M. 1995 [zuerst: Wien 1934], bes. das Kapitel „Deus Artifex – Divino Artista", S. 64–86.

[64] Darin heißt es: „Chateaubriand et Lamartine faisaient de la vignette une prière, un souvenir chrétien, une croix, une tombe, un cimetière de campagne, un *angelus* au clocher voisin. Dans le but d'animer le dessin un ange jouait de la harpe avec une Bible pour partition ; de jeunes hommes mélancoliques apparaissaient enveloppés de manteaux byroniens [...]" (Jules Champfleury, *Les Vignettes romantiques. Histoire de la littérature et de l'art 1825–1840*, Paris 1883, S. 3). Weitere Äußerungen Baudelaires zur Vignette finden sich bei Karin Westerwelle, „Baudelaires Rezeption der Antike. Zur Deutung von Spleen und Idéal", in: dies. (Hg.), *Charles Baudelaire. Dichter und Kunstkritiker*, Würzburg 2007, S. 27–75, hier S. 64.

[65] Baudelaire, *OC* II, S. 83.

[66] Ebd.

[67] Baudelaire, *OC* II, S. 83f.

großen weißen Flügel hängen.⁶⁸ Wie diejenige des Albatros so ist auch Emmas Existenz von dem Widerspruch zwischen *pitoyable* und *ridicule*, aber auch von dem Wissen um ein *Idéal* gekennzeichnet. Dementsprechend lässt Baudelaire seine Gedankengänge über Emma Bovary ganz im Sinne seiner eigenen Poetik in dem Ausruf kulminieren: „[...] : elle [Emma Bovary] poursuit l'Idéal !"⁶⁹

Zur Illustration seiner Überlegungen führt Baudelaire zwei Szenen aus dem Roman an. Zunächst greift er die Episode auf, in der Emma Bovarys Reaktion auf die misslungene Operation des Klumpfußes geschildert wird, danach bespricht er recht ausführlich – und mit großer Begeisterung – die vollkommen missglückte Unterredung zwischen Emma und dem Pfarrer Bournisien. Die von Baudelaire ausgewählten Szenen sollen im Folgenden einer genaueren Betrachtung unterzogen werden, zeugen doch beide Beispiele von den spontanen, vollkommen unreflektierten und kläglich scheiternden Versuchen der Protagonistin, ihre verständnislosen Mitmenschen über ihren Seelenzustand zu unterrichten. Die Voraussetzung für diese impulsiven – und wenn man so will hysterischen – Vorstöße bildet ein melancholischer Gemütszustand, denn jedem hysterischen Ausbruch geht eine statische Ruhe, eine traurige Unzufriedenheit voraus. In der zuerst genannten Szene wird beschrieben, wie Emma ihren Zorn über das medizinische Versagen ihres Ehemanns kundtut. Baudelaire meint in diesem Wutausbruch „tout le caractère de la personne"⁷⁰ ausmachen zu können. Die betreffende Passage im Roman lautet wie folgt:

> – Assez ! » s'écria-t-elle d'un air terrible. Et s'échappant de la salle, Emma ferma la porte si fort, que le baromètre bondit de la muraille et s'écrasa par terre.
> Charles s'affaissa dans son fauteuil, bouleversé, cherchant ce qu'elle pouvait avoir, imaginant une maladie nerveuse, pleurant, et sentant vaguement circuler autour de lui quelque chose de funeste et d'incompréhensible.⁷¹

Baudelaire kommentiert den Wutausbruch mit den folgenden Worten:

> [...] relisez les pages qui contiennent cet épisode, si injustement traité de parasitique, tandis qu'il sert à mettre en vive lumière tout le caractère de la personne. – Une colère noire, depuis longtemps concentrée, éclate dans toute l'épouse Bovary ; les portes claquent ; le mari stupéfié, qui n'a su donner à sa romanesque femme aucune jouissance spirituelle, est relégué dans sa chambre ; il est en pénitence, le coupable ignorant !⁷²

---

68 Baudelaire, *OC* I, S. 9 f.
69 Baudelaire, *OC* II, S. 84.
70 Baudelaire, *OC* II, S. 82.
71 Flaubert, *OC* I, 2.XI, S. 461.
72 Baudelaire, *OC* II, S. 82.

Zunächst gibt Baudelaire an, es werde der ‚ganze Charakter der Person in lebhaftes Licht' gerückt. Gleich im nächsten Satz beschreibt er jene Person in diesem als so typisch deklarierten Moment als eine von ‚schwarzem Zorn' beherrschte. Die Formulierung „colère noire, depuis longtemps concentrée" kann als ein Hinweis darauf gedeutet werden, dass Baudelaire die Ursache des Zorns in Emmas ‚Schwarzgalligkeit' sieht, die sich seit langem in ihr angesammelt hat und die Charles nicht zu begreifen im Stande ist.[73] Dass er seiner romanesken Frau niemals geistigen Genuss hat bieten können („le mari stupéfié, qui n'a su donner

---

[73] Der Ausbruch des gesammelten ‚schwarzen Zorns' könnte Rückschlüsse auf das melancholische Temperament der Protagonistin zulassen. Umso wahrscheinlicher wird diese Überlegung, wenn man *dieses* Barometer, welches dem Wutanfall zum Opfer fällt, als ein Symbol deutet (wenn man das Barometer also anders als dasjenige interpretiert, welches in *Un cœur simple* genannt wird, und von dem Roland Barthes in seinem berühmten Aufsatz über den *effet de réel* ja gerade. behauptet, ihm sei kein symbolischer Stellenwert zuzuschreiben; vgl. ders., „L'effet de réel", in: *Communications* 11 [1968], S. 84–89). Durch das Schlagen der Tür *springt* (*bondir*) bezeichnenderweise ein physikalisches Messgerät zur Bestimmung des Luftdrucks von der Wand auf den Boden, um dort zu *zerschmettern* (*s'écrasa*). Schon in den pseudo-aristotelischen Lehren, die Flaubert freilich bekannt waren (siehe hierzu das Kapitel „Humoralpathologische Konstrukte in *Madame Bovary*"), wird auf die besondere Beschaffenheit und Zusammensetzung des schwarzen Gallensafts hingewiesen: Den Peripatetikern zufolge legen die Beschaffenheit der Luft und der Luftgehalt des jeweiligen Saftes elementar die Qualität der Melancholie fest. Vgl. ferner das Aristoteles zugeschriebene *Problem XXX*, in dem es unter anderem heißt: „Auch die schwarze Galle, die von Natur aus kalt ist, und sich nicht an der Oberfläche befindet, kann, wenn sie sich in dem Zustand befindet, von dem wir sprachen, d. h. wenn sie im Körper das rechte Maß überschreitet, Schlagflüsse, Erstarrungen, Depressionen oder Angstzustände hervorrufen. Wird sie aber übermäßig erwärmt, ruft sie übersteigerte Hochgefühle mit Gesang, Ekstasen, Aufbrechen von Wunden und anderes Derartiges hervor. [...] die, in denen kalte Galle vorhanden ist, [werden] schlaff und stumpfsinnig, die aber besonders viel warme besitzen, werden rasend, gutmütig, liebeshungrig, leicht erregbar zu Gemütsbewegungen und Begierden; einige aber werden auch schwatzhafter", Aristoteles, *Problemata Physica*, S. 253. Vgl. auch den Kommentar hierzu von Klibansky u. a., *Saturn und Melancholie*, S. 76–94, bes. S. 79 f. Darüber hinaus sind Emma und Charles ja ausschließlich deswegen nach Yonville gezogen, weil die vermeintlich dort bessere Beschaffenheit der Luft der nervenkranken Emma Heilung bringen sollte (vgl. das Kapitel über „Das Erbe der Humoralpathologie" dieser Arbeit). Dieser Umstand spricht erneut dafür, dass die Erwähnung des Barometers im Zusammenhang mit Emmas „colère noire" zu lesen ist (vgl. Flaubert, *OC* I, 1.IX, S. 352 und 2.II, S. 364 f.). Auch Karin Westerwelle macht auf die Bedeutung der ‚Schwarzgalligkeit' aufmerksam: „Das Scheitern ihrer Beziehung zu Charles liegt darin begründet, daß er ‚n'a su donné à sa romanesque femme aucune jouissance spirituelle'. Diese Deutung ist festzuhalten, denn sie stellt das Verhalten Emma Bovarys (den Ausbruch der Schwarzgalligkeit: ‚une colère noire, depuis longtemps concentrée, éclate dans toute l'épouse Bovary') sofern man es als hysterisch deuten will, in einen Begründungszusammenhang, der von einer organisch natürlichen Genese der Pathologie denkbar weit entfernt ist." (Westerwelle, *Ästhetisches Interesse und nervöse Krankheit*, S. 18).

à sa romanesque femme aucune jouissance spirituelle"), bildet jedoch mitnichten die Hauptursache für die strukturelle Unzufriedenheit der Protagonistin, auch wenn Emma Bovary dies selbst so sehen mag. In einer mustergültigen Form der erlebten Rede wird ihre eigene Ursachenforschung für ihr Unglück folgendermaßen beschrieben: „Comment donc avait-elle [Emma] fait (elle qui était si intelligente!) pour se méprendre encore une fois? [...] Tout en lui [Charles] l'irritait maintenant, sa figure, son costume, ce qu'il ne disait pas, sa personne entière, son existence enfin"[74]. Die Erzählerstimme ist in dieser Hinsicht allerdings um einiges differenzierter, heißt es doch: „Donc, elle reporta sur lui seul [Charles] la haine nombreuse qui résultait de ses ennuis [...]"[75].

Der eigentliche Grund, den Baudelaire zu Beginn seiner Kritik ausmacht, liegt vielmehr in Emmas Sehnen nach Anderem, nach Höherem; ein Streben, welches die Figur allerdings immer wieder lediglich auf das Grausamste in ihr „petit milieu" und auf ihren „petit horizon"[76] zurückverweist, wodurch ihr Unglück immerfort nur Potenzierung erfährt.

Die größte Aufmerksamkeit jedoch widmet Baudelaire jener Episode, in der sich die unglückliche Emma Hilfe suchend an den Pfarrer Bournisien wendet. Der Autor der *Fleurs du Mal* bezeichnet den Ausschnitt, in dem doch fast nichts passiert, als „si remarquable, si plein de désolation, si véritablement *moderne*"[77]. Das, was an der Szene *modern* erscheint, kann nicht der nutzlose religiöse Diskurs eines unzulänglichen Pfarrers sein, der allzu ausführlich in all seiner Banalität geschildert wird.[78] Eine derartige Begegnung mit einem Geistlichen, so Baudelaire, sei doch fast schon eine Alltäglichkeit. Herausfordernd stellt er die Frage: „[...] et quel est celui de nous qui, dans un âge plus naïf et dans des circonstances troublées, n'a pas fait forcément connaissance avec le prêtre incompétent?"[79] Bevor nun dieser fast schon als absurd zu bezeichnende Dialog zwischen Emma und dem Pfarrer eingehender betrachtet wird, soll eine sehr grundsätzliche Überlegung zur Interpretation Flaubertscher Texte, insbesondere der *Madame Bovary*, angestellt werden: Weil die von Flaubert kreierte Welt immer eine Welt ist, in der schlechthin alles der Lächerlichkeit preisgegeben wird, ist die Darstellung dieser

---

[74] Flaubert, *OC* I, 2.XI, S. 460 f.
[75] Flaubert, *OC* I, 2.V, S. 390.
[76] Baudelaire, *OC* II, S. 83.
[77] Baudelaire, *OC* II, S. 84.
[78] Anders Gerhard Frey, der gleich zu Beginn seiner Analyse der Szene feststellt: „Die Erkenntnis, daß das moderne Leben und der moderne Mensch dem Durchschnittspriester ein Buch mit sieben Siegeln sind, hat Flaubert in der Priesterszene ästhetisch umgesetzt." (Frey, *Die ästhetische Begriffswelt*, S. 76).
[79] Baudelaire, *OC* II, S. 85.

Welt zuweilen reichlich vorhersehbar. So *muss* der Pfarrer, den Flaubert erfindet, eine klägliche Figur abgeben, er *muss* mit einem abstoßenden Äußeren ausgestattet und er *muss* vollkommen verständnislos sein. Darüber hinaus *darf* der Pfarrer sich seiner eigenen Inkompetenz nicht einmal im Ansatz bewusst sein – alles andere wäre bei Flaubert undenkbar. Es entsteht hier, und dies ist in dem Roman nicht selten der Fall, der Eindruck, Flaubert habe, indem er die von ihm geschaffene Welt, in der jedes Klischee der Lächerlichkeit vorausschaubar bedient wird, einen Pastiche seines eigenen Schreibens verfasst. Es ist also denkbar, und dies muss bei der Interpretation berücksichtigt werden, dass Elemente des Texts allein aufgrund der Flaubertschen Generalkritik Einlass in den Roman gefunden haben, was zur Folge hätte, dass in diesen Fällen der interpretatorische Gehalt des Details mitunter nicht allzu hoch veranschlagt werden darf.

Zu Beginn der Begegnung zwischen Emma und Bournisien steht das Glockengeläut der Dorfkirche. Der aus den Tagen der Jugend vertraute Klang erinnert die Unglückliche an ihre Zeit im Kloster, und so begibt sie sich, willenlos und wie von einer magischen Kraft gelenkt, zum Gotteshaus:

> Un soir que la fenêtre était ouverte, [...] elle entendit tout à coup sonner l'*Angelus*. [...]
> À ce tintement répété, la pensée de la jeune femme s'égarait dans ses vieux souvenirs de jeunesse et de pension. [...]
> Alors un attendrissement la saisit : elle se sentit molle et tout abandonnée comme un duvet d'oiseau qui tournoie dans la tempête ; et ce fut sans en avoir conscience qu'elle s'achemina vers l'église, disposée à n'importe quelle dévotion, pourvu qu'elle y courbât son âme et que l'existence entière y disparût.[80]

Die Kirche bildet den Mittelpunkt einer morbiden Landschaft. Zunächst werden die noch kahlen Pappeln beschrieben, in denen der Abenddunst wie ein Schleier hängt.[81] Kinder spielen auf den Bodenplatten des Friedhofs mit Murmeln und ‚köpfen'[82] mit ihren Holzschuhen hochgewachsene Nesseln:

> Déjà quelques-uns, qui se trouvaient arrivés, jouaient aux billes sur les dalles du cimetière. D'autres, à califourchon sur le mur, agitaient leurs jambes, en fauchant avec leurs sabots les grandes orties poussées entre la petite enceinte et les dernières tombes.[83]

---

[80] Flaubert, *OC* I, 2.VI, S. 391f.
[81] „La vapeur du soir passait entre les peupliers sans feuilles, estompant leurs contours d'une teinte violette, plus pâle et plus transparente qu'une gaze subtile arrêtée sur leurs branchages" (Flaubert, *OC* I, 2.VI, S. 391).
[82] Das Verb *faucher* bedeutet soviel wie ‚mähen' oder ‚abschneiden', aber auch ‚töten' oder ‚dahinraffen'.
[83] Flaubert, *OC* I, 2.VI, S. 392.

Die Brennnesseln bilden den einzigen grünen Fleck inmitten der dicht aneinander liegenden Grabplatten, über die es heißt, sie seien kontinuierlich von einem feinen ‚Puder' bedeckt: „C'était la seule place qui fût verte; tout le reste n'était que pierres, et couvert continuellement d'une poudre fine, malgré le balai de la sacristie."[84] Welche Substanz mit der *poudre fine* gemeint ist, bleibt unklar. Man könnte zunächst mutmaßen, es handle sich um eine Art feinen Sandstaubs. Doch woher käme dieser in einer aus Steinen bestehenden Landschaft („tout le reste n'était que pierres")? Zudem könnte Sandstaub in der doch sehr regenreichen Normandie schwerlich beständig auf den Grabplatten liegen. Es bleibt hier also offen, was genau mit dem feinen Puder bezeichnet wird, gegen das der Besen der Sakristei so vergeblich ankämpft; festgehalten werden kann indessen, dass dieses Detail wohl weniger einen *effet de réel*, sondern vielmehr ein Vanitas-Motiv darstellt. Das gesamte Geschehen wird von dem allabendlichen Glockengeläut untermalt, das nicht etwa zu einer festgelegten Uhrzeit erklingt, sondern zu dem Zeitpunkt, der Lestiboudois – dem Küster und Totengräber in Personalunion – am besten passt: „pour ne pas rogner la journée, il préférait interrompre sa besogne, puis la prendre, si bien qu'il tintait l'*Angelus* selon sa commodité."[85] Das friedliche Geläut, die „lamentation pacifique", wird durch die hellen und lauten Stimmen der Kinder unterbrochen: „on entendait les éclats de leurs voix à travers le bourdonnement de la cloche."[86] Kurz bevor der Pfarrer auftritt, verklingen die Glocken. Dieses Verstummen wird durch visuelle Termini verstärkt, wodurch die Szenerie der Beschreibung eines unheilvollen Gemäldes gleicht: Der dicke Strick, an dem geläutet wird, hört auf zu schwingen und zeitgleich verschwinden die Schwalben eilig in ihren gelben Nestern im Gemäuer der Kirche. Eine zitternde Flamme leuchtet bleich im hinteren Teil des Gotteshauses, ein langer Sonnenstrahl durchquert das Schiff und lässt die Seitenschiffe und Winkel der Kirche noch dunkler erscheinen.[87] Gleißend hell scheinen hingegen die Strahlen der untergehenden Sonne auf das Gesicht des aus dem Pfarrhaus heraustretenden Geistlichen. Die Helligkeit gibt die Soutane in all ihrer durch Abnutzung wie durch Nachlässigkeit entstandenen Schäbigkeit preis; die Fett- und Tabak-

---

84 Ebd.
85 Ebd.
86 Ebd.
87 „Il [le bourdonnement de la cloche] diminuait avec les oscillations de la grosse corde qui, tombant des hauteurs du clocher, traînait à terre par le bout. Des hirondelles passaient en poussant de petits cris, coupaient l'air au tranchant de leur vol, et rentraient vite dans leurs nids jaunes sous les tuiles du larmier. Au fond de l'église, une lampe brûlait [...] une tache blanchâtre qui tremblait sur l'huile. Un long rayon de soleil traversait toute la nef et rendait plus sombres encore les bas-côtés et les angles." (Ebd.).

flecken auf dem Pfarrgewand bezeugen, wie sehr Bournisien dem Wohlleben frönt.[88]

Mit der Frage des Pfarrers Bournisien nach Emmas Befinden entspinnt sich ein geradezu aberwitziger Dialog, der wie eine Persiflage auf das fiktive, problemorientierte und konstruktive Gespräch zwischen einem Gelehrten und einem emotionale Hilfestellung Suchenden anmutet, man denke hier beispielsweise an die Unterredung zwischen Seneca und seinem Freund Serenus in *De tranquilitate anime* oder an *Secretum*, Petrarcas Dialog mit Augustinus (in diesem Fall besonders der Abschnitt über die *acedia*)[89]. Der Geistliche in Flauberts Roman allerdings erkennt das Problem der Hilfesuchenden nicht, noch weniger kann er ihr eine sinnvolle Lösung anbieten. Dieser *dialogue de sourds* entsteht jedoch nicht nur, weil der Pfarrer den Schilderungen Emma Bovarys nicht aufmerksam zuhört oder sie intellektuell nicht erfassen kann, sondern auch, weil diese kaum in der Lage ist, ihr Leiden einigermaßen verständlich zu formulieren, fehlen ihr doch schlicht die Begrifflichkeiten. Genau genommen gelingt es ihr an keiner Stelle des gesamten Romans, den von ihr empfundenen Mangel in Worte zu fassen. Immer dann, wenn sie über ihr Unglück sprechen möchte, zwingt ihre Unfähigkeit zum Ausdruck sie dazu, ihre Rede abrupt zu beenden. Paradoxerweise könnte man Emma gerade in jenen kurzen Momenten, in denen sie den Versuch, sich auszudrücken aufgibt, in gewisser Hinsicht als erfolgreich bezeichnen, schließt sie doch schlichtweg jedes Bemühen der Verbalisierung ihres Leids mit der Formulierung „Ce n'est rien" ab. Gerade mit diesem „rien" könnte eben jenes Übel benannt sein, an dem sie leidet: das *Nichts*, die *Leere*, bzw. gar das *Absolute*, nach dem sie strebt (freilich befindet sich die Figur hiervon selbst in völliger Unkenntnis). Besonders gegen Ende der Erzählung begegnet dem Leser das *rien* in fast schon aufdringlicher Häufigkeit. So etwa in jenen Dialogen, in denen Charles seine Frau fragt, ob sie krank sei und diese antwortet: „ – Eh! ce n'est rien! ce n'est rien!"[90].

---

**88** „La lueur du soleil couchant qui frappait en plein son visage pâlissait le lasting de sa soutane, luisante sous les coudes, effiloquée par le bras. Des taches de graisse et de tabac suivaient sur sa poitrine large la ligne des petits boutons […]." (Flaubert, *OC* I, 2.VI, S. 393). Eine Analyse der Bedeutung der ‚Speise' in der Begegnung zwischen Emma und dem Pfarrer findet sich in Barbara Vinkens Aufsatz „Ästhetische Erfahrung durchkreuzt: Der Fall Madame Bovary", in: Joachim Küpper/Christoph Menke (Hg.), *Dimensionen ästhetischer Erfahrung*, Frankfurt a. M. 2003, S. 241-263, hier S. 255 ff., und in ihrer Monographie *Flaubert. Durchkreuzte Moderne*, Frankfurt a. M. 2009, S. 89 ff.
**89** Francesco Petrarca, *Secretum meum*. Hg., übers. u. mit einem Nachwort von Gerhard Regn u. Bernhard Huss, Mainz 2004, S. 179 ff.
**90** Flaubert, *OC* I, 3.V, S. 535. Vgl. auch die Szene mit den Aprikosen: „Ce n'est rien! dit-elle, ce n'est rien! c'est nerveux!" (Flaubert, *OC* I, 2.XII, S. 480).

Auch zu Beginn von Emma Bovarys Sterben heißt es in dem einleitenden kurzen Dialog zwischen den Eheleuten:

> – Qu'as-tu donc ? dit Charles, qui lui tendait un verre. – Ce n'est rien !... Ouvre la fenêtre ... j'étouffe ! » Et elle fut prise d'une nausée si soudaine, qu'elle eut à peine le temps de saisir son mouchoir sous l'oreiller.[91]

Obwohl sie auf dem Totenbett ihr Geheimnis nicht preisgeben will und erneut behauptet, es sei ‚nichts', werden wenige Zeilen später Kieferbewegungen beschrieben, die den Anschein erwecken, die Todgeweihte wolle etwas sagen: „Elle roulait sa tête avec un geste doux, plein d'angoisse, et tout en ouvrant continuellement les mâchoires, comme si elle eût porté sur sa langue quelque chose de très lourd."[92] Etwas Schweres lastet auf ihrer Zunge und hindert sie am Sprechen. Diese Beschreibung ist semantisch ambivalent: Sie meint zum einen ein konkretes ‚reales' Symptom der Vergiftung. Zum anderen wird Emmas Unvermögen, die Ursache ihres Leids in Worte zu fassen, auf dem tragischen Höhepunkt der Handlung noch einmal metaphorisch explizit gemacht. Tatsächlich zieht sich dieses Unvermögen, dem Inneren einen äußeren Ausdruck zu verleihen, wie ein roter Faden von Beginn an durch den Roman. Schon im ersten Teil lesen wir:

> Peut-être aurait-elle souhaité faire à quelqu'un la confidence de toutes ces choses. Mais comment dire un insaisissable malaise, qui change d'aspect comme les nuées, qui tourbillonne comme le vent ? Les mots lui manquaient donc, l'occasion, la hardiesse.[93]

In der Begegnung mit dem Pfarrer, die Emma Bovary doch einzig zu dem Zweck initiiert, mit dem Geistlichen über ihr Befinden zu sprechen, wiegelt sie seine Frage mit dem romantypischen *rien* ab: „« Mais vous me demandiez quelque chose ? Qu'est-ce donc ? Je ne sais plus. – Moi ? Rien ..., rien ... », répétait Emma."[94] Emmas Unvermögen, ihr melancholisches Leiden zu verbalisieren, ist struktureller Natur und insofern geradezu analog zu Flauberts ästhetischem Ideal des ‚livre sur rien' konzipiert: Ihr melancholisches Ungenügen und ihr hiermit einhergehendes romantisches Sehnen illustrieren das Streben nach einem abstrakten künstlerischen *Ideal*.

Es gehört zur Eigenart der Melancholie, dass sie nur durch den Rückgriff auf ihre althergebrachten Darstellungen ausgedrückt werden kann: Nur in der

---

91 Flaubert, *OC* I, 3.VIII, S. 580.
92 Ebd.
93 Flaubert, *OC* I, 1.VII, S. 328.
94 Flaubert, *OC* I, 2.VI, S. 395.

Allegorie kann Melancholie sichtbar gemacht werden.⁹⁵ In Ansätzen ist auch Emma Bovary in der Lage, auf uneigentliche Formen der Rede zurückzugreifen und hierdurch – freilich nur mit mäßigem Erfolg – ihr Unglück zum Ausdruck zu bringen.⁹⁶ Es sind vor allem Bilder romantischer Langeweile, die sie bemüht, um dem traditionellen Melancholiker zu ähneln. Dies ist insbesondere am Ende des ersten Teils des Romans zu beobachten, wenn sich die Klosterschülerin nach dem Tod ihrer Mutter an ihrem Leid labt und genüsslich in die melancholischen Seelenlandschaften Lamartines eintaucht – bis ihr die melancholische Langeweile selbst zu langweilig wird:

> Le bonhomme [M. Rouault] la crut malade et vint la voir. Emma fut intérieurement satisfaite de se sentir arrivée du premier coup à ce rare idéal des existences pâles, où ne parviennent jamais les cœurs médiocres. Elle se laissa donc glisser dans les méandres lamartiniens, écouta les harpes sur les lacs, tous les chants de cygnes mourants, toutes les chutes de feuilles, les vierges pures qui montent au ciel, et la voix de l'Éternel discourant dans les vallons. Elle s'en ennuya, n'en voulut point convenir, continua par habitude, ensuite par vanité, et fut enfin surprise de se sentir apaisée, et sans plus de tristesse au cœur que de rides sur son front.⁹⁷

Als nach ihrer Hochzeit mit Charles Bovary niemand in ihrer Umgebung in der Lage ist, ihre Misere zu verstehen, unterzieht sie sich einer brutalen Abmagerungskur, die ihren Ehemann in seiner Vermutung bestätigen soll, es handle sich bei ihrer Erkrankung um ein Nervenleiden:

> Comme elle se plaignait de Tostes continuellement, Charles imagina que la cause de sa maladie était sans doute dans quelque influence locale, et, s'arrêtant à cette idée, il songea sérieusement à aller s'établir ailleurs. Dès lors, elle but du vinaigre pour se faire maigrir, contracta une petite toux sèche et perdit complètement l'appétit.⁹⁸

---

95 Walter Benjamin geht in seinem Trauerspiel-Buch noch einen Schritt weiter, wenn er schreibt: „Allegorie [ist] das einzige und das gewaltige Divertissement, das da dem Melancholiker sich bietet" (*Ursprung des deutschen Trauerspiels*, in: ders., *Gesammelte Schriften*, Bd. I.1, hg. von Rolf Tiedemann und Hermann Schweppenhäuser, Frankfurt a. M. 1974, S. 361). Zum Konnex zwischen Allegorie und Melancholie (insbesondere bei Benjamin) sei auch verwiesen auf Günter Bader, *Melancholie und Metapher*, Tübingen 1990, darin bes. S. 66–80.
96 Vgl. hierzu die Kapitel „Das Erbe der Humoralpathologie" und „(Selbst-)Inszenierungen nach Dürers Kupferstich *Melencolia I*" dieser Arbeit.
97 Flaubert, *OC* I, 1.VI, S. 326 f.
98 Flaubert, *OC* I, 1.IX, S. 352. Schon im Altertum bezeichnet der Arzt Aretaios von Kappadokien die Magerkeit als das sichtbarste Zeichen des Melancholikers; vgl. Jean Starobinski, *Histoire du traitement de la mélancolie des origines à 1900*, Basel 1960, S. 23 ff

Im zweiten Teil des Romans gleicht Emma Bovary mehr denn je dem Prototyp des (freilich im Modus der Ironie) ingeniösen Melancholikers:

> Emma maigrit, ses joues pâlirent, sa figure s'allongea. Avec ses bandeaux noirs, ses grands yeux, son nez droit, sa démarche d'oiseau, et toujours silencieuse maintenant, ne semblait-elle pas traverser l'existence en y touchant à peine, et porter au front la vague empreinte de quelque prédestination sublime ?[99]

Das Unterfangen, ihre Außenwelt nonverbal über ihren Seelenzustand zu unterrichten, scheitert jedoch stets daran, dass ihre Mitmenschen mit jeglicher Erscheinungsform der Melancholie, und eben auch dem romantischen Melancholiker, völlig unvertraut sind. Bilder oder Symbole der Krankheit werden von der Dorfgemeinschaft gemeinhin gar nicht erst erkannt, was nicht zuletzt daran liegen mag, dass in Yonville sehr wohl Bücher, jedoch nie deren Inhalte, eine Rolle spielen und mit literarischer Bildung keine Figur des Romans aufwarten kann.

Der Abbé Bournisien enthüllt seine eigene Unzulänglichkeit, wenn er, der sich selbst als *médecin des âmes* und eben nicht als *médecin des corps* bezeichnet,[100] Emmas Leiden als ein rein körperlich bedingtes ansieht und ihr lediglich einen ausreichenden Vorrat an Feuerholz und Speisen sowie das Trinken von Zuckerwasser nahelegt.[101] Er verkennt Emmas Melancholie, obwohl deren Symptome doch mit denjenigen der christlichen *acedia* auf das allerengste verwandt sind und der Geistliche eigentlich ein Fachmann für dieses Hauptlaster sein sollte: Das ‚Leid der Wüstenväter' – dem Flaubert nicht nur in der *Tentation de Saint Antoine* eine wichtige Rolle zukommen lässt –[102] erscheint denkbar weit entfernt von

---

[99] Flaubert, *OC* I, 2.V, S. 389.
[100] Flaubert, *OC* I, 2.VI, S. 394.
[101] Flaubert, *OC* I, 2.VI, S. 395.
[102] Hier sei erneut auf den viel zitierten Brief verwiesen, den Flaubert im Jahre 1867 an George Sand geschrieben hat. Darin schildert er, wie er selbst Opfer einer Melancholie geworden ist, die derjenigen der *acedia* der Wüstenväter ähnlich sei und die in hysterische Erregungen münde: „Me traiter d'anachorète est peut-être une comparaison plus juste que vous ne croyez. [...] Les nuits sont noires comme de l'encre et un silence m'entoure, pareil à celui du Désert. – La sensibilité s'exalte démesurément dans un pareil milieu. J'ai des battements de cœur pour rien. Chose compréhensible, du reste, dans un vieil hystérique comme moi." (Flaubert, *Corr*. III, 12. Januar 1867, S. 591). Flaubert nennt hier gleich mehrere Elemente aus dem Motivkreis von Melancholie und *acedia*, wenn er sich selbst als ‚Einsiedler' bezeichnet, der in Nächten, die ‚schwarz wie Tinte' sind, unter der ihn umgebenden ‚wüstengleichen Stille' leidet. Die hier geschilderte Erfahrung betont zum einen die Verwandtschaft zwischen *acedia* und Melancholie, darüber hinaus illustriert sie aber auch die enge Verbindung zwischen Melancholie und Hysterie. Wie die träumerisch-schwärmerische Melancholie des *homme d'action* für Baudelaire den Nährboden für den *poète hystérique* bereitet, bilden die Nächte, in denen sich das Grauen der Melancholie

diesem Pfarrer, der augenscheinlich ein durchaus angenehmes Leben in der normannischen Provinz führt. Weil er die *acedia* nicht einmal im Ansatz zu erkennen vermag, bleibt Bournisien gänzlich unberührt von der Schwere Emmas Leiden und verweist sie an ihren Arztgatten.[103] Wenn sich Emma während der versuchten Unterredung mit dem Pfarrer die Hand an den Kopf hält und damit die Geste des Melancholikers *par excellence* ausführt, stellt sich einmal mehr die Frage, ob das körperliche Gebaren des Melancholikers somatischer Natur ist, oder ob die körperliche Regung lediglich dem Versuch der Bebilderung, ja der Mitteilung des Leids dient, werden doch seit jeher in der Symptomatik des Melancholischen physisches und psychisches Leid miteinander vermischt. Bournisien jedenfalls deutet die Geste schlicht als körperliche Schwäche, als einen Schwindelanfall[104] – wie er überhaupt jede Äußerung Emmas auf die denkbar falscheste Art und Weise interpretiert. Es überrascht nicht, dass Flaubert nicht nur die vollkommene Unzulänglichkeit des Pfarrers ausstellt, sondern mit dem Hinweis auf die Katechismus-Stunde en passant prophezeit, dass dessen geistige Beschränktheit sich auch in den folgenden Generationen von Gläubigen fortsetzen wird. Bourni-

---

offenbart, für Flaubert das Milieu, auf dem die Hysterie wachsen kann. Zur Analogie von Melancholie und schwarzer Tinte, vgl. das Kapitel „Emma Bovarys Sterben: Realismus und Allegorie" dieser Arbeit. Siehe ferner Jean Starobinskis Aufsatz „L'encre de la mélancolie" (in: *La Nouvelle Revue Française* 123 [1963], S. 410–423), in welchem der Verfasser die hohe Traditionalität der Verbindung zwischen Melancholie und schwarzer Tinte nachweist, die schon weit vor Dürers Kupferstich *Melencolia I* zu datieren ist.

**103** Wenn der Pfarrer Emma Bovary an ihren Arztgatten verweist, wird zum ersten Mal in dem Roman das Nebeneinander zweier konkurrierender ‚Erscheinungsformen des Glaubens' eingeführt: der religiöse *Glaube* und der medizinische *Glaube* (die Repräsentation von medizinischem Wissen in *Madame Bovary*, im Besonderen die Darstellung der Humoralpathologie, die im Frankreich des 19. Jahrhunderts noch eine breite Anhängerschaft vorweisen konnte, rechtfertigt den Terminus; vgl. Werner Golder, Hippokrates und das *Corpus Hippocraticum*, Würzburg 2007, bes. das Kapitel über „Das hippokratische Erbe", S. 187–209). Die Thematik wird ihren Höhepunkt in dem Pseudo-Disput zwischen dem Apotheker Homais und dem Pfarrer Bournisien am Sterbebett der Protagonistin finden (Flaubert, *OC* I, 3.IX, S. 592–597). Vgl. hierzu auch die aufschlussreichen Beobachtungen von Barbara Vinken in „Ästhetische Erfahrung durchkreuzt", S. 246 f. und S. 256, sowie dies., *Durchkreuzte Moderne*, S. 80 f. und S. 90.

**104** „Et elle avait l'air de quelqu'un qui se réveille d'un songe. «C'est que vous passiez la main sur votre front, j'ai cru qu'un étourdissement vous prenait.»" (Flaubert, *OC* I, 2.VI, S. 395). Siehe hierzu auch Karin Westerwelle, die von einem wirklichen religiösen Bedürfnis Emmas ausgeht: „Tatsächlich fühlt sich Emma Bovary nicht wohl, aber nicht aus dem Grund, den Bournisien vermutet. Aus einem träumerischen Zustand, der sie beinahe unbewußt zur Kirche und zu Bournisien geführt hatte, erwacht Emma Bovary, da ihr Anliegen der Versenkung in religiöse Praktiken durch die schroffe Haltung Bournisiens gescheitert ist." (*Ästhetisches Interesse und nervöse Krankheit*, S. 375).

sien ist ein Seelsorger, der sich allem Anschein nach besonders auf die Heilung kranker Kühe versteht:

> Elle fixa sur le prêtre des yeux suppliants :
> « Oui ..., dit-elle, vous soulagez toutes les misères.
> – Ah ! ne m'en parlez pas, madame Bovary ! Ce matin même, il a fallu que j'aille dans le Bas-Diauville pour une vache qui avait l'*enfle* ; ils croyaient que c'était un sort. Toutes leurs vaches, je ne sais comment ...[105]

Für den Pfarrer scheint es keinen Unterschied zu machen, ob er die seelischen Qualen eines Menschen oder Krankheiten von Kühen lindern soll; er behandelt schlichtweg jede Pein wie eine rein körperlich bedingte. Diese Nivellierung von tierischem und menschlichem Verhalten bildet das entscheidende Strukturmoment der gesamten Szenerie:[106] Züge des Animalischen sind sowohl im ungepflegten Erscheinungsbild des Abbé Bournisien als auch in dem ungezähmten Verhalten der Kinder des Dorfes, die auf ihre Katechismus-Stunde warten, zu beobachten. Ohne Schuhe laufen die Knaben über die Steinplatten der Gräber, „comme sur un parquet fait pour eux"[107] (wodurch sowohl die Profanierung, als auch die Vergänglichkeit zum Ausdruck kommt; denn die Gräber sind ja nicht ‚wie' für die Kinder des Dorfes gemacht, sondern sie *sind* de facto für sie gemacht). Beim Spielen stoßen sie grelle Schreie aus, gemeinsam mit den die Kirche umkreisenden Schwalben. Wie tollende Jungtiere beschäftigen sie sich mit dem baufälligen Mobiliar der Kirche, fleddern den Katechismus und werfen ihn auf den staubigen Boden. Als Abbé Bournisien seine Unterhaltung unterbricht, um die Flegel mit einem großen Satz zu verjagen, flüchten sie hinter das Messpult, auf den Sitz des Vorsängers oder wagen es gar, „à pas de loup" den Beichtstuhl zu betreten.[108]

Emma ist von der Nivellierung zwischen Menschlichem und Tierischen stets in aller Deutlichkeit ausgenommen, lediglich ihren Mitmenschen – die im Übrigen ja auch auffällig viel Tierisches im Nachnamen tragen, man denke etwa an *Tuvache, Lebœuf, Vaufrylard*,[109] unter Umständen könnte man auch *Bovary* nennen (und vielleicht liegt der Pfarrer in Flauberts Sicht der Dinge im Grunde

---

[105] Flaubert, *OC* I, 2.VI, S. 394.
[106] Weitere Aufhebungsversuche der Opposition zwischen Mensch und Tier finden sich sowohl in der Dürers Kupferstich *Melencolia I* nachzeichnenden Szene des Spaziergangs, den Emma mit ihrer Windhündin unternimmt (Flaubert, *OC* I, S. 331 f.; vgl. auch das Kapitel „(Selbst-)Inszenierungen nach Dürers Kupferstich *Melencolia I*" dieser Arbeit), als auch in der berühmten „Scène des comices agricoles" aus dem zweiten Teil des Romans (Flaubert, *OC* I, 2.VIII, S. 411–432).
[107] Flaubert, *OC* I, 2.VI, S. 392.
[108] Ebd.
[109] Diese Verbindung ist von der Forschung oftmals aufgezeigt worden. Hierzu zuletzt erschienen: Alain Vaillant, *Le Veau de Flaubert*, Paris 2013.

nicht ganz falsch, wenn er seine Gemeinde wie eine Kuhherde behandelt) – wird animalisches Verhalten zugschrieben. Es ist die in diesem Umfeld erhöhte Stellung Emmas, die Baudelaire meint, wenn er in seiner *Bovary*-Kritik auf die Opposition zwischen dem *animal pur* (und letzten Endes ja auch dem Weiblichen, wie er mit der Verwendung des Begriffs *femelle* zu verstehen gibt) und dem *homme idéal* eingeht:

> En somme, cette femme est vraiment grande, elle est surtout pitoyable, et malgré la dureté systématique de l'auteur, qui a fait tous ses efforts pour être absent de son œuvre et pour jouer la fonction d'un montreur de marionnettes, toutes les femmes *intellectuelles* lui sauront gré d'avoir élevé la femelle à une si haute puissance, si loin de l'animal pur et si près de l'homme idéal, et de l'avoir fait participer à ce double caractère de calcul et de rêverie qui constitue l'être parfait.[110]

Der Dank, den Baudelaires Worten zufolge alle intellektuellen Frauen Flaubert zollen werden, liegt darin begründet, dass die weibliche Hauptfigur als einzige Figur des Romans nach etwas anderem strebt als dem, was im Hier und Jetzt gefunden werden kann. Anders als Homais' Sehnsucht nach Ruhm, ist ihr Sehnen dadurch gekennzeichnet, dass es niemals befriedigt werden kann. Ohne Frage besteht zwischen dem *Idéal* des lyrischen Ich Baudelaires *Fleurs du Mal* und dem, wonach sich Emma Bovary sehnt, ein Unterschied hinsichtlich der Textebenen: Das lyrische Ich ist die Sprechinstanz, das *sujet de l'énonciation*, während Emma Bovary ‚nur' eine Figur in der erzählten Welt ist. Doch ist die Struktur des Begehrens – auf die am Ende unserer Deutung noch näher einzugehen sein wird – durchaus identisch zu nennen: Emmas Streben nach dem Neuen ist in letzter Konsequenz identisch mit dem Sehnen nach dem *nouveau*, das die *Fleurs du Mal* durchzieht, und beide sind im jeweiligen Text von strukturbildender Relevanz.

In unmittelbarem Anschluss an die Erwähnung der Unterredung zwischen Emma Bovary und dem Pfarrer Bournisien erklärt Baudelaire in seiner Romankritik, inwiefern es ihm ein Leichtes wäre, Parallelen zwischen *Madame Bovary* und der *Tentation de Saint Antoine* zu ziehen und „des équations et des correspondances"[111] zwischen beiden Werken Flauberts herzustellen. Es ist allererst das Ungenügen an dieser Welt, das die Protagonisten beider Texte anfällig für Versuchungen macht und damit den Ausgangspunkt jeglicher Handlung bildet. Baudelaire spricht von einer ‚leidvollen, unterirdischen und aufgebrachten Fähig-

---

110 Baudelaire, *OC* II, S. 83 f.
111 Baudelaire, *OC* II, S. 85.

keit', welche die gesamte *Tentation*, allerdings einem „filon ténébreux qui illumine" gleich, durchziehe:

> [...] – je voudrais surtout attirer l'attention du lecteur sur cette faculté souffrante, souterraine et révoltée, qui traverse toute l'œuvre, ce filon ténébreux qui illumine, – ce que les Anglais appellent le *subcurrent*, – et qui sert de guide à travers ce capharnaüm pandémoniaque de la solitude.
>
> Il m'eût été facile de montrer, comme je l'ai déjà dit, que M. Gustave Flaubert a volontairement voilé dans *Madame Bovary* les hautes facultés lyriques et ironiques manifestées sans réserve dans *La Tentation*, et que cette dernière œuvre, chambre secrète de son esprit, reste évidemment la plus intéressante pour les poètes et les philosophes.¹¹²

Mit dieser abschließenden Bemerkung seiner Kritik kommt Baudelaire ein letztes Mal auf den schon zu Beginn seines Texts in der Figur Emma ausgemachten Zusammenhang zwischen Melancholie und Handlung zurück: Die strukturelle Unzufriedenheit mit der Welt macht die Suche nach dem *Idéal* überhaupt erst möglich.

In dem ausführlichen Deutungsversuch von *Madame Bovary*, den Karin Westerwelle im Lichte des Hysterie-Begriffs unternommen hat, trifft sie die Feststellung, dass Emma Bovary zwar als Hysterikerin bezeichnet werden könne, ihre Hysterie jedoch letztendlich weniger als eine pathologische oder gar spezifisch weibliche relevant sei. Vielmehr seien ihre hysterischen Züge aus einer „Konflikt- und Krisenspannung abzuleiten [...], die das Moment des Träumens insgesamt"¹¹³ betreffe. Westerwelle führt auf der Grundlage dieser Überlegung aus, inwiefern zwischen der hysterischen Emma und dem dichterischen Inspirationsprozess eine Analogie besteht. Dieses Analogieverhältnis soll im Folgenden sowohl auf die Melancholie übertragen, als auch auf die *Beschaffenheit* des Romantexts selbst, also das Produkt des, wenn man so will, ‚dichterischen Inspirationsprozesses' ausgeweitet werden. Dies betrifft zunächst die Ebene der erzählten *histoire*, die auf einer Abfolge von melancholischem Sehnen, rabiater Einforderung, Besitzen und erneutem Sehnen basiert. Deutet man ebendieses Muster als Analogie zum wesentlichen Charakteristikum moderner Literatur bedeutet dies: Was Emma Bovary „vraiment grande" (Baudelaire) macht und was sie mit dem Autor bzw. ‚dem Künstler an sich' teilt, ist weniger das Moment der hysterischen Suche nach dem strukturell unerreichbaren *Idéal* als vielmehr die Empfindung eines grundsätzlichen Mangels. Um mit dieser Beobachtung überzeugen zu können, muss in aller Deutlichkeit zwischen dem Motiv des Herbeisehnens und dem de facto Herbeigesehnten unterschieden werden. Zutiefst lächerlich ist das von Emma Bovary

---

112 Baudelaire, *OC* II, S. 86.
113 Westerwelle, *Ästhetisches Interesse und nervöse Krankheit*, S. 23.

ganz konkret Ersehnte, und zwar aus drei Gründen: Zum einen ist es der Gegensatz zwischen (literar-)romantisch-poetischer Traumwelt bzw. dem romantisch-poetischen ‚Abklatsch' der Wirklichkeit und dem provinziellen Alltag, der all ihr Streben grotesk erscheinen lässt.[114] Nicht zu übersehen ist ferner, dass Emma Bovarys Wünsche mitunter völlig diffus sind (so wünscht sie sich gleichzeitig zu sterben und in Paris zu leben)[115], und zugleich doch im Grunde von großer Bodenständigkeit zeugen (etwa dann, wenn sie mit ihren Fingerspitzen Reisen auf dem Pariser Stadtplan unternimmt, und doch niemals auf die Idee kommt, selbst einmal in das wohl nur gute einhundert Kilometer entfernte Paris zu fahren, so wie es die Fischhändler tun, die nachts an ihrem Fenster vorbeiziehen und morgens schon in der Hauptstadt sind[116]). Schließlich sind ihre Wünsche auffallend einfallslos. Sie interessiert sich für Pariser Mode, hat ein Verlangen nach Männern, die sich durch keine besonderen Eigenschaften auszeichnen – nebenbei bemerkt sind Léon und Rodolphe die einzigen Männer, die sich ihr anbieten –, und sehnt sich letzten Endes vor allem nach dem, was im Grunde schon da ist:[117] Für eine gewisse Zeit besteht ihr größter Traum darin, in einem italienischen Dorf am Meer zu leben, in dem ein ähnlicher Alltag herrscht wie in ihrer Kleinstadt in der Normandie, nur dass (kahle) Apfelbäume durch (duftende) Zitronenbäume und (grobschlächtige) Bauern durch (singende) Fischer zu ersetzen sind – und wahrscheinlich das Wetter angenehmer ist. So schwebt ihr die folgende Szenerie vor: „Et puis ils arrivaient, un soir, dans un village de pêcheurs, où des filets bruns séchaient au vent, le long de la falaise et des cabanes. C'est là qu'ils s'arrêteraient pour vivre [...]"[118]. Ihre romantisch-mediterranen Träumereien lauten hierbei wie folgt: „On entendait sonner des cloches, hennir des mulets, avec le murmure des guitares et le bruit des fontaines, dont la vapeur s'envolant rafraîchissait des tas de fruits, disposés en pyramide au pied des statues pâles, qui souriaient sous les jets d'eau"[119]. Derartige Beschreibungen sind keine lyrischen Ergüsse Flauberts, sie sind vielmehr dass, was Hugo Friedrich „objektivierte Poesie" genannt hat.[120] Es sind durchweg Wunschträume Emmas, die von auffälligen Schieflagen zeugen: Das nicht gerade als lieblich zu bezeichnende Geräusch von Maultieren

---

114 Vgl. hierzu auch Hans Robert Jauß, „Der Fall *Madame Bovary*", *Die Grünenthal Waage* 1 (1963), S. 9–14, hier S. 13.
115 „Elle souhaitait à la fois mourir et habiter Paris" (Flaubert, *OC* I, 1, IX, S. 346).
116 Flaubert, *OC* I, 1, IX, S. 346.
117 Zu Emmas unkonkreter Verzweiflung, zu ihrer „gestaltlosen Tragik", siehe Auerbach, *Mimesis. Dargestellte Wirklichkeit in der abendländischen Literatur*, Tübingen ⁹1994, S. 455.
118 Flaubert, *OC* I, 2, XII, S. 470.
119 Ebd. Siehe zu der Passage auch Gérard Genette, *Figures I*, Paris 1966, S. 223 f.
120 Hugo Friedrich, *Drei Klassiker des französischen Romans*, S. 112.

schleicht sich in die romantische Szenerie, und den Klang der Gitarre würde wohl nur derjenige als „murmure" bezeichnen, der noch nie ein Gitarrenspiel gehört hat.

Die dümmlichen und verkitschten Träume Emmas mögen gewiss lächerlich sein. Hingegen das Streben an sich, der Wunsch nach einem wie auch immer gearteten Anderen, ist es nicht. Vielmehr scheint dieses Sehnen eine anthropologische Konstante zu illustrieren, von der es heißt, der Künstler sei von ihr in besonderem Maße betroffen (man denke an Baudelaires *Le Voyage*).[121] Im Übrigen gilt es über die genannten Gründe hinaus, die Emmas Handeln lächerlich erscheinen lassen, grundsätzlich zu bedenken, ob nicht jedwede inhaltliche Füllung des *Idéals* immer und überall schon Dimensionen des Lächerlichen in sich birgt.

Baudelaire bespricht in seiner Flaubert-Kritik Emmas charakteristische Eigenarten ausgesprochen detailliert und gesteht ihnen äußerste Relevanz für die Auslegung des Romans zu, weil durch sie grundlegende Prinzipien der Flaubertschen Ästhetik erkennbar werden. Die sich offenbarenden Strukturen sind umso relevanter, als sie zumindest in einigen wesentlichen Punkten dem ästhetischen Programm der Moderne schlechthin zugeordnet werden können, gründet die moderne Poetik der *nouveauté* doch auf eben diesem Wechselspiel zwischen der *Empfindung* einer Mangelhaftigkeit des Bestehenden und der Suche nach dem *Neuen*. Baudelaire macht beide Komponenten in der Figur Emmas aus und bezeichnet die Protagonistin als *homme d'action* (derjenige, dem die Welt so wie sie ist, nicht genügt) und gleichzeitig als *poète hystérique* (derjenige, der aus diesem Ungenügen Neues erschafft, jedoch immerfort scheitern muss).

Der Grund dafür, dass Baudelaire Emma Bovary auf eine Stufe mit dem Künstler stellt, ist nicht etwa in ihren hysterischen Ausbrüchen zu suchen, sondern – und dies betonen die von Baudelaire gewählten Beispiele aus dem Roman – in der genuin melancholischen Empfindung, dass die Welt eben so eingerichtet ist, dass man in ihr grundsätzlich nichts als Mangel empfinden kann. Das melancholische Leiden an einer defizitären Wirklichkeit bildet die Vorstufe der (schöpferischen) Hysterie, bleibt aber für den Text ungleich wichtiger als die Hysterie, umso mehr als Emma Bovary ja im Unterschied zum Dichter nichts erschafft. Die Relevanz des hysterischen Aufbegehrens liegt allein darin, dass sie die Melancholie erst nach außen kommunizier- und wahrnehmbar macht. Die Tradition der ‚hysterischen' Lesarten von *Madame Bovary* verkennt, dass die Hysterie der Hauptfigur einem anderen, für die Interpretation des Romans ungleich bedeutsameren Phänomen funktional untergeordnet ist: der Melancholie.

---

121 Vgl. das Kapitel „Zur *nouveauté* in *Le Voyage*" dieser Arbeit.

# II Melancholie-Darstellung in *Les Fleurs du Mal* und *Madame Bovary*

## II.1 Die Topografie des *ennui* bei Baudelaire

Der *ennui* darf als das bestimmende Thema der *Fleurs du Mal* gelten. Bereits in dem einleitenden Gedicht *Au Lecteur* wird dem Leser die melancholische Grundveranlagung des lyrischen Sprechers in aller Prägnanz vorgestellt, wobei sich die besondere Grausamkeit der Melancholie dadurch erklärt, dass sie zwar von überwältigender Zerstörungskraft ist, jedoch als „monstre délicat" auftritt und den Menschen heimlich, still und leise überfällt:

> [...]
> Dans la ménagerie infâme de nos vices,
>
> Il en est un plus laid, plus méchant, plus immonde !
> Quoiqu'il ne pousse ni grands gestes ni grands cris,
> Il ferait volontiers de la terre un débris
> Et dans un bâillement avalerait le monde ;
>
> C'est l'Ennui ! – l'œil chargé d'un pleur involontaire,
> Il rêve d'échafauds en fumant son houka.
> Tu le connais, lecteur, ce monstre délicat,
> – Hypocrite lecteur, – mon semblable, mon frère ![122]

Der lyrische Sprecher geht davon aus, dass der Leser mit dem *ennui* – der über ein genüssliches sich Laben an einem modischen *mal du siècle* deutlich hinausgeht, was die wiederkehrenden Verweise auf das christliche Sündenregister verdeutlichen –[123] bereits wohlvertraut ist. Nicht nur spricht er ihn in der Apostrophe „Tu le connais, lecteur" (V. 39) direkt an, sondern er schließt ihn auch gleich zu Beginn der Gedichtsammlung in die Leidensgemeinschaft mit ein, wenn er ihn mit dem berühmten „mon semblable, mon frère !" anruft (V. 40).[124] Ohne Umschweife wird

---

[122] *Au Lecteur*, Baudelaire, *OC* I, S. 6.
[123] Vgl. hierzu Maria Moog-Grünewalds Aufsatz „Ennui – Curiosité – Nouveau". Schon im 15. Jahrhundert wertet Nikolaus von Kues diejenigen Schäden, die durch das Anheimfallen der Melancholie entstehen, schwerer als die Laster der Choleriker, Phlegmatiker oder Sanguiniker (vgl. Klibansky u. a., *Saturn und Melancholie*, S. 195 f.).
[124] Siehe beispielsweise die Formulierung „'You! Hypocrite lecteur! – mon semblable, – mon frère!'" in T. S. Eliots bekanntestem Gedicht *The Waste Land* (ders., in: *The Complete Poems and Plays of T. S. Eliot*, London 1969, S. 63). Zur Verbrüderung zwischen ‚scheinheiligem Leser' und

im unmittelbaren Anschluss an diesen einleitenden Text, im ersten Teil der *Fleurs du Mal* – der mit „Spleen et Idéal" überschrieben ist –, Gedicht für Gedicht auf das Gründlichste und oftmals in sich wiederholenden Bildern dieser unglückliche Seelenzustand des lyrischen Sprechers offengelegt. Dem Leser erschließt sich rasch, inwiefern die Hoffnungslosigkeit der berichtenden Instanz eine niemals dauerhaft auflösbare ist. Die Einsicht in die strukturelle Natur des *ennui* entsteht zunächst einmal dadurch, dass die Baudelairesche Welt in ihrem mikro- wie in ihrem makrostrukturellen Aufbau stets dem gleichen Modell folgt: Auf beiden genannten Ebenen wird der äußere Rahmen kontrastvoll durch die Opposition von *Spleen* und *Idéal* markiert.[125] Diese alles bestimmende Polarität bildet den Kontext jedes einzelnen Gedichts der Sammlung, aber auch die Grundlage für den gesamten ‚Handlungsaufbau', wenn man überhaupt von ‚Handlung' sprechen kann, ist diese doch stets lediglich Widerschein einer auf Dauer gestellten Zerrissenheit zwischen *Spleen* und *Idéal*.

Es stellt sich allerdings die Frage, ob Baudelaire mit der Formulierung „*Spleen et Idéal*" nicht eine letztlich inkohärente Dialektik aufbaut. Wenn man es nämlich genauer betrachtet, wird hier eine Kategorie der inneren Wahrnehmung bzw. eine Bewusstseinskategorie – der *Spleen* – mit einer kunstästhetischen Kategorie – dem *Idéal* – zusammengebracht.[126] Eine derartige Opposition wäre durch eine kategoriale Schieflage gekennzeichnet, da sie zwei nicht miteinander verrechenbare Begriffe in Relation zueinander setzt. Und doch bildet diese schwierige Gegenüberstellung den vollkommen tragfähigen Rahmen der epochalen Gedichtsammlung und so bedarf das Paradoxon an dieser Stelle einer Erläuterung.

Nicht zuletzt weil die Gedichte der *Fleurs du Mal* durchgängig von funktionierenden Gegensätzen zeugen, muss auch diese grundsätzlichste aller Oppositionen auf einer funktionierenden Kategorisierung gründen. Hierfür kommen zwei Möglichkeiten in Frage: Entweder handelt es sich beim *Idéal* ebenfalls um eine Bewusstseinskategorie (dem würden wohl all jene psychologisierenden Interpreten zustimmen, die im Streben des lyrischen Sprechers nach dem *Idéal* gewissermaßen ‚Welt-Flucht-Versuche' des Autors Baudelaire zu erkennen meinen),[127]

---

lyrischem Sprecher sei auch verwiesen auf Ross Chambers, *Mélancolie et opposition* (darin das Kapitel „Un despotisme oriental") und Karin Westerwelle, *Ästhetisches Interesse und nervöse Krankheit* (darin S. 271–290).
**125** Innere Gegensatzpaare sind etwa bereits in den Gedichttiteln wie *Le Mort joyeux*, *Horreur sympathique*, *Madrigal triste* oder *Le mauvais Moine* aufgezeigt.
**126** Vgl. Moog-Grünewald, „Ennui – Curiosité – Nouveau", S. 132.
**127** So z. B. Morten Nøjgaard, *Elévation et expansion. Les deux dimensions de Baudelaire*, Odense 1973 (vgl. hierzu auch die aufschlussreiche Rezension von Karlheinz Stierle, in: *Romanistisches Jahrbuch* 15 [1974], S. 247–253), sowie Henning Mehnerts Arbeit über *Melancholie und Inspiration* (1978).

oder aber der literarisch zum Ausdruck gebrachte *Spleen* verweist in letzter Konsequenz genau wie das *Idéal* ebenfalls auf ein ästhetisches Konstrukt.

Diesem Gedanken muss die Annahme zugrunde liegen, dass der programmatische Kern der *Fleurs du Mal* eben nicht darin besteht zu beweisen, dass auch das Hässliche ‚zur Blume' gemacht werden kann, auch nicht darin, Alltägliches zu verwandeln, Hoffnungslosigkeit zu betäuben, zu fliehen – letztendlich vor allem: irgendwie zu überwinden, wie so viele Interpreten des letzten Jahrhunderts argumentiert haben.[128] Vielmehr – dies wird im Folgenden zu zeigen sein – wird in den *Fleurs du Mal* eine Kunstidolatrie propagiert, die eine generelle Neu-Verortung des Schönen erprobt. Die viel gerühmte Ästhetik des Hässlichen, die immer wieder als zentraler Punkt der Baudelaireschen Poetik herausgestellt worden ist, bildet hierbei lediglich einen Aspekt der ästhetischen wie poetologischen Neubestimmung und Aufwertung der Kategorie des *Neuen*.

Für den *Spleen* als ästhetisches Konstrukt spricht nicht zuletzt die Tatsache, dass der *ennui* in den *Fleurs du Mal* mitnichten allein auf eine Traurigkeit des Berichtenden verweisen kann, die mit der einer veritablen klinischen Depression verwandt wäre.[129] Ein von einer solchen melancholischen Niedergeschlagenheit heimgesuchtes Individuum wäre gar nicht erst in der Lage, die Suche nach einem *Idéal* überhaupt zu initiieren; es wäre in seiner hoffnungslosen Resignation denkbar weit entfernt von jenem nervösen Aktionismus, der die *Fleurs du Mal* kennzeichnet.[130] Hinzu kommt – auch dies soll im Folgenden erläutert werden –, dass das Bewegungsmuster der zwischen *Spleen* und *Idéal* schwankenden Sprechinstanz, vor allem bezüglich der topologischen Orientierung und des thematischen Gesamtaufbaus des Gedichtbandes, mit einer derartigen Konsequenz,

---

**128** Siehe hierzu beispielsweise Erich Auerbach, *Vier Untersuchungen zur Geschichte der französischen Bildung*, Bern 1951, darin „Baudelaires *Fleurs du Mal* und das Erhabene", S. 107–127, bes. S. 127.

**129** Zur Verbindung zwischen Melancholie und Depression sei auf Julia Kristevas Klassiker *Soleil noir. Dépression et mélancolie* (Paris 1987) verwiesen.

**130** Nicht zuletzt aus diesem Grund erscheint es meist unangebracht, die vom Schriftsteller in nicht-literarischen Texten beschriebene, sozusagen private melancholische Empfindung, mit dem empfundenen *ennui* seiner Figuren bzw. Sprechinstanzen gleichzusetzen – obgleich zugegebenermaßen eine gewisse Verwandtschaft oder Erfahrungsnähe unübersehbar ist. Anders sieht es Henning Mehnert, der in seiner Arbeit über *Melancholie und Inspiration* zunächst einen engen Zusammenhang zwischen dem Dichter und seinem Text postulieren muss, um dann zu der These gelangen zu können, dass die Melancholie des Sprecher-Ichs das ‚Inspirationsmodell' des Autors Baudelaire abbilde, welches jedoch aufgrund einer zunehmenden „Psychiatrisierung des poetischen ‚Genies'" im 19. Jahrhundert nur noch vorsichtig formuliert werden dürfe, was den Rückgriff auf die antike Melancholie- bzw. Genielehre notwendig gemacht habe (vgl. ders. *Melancholie und Inspiration*, S. 14).

ja mit einem fast schon pedantischen Hang zur Symmetrie verfolgt wird, dass der *ennui* schwerlich überhaupt auf einen Bewusstseinszustand – der als solcher in seiner Ausprägung wandelbar wäre – verweisen kann. Vielmehr, und darin besteht der zweite Schritt der Argumentation, baut Baudelaire den *ennui* (den er sowohl thematisch als auch in seiner übertragenen räumlichen Darstellung genau zwischen dem *Spleen*, der rein negativen Ausformung der Melancholie, und dem *Idéal* verortet) zu einem strukturgebenden Modell aus, welches ihm ermöglicht, grundsätzliche Auskünfte über die Beschaffenheit seiner Lyrik selbst zu geben.

Die Kunst der Moderne zeichnet sich bekanntermaßen durch einen grundsätzlichen Willen zur Unordnung aus: Darstellungsgegenstände werden zerlegt, zerschlagen und entstellt, um anschließend nach neuen – im besten Fall noch gänzlich unbekannten – Regeln wieder aufgebaut zu werden. Diesen Prozess, der wohl am besten in der Malerei zu beobachten sein wird, beschreibt Baudelaire in seiner letzten Salonkritik aus dem Jahre 1859:[131] „Elle [l'*imagination*][132] décompose toute la création, et, avec les matériaux amassés et disposés suivant des règles dont on ne peut trouver l'origine que dans le plus profond de l'âme, elle crée un monde nouveau, elle produit la sensation du neuf."[133] Ein vielschichtiges Amalgam soll entstehen, dessen einzelne Bestandteile und Bedeutungen oftmals nicht mehr auszumachen sind, das aber vor allem eines zu leisten hat: es soll dem Anspruch genügen, ‚neu' zu sein.

Die äußere Struktur der *Fleurs du Mal* ist jedoch keineswegs von Unordnung, sondern von einem strengen Ordnungsgefüge geprägt.[134] Die Frage, warum sich

---

**131** Baudelaire gibt an, die Kritik auf der Grundlage eines einmaligen und enttäuschenden Salon-Besuchs erarbeitet zu haben. In einem Brief an Nadar berichtet er, und stellt hierbei bezeichnenderweise die *nouveautés* heraus: „J'ai fait une visite, *une seule*, consacrée à chercher les nouveautés, mais j'en ai trouvé bien peu [...]" (*Salon de 1859*, Baudelaire, *OC* II, S. 1383).
**132** Was Baudelaire unter dem Begriff *imagination* genau versteht, kann an dieser Stelle nicht diskutiert werden. Angeführt seien hier jedoch Baudelaires eigene mystizistischen Definitionsversuche des Begriffs in den *Études sur Poe*: „L'imagination n'est pas la fantaisie; elle n'est pas non plus la sensibilité, bien qu'il soit difficile de concevoir un homme imaginatif qui ne serait pas sensible. L'imagination est une faculté quasi divine qui perçoit tout d'abord, en dehors des méthodes philosophiques, les rapports intimes et secrets des choses, les correspondances et les analogies" (Baudelaire, *Études sur Poe*, *OC* II, S. 329).
**133** Baudelaire, *OC* II, S. 621. Baudelaire, der die Kunst der Moderne vorrangig von der Malerei her denkt und definiert, beschreibt hier ein Kunstverständnis, das in dieser Radikalität erst Jahrzehnte später von Schriftstellern praktisch umgesetzt werden sollte. Einmal mehr formuliert Baudelaire eine ästhetische Theorie, die er in seinem eigenen Werk nur ansatzweise realisiert (vgl. hierzu Hugo Friedrich, *Die Struktur der modernen Lyrik*, S. 56).
**134** Hugo Friedrich nennt die *Fleurs du Mal* gar – neben Petrarcas *Canzoniere*, Goethes *Westöstlichem Divan* und Guilléns *Cantico* – „das architektonisch strengste Buch der europäischen

Baudelaire diese rigorose Architektur abverlangt, kann nicht allein damit beantwortet werden, dass er hierdurch auch auf formaler Ebene eine Abgrenzung zu den losen Gedichtsammlungen der Romantik anstrebt,[135] ist doch die inhaltliche Differenz zur früheren Dichtung in Baudelaires Texten derart offensichtlich, dass es allein aus Gründen des Abhebens dieses ebenso aufwendigen wie nur schwer erkennbaren zusätzlichen Distinktionsmerkmals nicht mehr bedurft hätte.[136] Vielmehr muss der Struktur der *Fleurs du Mal* eine *bedeutungstragende* Funktion zugesprochen werden. Eine Funktion, die sowohl in den einzelnen Gedichten als auch im Gesamtaufbau des Bandes zu suchen ist.

Schon ein flüchtiger Blick auf die *Fleurs du Mal* lässt den Leser eine Konstruktion entdecken, die von der Setzung eines Anfangs (die Geburt des lyrischen Dichter-Ichs in *Bénédiction*) und eines Endes (der Tod des Dichter-Ichs in *Le Voyage*) gekennzeichnet ist.[137] Diese äußere, den Zyklus gleichsam rahmende Struktur zeugt deutlich von einer beabsichtigten Entwicklung, die jedoch vielleicht gerade allzu offensichtlich ist, als dass man sie noch als „architecture secrète"[138] bezeich-

---

Lyrik" (ders., *Die Struktur der modernen Lyrik*, S. 39). Baudelaire selbst macht die Feststellung: „Le seul éloge que je sollicite pour ce livre est qu'on reconnaisse qu'il n'est pas un pur album et qu'il a un commencement et une fin. Tous les poèmes nouveaux ont été faits pour être adaptés au cadre singulier que j'avais choisi" (Baudelaire, *Corr.* II, S. 196, in einem Brief an Alfred de Vigny im Dezember 1861).

135 Vgl. hierzu Friedrich, *Die Struktur der modernen Lyrik*, S. 40.

136 Grundsätzliches zu Baudelaires Verhältnis zur Romantik ist nachzulesen bei Henri Peyre, „Baudelaire, Romantic and Classical", in: ders. (Hg.), *Baudelaire. A collection of critical essays*, Engelwood Cliffs 1962, S. 19–29 und Johannes Kleinstück, *Der Gott, der uns entweicht: Baudelaire und die Romantik*, Stuttgart 1992.

137 Vgl. auch Hugo Friedrich, der den Gesamtverlauf des Gedichtbandes als eine von oben nach unten verlaufende Kurve, die im letzten Gedicht an ihrem tiefsten Punkt anlangt, bezeichnet (Friedrich, *Die Struktur der modernen Lyrik*, S. 40).

138 Die entsprechende Stelle bei Jules Barbey d'Aurevilly lautet vollständig: „Les artistes qui voient les lignes sous le luxe et l'efflorescence de la couleur percevront très bien qu'il y a ici *une architecture secrète*, un plan calculé par le poète, méditatif et volontaire. Les *Fleurs du mal* ne sont pas à la suite les unes des autres comme tant de morceaux lyriques, dispersés par l'inspiration, et ramassés dans un recueil sans d'autre raison que de les réunir. Elles sont moins des poésies qu'une œuvre poétique *de la plus forte unité*. Au point de vue de l'Art et de la sensation esthétique, elles perdraient donc beaucoup à n'être pas lues dans l'ordre où le poète, qui sait bien ce qu'il fait, les a rangées. Mais elles perdraient bien davantage *au point de vue de l'effet moral* que nous avons signalé au commencement de cet article" (Baudelaire, *OC* I, S. 798). Weil Barbey d'Aurevilly diesen Text zur juristischen Verteidigung Baudelaires geschrieben hat, lässt sich nicht entscheiden, ob er tatsächlich der Meinung gewesen ist, die Struktur des Gedichtbandes lasse einen ‚moralischen Effekt' erkennen, oder ob diese Behauptung lediglich zur Verteidigung des Dichters angeführt wird. Zum Prozess um die *Fleurs du Mal* wie um *Madame Bovary* sei verwiesen auf Wolfgang Matz, *1857. Flaubert, Baudelaire, Stifter*, Frankfurt a. M. 2007.

nen könnte – eine Formel, die auf Jules Barbey d'Aurevilly zurückgeht und die von der Forschung bis auf den heutigen Tag gerne zitiert wird, indes ohne dass dieses Ordnungsgefüge eine nähere Bestimmung erfahren würde. Eben dieser Versuch soll im folgenden Kapitel unternommen werden. Dabei soll gezeigt werden, inwiefern die vom lyrischen Sprecher aufgebauten Welten (gemeint sind sowohl äußere als auch ‚innere Landschaften'[139]) ihre klaren Strukturen mittels der konsequenten Verortung der Abstrakta *ennui*, *Spleen* und *Idéal* erfahren. Die Gliederung der in den einzelnen Gedichten aufgebauten Welt wiederum – so wird zu zeigen sein – ist analog zur Makrostruktur des gesamten Gedichtbandes aufgebaut.

Es gehört zu den Eigenarten der Lyrik Baudelaires – so hat es Gerhard Hess in seiner Studie herausgearbeitet –, dass der *ennui* in all seiner Abstraktheit räumlich sichtbar gemacht wird:[140]

> Dem indifferenten *Ennui* der reinen Zuständlichkeit stehen zur sprachlichen Darstellung Bilder kaum zur Verfügung. Der *Ennui* der Angst symbolisiert sich als Abgrund, als Ort und Raum, der die gestürzte Seele umfängt, der aber zugleich die Seele selber ist, welche die Welt der ‚angoisse' wie in einem Innenraum einschließt. Symbole als reine Zeichen reichen zum Ausdruck hier nicht aus [...]. Nur im Bild einer Landschaft kann die Welt des *Ennui* sich als ‚Welt' bekunden. Ihre Unwirklichkeit bekräftigt die Allegorie.[141]

Hans Robert Jauß greift in seiner Abhandlung über die Baudelairesche Allegorie die von Hess diagnostizierten „Landschaften des *Ennui*" wieder auf und erklärt ihre geradezu surreal wirkende Form der Darstellung dadurch, dass in den *Fleurs du Mal* Innerlichkeit und Welt nur noch fragmenthaft miteinander in Einklang gebracht werden können:

> Auf Allegorie als poetisches Verfahren greift Baudelaire hauptsächlich dort zurück, wo er das überkommene Thema des Weltschmerzes (‚Ennui') zur Weltangst vertieft, als deren Verdinglichung der neue Schlüsselbegriff des ‚Spleen' [...] angesehen werden kann. Ver-

---

[139] So der Terminus von Gerhard Hess, in: *Die Landschaft in Baudelaires* Fleurs du Mal, Heidelberg 1953.
[140] Hier sei die berühmte Stelle aus den *Paradis artificiels* erwähnt: „[...] – profondeur de l'espace, allégorie de la profondeur du temps – [...]" (*OC* I, S. 430 f.), die wie ein Kommentar zu dem Prosagedicht *Chacun sa chimère* gelesen werden kann, scheint doch darin der *ennui* auf alle Ewigkeit die unendliche Horizontale der Erde zu beherrschen, und weder Zeit noch Raum erfahren Begrenzung (*OC* I, S. 282 f.). Zum Verhältnis von Zeit und Raum bei Baudelaire sei insbesondere verwiesen auf Georges Poulets biographistische Arbeit *Études sur le temps humain*, Edinburgh 1949 (darin besonders das Kapitel „Baudelaire") sowie auf Antoine Compagnon, *Baudelaire devant l'innombrable*, Paris 2003, bes. S. 79–91.
[141] Hess, *Die Landschaft*, S. 57 f.

dinglichung meint hier den Gegensatz zu der romantischen Erwartung, daß der empfindsame Mensch mit allen Dingen der Natur durch eine geheime Harmonie („correspondance") verbunden sei, anders gesagt: daß der innere Zustand des Gemüts symbolisch in der Landschaft als äußere Natur Ausdruck finde.[142]

Für die Betrachtung des Aufbaus dieser vom *ennui* geprägten und im Innern des lyrischen Sprechers sich spiegelnden Welt bietet es sich an, zunächst die konventionelle Strukturierung literarischer Welten in Erinnerung zu rufen. Eines der prominentesten literaturwissenschaftlichen Textmodelle, dasjenige Jurij Lotmans, weist der Räumlichkeit eine zentrale Bedeutung für den Aufbau von narrativen Strukturen zu. Ausgehend von der anthropologischen Grundannahme, Wahrnehmung sei vorwiegend visuell bestimmt, und die geistige Welt entstehe durch das Erfassen der sinnlichen Welt, folgert der russische Literatursemiotiker, dass auch textuellen Modellen ikonographische Prinzipien zugrunde liegen, welche sich, wie alle Konzepte des Raumes, an der vertikalen und der horizontalen Achse orientieren.[143]

Die räumliche Struktur in den *Fleurs du Mal* zeichnet sich vor allem durch die starke Orientierung an der vertikalen Achse aus: Das Sprecher-Ich bekundet, permanent den Wunsch zu verspüren, entweder nach ‚oben', dem lichten Reich des Guten, oder nach ‚unten', dem finsteren Reich des Bösen, zu gelangen bzw. gelangen zu wollen. Doch beschreibt Baudelaire in seiner Lyrik nicht nur eine Welt, die von einer auf Gegensätzen basierenden Grundspannung zeugt, sondern eine, die in einem solch hohen Maße aus diesen Gegensätzen regelrecht zu bestehen scheint, dass man von einem gänzlich dialektischen Weltverständnis sprechen könnte.[144] Wiewohl Antithesen seit jeher Bestandteil von Dichtung sind, sticht die Intensität der kontrastreichen Formulierungen Baudelaires doch hervor. Schon die Überschriften der *Fleurs du Mal* zeugen vom Oxymoron als bevorzugtes Stilmittel – so ist dies offenkundig beim Gesamttitel *Les Fleurs du Mal*[145] oder

---

**142** Jauß, *Studien zum Epochenwandel*, S. 181.
**143** Lotman nennt vor allem abstrakte Begriffe, die durch räumliche Relationen fassbarer gemacht werden. Topologische Oppositionspaare wie ‚hoch vs. niedrig', ‚rechts vs. links' oder ‚nah vs. fern' bilden das Material zum Aufbau von Kulturmodellen ohne räumlichen Inhalt, wie ‚gut vs. schlecht', ‚reich vs. arm' oder ‚eigen vs. fremd' (vgl. Jurij Lotman, *Die Struktur literarischer Texte*, München 1993, S. 312).
**144** Besonders Jean-Paul Sartre hat in seiner programmatisch-existentialistischen Arbeit zu Baudelaire auf die dialektische Weltbeschaffenheit dessen Lyrik aufmerksam gemacht (ders., *Baudelaire*, Paris 1947). Grundsätzliches zu Baudelaires kontrastreicher Verwendung des Symbols findet sich in: Maurice-Jean Lefebvre, „L'ambiguité des symboles de Baudelaire à nous", in: *Cahiers internationaux de symbolisme* 5 (1964), S. 57–74.
**145** Inwiefern der subversive Charakter des Titels über das Oxymoron vom Hässlichen/Bösen im Schönen hinausgeht, ist bei Andreas Kablitz nachzulesen (ders., *Zwischen Rhetorik und On-*

Gedichttiteln wie *Le Mort joyeux*, *Horreur sympathique*, *Madrigal triste* oder *Le mauvais Moine* der Fall.

Indessen verhält es sich so, dass dort, wo das Hässliche, das Verkommene oder das Banale selbst ästhetisiert wird, es schwerlich bei Gegenüberstellungen von Gegensatzpaaren bleiben kann, werden doch Widersprüche ausgestellt, die in den Objekten selbst angelegt sind.[146] Nicht erst in dem vorletzten Kapitel der *Fleurs du Mal*, das den Titel „Révolte" trägt und in dem in der Tat eine ‚Umkehrung' der Verhältnisse geschildert wird,[147] setzt Baudelaire sich über naturgesetzliche Grundgegebenheiten wie anthropologische Grundannahmen hinweg. Bereits in dem mit „Tableaux parisiens" betitelten Abschnitt finden sich Gedichte, in denen die natürliche Ordnung – *en passant*, nicht konzeptuell – zugunsten abstrakter Bilder aufgegeben wird. So etwa in *Rêve parisien*, wo von ‚Gangesströmen' die Rede ist, die ‚am Firmament Schätze in diamantene Abgründe gießen',[148] oder in *L'Aube spirituelle*, wo sich das ‚unerreichbare Blau spiritueller Himmel mit der Anziehungskraft des Abgrunds auftut'[149]. In dem Gedicht *Horreur Sympathique*

---

*tologie. Struktur und Geschichte der Allegorie im Spiegel der jüngeren Literaturwissenschaft*, Heidelberg 2016, S. 66).

[146] Den kontrastreichen und mitunter paradoxen Formulierungen Baudelaires hat sich die Forschung immer wieder gewidmet. Dabei wurde im Besonderen der ‚Abgrund'-Symbolik ausführliche Beachtung geschenkt, so z. B. von Benjamin Fondane, *Baudelaire et l'expérience du gouffre*, Brüssel 1947; Jean-Pierre Richard, *Poésie et Profondeur*, Paris 1955; Max Milner, *Baudelaire. Enfer ou ciel, qu'importe*, Paris 1967; Gérald Antoine, „Pour une nouvelle exploration *stylistique* du *gouffre* baudelairien", in: *Le français moderne* 30 (1962), S. 81–98; Frédéric Cunen, „Le Gouffre et l'Abîme de Baudelaire", in: *Travaux de linguistique et de littérature* 15/2 (1977), S. 109–141; Nøjgaard, *Élévation et expansion*, darin besonders „La place du *Gouffre* dans l'univers imaginaire de Baudelaire" (S. 18–78); und Antoine Compagnon, *Baudelaire devant l'innombrable*. Einige der genannten Studien zitieren einleitend die folgenden Worte aus Baudelaires Théodore-de-Banneville-Kritik: „Pour deviner l'âme du poète, ou du moins sa principale préoccupation, cherchons dans ses œuvres quel est le mot ou quels sont les mots qui s'y représentent avec le plus de fréquence. Le mot traduira l'obsession" (Baudelaire, *OC* II, S. 164). Zugegebenermaßen ist die Häufigkeit der Verwendung der Begriffe *gouffre* und *abîme* in den *Fleurs du Mal* ausgesprochen hoch. Doch Termini, die den dem Abgrund entgegengesetzten Bereich beschreiben, werden deutlich öfter verwendet und sind nicht minder ambig. Allein das Wort *ciel* erscheint in den *Fleurs du Mal* dreimal so häufig wie *gouffre* und *abîme* zusammen (siehe hierzu die Konkordanz von Robert T. Cargo [Hg.], *A Concordance to Baudelaire's* Les Fleurs du Mal, Chapel Hill 1965).

[147] So wird in dem Abschnitt Gott entthront und Satan gehuldigt – und das Gedicht *Abel et Caïn* schließt mit den Worten: „Race de Caïn, au ciel monte, / Et sur la terre jette Dieu!", V. 31 f., Baudelaire, *OC* I, S. 123.

[148] „Des Ganges, dans le firmament, / Versaient le trésor de leurs urnes / Dans des gouffres de diamant" (*Rêve parisien*, V. 34–36, Baudelaire, *OC* I, S. 102).

[149] „Des Cieux Spirituels l'inaccessible azur, / Pour l'homme terrassé qui rêve encore et souffre, / S'ouvre et s'enfonce avec l'attirance du gouffre" (*L'Aube spirituelle*, V. 5–7, Baudelaire, *OC* I,

wird das Ineinanderübergehen von auf der Vertikalen verorteten Gegensätzen besonders anschaulich dargestellt:

Horreur Sympathique

De ce ciel bizarre et livide,
Tourmenté comme ton destin,
Quels pensers dans ton âme vide
Descendent ? réponds, libertin.

– Insatiablement avide
De l'obscur et de l'incertain,
Je ne geindrai pas comme Ovide
Chassé du paradis latin.

Cieux déchirés comme des grèves,
En vous se mire mon orgueil ;
Vos vastes nuages en deuil

Sont les corbillards de mes rêves,
Et vos lueurs sont le reflet
De l'Enfer où mon cœur se plaît.[150]

Das Sonett ist dem Schluss des Abschnitts „Spleen et Idéal" entnommen, in dem jene Gedichte versammelt sind, die den *ennui* explizit und meist schon im Titel thematisieren. Diese Gedichte bilden exakt die Mitte der Gedichtsammlung,[151] was nicht nur die bereits erwähnte Analogie zwischen Mikro- und Makrostruktur bekräftigt, sondern auch, wie wir im Folgenden sehen werden, der räumlichen Verortung des *ennui* in den Gedichten selbst entspricht.

Doch werfen wir zunächst einen Blick auf den topographischen Aufbau des *Horreur Sympathique*.[152] Lediglich indirekt verweist darin der lyrische Sprecher auf die Horizontale als seinen Aufenthaltsort. Diesen bestimmt er allein durch

---

S. 46). Siehe hierzu auch Hess, *Die Landschaft*, S. 59.
**150** *Horreur sympathique*, Baudelaire, *OC* I, S. 77 f.
**151** In der Reihung der *Fleurs du Mal* von 1861 handelt es sich um die Gedichte: LXXV *Spleen*, Pluviôse, irrité contre la ville entière ..., LXXVI *Spleen*, J'ai plus de souvenirs que si j'avais mille ans ..., LXXVII *Spleen*, Je suis comme le roi d'un pays pluvieux ..., LXXVIII *Spleen*, Quand le ciel bas et lourd pèse comme un couvercle ..., LXXIX *Obsession*, LXXX *Le goût du néant*, LXXXI *Alchimie de la douleur*, LXXXII *Horreur sympathique*, LXXXIII *L'Héautontimorouménos*, LXXXIV *L'Irrémédiable* und LXXXV *L'Horloge*. In Claude Pichois' Kommentar zu den *Fleurs du Mal* liest man, dass auch die den *Spleen*-Gedichten unmittelbar vorausgehenden Gedichte LXXII *Le mort joyeux* und LXXIV *La cloche fêlée* zunächst mit *Le Spleen* betitelt waren (Baudelaire, *OC* I, S. 973).
**152** Vgl. zum dreigliedrigen Aufbau des Gedichts auch Hubert, *L'esthétique*, S. 135 ff.

sein Verhältnis zum ‚Oben' und zum ‚Unten', der Ort als solcher wird bezeichnenderweise gar nicht erst benannt. Stattdessen wird die enge, ja interdependente Verbindung zwischen Himmel und Hölle hervorgehoben: Aus dem seltsamen Himmel steigen Gedanken hinab in die leere Seele. Doch erscheint jenes Oben als ein Effekt des Unterirdischen, denn die Blitze des Himmels, in dem der lyrische Sprecher den Widerschein des eigenen Stolzes sieht, sind nichts anderes als Lichtreflexe der Hölle, in der sich das Herz des lyrischen Sprechers wiederum durchaus gerne aufhält. So ist der dargestellte Schrecken ein lustvoller, eben ein *horreur sympathique*, der schon allein deswegen positiv bewertet wird, weil er eine Unterbrechung des grundsätzlich unbefriedigenden Daseins im Zeichen des *ennui* gestattet. Hierauf wird jedoch lediglich periphrastisch und im Modus der Verneinung verwiesen, nämlich in der stolzen Behauptung des Sprechers, es nicht dem exilierten Ovid gleich zu tun, das eigene Unglück nicht wimmernd zu beklagen. Vielmehr wird mit dem freudigen Verweis auf den Himmel wie auf die Hölle, die in Folge ihrer Wechselbeziehung der ursprünglichen Zuschreibungen von gut und böse verlustig gegangen zu sein scheinen, der Rahmen der leidvollen irdischen Existenz des lyrischen Sprechers abgesteckt.[153]

Trotz der Ferne, die Baudelaires Denkweise zu allgemeingültigen topologischorientierten Textmodellen mitunter aufweist, bzw. trotz des Spiels mit kulturellen und anthropologischen Grundvorstellungen, in denen oben und unten klar verortet sind, ist in den *Fleurs du Mal* eine (einzige) topografische Konstante auszumachen. Betrachtet man die Baudelairesche Welt, wie der lyrische Sprecher in *Le Goût du Néant* es tut, als „globe dans sa grandeur"[154], so kann man einen ungewöhnlich strengen und konsequent ausgestellten dreigliedrigen Aufbau erkennen, der gewiss noch immer der geozentrischen Himmelskugel gleicht: das Oben

---

[153] Dieser ‚Weltaufbau' ähnelt auch dem des Prosagedichts *Chacun sa chimère*. Darin kriechen gebeugte Männer rast- und orientierungslos unter der „coupole spleenétique du ciel" durch die pfadlose „grande plaine poudreuse". Auf ihren Rücken tragen sie Chimären, die sich an sie klammern und fast schon mit ihnen verwachsen zu sein scheinen. Der einzelne Mann kann seine Chimäre selbst nicht sehen, und doch schleppt er das monströse Getier, angetrieben „par un invincible besoin de marcher" durch die „poussière d'un sol aussi désolé que ce ciel." Das Sprecher-Ich gibt an, nachfragen zu wollen, was es mit diesem geheimnisvollen Zug auf sich habe, wird jedoch – schwerer noch als die Männer von ihren Chimären – selbst von einer „irrésistible Indifférence" niedergedrückt (Baudelaire, *OC* I, S. 282 f.). Siehe hierzu auch Peter Cooke, der in seinem Aufsatz „The Dantesque and other Intertexts in Baudelaire's Chacun sa chimère" etwas rabulistisch versucht, in den Verdammten u. a. „a sinister parody of the Dantesque" zu erkennen (in: *French Studies* 53 [1999], S. 16–22, hier S. 21).
[154] Die gesamte Strophe aus *Le Goût du Néant* lautet wie folgt: „Et le Temps m'engloutit minute par minute, / Comme la neige immense un corps pris de roideur ; / Je contemple d'en haut le globe en sa rondeur / Et je n'y cherche plus l'abri d'une cahute" (Baudelaire, *OC* I, S. 76, V. 9–14).

(mit dem Himmel als Zenit), das Unten (das irdische *hic et nunc* mit seiner unendlich scheinenden Horizontalen) und das Unterirdische (mit *gouffre* und *abîme* als Nadir).[155] Die den *ennui* auslösende Wirklichkeit befindet sich immerzu exakt in der topologischen Mitte, zwischen den äußersten Begrenzungen oben und unten. Sie bildet eine waagerechte Linie, die sich durch ihre Opposition zur vertikalen Achse definiert und gleichzeitig den Ausgangspunkt jeder Bewegung darstellt: hinauf, und mitunter in überirdische Sphären, oder hinunter in ein unterirdisches Reich. Von dieser *ennui*-geprägten Mitte geht die *Élévation* aus, auf ihr landet der *Albatros* und unter ihr öffnen sich *Gouffre* und *Abîme* – diese Struktur wird in dem Gedichtband mit aller Konsequenz eingehalten.

Widmen wir uns also zunächst der topologischen Mitte, der horizontalen Achse, jenen „plaines de l'Ennui, profondes et désertes"[156], wie es im ersten Gedicht des Abschnitts „Fleurs du Mal" heißt.[157] Der *ennui* bildet zwar eine Konstante, weil er systematisch in der Horizontalen verortet wird, gleichzeitig ist er jedoch Ursache dafür, dass im Baudelaireschen Weltmodell alle anderen basalen Kategorien, wie ‚gut' und ‚böse' oder ‚schön' und ‚hässlich', nicht fest verortet sind – hängt doch bei Baudelaire Wahrnehmung allererst und stets von dem Ausprägungsgrad des ‚Lebensekels' ab.[158] Im Gegensatz zu anderen Gefühlseindrücken ist der *ennui* eine dauerhafte und allgegenwärtige Empfindung, eben weil auch die Wirklichkeit, die dieses Unbehagen auslöst, immer präsent ist (sieht man einmal von den Rauschzuständen ab). Er wird in den *Fleurs du Mal* nicht nur eingehend verflucht und beschimpft, sondern auch gerühmt wie eine gefürchtete Gottheit.[159] Dem Leser wird wiederholt vor Augen geführt, inwiefern der *ennui* – obgleich er Auslöser

---

[155] Explizit nennt Baudelaire diese Begrenzung in *Un fantôme (Je te donne ces vers)* aus den *Fleurs du Mal*: „Être maudit à qui, de l'abîme profond / Jusqu'au plus haut du ciel, rien, hors moi, ne répond!" (Baudelaire, *OC* II, V. 10f).

[156] *La Destruction*, V. 11, Baudelaire, *OC* I, S. 111. Siehe hierzu auch das zweite *Spleen*-Gedicht *J'ai plus de souvenirs que si j'avais mille ans*, in dem das Land des *ennui* als eine „Sahara brumeux" beschrieben wird (V. 21, Baudelaire, *OC* I, S. 73), vgl. auch François Porché, *Baudelaire. Histoire d'une âme*, Paris 1944, darin „Solitude. – L'Ennui de Baudelaire", S. 233–255.

[157] Nøjgaard hingegen schreibt in seiner Studie über die Ordnung des Raumes bei Baudelaire der horizontalen Achse vor allem postive Eigenschaften zu: Die Horizontale (von ihm als „axe de l'évasion" bezeichnet) eröffne insbesondere die Möglichkeit, den Leiden der menschlichen Existenz zu entkommen (vgl. ders. *Élévation et expansion*, bes. S. 26f.).

[158] Dies kann besonders gut an dem Prosagedicht *Le mauvais vitrier* beobachtet werden; eine ausführliche Interpretation des Texts findet sich in Karin Westerwelles *Ästhetisches Interesse und nervöse Krankheit* (darin „Verzauberung und Entzauberung: *Le mauvais vitrier*").

[159] Siehe *Le Possédé*, Baudelaire, *OC* I, S. 37f.; vgl. auch die zahlreichen Beispiele von François Porché in: *Baudelaire. Histoire d'une âme*, Paris 1944, S. 246f.

größter Qualen ist –dichterisch inspirierend sein kann. Insbesondere in den poetologischen Gedichten ist dieser konstruktive Aspekt jenes doch eigentlich so qualvollen Zustands auszumachen, weswegen zunächst – und mit besonderem Augenmerk auf dem dreigliedrigen Aufbau – eines der wohl bekanntesten einer genaueren Betrachtung unterzogen sei, *L'Albatros*.

Wenn Baudelaire den jahrhundertealten Vergleich zwischen Vogel und Dichter bemüht (vgl. auch den Schwan in *Le Cygne*, die Eule in *Les Hiboux* oder die Lerche in *Élévation*),[160] bildet das *tertium comparationis* weniger die Feder,[161] sondern vielmehr die Behauptung, Dichter und Vogel bewegen sich in höheren Sphären souveräner als andere Menschen. Freud und Leid dieser Gemeinsamkeit wird in *L'Albatros* in einem dreigeteilten, topologisch klar umrissenen Rahmen herausgestellt: Die Mitte bildet ein auf dem Meer fahrendes Schiff, auf dem sich Seemänner langweilen und nach irgendeiner Form der Ablenkung suchen. Dem Schiff folgend schweben Albatrosse im Himmel, und unter dem Schiff befinden sich ‚bittere' Abgründe:

> Souvent, pour s'amuser, les hommes d'équipage
> Prennent des albatros, vastes oiseaux des mers,
> Qui suivent, indolents compagnons de voyage,
> Le navire glissant sur les gouffres amers.[162]

Die Seeleute greifen sich die fliegenden Vögel, um sich zu ‚amüsieren': Dabei schikanieren sie den Albatros körperlich („L'un agace son bec avec un brûle-gueule", V. 11) und versuchen, ihn der Lächerlichkeit preiszugeben („L'autre mime, en boitant, l'infirme qui volait", V. 12) – wobei es einem Vogel nicht besonders nahe gehen wird, wenn sein Gang von einem Menschen nachgemacht wird; der nachäffende Mensch selbst macht sich an dieser Stelle lächerlich. Wenn in dem

---

**160** Zum Vogelmotiv in der griechischen Dichtung sei auf René Nünlist verwiesen: *Poetologische Bildersprache in der frühgriechischen Dichtung*, Berlin/New York 2011 (Beiträge zur Altertumskunde 101), S. 41. Der Nexus Vogel-Dichter/Sänger im Mittelalter wird ausführlich behandelt in: Sabine Obermaier, *Von Nachtigallen und Handwerkern. „Dichtung über Dichtung" in Minnesang und Sangspruchdichtung*, Tübingen 1995, und Eva-Maria Hochkirchen, *Präsenz des Singvogels im Minnesang und in der Trouvèrepoesie*, Heidelberg 2015. Zu dieser literarischen Tradition siehe auch Alfred Noyer-Weidner, „Aspekte der Gedichtstruktur in den *Fleurs du Mal* (die Stellung des *Chant d'automne* in der dichterischen Entwicklung Baudelaires)", in: *Romanische Forschungen* 71 (1959), S. 334–382, hier S. 358 f.
**161** Siehe hierzu Ariane Wild, *Poetologie und Décadence in der Lyrik Baudelaires, Verlaines, Trakls und Rilkes*, Würzburg 2002, S. 77.
**162** *L'Albatros*, Baudelaire, *OC* I, S. 9.

Gedicht der Prinz der Lüfte mit dem Dichter verglichen wird („Le Poète est semblable au prince des nuées", V. 13), so wird damit das Missverständnis zwischen Vogel/Dichter und Schiffsbesatzung/Menschheit zu einem ebenso analogen wie strukturellen Problem erklärt: Derjenige, der von dem erhellenden und beglückenden Oben in die peinigende Horizontale zurückkehrt, kann sich denjenigen, die unten geblieben sind, nicht verständlich machen. Es ist bemerkenswert, dass gerade in diesem so gar nicht dunklen und scheinbar so leicht zugänglichen (und wohl deshalb überaus populären Schul-) Gedicht die Unmöglichkeit der Verständigung zwischen dem Dichter und seinen Zeitgenossen thematisiert wird, stehen hier doch Inhalt und (einfach auflösbare allegorische) Form im denkbar größten Widerspruch zueinander. Hinzu kommt, dass L'Albatros – nach den einleitenden Gedichten *Au Lecteur* und *Bénédiction* – erst das dritte Gedicht der *Fleurs du Mal* ist: Gleich zu Beginn der Gedichtsammlung wird also der unverständliche und unverstandene Dichter proklamiert, obgleich noch über einhundert Gedichte folgen. Stünde *L'Albatros* in den letzten Abschnitten des Gedichtbandes, so könnte es zumindest als Ausdruck einer Resignation des Dichters gelesen werden. In dieser Anordnung allerdings stellt die Position des Gedichts innerhalb der Gesamtkomposition ein interpretatorisches Paradoxon dar, welches durch die nur vermeintliche Klarheit der Semantik noch verstärkt wird.

Bereits im nächsten Gedicht wird die dem Abstieg entgegengesetzte Bewegung thematisiert. Die *Élévation* beginnt mit einer harmonischen Aufzählung von Orten, über die der lyrische Sprecher sich erhebt, wobei die Aufzählung dem Klang und dem Rhythmus folgt, und nicht etwa fortschreitenden Höhenunterschieden: „Des montagnes, des bois, des nuages, des mers" (V. 2)[163]. Dort oben in der „immensité profonde" (V. 7), befreit von den Fesseln der Schwerkraft, lässt der lyrische Sprecher seinen Kummer hinter sich („Derrrière les ennuis et les vastes chagrins / Qui chargent de leurs poids l'existence brumeuse" [V. 13 f.]). Der Erde, die in der Aufzählung romantischer Landschaftselemente zuerst genannt wird, ist er immer feindlicher gesinnt, und schließlich bezeichnet er schlichtweg alles Irdische als „miasmes morbides" (V. 9), die es zu fliehen gilt. Die derartig beschriebenen ‚Ausdünstungen' der Erde stehen folglich auch im krassen Gegensatz zur Reinheit des Himmels mit seiner „pure et divine liqueur" (V. 11), seinem ‚klaren Feuer' und seinen ‚lichten Räumen' – einer himmlischen Welt, in der sich alle Elemente vereinigen: Wasser, Feuer, Luft und Erde.[164] In den letzten Zeilen, die durch Gedankenstrich und Ausrufezeichen auch optisch auffallen, wird dann der Auf-

---

163 *Élévation*, Baudelaire, OC I, S. 10.
164 Vgl. Hess, *Die Landschaft*, S. 148. Zur – inneren und äußeren – ‚Unermeßlichkeit' bei Baudelaire sei verwiesen auf Gaston Bachelard *La poétique de l'espace*, Paris 1957, darin besonders das Kapitel „L'immensité intime".

stieg in einen friedlichen Flug verwandelt. Dem Aufgestiegenen erscheint es sogar möglich, die Welt im Sinne der *Correspondances*, und so lautet dann auch der Titel des nachfolgenden Gedichts, wie ein siegreicher Dichter zu dechiffrieren.[165] Um welche Art der Erhebung es sich in dem Gedicht überhaupt handeln könnte, ist eine oft diskutierte Frage, die in keiner Interpretation völlig vernachlässigt werden darf. Freilich liegt es zunächst nahe, in der *Élévation* einen Aufstieg zu vermuten, wie er das Leitmotiv im Werk Platons bildet.[166] Vielleicht handelt es sich aber auch um eine christliche *ascensio/elevatio* oder einen schlichtweg nicht näher bestimmbaren mystischen Aufstieg.[167] Darüber hinaus könnte die *Élévation* auch ein Erlebnis künstlerischer Wahrnehmung bzw. künstlerisch geglückter Wiedergabe darstellen.[168] Vielleicht ruft Baudelaire aber auch all diese Aufstiegs-

---

**165** Vgl. hierzu das folgende Zitat Baudelaires aus dem Kapitel „Victor Hugo" aus den *Réflexions sur quelques-uns de mes contemporains*: „Or qu'est-ce qu'un poète (je prends le mot dans son acceptation la plus large), si ce n'est un traducteur, un déchiffreur ? Chez les excellents poètes, il n'y a pas de métaphore, de comparaison ou d'épithète qui ne soit d'une adaptation mathématiquement exacte dans la circonstance actuelle, parce que ces comparaisons, ces métaphores et ces épithètes sont puisées dans l'inépuisable fonds de l'*universelle analogie*, et qu'elles ne peuvent êtres puisées ailleurs" (Baudelaire, *OC* II, S. 133).

**166** Versuche platonischer Deutungen der Texte Baudelaires unternehmen: Jean Massin, *Baudelaire. ‚Entre Dieu et Satan'*, Paris 1945; Jean Pommier, *La Mystique de Baudelaire*, Paris 1932; Marc Eigeldinger, *Le platonisme de Baudelaire*, Neuchâtel 1951 (siehe hierzu auch die Einwände von Pia Claudia Doering, „Die Schönheit – nur ein Glücksversprechen? Hobbes, Stendhal, Baudelaire", in: Karin Westerwelle [Hg.], *Charles Baudelaire. Dichter und Kunstkritiker*, Würzburg 2007, S. 107–121, hier S. 109 f.). Auch Michel Brix spricht sich gegen jegliche platonische Lesart der Texte aus (vgl. ders., „Platon et le platonisme dans la littérature française de l'âge romantique", in: *Romantisme* 31,113 [2001], S. 43–60). Inwiefern Baudelaires Umgang mit platonischen Denkfiguren gar als ‚funktionalisierter Platonismus' bezeichnet werden kann, zeigt Andreas Kablitz an dem Sonett *La Beauté* auf (ders., „Baudelaires [Neu-]Platonismus", in: *Romanistisches Jahrbuch* 53 [2003], S. 158–178).

**167** All diese Vermutungen sind bei Hugo Friedrich nachzulesen (ders., *Die Struktur der modernen Lyrik*, S. 48).

**168** Vgl. hierzu zum einen Lois Boe Hyslop, die in ihrem Aufsatz „Baudelaire's *Élévation* and E.T.A Hoffmann" versucht, Ähnlichkeiten zwischen *Élévation* und Hoffmanns *Kreisleriana* auszumachen (in: *The French Review* 46 [1973], S. 951–959). Deutlich frappierender jedoch ist die Ähnlichkeit zwischen Baudelaires Wortwahl in *Élévation* und seinem Aufsatz über die Musik Richard Wagners. Ernest Raynaud, der darauf als erster aufmerksam gemacht hat, geht davon aus, dass das Gedicht unmittelbar nach der Pariser Vorstellung des *Lohengrin* geschrieben worden ist (vgl. Robert-Benoît Chérix, *Commentaire des* Fleurs du Mal, Genf 1962, S. 30, sowie Lloyd Austin, *L'univers poétique de Baudelaire*, Paris 1956, S. 260–281, bes. S. 272 f.; weitere Quellen, die Baudelaire zu *Élévation* inspiriert haben könnten, versucht F. W. Leakey offenzulegen in: *Baudelaire and Nature*, Manchester 1969, S. 186 ff.). Besonders Baudelaires Beschreibung der Ouvertüre des *Lohengrin* erinnert an den beglückenden Aufstieg in *Élévation*, ja der musiktheoretische Text gleicht gar der Paraphrase des Gedichts: „Je me sentis délivré *des liens de la pesanteur*, et je retrouvai par le souvenir l'extraordinaire *volupté* qui circule dans *les lieux hauts* [...]. Ensuite

modelle lediglich zu dem Zwecke auf, die spirituell-ästhetische Erfahrung im Modus der Ironie zu brechen und zurückweisen zu können.[169] Dies würde auch den zaghaft angedeuteten Bruch in der letzten Strophe des Gedichts erklären können, der unter Umständen ein wesentliches Strukturmerkmal der *Fleurs du Mal* andeutet: Jeder in den Gedichten beschriebenen Aufstiegsbewegung folgt ein Abstieg. Jedwede Linie, die eben noch himmlisch nach oben gestiegen ist, kann

---

je me peignis involontairement l'état délicieux d'un homme en proie à une grande rêverie dans une solitude absolue, mais une solitude avec *un immense horizon* et une *large lumière diffuse* ; *l'immensité* sans autre décor qu'elle-même. Bientôt j'éprouvai la sensation d'une *clarté* plus vive, *d'une intensité de lumière* croissant avec une telle rapidité, que les nuances fournies par le dictionnaire ne suffiraient pas à exprimer *ce surcroît toujours renaissant d'ardeur et de blancheur*. Alors je conçus pleinement l'idée d'une âme se mouvant dans un milieu lumineux, d'une extase *faite de volupté et de connaissance*, et planant au-dessus et bien loin du monde naturel" (*Critique musicale*, „Richard Wagner et *Tannhäuser* à Paris" [1861], Baudelaire, *OC* II, S. 784 f.). Die Entstehungsdaten von Gedicht und musiktheoretischer Überlegung lassen die Vermutung aufkommen, dass man bei der Lektüre von Baudelaires Texten zu Wagners Musik unter Umständen mehr über den Verfasser als über den behandelten Gegenstand selbst erfährt (Maria Moog-Grünewald hat gezeigt, inwiefern die Vermutung, Baudelaire formuliere in seiner Kunstkritik auch oder vielleicht sogar allererst seine eigene Ästhetik, im Hinblick auf dessen Auseinandersetzung mit Delacroix berechtigt ist; vgl. Maria Moog-Grünewald, „Noch einmal: Über Baudelaire und Delacroix", in: Maria Moog-Grünewald/Christoph Rodiek [Hg.], *Dialog der Künste. Intermediale Fallstudien zur Literatur des 20. Jahrhunderts. Festschrift für Erwin Koppen*, Frankfurt a. M. 1989, S. 215–228, hier S. 222). Dies würde auch erklären, warum Baudelaire in seinen Äußerungen über die Musik Franz Liszts erneut der *Élévation* sehr ähnliche Worte wählt: „Cher Liszt, à travers les brumes, par delà les fleuves, par-dessus les villes où les pianos chantent votre gloire [...]" (Baudelaire, *OC* I, S. 336); vgl. hierzu auch Hyslop, „Baudelaire's Elévation", S. 959. Zu Baudelaire und Wagner sei auch verwiesen auf Karin Westerwelle, „Baudelaire, critique de Wagner. Le problème des *Correspondances*", in: *L'Année Baudelaire. Baudelaire et l'Allemagne. L'Allemagne et Baudelaire* 8 (2004), S. 117–147.
**169** Siehe auch Karin Westerwelle, „Baudelaires Rezeption der Antike", hier S. 30. Eine vergleichbare Form Baudelairescher Hybris fänden wir zum einen in dem Gedicht *Bénédiction*, in welchem der lyrische Sprecher die von seinem Gott gemachten Erlösungsangebote lapidar mit „Je sais" zurückweist (V. 61 und 65), vgl. hierzu Andreas Kablitz, „Baudelaires (Neu-)Platonismus", in: *Romantistisches Jahrbuch* 53 (2003), S. 158–178, hier S. 177. Auch in *Le Soleil*, wenn zur Erklärung der doch allseits bekannten Wirkung der Sonne diese mit dem Schaffen des Dichters verglichen wird, heißt es in ganz ähnlicher Manier: „Quand, ainsi qu'un poète, il [le soleil] descend dans les villes, / Il ennoblit le sort des choses les plus viles, / Et s'introduit en roi, sans bruit et sans valets, / Dans tous les hôpitaux et dans tous les palais" (V. 16–20, Baudelaire, *OC* I, S. 83). Im Übrigen haben wir auch in diesem Gedicht exakt jene architektonische Rahmenstruktur vorliegen, wie sie in diesem Kapitel herausgearbeitet werden soll: Die Strahlen der Sonne scheinen hinunter zur Erde, auf der sie – wie das Dichter-Ich selbst – die niedrigsten Dinge veredeln und wieder hinaufsteigen lassen; vgl. hierzu auch Marc Eigeldinger, „La symbolique solaire dans la poésie de Baudelaire", in: *Revue d'histoire littéraire de la France* 2 (1967), S. 357–374, bes. S. 372, sowie Ross Chambers, „Baudelaire et l'espace poétique : À propos du *Soleil*", in: *Le lieu et la formule. Hommage à Marc Eigeldinger*, Neuchâtel 1978, S. 111–120, hier S. 116.

im nächsten Moment abrupt fallen.¹⁷⁰ Auch der von dem Weg nach oben berichtende lyrische Sprecher der *Élévation* ist in letzter Konsequenz immerfort dazu verdammt, nur eine neue Leere kennenzulernen und in die vom *ennui* beherrschte Wirklichkeit zurückzufallen. Nicht zuletzt ein formaler Aspekt der letzten Strophe könnte hierfür einen Hinweis liefern:

> Derrière les ennuis et les vastes chagrins
> Qui chargent de leur poids l'existence brumeuse,
> Heureux celui qui peut d'une aile vigoureuse
> S'élancer vers les champs lumineux et sereins ;
>
> Celui dont les pensers, comme des alouettes,
> Vers les cieux le matin prennent un libre essor,
> – Qui plane sur la vie, et comprend sans effort,
> Le langage des fleurs et des choses muettes !¹⁷¹

Im vorletzten Reim bilden Tonvokal und Konsonant zwar eine *rime suffisante*, und auch die *alternance des rimes* wird beachtet, doch der visuelle Mangel an Reinheit in der so idyllischen Beschreibung ist beträchtlich, zumal – von dieser Stelle einmal abgesehen – der ‚rime pour l'œil' an jedem Versende des Gedichts vorhanden ist: *essor* reimt auf *effort* „comme un four sur et un moulin", wie Malherbe es in seiner Dichtungslehre im Bezug auf *contenance* und *sentence* formuliert haben soll. Die weltumspannende semantische Harmonie wird durch die fehlende Homographie nicht nur getrübt, sie wird regelrecht gebrochen, und dass Baudelaire diesen Bruch nun ausgerechnet an jener Stelle ansetzt, in der das lyrische (Dichter-)Ich von einem mühelosen Verstehen aller Dinge („sans effort") berichtet, könnte einen Verweis – hier gewiss im Modus der Ironie – auf das *Celare-Artem*-Prinzip bilden. Im Verstoß gegen eine grundlegende Regel der Versifikation könnte hervorscheinen, dass ein irgendwie geartetes ‚Ankommen' in der Lyrik Baudelaires überhaupt gar nicht erst vorgesehen ist.¹⁷² Ganz anders verhält es sich beispielsweise noch in Victor Hugos *Contemplations*, die nur kurze

---

**170** So zum Beispiel in dem Prosagedicht *La Chambre double*, wo die Traum- bzw. Drogenvision alsbald zur höllischen Erfahrung anwächst (Baudelaire, *OC* I, S. 280–282). Auch in *Le Gâteau*, ebenfalls im *Spleen de Paris* erschienen, folgt auf die erhabene Bewegung des Aufstiegs ein jähes Ende, welches von zwei bis aufs Blut miteinander kämpfenden Brüdern gesetzt wird (Baudelaire, *OC* I, S. 297–299); vgl. auch Hess, *Die Landschaft*, S. 59 f. Zur ‚Kurve' bei Baudelaire sei verwiesen auf Lloyd Austins Arbeit über den Symbolismus Baudelaires: *L'univers poétique de Baudelaire*, Paris 1956, bes. S. 91–101.
**171** *Élévation*, V. 12–20, Baudelaire, *OC* I, S. 10.
**172** Dass die platonische *ascensio* in der Baudelaireschen Variante kein Ankommen mehr vorsieht, die Denkfigur vielmehr in ihrer Gänze durch die Kategorie der Uneigentlichkeit substituiert

Zeit vor den *Fleurs du Mal* veröffentlicht wurden und in denen die Antithetik zwischen dem Oben und dem Unten nicht weniger präsent ist als in Baudelaires Lyrik, allerdings wird darin, anders als in den *Fleurs du Mal*, der topologischen Opposition noch die Polarität von Hell und Dunkel zur Seite gestellt. Die Gegensätze zwischen oben und unten sowie hell und dunkel werden bei Hugo im Laufe der Gedichtsammlung durch eine Dominanz des Oben und absolut Hellen ersetzt, bei der die Materialität schwindet und die Vergeistigung zunimmt.[173] Solch eine heilsgeschichtliche Struktur ist bei Baudelaire nicht nur nicht auszumachen, sie ist schlicht unvorstellbar – der Himmel wird in letzter Konsequenz immer wieder als genauso leer wie die Erde geschildert. In ebendiesem Sinne richten die *Aveugles* des gleichnamigen Gedichts ihre leeren Augäpfel Richtung Himmel und der beobachtende lyrische Sprecher fragt ratlos nach dem Sinn dieser Bewegung, erscheint doch eine Anrufung des leeren Himmels ebenso nutzlos wie die blinden Augen.[174] Es nimmt nicht wunder, dass der immer und überall vom *ennui* geplagte Mensch in *Le Couvercle* sich nur noch ‚zitternden Auges' nach oben zu blicken traut:

> Partout l'homme subit la terreur du mystère,
> Et ne regarde en haut qu'avec un œil tremblant.
>
> En haut, le Ciel! Ce mur de caveau qui l'étouffe,
> Plafond illuminé pour un opéra bouffe [...]
>
> Le Ciel! couvercle noir de la grande marmite
> Où bout l'imperceptible et vaste Humanité.[175]

---

wird, zeigt Andreas Kablitz an dem Gedicht *La Beauté* auf (vgl. ders., „Baudelaires [Neu-] Platonismus", S. 166 f.).

**173** Vgl. hierzu Thomas Hilberer, *Victor Hugo: Les Contemplations. Struktur und Sinn*, Bonn 1987; siehe ferner auch Hess, *Die Landschaft*, S. 50.

**174** „Leurs yeux, d'où la divine étincelle est partie / Comme s'ils ne regardaient au loin, restent levés / Au ciel [...] Je dis : Que cherchent-ils au Ciel, tous ces aveugles ?" (*Les Aveugles*, Baudelaire, *OC* I, V. 5–7, 14, S. 92). Vgl. auch *Ciel brouillé*: „Ton œil mystérieux (est-il bleu, gris ou vert ?) / Alternativement tendre, rêveur, cruel, / Réfléchit l'indolence et la pâleur du ciel" (Baudelaire, *OC* I, V. 2–4, S. 49). Das gleiche Motiv findet sich bei Rainer Maria Rilke, auf den Baudelaires Gedichte einen großen Einfluss gehabt haben (vgl. hierzu die Studie von Charlotte L. de Sugar, *Baudelaire et R.M. Rilke. Étude d'influence et d'affinités spirituelles*, Paris 1954). So in *Die Blinde*: „[...] trank / den kalten Regen meiner Tränen, / der aus den toten Augen unaufhörlich / und leise strömte, wie aus leeren Himmeln, / wenn Gott gestorben ist, die Wolken fallen." (Rainer Maria Rilke, *Das Buch der Bilder*, Wiesbaden 1951, S. 153). Siehe auch Elisabeth Schulze-Witzenrath, *Großstadt und dichterischer Enthusiasmus. Baudelaire, Rilke, Sarraute*, Tübingen 2017, bes. das Kapitel II „Rilkes *Aufzeichnungen des Malte Laurids Brigge* und Baudelaires Vorstellung vom Dichter der Großstadt".

**175** *Le Couvercle*, V. 7–10 und V. 13 f., Baudelaire, *OC* I, S. 141.

Die letzte der drei Kategorien der Raumstrukturierung bildet das ‚Unterirdische', das vor allem von der französischsprachigen Baudelaire-Forschung ausführlich behandelt worden ist, und das von Baudelaire sowohl mit *gouffre* als auch mit *abîme* bezeichnet wird.[176] Nicht nur in dem Gedicht *Hymne à la Beauté* wechselt der lyrische Sprecher frei zwischen den beiden Begriffen, ohne dass eine durch die Wortwahl bedingte Bedeutungsänderung erkennbar würde. So lautet etwa die bekannte chiastisch formulierte Frage nach dem Ursprung der Schönheit: „Viens-tu du ciel profond ou sors-tu de l'abîme, / [...] Sors-tu du gouffre noir ou descends-tu des astres?" (V. 1 und V. 9).[177] Während der Begriff *gouffre* den Eindruck eines plötzlich nach unten reißenden Schlunds vermittelt, lässt der *abîme* das Bild eines unendlich weiten und sich allmählich öffnenden Abgrunds entstehen.[178] Freilich verweisen *gouffre* und *abîme*, die alles bezeichnen, was nicht im Himmel oder oben auf Erden ist,[179] auch auf eine Empfindung, die sich im Innern des lyrischen Sprechers auftut – und dies ganz in der Tradition der historischen Entwicklung des Verständnisses der Symbolik des ‚Abgrunds' stehend: Der Begriff, der ursprünglich dem Bereich des Numinosen zugeordnet gewesen ist, dient im Besonderen ab der Schwelle zum 19. Jahrhundert der Sichtbarmachung einer allein im Innern des Menschen selbst wachsenden Gefahr.[180] In diesem Sinne

---

**176** Hierzu sei auf die folgenden Sekundärtexte verwiesen: Fondane, *Baudelaire et l'expérience du gouffre*; Hess, *Die Landschaft* (bes. S. 56–60); Jean-Pierre Richard, *Poésie et Profondeur*, Paris 1955; Max Milner, *Baudelaire. Enfer ou ciel, qu'importe*, Paris 1967; Gérald Antoine, „Pour une nouvelle exploration *stylistique*"; Frédéric Cunen, „Le Gouffre et l'Abîme de Baudelaire", und Nøjgaard, *Elévation et expansion*, darin besonders „La place du *Gouffre* dans l'univers imaginaire de Baudelaire", S. 18–78.
**177** *Hymne à la Beauté*, Baudelaire, *OC* I, S. 24.
**178** Der *Petit Robert* definiert ‚abîme' dementsprechend als: „Gouffre dont la profondeur est insondable" (*Le Petit Robert*, A. Rey/J. Rey-Debove [Hg.], Paris 1990, S. 4). Zum *Abysseus* als geheimnisvolle Tiefe des Meeres, „als das geistige Symbol für die Tiefe der Gottesferne" sei verwiesen auf Hugo Rahner, *Symbole der Kirche. Die Ekklesiologie der Väter*, Salzburg 1964, darin das Kapitel „Das böse Meer", S. 280–303, bes. S. 290.
**179** So der Beginn der Definition des *Abgrunds/Abyssus* von Friedrich Christoph Oetinger: „Die Welt d. i. alles, ausgenommen Gott wird eingetheilt in das, was im Himmel, auf Erden, und unter der Erden ist. Demnach ist alles der Abgrund, was nicht im Himmel und oben auf Erden ist" (*Biblisches und Emblematisches Wörterbuch*, Hildesheim 1969 [1776], S. 9).
**180** Vgl. hierzu Walther Rehm, der die Bedeutung des Abgrunds in Hölderlins Dichtung mit einer allgemein-historischen Beschreibung der Genese einer Symbolik der Tiefe einleitet: „Die Verlassenheit Gottes durch den Menschen schlägt nun auf diesen selbst zurück und zwingt ihn in seinen eigenen, unermeßlichen, vernichtenden Abgrund hinabzustarren. Denn wo früher mit frommem Schauder im innersten Abgrund der göttlich gehaltenen Seele die Einung mit dem Abgrund Gottes ersehnt und erlebt wurde, tritt jetzt die Angst vor dem Abgrund dieser inneren, leeren, verschlingenden Tiefe. [...] Tiefe und Abgrund sind zu Sinnbildern nagenden Zweifels und echter religiöser Not geworden, sie drücken einen neuen menschlichen Zustand unmittelbar

grenzt Baudelaire seinen ‚eigenen Abgrund' von früheren Abgrundvorstellungen ab. Explitzit nennt er Pascal, in dessen berühmten Schilderungen aus den *Pensées* der Abgrund als höllisch und doch ewig lockend beschrieben wird. Bei Pascal flieht der Mensch vor dem Abgrund, oder versucht zumindest, ihn nicht wahrnehmen zu müssen: „Nous courons sans souci dans le précipice après que nous avons mis quelque chose devant nous pour nous empêcher de le voir."[181] Der Pascalsche Abgrund ist zwar nicht mehr der Abgrund, mit dem das Unfassbare, das Göttliche selbst bezeichnet wird, doch anders als bei Baudelaire kann er noch (und das ausschließlich) von Gott selbst ausgefüllt werden:[182]

> [...] il y a eu autrefois dans l'homme un véritable bonheur, dont il ne lui reste maintenant que la marque et la trace toute vide, et qu'il essaie inutilement de remplir de tout ce qui l'environne, recherchant des choses absentes le secours qu'il n'obtient pas des présentes, mais qui en sont toutes incapables parce que ce gouffre infini ne peut être rempli que par un objet infini et immuable, c'est-à-dire que par Dieu même.[183]

Bei Pascal steht der Abgrund ganz im Zeichen von Gotteserfahrung. In den Gedichten Baudelaires, und hiermit sind auch seine Prosagedichte gemeint, wird die Rettung vor dem Abgrund zwar meist im künstlerischen Artefakt vermutet – und es handelt sich um eine Rettung, die gewiss kunstreligiöse Tendenzen aufweist –, doch scheint es hierbei weder Irdisches noch Göttliches zu geben, das auf lange Sicht rettendes Potential bergen könnte.[184] Diesen Unterschied meint Baudelaire, wenn er das Sonett *Le Gouffre* beginnen lässt, indem er die Pascalsche Vorstellung vom unendlichen und allgegenwärtigen Abgrund aufruft:

---

aus, sie verkörpern ihn auf unheimliche Weise. Was bei Pascal oder auch bei Gryphius sich erst andeutet, aber noch durch die schwer ringende Kraft des Glaubens mühsam niedergehalten, was im schwärmerischen Gefühlsaufschwung des 18. Jahrhunderts und seiner religiös gelockerten, pietistisch beeinflußten Dichtung, von Brockes über Haller hin zu Klopstock aus innerer Zuversicht übertönt und niedergehalten wird [...], das bricht dann, um die Jahrhundertwende, nicht zuletzt beschleunigt durch die gewaltigen Erschütterungen der französischen Revolution, als Abgrundschauer und Abgrundgefühl, als schreckende Empfindung einer Vernichtung brauenden Tiefe hervor." (Ders., „Tiefe und Abgrund in Hölderlins Dichtung", in: *Hölderlin. Gedenkschrift zu seinem 100. Todestag. 7. Juni 1943*, Paul Kluckhohn [Hg.], Tübingen 1943, S. 70–133, hier S. 73 f.). Vgl. hierzu auch Hess, *Die Landschaft*, S. 56 f., aber auch Harald Bost, *Der Weltschmerzler. Ein literarischer Typus und seine Methode*, St. Ingbert 1994, S. 316–342.
**181** Blaise Pascal, *Œuvres complètes* II, hg. von Michel Le Guern, Paris 2000, S. 600.
**182** Vgl. Rehm, „Tiefe und Abgrund", S. 70 f. und Alfred Doppler, *Der Abgrund. Studien zur Bedeutungsgeschichte eines Motivs*, Graz/Wien/Köln 1968, bes. S. 17 f.
**183** Pascal, *OC* II, S. 591.
**184** Vgl. hierzu beispielsweise das Prosagedicht *Une mort héroïque*, in dem es heißt: „l'ivresse de l'Art est plus apte que toute autre à voiler les terreurs du gouffre" (Baudelaire, *OC* I, S. 321).

> Pascal avait son gouffre, avec lui se mouvant.
> – Hélas ! tout est abîme, – action, désir, rêve,
> Parole ! et sur mon poil qui tout droit se relève
> Mainte fois de la Peur je sens passer le vent.
>
> En haut, en bas, partout, la profondeur, la grève,
> Le silence, l'espace affreux et captivant ...
> Sur le fond de mes nuits Dieu de son doigt savant
> Dessine un cauchemar multiforme et sans trêve.[185]

Hatte der lyrische Sprecher des einleitenden Gedichts *Au Lecteur* bereits verkündet, man steige jeden Tag ein wenig weiter hinab,[186] und war der Verdammte in *L'Irrémédiable* schon deutlich am Rande eines Abgrunds positioniert,[187] so ist das Bild in dem *Gouffre*-Sonett ein deutlich beklemmenderes: Der Abgrund ist nicht mehr auf den unterirdischen Raum beschränkt, er tut sich schlichtweg überall auf.[188] Ein Gedanke, der einmal mehr darauf verweist, dass es sich um einen inneren Abgrund handelt, dem kein transzendentaler Fixpunkt etwas entgegensetzen könnte. Der Baudelairesche Abgrund ist zwar seiner religiösen Konnotation nicht verlustig gegangen, doch ist sie radikal anders besetzt. Gott kann nicht mehr über den Abgrund hinweghelfen, vielmehr ist er es nunmehr gar selbst, der in das Innere des lyrischen Sprechers einen vielgestaltigen und ewigen Alptraum zeichnet: „Dieu de son doigt savant / Dessine un cauchemar multiforme et sans trêve" (V. 7 f.).

Wie sehr Baudelaire dichterische Funken aus der Schwierigkeit schlägt, einen zwar allegorischen, jedoch mehr oder weniger ‚realen' Raum des *ennui* aufzubauen, einen Raum, in dem der lyrische Sprecher verweilt, der aber gleichzeitig die Beschaffenheit des Seelenzustands selbst widerspiegelt,[189] soll nun an dem Gedicht *Quand le ciel bas et lourd pèse comme un couvercle* gezeigt werden. Alle drei Ebenen der Baudelaireschen Welt werden in diesem letzten der vier *Spleen*-Gedichte zunächst anschaulich aufgerufen, um dann im Inneren des

---

[185] *Le Gouffre*, V. 1–4 und V. 5–8, Baudelaire, *OC* I, S. 142.
[186] „Chaque jour vers l'Enfer nous descendons d'un pas, / Sans horreur, à travers des ténèbres qui puent" (*Au lecteur*, V. 15–16, Baudelaire, *OC* I, S. 5). Inwiefern der Weg nach ‚unten' bei Baudelaire keine *chute*, sondern ein langsam sich vollziehender Abstieg ist, kann bei Georges Poulet nachgelesen werden (*La poésie éclatée*, Paris 1980, S. 13 ff.).
[187] „Un damné descendant sans lampe, / Au bord d'un gouffre dont l'odeur / Trahit l'humide profondeur, / D'éternels escaliers sans rampe" (*L'Irrémédiable*, V. 17–20, Baudelaire, *OC* I, S. 80).
[188] Vgl. hierzu auch Antoine, „Pour une nouvelle exploration *stylistique*", S. 88 f.
[189] Vgl. Hess, *Die Landschaft*, S. 82.

lyrischen Sprechers selbst in einem großen ‚Tableau der Angst' zusammenzufallen:

Spleen

Quand le ciel bas et lourd pèse comme un couvercle
Sur l'esprit gémissant en proie aux longs ennuis,
Et que de l'horizon embrassant tout le cercle
Il nous verse un jour noir plus triste que les nuits ;

Quand la terre est changée en un cachot humide,
Où l'Espérance, comme une chauve-souris,
S'en va battant les murs de son aile timide
Et se cognant la tête à des plafonds pourris ;

Quand la pluie étalant ses immenses traînées
D'une vaste prison imite les barreaux,
Et qu'un peuple muet d'infâmes araignées
Vient tendre ses filets au fond de nos cerveaux,

Des cloches tout à coup sautent avec furie
Et lancent vers le ciel un affreux hurlement,
Ainsi que des esprits errants et sans patrie
Qui se mettent à geindre opiniâtrement.

– Et de longs corbillards, sans tambours ni musique,
Défilent lentement dans mon âme ; l'Espoir,
Vaincu, pleure, et l'Angoisse atroce, despotique,
Sur mon crâne incliné plante son drapeau noir.[190]

Zu Beginn des Gedichts wird eine äußere Landschaft aufgebaut, die den Eindruck vermittelt, ihre triste Beschaffenheit wäre die Ursache für das innere Elend des lyrischen Sprechers. Doch spätestens ab der zweiten Strophe tritt zutage, dass es lediglich das Bewusstsein des Erleidenden ist, das die Welt in einen Ort der Trostlosigkeit verwandelt. In dem Moment, in dem Spinnen beschrieben werden, die im Innern der menschlichen Gehirne ihre Netze spinnen,[191] verlassen wir endgültig den Bereich einer im weitesten Sinne realistischen Darstellung und finden uns in der Beschreibung einer Zwangsvorstellung wieder, die nur den Rückschluss zulässt, dass das äußere Grauen von Beginn an der Widerschein eines

---

**190** LXXVIII, *Spleen*, Baudelaire, *OC* I, S. 74 f.
**191** Zu der französischen Redewendung „avoir des araignées au plafond", siehe Judd David Hubert, *L'esthétique des* Fleurs du Mal, Genf 1953, S. 138. Zur Spinne als Symbol der Melancholie sei auch verwiesen auf das Kapitel „Emma Bovarys Sterben: Realismus und Allegorie" dieser Arbeit.

inneren Elends gewesen ist. Die Fiktion einer Außenwelt wird hierbei jedoch nie gänzlich aufgegeben, denn der maßlosen Verfremdung alles Realistischen zum Trotz werden mit den Bildern der Glocken, der Gespenster oder des Leichenzuges fortwährend äußere, reale Landschaften evoziert.[192]

Die wohl bekannteste Interpretation des Gedichts hat Erich Auerbach in den *Vier Untersuchungen zur Geschichte der französischen Bildung* verfasst. Darin versucht er, anhand des *Spleen*-Texts das „düster Erhabene" der Baudelaireschen Dichtung als eine Sonderform des Erhabenen herauszustellen. Hierzu macht er zunächst darauf aufmerksam, dass das Gedicht zwar äußerst ‚realistisch' sei, jedoch lediglich im Sinne einer besonders eindringlichen Darstellung niedriger und abstoßender Dinge.[193] Denn tatsächlich erweisen sich doch die evozierten Bilder als hochgradig *un*realistisch; ein Wechselspiel, das Jauß treffend als die „Entwirklichung der vertrauten Welt"[194] bezeichnet. Der Abstraktionsgrad fordert das Vorstellungsvermögen des Lesers zu einem nicht unerheblichen Maße heraus: die Welt des Gedichts wird zwar mittels ausgesprochen konkreter und unpoetischer Begriffe – wie „couvercle", „cerveau" oder „crâne" – aufgebaut, ist dabei jedoch gleichzeitig alles andere als wirklichkeitsabbildend. Der hohe Grad an Abstraktheit der in dem Gedicht beschriebenen Schreckensvision bildet für Auerbachs Bestimmung des „düster Erhabenen" einen nicht unproblematischen Faktor, ist doch das Erhabene gerade dadurch gekennzeichnet, dass es mit der Realität des Rezipienten grundsätzlich vereinbar und eigentlich metaphernfrei beschreibbar ist, was hier nicht der Fall ist. Die feierliche Form des Gedichts, die einen Kontrast zum hoffnungslosen Inhalt aufbaut, ist aus diesem Grunde vielleicht weniger Ausdruck von „düsterer Erhabenheit", als vielmehr Abbild zeitgenössischer Schreckensvision, samt ihrer Motive: eine apokalyptische Vision, kunstvoll und feierlich getragen in Alexandrinern verpackt.

Die ersten drei Strophen setzen – gleichsam den meditativen Effekt einer Litanei imitierend – mit *Quand* ein, was iterativ mit „wenn" oder „(immer) dann wenn" oder auch, geradezu Apokalyptisches suggerierend, mit „an jenem Tag, an dem" übersetzt werden kann. Sie bestehen aus nur einem einzigen Satz, der erst in der vierten Strophe abgeschlossen wird. Der äußere Rahmen des Dargestellten ist deutlich umrissen: Der schwere Himmel drückt von oben auf die Menschheit nieder und verschließt den Horizont vollständig. Der lyrische Sprecher vergleicht diesen mit einem schwer lastenden Deckel, ein Bild, das Baudelaire auch in dem Gedicht *Le Couvercle* bemüht:

---

[192] Vgl. Hess, *Die Landschaft*, S. 79.
[193] Vgl. Erich Auerbach, *Vier Untersuchungen*, S. 107–127, hier S. 111.
[194] Jauß, *Studien zum Epochenwandel*, S. 181.

> En haut, le Ciel ! ce mur de caveau qui l'étouffe,
> Plafond illuminé pour un opéra bouffe
> Où chaque histrion foule un sol ensanglanté ;
> Terreur du libertin, espoir du fol ermite ;
> Le Ciel ! couvercle noir de la grande marmite
> Où bout l'imperceptible et vaste Humanité.[195]

Die Vorstellung eines Himmels, der dem Deckel eines Topfes gleicht, verweist indirekt erneut auf den Titel des Gedichts, hat doch die Zwangsvorstellung, ein irdener Topf zu sein, in der Wahrnehmung bzw. Darstellung der Melancholie Tradition. In Klibanskys und Panofskys Melancholie-Monographie wird die fixe Idee des Melancholikers, ein irdener Topf zu sein, nachperipatetischen Melancholievorstellungen zugeordnet, etwa Archigenes von Apamea und Rufus von Ephesos.[196] Wir finden dieses Motiv aber auch noch in barocker Dichtung, so in Andreas Tschernings Gedicht *Melancholey Redet selber* (das auch Walter Benjamin in seinem *Trauerspielbuch* zitiert).[197] Der Himmel/Topfdeckel in *Spleen* bildet die äußerste Begrenzung eines Gefängnisses und „[...] nous verse un jour noir plus triste que les nuits" (V. 4). Der Ort des Geschehens wird nicht nur von dem erdrückenden Himmel und den ‚Gitterstäben' des Regens begrenzt, auch die Beschreibung der Erde als feuchter Kerker trägt zu einer Begrenzung des Raumes bei. Dieser Eindruck wird durch den Vergleich der Hoffnung mit einer Fledermaus, die sich an den fauligen Decken des Kerkers den Kopf stößt, noch verstärkt.[198] Es ist bemerkenswert, dass ausgerechnet die *chauve-souris* zum Symbol der *Espérance* wird, ist doch dieses in der Dunkelheit lebende Tier mit seinem kahlen Schädel und seinen mit Haut überzogenen Flügeln dem Tod, aber auch dem Wahnsinn zugeordnet.[199] Dass Baudelaires Wahl ausgerechnet auf die Fleder

---

**195** *Le Couvercle*, V. 9–14, Baudelaire, *OC* I, S. 141.
**196** Klibansky u. a., *Saturn und Melancholie*, S. 104, vgl. auch S. 100.
**197** Darin heißt es „Beschwer' ich / als mich dünckt / ich sey ein Topff" (zit. nach Ludwig Völker „Komm, heilige Melancholie", S. 305).
**198** Das evozierte Bild ähnelt dem des Lumpensammlers/Dichters in *Le Vin des chiffonniers*. Der darin beschriebene *chiffonier* stößt sich den Kopf an den Mauern der Pariser Gassen: „On voit un chiffonnier qui vient, hochant la tête, / Butant, et se cognant aux murs comme un poète, / Et, sans prendre souci des mouchards, ses sujets / Épanche tout son cœur en glorieux projets" (V. 5–9, Baudelaire, *OC* I, S. 106 f.), was zweifelsohne im Sinne einer sogenannten Ästhetik des Hässlichen zu deuten ist: ob Lumpensammler oder Dichter, so formuliert es Walter Benjamin, „[...] der Abhub der Menschheit geht beide an" (ders., *Charles Baudelaire*, Frankfurt a. M. 1974, S. 79). Zum ‚chiffonnier-artiste' sei verwiesen auf Ariane Wild, *Poetologie und Décadence in der Lyrik Baudelaires, Verlaines, Trakls und Rilkes*, Würzburg 2002, S. 104–107.
**199** Judd David Hubert macht in diesem Zusammenhang auf den englischen Ausdruck (der Baudelaire durchaus geläufig gewesen sein könnte) „to have bats in the belfry" aufmerksam, was in

maus gefallen ist, könnte man einerseits zunächst mit einem einfachen Verweis auf sein Programm des „extraire la beauté du mal" erklären. Andererseits aber ist die Fledermaus seit der Renaissance mit der Melancholie im Bunde, womit erneut ein Bezug zum Gedichttitel erkennbar wird. Der motivischen Verwandtschaft zwischen Fledermaus und Melancholie war Baudelaire sich gewiss gewahr, konnte man doch als französischer Künstler der Mitte des 19. Jahrhunderts schwerlich keine Kenntnis von Dürers Kupferstich *Melencolia I* gehabt haben.[200] Ausgerechnet dieses Symbol der Melancholie macht er nun zum Symbol der Hoffnung, indem er die *Espérance*, die grundsätzliche, auf kein konkretes Ziel gerichtete Hoffnung, mit der verzweifelten Fledermaus in Gefangenschaft vergleicht. Am Ende des Gedichts wird diese *Espérance* zum personifizierten *Espoir*, zu einer konkreten und zielgerichteten Hoffnung also, die jedoch letztlich vor der siegreichen *Angoisse* kapituliert.[201] Es zeichnet sich hierdurch eine Entwicklung ab, wie sie als Psychomachia an spätmittelalterliches christliches Theater erinnert; an *moralités*, in denen die Tugenden gegen die Laster allegorisch kämpfen, nur dass darin Letztere, anders als bei Baudelaire, stets besiegt werden.[202]

Fassen wir an dieser Stelle die beiden Abweichungen gegenüber der traditionellen Allegorie zusammen: Zum einen wird in fast schon als surrealistisch anmutenden Bildern gesprochen, die trotz ihrer vordergründigen Konkretheit

---

etwa dem deutschen „nicht alle Sinne beisammen haben" gleichkommt (vgl. ders., *L'esthétique*, S. 138).

**200** Édouard Manets *Portrait de Charles Baudelaire* zeigt (als Tiefdruck) Baudelaires Gesicht sowie Fledermäuse (als Federzeichnung), die ein Banner mit der Aufschrift „C BAUDELAIRE" halten (dies in deutlicher Anlehnung an Dürers Melancholiekupferstich). Es gilt als möglich, dass das Portrait erst nach Baudelaires Tod angefertigt worden ist (zwischen 1866 und 1869, die Meinungen darüber gehen hier auseinander, vgl. Folke Nordström, „Baudelaire and Dürer's Melencolia I. A Study of a Portrait of Baudelaire by Manet", in: Per Bjurström/Teddy Brunius u. a. [Hg.], *Contributions to the History and Theory of Art*, Uppsala 1967, S. 148–160, hier S. 151, aber auch Ulrich Finke, „Dürers Melancholie in der französischen und englischen Literatur und Kunst des 19. Jahrhunderts", in: *Zeitschrift des deutschen Vereins für Kunstwissenschaft* 30 [1976], S. 67–85, hier S. 78 f.). Baudelaire selbst hat sich auf seinen *Listes de projets* unter den *Poèmes à faire* sowie unter den Texten *Spleen de Paris à faire* jeweils den Gedichttitel *Melencholia*, und nicht etwa *Melancholia* oder *Mélancolie* notiert (Baudelaire, *OC* I, S. 367 und S. 369). Vgl. zu diesem Punkt auch James S. Patty, „Baudelaire and Dürer: Avatars of Melancholia", in: *Symposium* 38 (1984), S. 244–257, hier S. 252.
**201** Vgl. Auerbach, *Vier Untersuchungen*, S. 111. Auf die semantisch klar zu differenzierenden Begriffe *Espérance* und *Espoir* hat Leo Spitzer in seiner Antwort auf Auerbachs Interpretation des *Spleen*-Gedichts hingewiesen: ders., *Interpretationen zur Geschichte der französischen Lyrik*, Heidelberg 1961, S. 175 f.
**202** Vgl. Spitzer, *Interpretationen zur Geschichte der französischen Lyrik*, S. 179.

abstrakt bleiben, womit die zentrale Funktion der allegorischen Rede gerade *nicht* erfüllt wird, denn ein abstrakter Sachverhalt wird nicht konkret veranschaulicht. Zum anderen erfahren die Abstrakta selbst in der Allegorisierung eine radikale Umwertung: Die *Espérance* verweist durch die Wahl der desperaten Fledermaus auf Melancholie und Ausweglosigkeit, der personifizierte *Espoir* wird zum Mittelpunkt eines Bildes der schieren Verzweiflung.

Die ‚Landschaft' des Gedichts wird Zeile um Zeile immer deutlicher zu einem ‚Seeleninnraum' ausgebaut: Zu Beginn wird die Erde in ihrer Gesamtheit als *locus horribilis* beschrieben. Daraufhin ist von einem durch Regen-Gitterstäbe begrenzten Kerker die Rede; darin wiederum muss die Hoffnung wie eine verzweifelte Fledermaus, aber auch die von Spinnen geplagte Menschheit (durch die Verwendung der ersten Person Plural evoziert) ausharren. Was in der vierten Strophe folgt, ist indes nicht etwa eine Erlösung, sondern ein gequältes Aufheulen des blanken Elends. Das eintönige Regnen des Himmels und die dumpfen Schläge der Fledermaus an die Deckenbalken, gewissermaßen sogar das stumme Spinnen der Netze, werden jäh unterbrochen, wenn die Glocken in einer einzigen wütenden Bewegung ‚aufspringen' und gen Himmel ein ‚grässliches Geheul' („affreux hurlement") ‚schleudern', das den Sprecher an ‚heimatlose' und herumirrende *esprits* erinnert, die eigensinnig ein unnachgiebiges Gewimmer („geindre opiniâtrement"). anstimmen. Zwischen dem *esprit* (‚Geist', ‚Bewusstsein') im Singular aus Zeile zwei und den hier angeführten *esprits* besteht trotz der unterschiedlichen Semantik eine implizite Verbindung: Bei Letzteren kann es sich nur um unerlöste Seelen, um Untote handeln. Sie dienen der näheren Bestimmung des *hurlement* der *cloches*, welches letztlich in *esprit* und *âme* des Sprechers zu verorten ist. Die Geräuschkulisse mutet gerade deswegen entsetzlich bedrohlich an, weil das furchtbare Gebrüll mit dem kontinuierlichen leisen Gejammer im Verbund auftritt. Just in dem Moment, in dem das Laute und das Leise zusammenfallen, werden auch Innen- und Außenwelt untrennbar miteinander vereint – und es kommt nicht nur zu einer stilistischen, sondern auch zu einer den Rhythmus betreffenden Veränderung, wenn das Gedicht, man meint fast feierlich, Exequien gleichend, mit der fünften Strophe schließt. Bedrohlich wirkt die *Angoisse*, die wie die anderen Abstrakta (bzw. allegorische Gestalten) des Gedichts, *Espérance* und *Espoir*, großgeschrieben ist. Bedrohlich, oder eben ‚düster-erhaben' wirkt auch die Metrik des Gedichts: Die spärliche Zeichensetzung – die ersten vier Vierzeiler bestehen, wie bereits erwähnt, aus nur einem Satz – löst gemeinsam mit dem Kreuzreim einen Effekt von Schnelligkeit aus. Erst in der letzten Strophe könnte Ruhe eintreten; jedenfalls vermitteln Semantik wie Metrik diesen Eindruck. Doch dem ist nicht so: Das Tempo wird zwar – nicht zuletzt durch das Enjambement – herausgenommen und auch das beschriebene Geschehen verlangsamt sich („Défilent lentement dans mon âme ; l'Espoir", V. 18), doch nun stolpert der Rhythmus von einer Zäsur zur nächsten; und diese stimmen mit den insgesamt sieben Kommas und einem Semikolon zumeist nicht überein.[203] Die letzte Strophe des Gedichts ist, wie so häufig bei Baudelaire, durch einen Gedankenstrich als Atempause für den letzten feierlich vorzutragenden Schlusssatz markiert.[204] Der Schauplatz des Geschehens wechselt von der äußeren Welt („terre", „ciel", „l'horizon") ins Innere. Die Leichenwagen ziehen langsam durch die Seele des lyrischen Sprechers. Dieser sieht sich nun nicht mehr in der Menge der Menschheit (vgl. das „il nous verse" vom Anfang), vielmehr ist er der einzige, durch dessen Inneres der Totenzug zieht („dans mon âme", V. 18)[205] und auf dessen Schädel die furchtbare Angst despotisch ihre schwarze Fahne aufpflanzt („sur mon crâne", V. 20). Der Weg nach oben scheint ihm für alle Zeiten versperrt zu sein und es bleibt ihm nichts weiter übrig, als sich dem Abgründigen zu überlassen.

In diesem letzten der vier *Spleen*-Gedichte wird das sich an der vertikalen Achse orientierende Baudelairesche Universum zunächst in all seiner Hoffnungslosigkeit beschrieben. In einem zweiten Schritt fällt es in einem Bild im Innern des erlebenden Sprechers zusammen. An ebendieser Entwicklung arbeitet Hans Robert Jauß den Unterschied zwischen moderner und mittelalterlicher Allegorie heraus: Bei letzterer seien äußere Realität und innere (geistige) Realität von einander getrennten Bereichen zugeordnet, weshalb jegliche Introspektive des vorneuzeitlichen Dichters immer in allegorischer Rede ausgedrückt werden müsse. In der modernen Allegorie hingegen könne äußere und innere Realität eine Einheit bilden.[206] Die hieraus abgeleitete Beobachtung, nach der „die Hierarchisierung von sinnlicher Erscheinung und höherer geistiger Wahrheit zum Einsturz"[207] gebracht

---

**203** Vgl. Jean Prévost, *Baudelaire. Essai sur l'inspiration et la création poétiques*, Paris 1953, darin das Kapitel zu „Le souffle de Baudelaire", bes. S. 295 f.
**204** Zur Besonderheit der Baudelaireschen Sprechpausennotierung siehe Karl Maurer, „Lyrik in Raum und Zeit. Unterbrochene Gedichte vom Sturm und Drang bis zur europäischen Spätromantik", in: Karl Maurer/Winfried Wehle (Hg.), *Romantik. Aufbruch zur Moderne*, München 1991, S. 459–508, hier S. 483–485.
**205** Vgl. Spitzer, *Interpretationen zur Geschichte der französischen Lyrik*, S. 175.
**206** Vgl. Jauß, *Studien zum Epochenwandel*, S. 184 f. Eine vergleichbare Amalgamierung von Innen- und Außenwelt findet sich auch schon in Baudelaires Gedicht *De profundis clamavi*. Darin stellt der lyrische Sprecher einleitend fest, er befinde sich in den Tiefen des dunklen Abgrunds, in das sein Herz gestürzt sei („J'implore ta pitié, Toi, l'unique que j'aime, / Du fond du gouffre obscur où mon cœur est tombé", V. 1 f., Baudelaire, *OC* I, S. 32). Aus diesem Abgrund heraus beschreibt er die grausame, kalte und vollends hoffnungslose Welt, das „univers morne à l'horizon plombé" (V. 3). Zum Übergang von Außen- zu Innenwelt sei insbesondere verwiesen auf die Studie von Gerhard Hess, *Die Landschaft*, darin v. a. das Kapitel „Landschaften des Ennui".
**207** Jauß, *Studien zum Epochenwandel*, S. 185.

wird, scheint den Kern des *Spleen*-Gedichts zu benennen. Dieses Ineinsfallen, so ließe sich ergänzen, bringt eine romantische Subjektivität zum Ausdruck, deren Radikalisierung darin besteht, das Innere im Außen und das Außen im Inneren auszudrücken. Der *ennui* als geradezu ‚absolutes Prinzip', welches alles, was ist, durchdringt, scheint hierfür eine Permeabilität als Grundvoraussetzung zu schaffen. Die Verschränkung von Innen- und Außenwelt wird besonders effektvoll durch die Verwendung des in der lyrischen Sprache so ungewöhnlichen Begriffs *crâne* hervorgehoben, bezeichnet dieser doch die äußere Hülle des Hirns und damit bis zu einem gewissen Grade auch die des inneren Bewusstseins. Wenn nun die Angst auf dem Schädel ihre schwarze Fahne ‚aufsteckt' (*planter*), rammt sie dem lyrischen Sprecher ihre Herrschaft geradezu in dessen Innerstes hinein.

Dass auf dieses Ineinanderfallen keine Hoffnung auf eine von oben kommende Erlösung mehr folgen kann, es vielmehr zu einer Hinwendung zum Bösen führen muss, ist schon an den auf das Gedicht folgenden Gedichttiteln ablesbar: *Obsession*, *Le Goût du Néant*, *Alchimie de la douleur*, *Horreur Sympathique*, *L'Héautontimorouménos* und *L'Irrémédiable*.

In der topografischen Struktur der Gedichte der *Fleurs du Mal* ist der *ennui* ausschließlich auf der horizontalen Ebene zu finden, während alles andere – das ‚Gute' wie das ‚Schlechte', das ‚Schöne' wie das ‚Hässliche' – räumlich arbiträr angeordnet ist. Weil der so dargestellte *ennui* in einem apodiktischen und künstlich geschaffenen System seine Position unveränderlich behaupten kann, ist es nicht anders denkbar, als dass seine Bedeutung über die Beschreibung einer Empfindung – die ja bekanntlich schwankt, weil sie mal stärker, mal weniger stark oder gar nicht vorhanden ist – hinausgeht. Baudelaires *ennui* ist eben nicht einfach ein Ungenügen an der Welt, sondern ein ästhetisches Konzept, gewissermaßen ein absoluter Punkt im Aufbau der *Fleurs du Mal*, welcher der Unerreichbarkeit von ästhetischen Idealvorstellungen zum Ausdruck verhilft.

Diese strukturelle Unerreichbarkeit wird in den *Fleurs du Mal* immer dann sichtbar, wenn der lyrische, vom *ennui* geplagte Sprecher ‚aufzusteigen' glaubt und sich vermeintlich dem Schönen nähert, jedoch immer wieder auf das horizontale Gefängnis seiner nichts Neues bringenden Existenz zurückverwiesen wird. Besonders anschaulich finden wir dieses „furchtbar gekoppelte[...] Steigen und Fallen"[208] nicht nur in *Élévation*, sondern auch in dem späten Gedicht *Les Plaintes d'un Icare*: Die vier Strophen setzen mit einer irdischen, ja sehr weltlichen Szenerie ein, in der Mitte des Gedichts erfolgt ein Aufschwung hinauf zu

---

[208] So die treffende Formulierung von Gerhard Hess, *Die Landschaft*, S. 53.

den Wolken – und in der letzten Strophe kommt es schließlich zu einem Ende im *abîme* des *tombeau*:²⁰⁹

Les Plaintes d'un Icare

Les amants des prostituées
Sont heureux, dispos et repus ;
Quant à moi, mes bras sont rompus
Pour avoir étreint des nuées.

C'est grâce aux astres nonpareils,
Qui tout au fond du ciel flamboient,
Que mes yeux consumés ne voient
Que des souvenirs de soleils.

En vain j'ai voulu de l'espace
Trouver la fin et le milieu ;
Sous je ne sais quel œil de feu
Je sens mon aile qui se casse ;

Et brûlé par l'amour du beau,
Je n'aurai pas l'honneur sublime
De donner mon nom à l'abîme
Qui me servira de tombeau.²¹⁰

Dass *Les Plaintes d'un Icare* nicht allein den Mythos des Ikarus zur Basis poetologischer Reflexion macht, dafür liefert bereits der unbestimmte Artikel im Titel des Gedichts einen ersten Hinweis. *Ein* Ikarus, also eben gerade nicht *der* Ikarus, berichtet von einem früheren Willen: Er habe Wolkengebilde umarmen wollen, nun seien seine Arme zerschlagen. Die ‚Umarmung der Wolken' beinhaltet auch einen deutlichen Verweis auf den Mythos des Ixion, den auch Friedrich Schlegel in seinem *Studiumsaufsatz* zur Illustrierung der Mangelhaftigkeit bzw. Neubestimmung moderner Dichtkunst anführt:²¹¹ Ixion will Hera umarmen, greift jedoch nur in die Wolken, mit denen Jupiter sie ersetzt hatte. Baudelaires (Dichter-)Ikarus will wie Ixion der *beauté* habhaft werden, und ist doch immerfort nur dazu ver-

---

**209** Zu den verschiedenen Erscheinungsformen des Falls bei Baudelaire sei auf Jean-Pierre Richard verwiesen: *Poésie et Profondeur*, darin „Profondeur de Baudelaire", S. 93–162, bes. S. 96.
**210** Baudelaire, *OC* I, S. 143.
**211** Friedrich Schlegel bemüht den Mythos in seinem *Studiumsaufsatz*, wie in der Einleitung dieser Arbeit bereits festgestellt, folgendermaßen: „[...] [D]er Poesie unsres Zeitalters" fehle „[...] eine *vollständige Schönheit*, die *ganz* und *beharrlich* wäre; eine Juno, welche nicht im Augenblick der feurigsten Umarmung zur Wolke würde." (Friedrich Schlegel, „Über das Studium der griechischen Poesie", 1979, S. 217).

dammt, lediglich Leere und Abstieg kennenzulernen, und, wie Ikarus, das ‚Exil' niemals verlassen zu können.[212] Bei dem Versuch, in die Sonne(n) zu blicken, werden seine Augen verbrannt, und die Sonne selbst wird in der lyrischen Rede zu einem auf den Unglücklichen blickenden Auge.[213] Sie lässt die Flügel-Konstruktion des Ikarus schmelzen, und Baudelaires Stürzender fühlt – bei dem Versuch, zur ‚Mitte' des Raumes zu finden –[214] seine Flügel brechen. Die Flügel werden ebenso unbrauchbar wie diejenigen des exilierten *Albatros* oder des *Cygne*,[215] und der Abgrund, in den er stürzt, wird zu seinem Grab. Wenn der Ikarus-Mythos mit dem

---

[212] Claude Pichois weist in seinem *Pléiade*-Kommentar der *Fleurs du Mal* nach, dass Baudelaire eine Serie von Kupferstichen von Hendrick Goltzius gekannt hat (die wiederum durch Gemälde von Cornelis van Haarlem inspiriert sind), in der vier stürzende Figuren aus Ovids *Metamorphosen* in verschiedenen Perspektiven dargestellt sind: Ikarus, Tantalus, Phaeton und eben auch Ixion (Baudelaire, *OC* I, S. 1116 f.).

[213] Siehe hierzu Goltzius' Ikarus-Darstellung, in welcher der Stürzende schützend seine Hand vor die Augen hält. Vgl. auch Max Milner, „La poétique de la chute", in: William Bush (Hg.), *Regards sur Baudelaire. Acte du Colloque de London (Canada)*, Paris 1974, S. 85–107, hier S. 93.

[214] Die Baudelaireforschung – allen voran Max Milner (*Enfer ou Ciel*, darin „Plonger au fond du gouffre"), Jean-Pierre Richard (*Poésie et Profondeur*, darin bes. S. 141–143 und S. 150), Marc Eigeldinger („À propos de l'image du thyrse", in: *Revue d'histoire littéraire de la France* 75 [1975], S. 110–112) und Georges Poulet (*La poésie éclatée*, Paris 1980, darin bes. S. 50 ff.) – hat oftmals darauf hingewiesen, dass in der Dichtung Baudelaires die Verbindung zwischen einem gradlinigen und einem kurvigen Element das einzige für den Dichter zufriedenstellende Gleichgewicht bilde. Das Bündnis finde seinen stärksten bildhaften Ausdruck im Symbol des Thyrsosstabs: Der Stab kontrolliert die ihn umschlängelnde Linie und führt sie immer wieder zu ihrem Ursprung zurück. Diese Bewegung beschreibt Baudelaire in dem Prosagedicht *Le Thyrse*: „Le bâton, c'est votre volonté, droite, ferme et inébranlable ; les fleurs, c'est la promenade de votre fantaisie autour de votre volonté ; c'est l'élément féminin exécutant autour du mâle ses prestigieuses pirouettes. Ligne droite et ligne arabesque, intention et expression, roideur de la volonté, sinuosité du verbe, unité du but, variété des moyens, amalgame tout-puissant et indivisible du génie, quel analyste aura le détestable courage de vous diviser et de vous séparer ?" (Baudelaire, *OC* I, S. 336). Das hier beschriebene Bild findet sich auch in den Gedichten *Le serpent qui danse* („A te voir marcher en cadence, / Belle d'abandon, / On dirait un serpent qui danse / Au bout d'un bâton", V. 17–21, *OC* I, S. 30) oder *Sed non satiata* („Avec ses vêtements ondoyants et nacrés, / Même quand elle marche on croirait qu'elle danse, / Comme ces longs serpents que les jongleurs sacrés / Au bout de leurs bâtons agitent en cadence" [V. 1–4], *OC* I, S. 29), doch auch impliziter wie in *Les paradis artificiels* („La guitare improvisait une variation sur le thème du violon d'aveugle. Elle se laissait guider par lui, et elle habillait splendidement et maternellement la grêle nudité de ses sons", *OC* I, S. 386). Vielleicht jedoch, so könnte man an dieser Stelle einwenden, sollte die Bedeutung des Motivs des Thyrsosstabs nicht allzu hoch veranschlagt werden, bildet doch spätestens ab der zweiten Hälfte des 19. Jahrhunderts der *thyrse* eine überaus weit verbreitete ästhetische Vorlage (man denke an den Jugendstil). Zu seiner Popularität in Malerei und Literatur des 19. Jahrhunderts sei verwiesen auf den Artikel von Catherine Coquio, „La figure du Thyrse dans l'esthétique décadente", in: *Romantisme. Revue du dix-neuvième siècle* 52 (1986), S. 77–94.

[215] Vgl. Max Milner, „La poétique de la chute", S. 94.

Ixion-Mythos überlagert wird, ändert sich auch die Ursache für den versuchten Aufstieg: Nicht der Fluchtversuch aus dem Exil (Ikarus) hat den lyrischen Sprecher zu seinem lebensbedrohlichen Flug bewegt, sondern die Liebe zur Schönheit (Ixion). Das Ungenügen an dieser Welt, in welcher der lyrische Sprecher sich in der Tat wie ein Exilierter fühlt, bildet folglich nicht mehr als die Folie für die Darstellung des Leidens an der Unerreichbarkeit der Schönheit.

## II.2 Melancholie in *Madame Bovary*: der Rückgriff auf die Tradition

Wenn Flaubert Emma Bovarys strukturelles Ungenügen an der Welt als eine melancholische Erkrankung – und sei es nur als eine von der Figur selbst inszenierte – zum Ausdruck bringt, so tut er dies nicht allein durch ironisierende Rückgriffe auf die Melancholiemotivik der Romantik. Vielmehr schöpfen sowohl der Erzähler als auch die Figur selbst – so wird es im Folgenden gezeigt werden – aus dem gesamten Fundus des jahrtausendealten Diskurses. Gleichwohl geht es Flaubert hierbei nicht in erster Linie um die Demaskierung des melancholischen Diskurses als solchen, was nicht zuletzt dadurch ersichtlich wird, dass in *Madame Bovary* ausnahmslos *alle* Diskurse, und insbesondere jene, die von Versuchen der Sinnzuschreibung zeugen (man denke etwa an jedwede Form gesellschaftlicher, religiöser oder naturwissenschaftlicher Einlassungen), im Modus der Ironie der Lächerlichkeit preisgegeben werden.[216] Nicht zuletzt die

---

[216] Zur Ironie bei Flaubert sei verwiesen auf: Wolf-Dieter Stempel, „Ironie als Sprechhandlung", in: Wolfgang Preisendanz/Rainer Warning (Hg.), *Das Komische*, München 1976, S. 205–235, bes. S. 230–232, und Rainer Warning, „Der ironische Schein: Flaubert und die ‚Ordnung des Diskurses'", in: Eberhard Lämmert (Hg.), *Erzählforschung*, Stuttgart 1982, S. 290–317 (siehe hierzu auch Jörg Dünne, *Asketisches Schreiben. Rousseau und Flaubert als Paradigmen literarischer Selbstpraxis in der Moderne*, Tübingen 2003, S. 268–277). Die grundlegende Frage, die sich im Hinblick auf das Funktionieren der Ironie bei Flaubert stellt, ist die nach der Vereinbarkeit von objektivistischem Projekt und subjektivierender Ironisierung. Joachim Küpper unterbreitet hier das folgende Lösungsangebot: „Was zunächst wie eine Ironisierung abgegrenzter Sinnklischees erscheint, erweist sich letztlich als philosophische These mit Totalitätsanspruch. Die Opposition von lächerlich und vernünftig, von Klischee und authentischer Sinnbildung ist neutralisiert, wenn die Welt der Fiktion (die als ‚Modell der Welt' aufzufassen ist) als durchgängig banal und lächerlich stilisiert ist und es keinen Hinweis auf Alternativen gibt. Die Wertung wird damit zum puren Konstat, der ironische Diskurs transformiert sich für den Text in seiner Gesamtheit zum Wahrheitsdiskurs." (Küpper, *Ästhetik der Wirklichkeitsdarstellung*, S. 124). Andreas Kablitz schreibt der Ironie bei Flaubert den Stellenwert eines ‚strukturellen Merkmals des Erzählens' zu, welches grundlegender Bestandteil einer Ästhetik sei, die nachgerade die Stellung einer Ontologie einnehme; ausführlicher in: ders., „Jenseits der Décadence: Thomas Manns Tristan

Vielzahl der aufgegriffenen Diskurse lässt die – nach Flaubert – *strukturelle* Vergeblichkeit schlichtweg jedweder Form von diskursiver Sinnstiftung offen zutage treten.

Exemplarisch sollen im Folgenden drei historisch-spezifische Formen der Melancholie aus dem Romantext herausgearbeitet werden. Insbesondere werden dabei Bezüge zu denjenigen Schriften und Bildern zur Melancholie im Mittelpunkt stehen, die sich im Frankreich des 19. Jahrhunderts starker Verbreitung erfreuten. Der historischen Chronologie folgend werden zunächst Verweise auf humoralpathologische Vorstellungen analysiert, wie sie unter anderem in den Reden des Apothekers Homais und in den Diagnosen Charles Bovarys vorzufinden sind. Im Anschluss daran wird die Figur des blinden Bettlers im Zeichen mittelalterlicher *acedia* gedeutet. Den Abschluss bildet eine Lektüre des Spaziergangs, den Emma mit ihrer Windhündin unternimmt, und der – so wird gezeigt werden – Verweise auf Dürers Kupferstich *Melencolia I* beinhaltet.

### II.2.1 Das Erbe der Humoralpathologie

Bevor wir näher auf humoralpathologische Motive in *Madame Bovary* eingehen, soll in aller Kürze und ohne Anspruch auf Vollständigkeit das antike Modell der ‚Körpersäfte' nachgezeichnet werden. Dies erscheint umso notwendiger, als die Humoralpathologie im 19. Jahrhundert in Frankreich – und nur dort – einen zwar langsam nachlassenden, jedoch nicht zu unterschätzenden Stellenwert besessen hat.

Das antike Konstrukt einer Krankheit namens ‚Melancholie' hat nicht nur die Medizingeschichte mehr als zwei Jahrtausende lang mitgeprägt, sondern mit ebenso großem Erfolg die künstlerische Darstellung des Melancholikers bestimmt. Der Begriff *melas cholé*, der nach Hellmut Flashar eine „Krankheit, die charakterisiert ist durch die schwarze Verfärbung des Saftes *Galle*"[217] bezeichnet, wird erstmals im letzten Viertel des 5. Jahrhunderts im *Corpus Hippocraticum* erwähnt.[218] In dieser Sammlung medizinischer Schriften werden die Grundsätze der humoralpathologischen Lehre erstmalig vorgestellt. Zu einem wirklichen

---

(mit einem Nachwort zur Funktion der Ironie in realistischem und nach-realistischem Erzählen: Gustave Flaubert – Thomas Mann)", in: Rainer Warning/Winfried Wehle [Hg.], *Fin de Siècle*, München 2002, S. 89–122, hier S. 117 und S. 122).

**217** Hellmut Flashar, *Melancholie und Melancholiker in den medizinischen Theorien der Antike*, Berlin 1966, S. 24.

**218** Insbesondere in der Schrift *Über die Natur des Menschen* (*De natura hominis*); vgl. Golder, *Hippokrates*, S. 57 f.

Schema entwickelt sich die Theorie der Säfte indes nicht vor der Spätantike; ihre stärkste systematische Ausformulierung erreicht sie im Mittelalter. Erst in der Renaissance beginnen erste Zweifel an der Praktikabilität humoralpathologischer Vorstellungen laut zu werden:[219] Vom 16. bis weit in das 19. Jahrhundert hinein lassen sich durchgehend Bemühungen beobachten, die Viersäftelehre auf jede denkbare Art und Weise in den jeweiligen zeitgenössischen medizinischen Forschungsstand zu integrieren. Oberstes Ziel der Ärzte bleibt hierbei, vorgeblich aufgestaute schwarze und gelbe Gallenflüssigkeit sowie Schleim und vor allem Blut ‚ausfließen' zu lassen.[220] Doch waren Aderlässe oder gar Transfusionen vom Tier zum Menschen – wenn sie denn so sorgfältig ausgeführt wurden, dass es tatsächlich zu einem Ergebnis kommen konnte, nämlich der Verschlechterung des Gesundheitszustands – naturgemäß zum Misserfolg verurteilt. Je sorgfältiger und aufwendiger die Versuche der Anhänger der Viersäftelehre wurden, desto schwerwiegender und offensichtlicher fielen die Niederlagen aus, was schließlich zu einem langsamen, aber unumkehrbaren Bedeutungsverlust hellenistischer Heilmethoden führte. Nur in Frankreich wurde die griechische Medizin deutlich länger, intensiver und aufwendiger gepflegt als in anderen Ländern. Den Grund für dieses unverhältnismäßig lange Festhalten an einer eigentlich längst obsoleten Medizin aus der Antike vermutet man gemeinhin in der Rivalität der medizinischen Fakultäten von Paris und Montpellier: Hippokrates sei im 16. und 17. Jahrhundert in begrenztem Umfang zum Streit- und Prestigeobjekt der Hochschulen geworden.[221] Die Universität Montpellier – an der François Rabelais ab 1530 unterrichtete und wo er im Jahre 1532 unter dem Titel *Hippocratis ac Galeni libri aliquot, ex recognitione Francisci Rabelaesi* einen Sammelband mit Übersetzungen hippokratischer Schriften herausgab – war seit ihrer Gründung dem Hippokratismus verpflichtet.[222] Die Gelehrten der Pariser Hochschule hingegen beschäftigten sich traditionell vorrangig mit den Schriften Galens. Ab der Mitte des 16. Jahrhunderts unterrichteten sie dessen Lehren jedoch dezidiert nicht mehr und widmeten sich stattdessen umso energischer ebenfalls dem Studium der Texte aus der Schule des Hippokrates.[223] Das durch dieses Konkurrenzverhältnis der beiden führenden französischen Fakultäten für Medizin zunehmend anachronistische Fortleben der

---

**219** Vgl. hierzu das Kapitel „Das hippokratische Erbe" bei Golder, *Hippokrates*, S. 187–209.
**220** Regelrechte Aderlass- und Transfusionswettkämpfe im Europa des 17. Jahrhunderts hat die amerikanische Medizinhistorikerin Holly Tucker zusammengestellt (dies., *Blood Work. A Tale of Medicine and Murder in the Scientific Revolution*, New York 2011).
**221** Vgl. Golder, *Hippokrates*, S. 207.
**222** Vgl. auch Georgette Légée, „Hippocrate et la doctrine de l'École Médicale de Montpellier", in: Catherine Imbert-Valassopoulos/René Triau (Hg.), *Hippocrate et son héritage*, Lyon 1985, S. 91–99.
**223** Vgl. Golder, *Hippokrates*, S. 207.

hippokratischen Theorien ebbte erst Ende des 18. Jahrhunderts ab. Das *Corpus Hippocraticum* wird nach und nach aus den Lehrplänen der Universität von Montpellier genommen, und der in Paris eigens eingerichtete Lehrstuhl für hippokratische Medizin wird erst im Jahre 1811 nicht mehr neu besetzt.[224] Ungeachtet der Tatsache, dass die Traktate des Koers mehr und mehr als überholt gelten, lassen führende französische Ärzte des 19. Jahrhunderts nicht davon ab, die Errungenschaften des antiken Begründers der wissenschaftlichen Medizin zu preisen: Allen voran ist hier René Laennec zu nennen, der Erfinder des Stethoskops.[225] Noch bis zur Mitte des 19. Jahrhunderts haben französische Ärzte auf die Vorrangstellung der hippokratischen Viersäftelehre verwiesen.[226] Besonders der Aderlass ist in Frankreich ausnehmend lange praktiziert worden.[227] So berichtet Flaubert noch im Jahre 1844 von an ihm vorgenommenen Phlebotomien.[228] Am 1. Februar 1844 schreibt er über die Behandlung seiner *congestion au cerveau* an Ernest Chevalier: „On m'a fait 3 saignées en même temps et enfin j'ai rouvert l'œil". Auch andere humoralpathologische, ‚revulsive' Methoden, wie zum Beispiel das sogenannte Haarseil – eine Reinigungsmaßnahme, bei der Eiter künstlich provoziert wird, um ‚gelben Saft' abfließen zu lassen –, werden zu dieser Zeit nach wie vor angewandt.[229] Noch Mitte des 19. Jahrhunderts unternimmt der medizinaffine Philologe und Lexikograph Émile Littré die letzte bedeutende – und nicht etwa historisch-distanzierte – Beschäftigung mit hippokratischem Gedankengut: Zwi-

---

**224** Vgl. Golder, *Hippokrates*, S. 208. Siehe aber auch Gabriel Despierres Aufsatz „Le serment d'Hippocrate. Qu'en reste-t-il aujourd'hui en France ?", in: Catherine Imbert-Valassopoulos/René Triau (Hg.), *Hippocrate*, S. 123–128.
**225** Vgl. Golder, *Hippokrates*, S. 208. Auch Laennecs Dissertation aus dem Jahre 1804 handelt von hippokratischer Medizin, ihr Titel lautet: *Propositions sur la doctrine médicale d'Hippocrate relative à la médecine pratique*.
**226** Dieser Sachverhalt könnte für die Flaubert-Forschung insofern von Belang sein, als er deutlich macht, in welchem Maße Flaubert in einer Zeit lebte, in der es mit der ‚Wissenschaftlichkeit' der Ärztekunst offenkundig nicht weit her war; ja, dass man im Frankreich des frühen 19. Jahrhunderts oftmals genau so gut oder schlecht bedient war, wenn man keinen Arzt aufgesucht hat. Nicht zuletzt in Anbetracht der ridikülisierenden Darstellung zeitgenössicher medizinischer ‚Erkenntnisse', wie sie vor allem in *Bouvard et Pécuchet* zu finden sind (siehe hierzu auch Norioki Sugaya, *Flaubert épistémologue. Autour du dossier médical de Bouvard et Pécuchet*, Amsterdam 2010), sollte das Postulat eines veritablen ‚wissenschaftlichen' Schreibstils ‚à la manière du médecin' unter Umständen nicht allzu hoch veranschlagt werden (man denke hier etwa an die Karikatur, in der Flaubert seine Protagonistin seziert).
**227** Vgl. auch Kayoko Kashiwagi, „Les vapeurs d'Emma Bovary", S. 213 f.
**228** Flaubert, *Corr.* I, Paris 1973, S. 203. Vgl. hierzu auch den Brief an Louis de Cormenin vom 7. Juni 1844 (Flaubert, *Corr.* I, Paris 1973, S. 209).
**229** Vgl. Jean Starobinski, *Histoire du traitement de la mélancolie*, S. 18.

schen 1839 und 1861 fertigt er diejenige Übersetzung des *Corpus Hippocraticum* an, mit der auch Flaubert gearbeitet hat.[230]

Das *Corpus Hippocraticum* gilt gemeinhin als die Schrift, in der die frühesten und wirkmächtigsten Ausführungen zum Gemütszustand des Melancholikers zu finden sind.[231] Die Zusammensetzung der Gruppe von Ärzten, die am *Corpus* mitgewirkt haben, ist nicht bekannt. Hippokrates selbst kann keiner der Texte zweifelsfrei zugewiesen werden; es gilt sogar als denkbar, dass der (eponyme) Gelehrte nicht eine einzige der Schriften des *Corpus Hippocraticum* verfasst hat.[232] Die Vielzahl der Verfasser erklärt in jedem Falle die Heterogenität der gesammelten Schriften. So sind auch die systematischen Überlegungen zum Viererschema der Säfte – in diesem Kontext tritt die Melancholie zum ersten Mal in Erscheinung – durchaus widersprüchlich. Um die wichtigsten Aspekte der Konstitutionstypenlehre und besonders der antiken Melancholie dennoch sinnvoll und in angemessener Kürze nachzeichnen zu können, wird die detaillierte Genese der Viersäftelehre im Folgenden vernachlässigt. Stattdessen seien jene konstitutiven Grundzüge genannt, die sich im Laufe der Jahrhunderte durchgesetzt haben und auf denen das ‚Erfolgsmodell' der Melancholie basiert.[233]

---

**230** Émile Littré, *Hippocrate. Œuvres complètes*, Paris 1839–1861. Diese Übersetzung Littrés hat Flaubert spätestens bei der Arbeit an *Salammbô* zur Hand. In seinen Notizen für den historischen Roman steht auf der Vorderseite des *Folium* 154: „Médecine. J'ai feuilleté Hippocrate en entier dans la traduction de Littré" (Gustave Flaubert, *Salammbô. Édition nouvelle établie, d'après les manuscrits inédits de Flaubert, par la Société des Études littéraires françaises, contenant les scénarios et plans des divers romans, la collection complète des Carnets, les notes et documents de Flaubert, avec des notices historiques et critiques, et illustrée d'images contemporaines*, Paris 1971, S. 496).
**231** Vorhippokratische Äquivalente zur Melancholie zu finden, hat sich als schwieriges Unterfangen erwiesen, welches das letzte Mal in den fünfziger Jahren unternommen worden ist, so etwa von Walter Müri („Melancholie und schwarze Galle", in: *Museum Helveticum. Schweizerische Zeitschrift für klassische Altertumswissenschaft* 10 [1953], S. 21–38) oder Claus Vogel (*Zur Entstehung der hippokratischen Viersäftelehre*, Marburg 1956).
**232** Vgl. Golder, *Hippokrates*, S. 105.
**233** Vgl. hierzu auch Klibansky, der aufzeigt, inwiefern die Entwicklung nicht zielgerichtet verläuft und dass es sich nicht um aneinander anschließende oder einander ausschließende Modelle, sondern um parallel fortlaufende Herausbildungen handelt (Klibansky u. a., *Saturn und Melancholie*, S. 39). Die detailliertesten Nachzeichnungen und Auslegungen der hippokratischen Schriften finden sich bei Flashar, *Melancholie und Melancholiker*, S. 21–49. Auch die einführenden Kapitel der psychiatrischen Studie von Hubertus Tellenbach, *Melancholie. Problemgeschichte. Endogenität. Typologie. Pathogenese. Klinik*, Berlin/Heidelberg/New York 1974, dürfen nicht unerwähnt bleiben. Auf relativ knappem Raum gelingt es Martina Wagner-Egelhaaf, alle wichtigen Punkte des „antiken Prä-Texts der Melancholie" zu nennen (dies., *Die Melancholie in der Literatur*, S. 32–41).

## II.2 Melancholie in *Madame Bovary*: der Rückgriff auf die Tradition — 79

Gemeinhin wird zu Beginn eines historischen Überblicks über die Humoralpathologie auf das dem *Corpus* zugehörige Traktat *Über die Natur des Menschen* verwiesen. Es wurde gegen Ende des 5. Jahrhunderts vermutlich von Polybos verfasst und breit rezipiert – nicht zuletzt aufgrund der umfangreichen Kommentierung Galens. In dem Lehrtext heißt es:

> Der Körper des Menschen enthält Blut, Phlegma, gelbe und schwarze Galle, und dies macht bei ihm die Beschaffenheit des Körpers aus, und dadurch ist er krank und gesund. Am gesündesten ist er nämlich, wenn diese Säfte an Stärke und Menge in einem richtigen Verhältnis zueinander stehen und am besten gemischt sind. Krank ist er dagegen, wenn sich einer dieser Säfte, entweder in zu geringer oder in zu großer Menge, im Körper absondert und nicht mit allen anderen vermischt bleibt.[234]

Nach Polybos finden sich die genannten Säfte in jedem Körper, unabhängig davon, ob der Mensch gesund oder krank ist. Unter bestimmten Bedingungen können die Flüssigkeiten – müssen aber nicht – Ursache bestimmter Krankheiten bei bestimmten Menschentypen sein.

Schematisiert und festgelegt auf vielfältige Entsprechungen – wie die Elemente, die Jahreszeiten, Tageszeiten, Himmelsrichtungen oder Gestirne – wird die Viersäftelehre erst im frühen Mittelalter: Dem ‚Saft der schwarzen Galle' wird ab dem 12. Jahrhundert endgültig eine Verbindung mit dem Element der Erde, der herbstlichen Jahreszeit, der späten Mittagszeit, der nördlichen Himmelsrichtung und dem Planeten Saturn zugeschrieben. *In nuce* lautet die Viersäftelehre des Frühmittelalters:

> Es gibt nämlich vier Säfte im Menschen, die die unterschiedlichen Elemente nachahmen; jeder nimmt in einer anderen Jahreszeit zu, jeder ist in einem anderen Lebensabschnitt vorherrschend. Das Blut ahmt die Luft nach, nimmt im Frühling zu und herrscht in der Kindheit vor. Die gelbe Galle ahmt das Feuer nach, nimmt im Sommer zu und herrscht in der Jugend vor. Die schwarze Galle oder Melancholie ahmt die Erde nach, nimmt im Herbst zu und ist im Mannesalter vorherrschend. Das Phlegma ahmt das Wasser nach, nimmt im Winter zu und ist im Greisenalter vorherrschend. Wenn sie weder in zu hohem noch zu geringem Maße fließen, ist der Mensch im Vollbesitz seiner Kräfte.[235]

---

**234** Hippokrates, „Über die Natur des Menschen", in: ders., *Ausgewählte Schriften*, hg. u. übers. von Charlotte Schubert und Wolfgang Leschhorn, Düsseldorf/Zürich 2006, S. 180 f.
**235** Diese Zusammenfassung der Grundbestandteile der Viersäftelehre zitieren Klibansky u. a. aus einer unter Bedas Werken überlieferten Kosmologie aus dem Frühmittelalter (*Saturn und Melancholie*, S. 4).

Diese ‚Erstarrung' der Lehre erklärt Erich Schöner in seiner Abhandlung über das Viererschema in der antiken Humoralpathologie mit dem Auftreten außergriechischer Weltanschauungen, denn durch deren Einwirken sei das an sich ‚flexible' hellenistische Verhältnis zur Wirklichkeit, wie es die vormals lose gehaltene Lehre der Säfte propagierte, um die oben genannten Analogien ergänzt und unverbrüchlich mit ihnen verbunden worden.[236] Unter den Konzepten, die sich in diesem Systemkonstrukt versammelt finden, hat die Melancholie mit allergrößtem Erfolg eine eigene Begriffstradition begründet: Weder mit dem Phlegmatiker, noch mit dem Sanguiniker oder dem Choleriker beschäftigt man sich in medizinischen oder künstlerischen Werken auch nur annähernd so ausführlich wie mit dem Melancholiker. Nicht zuletzt an der Tatsache, dass die Bezeichnung eines Typus, dem Melancholiker, den Begriff des Leidens, nämlich die Melancholie, gebildet hat, lässt sich der besondere Rang ablesen, welchen die *melas cholé* innerhalb des humoralpathologischen Systems hat.

Für die Sonderstellung des Phänomens der Melancholie wiegt indessen schwerer noch, dass Blut, Schleim und helle Flüssigkeit im menschlichen Körper *beobachtet* werden können, schwarzes Gallenliquid hingegen Medizinhistorikern wie Medizinern gleichermaßen unbekannt ist.[237] Nach Hellmut Flashar hat es vor der hippokratischen Schrift nicht einmal die Vorstellung von einer schwarzen Galle gegeben.[238] Für Wilhelm Ebstein, einen frühen Spezialisten für Stoffwechselstörungen, ist es „vollkommen unverständlich, was die Alten unter der schwarzen Galle verstanden"[239]. Auch der Pathologe Georg B. Gruber bezeichnete zu Beginn des 20. Jahrhunderts die schwarze Gallenflüssigkeit als einen „geheimnisvollen Auswurfstoff"[240]. Ihre ‚Entdeckung' und Aufnahme in das Schema der *quattuor humores* versucht Walter Müri mit dem zeittypischen überspitzten Drang zur Systematisierung zu erklären: Das völlig hypothetische Konstrukt der schwarzen Galle sei lediglich unter dem Einfluss der empedokleischen Vier-Elemente-Lehre erdacht und in die Temperamentenlehre aufgenommen worden, um dort neben die in der Realität beobachtbaren Körpersäfte zu treten und so das Vierersystem zu vervollständigen.[241]

---

236 Vgl. Erich Schöner, *Das Viererschema in der antiken Humoralpathologie*, Wiesbaden 1964, S. 102.
237 Vgl. hierzu Jean Starobinskis Abhandlung „L'encre de la mélancolie", bes. S. 410 f. Darin heißt es über die ‚schwarze Galle': „son existence est plus rêvée qu'observée".
238 Vgl. Flashar, *Melancholie und Melancholiker*, S. 40.
239 Wilhelm Ebstein, „Zur Geschichte der Entwicklung des Krankheitsbegriffes", in: *Rivista di Scienza* 2, 3 (1908), S. 68 (zit. nach Schöner, *Das Viererschema*, S. 56).
240 Georg Benno Gruber, *Einführung in die Geschichte und den Geist der Medizin*, 4. Auflage. Stuttgart 1952, S. 22 (zit. nach Schöner, *Das Viererschema*, S. 56).
241 Walter Müri vermutet eine Analogie zur ‚Einführung' der vierten Jahreszeit: Der Herbst ersetzt nach der Mitte des 5. Jahrhunderts die ‚Obstzeit', die vormals dem Sommer unterstellt war

## II.2 Melancholie in *Madame Bovary*: der Rückgriff auf die Tradition — 81

Ungeachtet der Tatsache, dass es immerfort schon unklar war, welche Flüssigkeit als schwarzes Gallenliquid gedacht worden ist, hat man den melancholischen Saft zu einer den drei anderen – empirisch beobachtbaren – Säften gleichwertigen Flüssigkeit erhoben. Weil eine natürliche depressiv-melancholische Gemütslage durchaus beobachtet werden kann, erschien es nur *logisch*, dieser auch eine humoralpathologische Entsprechung zuzuordnen. Die Aufnahme des schwarzen Gallensaftes in die Viersäftelehre ist also biologisch begründet worden, auch wenn der eigentlich beschriebene Gegenstand nicht existent ist. Weil die antike Denkweise dem Gebot folgt, dass das Natürliche gleichzeitig das Schlüssige ist, kann die *melas cholé* in einem wohlgemerkt vollkommen unmetaphorischen Kontext – der Viersäftelehre – als in der Realität nicht vorfindbare Fiktion, als ein rein abstrakter Begriff bestehen. Das bedeutet: Die Melancholie ist zwar über Jahrtausende hinweg als ein Konkretum, nämlich als eine konkrete Körperflüssigkeit gehandelt worden, war dabei aber nie mehr als ein Produkt der Vorstellungskraft. Wenn Theophrast im „Problem XXX" aus den pseudoaristotelischen *Problemata Physica* die vorgeblich pathologische Substanz der schwarzen Galle in etwas rein Geistiges überführt, so bringt er lediglich auf den Punkt, was sich am medizinischen Diskurs seit jeher ablesen lässt: die Melancholie ist substanzlos, und vielleicht bildet gerade diese Substanzlosigkeit die Grundlage ihres unvergleichlich erfolgreichen Fortlebens in jeglichen Formen der Kunst. Nur in der Perspektive der Zeitgenossen gilt Theophrast als derjenige, der die Melancholie mit seiner Frage, warum eigentlich alle außergewöhnlichen Menschen Melancholiker seien, entsubstantialisiert, hat doch – aus heutiger Sich betrachtet – das Konzept Melancholie zu keinem Zeitpunkt über eine konkret-stoffliche Entsprechung im menschlichen Körper verfügt.[242] Folglich ist die Melancholie immer schon nur ein Abstraktum gewesen, das allein im Rückgriff auf Bildhaftes zum Ausdruck gebracht werden kann.

---

(Müri, „Melancholie und schwarze Galle", S. 21–38, hier S. 28). In eben diesem Sinne trifft Erich Schöner gleich in der Vorbemerkung zu seiner Arbeit über das Viererschema folgende Feststellung: „Die vier Grundsäfte wurden – z. T. von Anfang an, z. T. im Laufe der Entwicklung – in Beziehung gebracht mit je vier Kardinalorganen, Elementen, Elementarqualitäten, Temperamenten, Lebensaltern, Jahreszeiten, Tageszeiten, mit Himmelsrichtungen und Winden, mit Tonarten, mit Planeten und Sternbildern, im Rahmen christlicher Vorstellungswelt mit Aposteln und Evangelisten. Die Parallelisierung der verschiedensten Bereiche trieb bizarre Blüten. [...] Die Einteilung in vier Gruppen, das Viererschema, war dabei die häufigste, aus der Geschichte verständlichste und einprägsamste Theorie" (Ders., *Das Viererschema*, S. 2).

**242** Da dessen ungeachtet die schwarze Gallenflüssigkeit als Konkretum verhandelt worden ist, erscheint es bis zu einem Grade nicht ganz falsch zu behaupten, erst Theophrast habe der schwarzen Galle ihre Substanz abgesprochen; vgl. hierzu auch Michael Theunissen, *Vorentwürfe von Moderne. Antike Melancholie und die Acedia des Mittelalters*, Berlin/New York 1996, S. 7.

Welche Rolle humoralpathologische Vorstellungen noch in *Madame Bovary* spielen, besonders in der Darstellung der geistigen und körperlichen Veranlagung Emmas, soll nun an einigen Beispielen gezeigt werden.

Das strukturelle Unglück der Titelheldin wird im Roman jedoch zunächst einmal in geradezu ‚klassischer' romantischer Überformung dargestellt, und ob Flaubert hierbei an Chateaubriands ‚vague des passions' oder an die Introspektion von Constants *Adolphe* gedacht hat, ist nebensächlich:²⁴³

> N'importe! elle n'était pas heureuse, ne l'avait jamais été. D'où venait donc cette insuffisance de la vie, cette pourriture instantanée des choses où elle s'appuyait? ... Mais, s'il y avait quelque part un être fort et beau [...] Oh! quelle impossibilité! Rien, d'ailleurs, ne valait la peine d'une recherche; tout mentait! Chaque sourire cachait un bâillement d'ennui, chaque joie une malédiction, tout plaisir son dégoût, et les meilleurs baisers ne vous laissaient sur la lèvre qu'une irréalisable envie d'une volupté plus haute.²⁴⁴

Unübersehbar wird hier eine unstillbare Sehnsucht nach der *plénitude* in einer fast schon idealtypisch zu nennenden literarischen Stilisierung romantischer Melancholie inszeniert. Doch ist Emmas Drangsal weder durch ihre Jugend als Klosterschülerin noch durch ihren eintönigen Alltag oder die Mittelmäßigkeit ihres Arztgatten begründet.²⁴⁵ Ihr Unglück lässt sich auch nicht allein durch die intensive Lektüre romantischer Texte erklären. Dass dies doch immer wieder versucht wird, mag daran liegen, dass die Forschung allzu häufig Analogien zu Cervantes' *Don Quijote* gezogen hat und den literaturkritischen Ansatz bei Flaubert ebenso hoch veranschlagt wie bei Cervantes. Dabei ist die ‚Lektürekritik' bei Flaubert, so sei hier entgegengesetzt, letzten Endes auch nur Teil einer Generalkritik.

All die im Roman aufgeführten Lebensumstände sind zwar punktuell immer wieder Auslöser von Unzufriedenheit, dienen jedoch zuvorderst der Illustration des Missverhältnisses zwischen dem von Emma Ersehnten und dem Realen. Wenn Hypothesen zur Linderung ihres Leids verkündet werden (wie hier: „Mais s'il y avait quelque part un être fort et beau [...]"), so geschieht dies stets in der erlebten Rede und ist nicht als ernst gemeinter Lösungsansatz zu verstehen. Allein in der Gedankenwelt der Figur, nicht aber im Erzählerkommentar, werden die Ursachen wie die möglichen Linderungsmaßnahmen in den äußeren Umständen verortet.

---

243 Zum Verhältnis von *ennui*, Melancholie und Langeweile in der Romantik siehe Ulrich Weber, *Ennui. Die Bedeutungen des Wortes in der französischen Romantik*, [Dissertation] Karlsruhe 1949.
244 Flaubert, *OC* I, 3.V, S. 550.
245 Anders Ross Chambers, der vermutet, die Ursache von Emmas Melancholie liege vor allem in den gesellschaftlichen Umständen (ders., „Vapeurs d'Emma").

Schon als junge Halbwaise nimmt Emma die Vorstellung romantischer Melancholie für sich in Anspruch:

> Quand sa mère mourut, elle pleura beaucoup les premiers jours. Elle se fit faire un tableau funèbre avec les cheveux de la défunte, et, dans une lettre qu'elle envoyait aux Bertaux, toute pleine de réflexions tristes sur la vie, elle demandait qu'on l'ensevelît plus tard dans le même tombeau. Le bonhomme la crut malade et vint la voir. Emma fut intérieurement satisfaite de se sentir arrivée du premier coup à ce rare idéal des existences pâles, où ne parviennent jamais les cœurs médiocres. Elle se laissa donc glisser dans les méandres lamartiniens, écouta les harpes sur les lacs, tous les chants de cygnes mourants, toutes les chutes de feuilles, les vierges pures qui montent au ciel, et la voix de l'Éternel discourant dans les vallons.[246]

Einen Lebensabschnitt später, wenn sich die frisch Vermählte der Tristesse ihres eintönigen Alltags bewusst wird, versucht sie immer mehr, sich – sozusagen autosuggestiv – in eine Melancholikerin zu verwandeln, die für ihre Umwelt auch als solche erkennbar ist:

> D'ailleurs, elle ne cachait plus son mépris pour rien, ni pour personne ; et elle se mettait quelquefois à exprimer des opinions singulières, blâmant ce que l'on approuvait, et approuvant des choses perverses ou immorales : ce qui faisait ouvrir de grands yeux à son mari.
> Est-ce que cette misère durerait toujours ? Est-ce qu'elle n'en sortirait pas ? Elle valait bien cependant toutes celles qui vivaient heureuses ! Elle avait vu des duchesses à la Vaubyessard qui avaient la taille plus lourde et les façons plus communes, et elle exécrait l'injustice de Dieu ; elle s'appuyait la tête aux murs pour pleurer ; elle enviait les existences tumultueuses, les nuits masquées, les insolents plaisirs avec tous les éperduments qu'elle ne connaissait pas et qu'ils devaient donner.
> Elle pâlissait et avait des battements de cœur. Charles lui administra de la valériane et des bains de camphre. Tout ce que l'on essayait semblait l'irriter davantage.
> En de certains jours, elle bavardait avec une abondance fébrile ; à ces exaltations succédaient tout à coup des torpeurs où elle restait sans parler, sans bouger. Ce qui la ranimait alors, c'était de se répandre sur les bras un flacon d'eau de Cologne.
> Comme elle se plaignait de Tostes continuellement, Charles imagina que la cause de sa maladie était sans doute dans quelque influence locale, et, s'arrêtant à cette idée, il songea sérieusement à aller s'établir ailleurs.
> Dès lors, elle but du vinaigre pour se faire maigrir, contracta une petite toux sèche et perdit complètement l'appétit.[247]

Im zweiten Teil des Romans erfährt Emmas Verlangen, in ihrem äußeren Erscheinungsbild demjenigen des prototypischen Melancholikers zu entsprechen, noch eine Steigerung:

---

[246] Flaubert, *OC* I, 1.VI., S. 326.
[247] Flaubert, *OC* I, 1. IX, S. 352.

> Emma maigrit, ses joues pâlirent, sa figure s'allongea. Avec ses bandeaux noirs, ses grands yeux, son nez droit, sa démarche d'oiseau, et toujours silencieuse maintenant, ne semblait-elle pas traverser l'existence en y touchant à peine, et porter au front la vague empreinte de quelque prédestination sublime ? Elle était si triste et si calme, si douce à la fois et si réservée, que l'on se sentait près d'elle pris par un charme glacial, comme l'on frissonne dans les églises sous le parfum des fleurs mêlé au froid des marbres. Les autres même n'échappaient point à cette séduction.[248]

Die hier zitierten Passagen greifen in aller Deutlichkeit den etablierten Melancholiediskurs auf. Seit der Antike gilt die dunkle und abgemagerte Erscheinung als das sichtbarste Zeichen des Melancholikers.[249] Der im Text genannte Baldrian dient der Beruhigung der Nerven, das Analeptikum Kampfer der Reizung derselben, und auch das Duftwässerchen wird erwähnt, weil es Erregungszustände herbeiführen soll. Alle hier im Romantext genannten Mittel sind in der Geschichte der Melancholiebehandlung zum Einsatz gekommen.[250] Jedoch ist in diesem Kontext von besonderem Interesse – und darf nicht unerwähnt bleiben, wiewohl es unsere Interpretationsmöglichkeiten deutlich schmälert –, dass seit jeher so gut wie jede neu entdeckte Substanz und jede neu entwickelte Therapieform stets auch auf mögliche Wirksamkeit gegen Melancholie geprüft wurde.[251] Angesichts der Beliebigkeit, mit der alle möglichen Therapeutika als melancholiefördernd oder -lindernd eingestuft wurden, sollte hier auf ein weiteres Abgleichen des Romantexts mit dem medizinischen Melancholiediskurs verzichtet werden.[252]

Dass Emma Bovary Melancholikerin zu sein wünscht, kann an dieser Stelle festgehalten werden. Indessen muss die Frage offen bleiben, ob sie tatsäch-

---

248 Flaubert, *OC* I, 2.V, S. 389.
249 Vgl. Klibansky u. a., *Saturn und Melancholie*, darin „Die Melancholie im System der Vier Temperamente", S. 110–124, bes. S. 116. Im pseudoaristotelischen „Problem XXX" heißt es: „Die meisten Melancholiker nämlich sind schmächtig und haben hervortretende Adern" (Aristoteles, *Problemata Physica*, S. 252).
250 Vgl. Starobinski, *Histoire du traitement de la mélancolie*, darin „La Renaissance" (S. 38–42) und „Les vapeurs" (S. 42).
251 Die umfangreichste Auflistung der kaum mehr zählbaren Therapeutika zur Melancholiebehandlung ist in Jean Starobinskis *Histoire du traitement de la mélancolie* zu finden.
252 Zahlreiche weitere Maßnahmen zur Melancholiebehandlung in *Madame Bovary* hat Henning Mehnert herausgearbeitet: *Melancholie und Inspiration*, darin Kapitel 7, „Flauberts *Madame Bovary* als Korrektiv für die Lyrizität des von Baudelaire eingesetzten ‚psychologischen' Codes", S. 246–304. Mehnert hat gar versucht, Emma und Charles Bovarys „Temperamente" vollständig nach der Vier-Elemente-Lehre zu klassifizieren, nachzulesen in Kapitel 7.2, das den Titel trägt: „Die ‚psychologische' Determination der Paarstruktur Emma-Charles: ‚Tempérament bilionerveux' und ‚Tempérament mélancolico-lymphatique'" (ders., *Melancholie und Inspiration*, S. 258–263). Zu verschiedenen Behandlungsformen der Melancholie in *Madame Bovary* vgl. auch Kashiwagi, „Les vapeurs d'Emma Bovary".

lich eine Melancholikerin im medizinischen Sinne ist. Dies hat zum einen den banalen Grund, dass wir gar nicht wissen, was eigentlich ein Melancholiker ist. Zum anderen lässt sich Charles' Diagnose („Nervenleiden') – auch wenn diese von einem zweiten Arzt bestätigt wird – angesichts seiner bekanntermaßen bescheidenen ärztlichen Kompetenz schwerlich als Hinweis auf eine tatsächliche Erkrankung deuten.[253] Nebenbei bemerkt galt im 19. Jahrhundert quasi jede nicht näher bestimmbare Erkrankung zunächst einmal als ‚Nervenleiden'. Und letztendlich relativiert auch die Verwendung des personalen Erzählens in den zitierten Passagen die Verlässlichkeit der Informationen ganz entscheidend. Was der Leser hingegen mit Sicherheit dem Text entnehmen kann, ist die Tatsache, dass Emma Bovary – mit beachtlichem Erfolg – Ähnlichkeit mit dem Melancholiker in Physiognomie und Verhalten sucht. Ob die hier zitierten Similaritäten auf die antiken Lehren von der Melancholie oder auf literarische Figuren der Romantik zurückzuführen sind, spielt letzten Endes keine Rolle, ist doch die romantische Melancholie selbst immer auch dem althergebrachten Melancholiediskurs verhaftet. Wenn infolge einer radikalen Abmagerungskur – Emma trinkt Essig – ihr Ehemann sie seinem ehemaligen Lehrer präsentiert, diagnostiziert dieser, und dies dürfte ganz in ihrem Sinne sein, ebenfalls eine Nervenkrankheit: „C'était une maladie nerveuse : on devait la changer d'air."[254] Einmal mehr wird hier Emmas schlechter Zustand auf die vorgeblich schlechten klimatischen Verhältnisse des Dorfes zurückgeführt[255] – sprach doch schon Charles von einer möglichen „influence locale" (s. o.). Das Ehepaar Bovary siedelt in der Folge von Tostes in die nächstgrößere Ortschaft Yonville um, und unmittelbar nach der Ankunft schwadroniert der dort ansässige Apotheker Homais, ganz im Zeichen der Humoralpathologie, über die im Ort herrschenden Temperaturen, die wehenden Winde sowie die herrschende Feuchtigkeit und deren Auswirkungen auf die Gesundheit der Bewohner:

> Le climat, pourtant, n'est point, à vrai dire, mauvais, et même nous comptons dans la commune quelques nonagénaires. Le thermomètre (j'en ai fait les observations) descend en hiver jusqu'à quatre degrés, et, dans la forte saison, touche vingt-cinq, trente centigrades tout au plus, ce qui nous donne vingt-quatre Réaumur au maximum, ou autrement cinquante-quatre Fahrenheit (mesure anglaise), pas davantage ! - et, en effet, nous sommes abrités des vents du nord par la forêt d'Arguieil d'une part, des vents d'ouest par la côte Saint-Jean de l'autre, et cette chaleur, cependant, qui à cause de la vapeur d'eau dégagée

---

[253] Vgl. zu der Stelle auch Westerwelle, *Ästhetisches Interesse und nervöse Krankheit*, darin das Kapitel „Die erste Liebesdesillusion. Tostes. Ehe und maladie nerveuse", bes. S. 372 ff.
[254] Flaubert, *OC* I, 1. IX, S. 352.
[255] Eine Auflistung von Beobachtungen zu den im Roman beschriebenen Wärme- und Kältegraden findet sich bei Jean Starobinski, „L'échelle des températures. Lecture du corps dans *Madame Bovary*", in: Raymonde Debray-Genette u. a. (Hg.), *Travail de Flaubert*, Paris 1983, S. 45–78.

> par la rivière et la présence considérable de bestiaux dans les prairies, lesquels exhalent, comme vous savez, beaucoup d'ammoniaque, c'est-à-dire azote, hydrogène et oxygène (non, azote et hydrogène seulement), et qui, pompant à elle l'humus de la terre, confondant toutes ces émanations différentes, les réunissant en un faisceau, pour ainsi dire, et se combinant de soi-même avec l'électricité répandue dans l'atmosphère, lorsqu'il y en a, pourrait à la longue, comme dans les pays tropicaux, engendrer des miasmes insalubres ; – cette chaleur, dis-je, se trouve justement tempérée du côté où elle vient, ou plutôt d'où elle viendrait, c'est-à-dire du côté sud, par les vents de sud-est, lesquels, s'étant rafraîchis d'eux-mêmes en passant sur la Seine, nous arrivent quelquefois tout d'un coup, comme des brises de Russie ![256]

Unmittelbar nachdem Homais seine deklamatorischen Ausführungen abgeschlossen hat, merkt Emma, unter Umständen in Analogie zum gemäßigten Klima der Kleinstadt, im Gespräch mit Léon an: „Je déteste les héros communs et les sentiments tempérés, comme il y en a dans la nature."[257]

Bekanntermaßen führt der Umzug nach Yonville zu keiner Heilung Emmas, und dies nicht nur, weil die Lehre von den Winden und dem Feuchtigkeitsgehalt der Luft so haltlos bis aberwitzig ist (die Übersetzung in die „mesure anglaise" ist offensichtlich unsinnig, 30 °C sind 86 °F und nicht 54 °F), sondern weil die grundsätzliche Unzufriedenheit eben im *Innern* der Figur gedeiht und sich durch einen Ortswechsel gar keine Besserung einstellen kann. Jeder Ort hat bei Flaubert das Potential, zum Ort des *ennui* zu werden.[258] So erscheint es Emma auch in der nächstgrößeren Kleinstadt, als wäre alles in eine „atmosphère noire" gehüllt:

---

[256] Flaubert, *OC* I, 2.II, S. 364 f. Zur Bedeutung der Atemluft in der hippokratischen Lehre sei auf Werner Golders Monographie zum *Corpus Hippocraticum* verwiesen, darin das Kapitel „Beziehungen zu Naturphilosophie und Kosmologie", S. 120 ff. Der Mischung der Temperatur kommt auch im pseudoaristotelischen „Problem XXX" eine tragende Rolle zu; vgl. hierzu den Kommentar von Klibansky u. a. in *Saturn und Melancholie*, darin Kapitel 1.II „Die Revolution der Melancholievorstellung im Peripatos: Das Problem XXX, I", S. 55–92, bes. S. 79 f. Zur Luft als Melancholieauslöser, siehe auch Robert Burtons Kapitel „Bad Air a Cause of Melancholy", in: ders., *The Anatomy of Melancholy*, S. 206–210.
[257] Flaubert, *OC* I, 2.II, S. 367. Zum Zusammenhang zwischen Homais' Ausführungen zum Klima und Emma Bovarys Kommentar zum literarischen Helden siehe Starobinski, „L'échelle des températures", S. 53.
[258] Zur Opposition zwischen der Provinz als Topos des *ennui* und der Stadt als Topos des Glücks bzw. zu deren Aufhebung, vgl. Joachim Küpper, „Mimesis und Botschaft bei Flaubert", bes. S. 194 f. An dieser Stelle ist besonders Küppers Beobachtung von Belang, dass – im Gegensatz zum toplogischen Aufbau der Welt der *Madame Bovary* – in der *Éducation sentimentale* Paris zum Ort des *ennui* wird, die Provinz hingegen als Raum beschrieben wird, in dem Glück möglich ist (S. 187).

> Tout lui parut enveloppé par une atmosphère noire qui flottait confusément sur l'extérieur des choses, et le chagrin s'engouffrait dans son âme avec des hurlements doux, comme fait le vent d'hiver dans les châteaux abandonnés. C'était cette rêverie que l'on a sur ce qui ne reviendra plus, la lassitude qui vous prend après chaque fait accompli, cette douleur, enfin, que vous apportent l'interruption de tout mouvement accoutumé, la cessation brusque d'une vibration prolongée.
> Comme au retour de la Vaubyessard, quand les quadrilles tourbillonnaient dans sa tête, elle avait une mélancolie morne, un désespoir engourdi.
> [...] Alors les mauvais jours de Tostes recommencèrent.[259]

Stärker denn je macht sich Emmas Unglück auch körperlich bemerkbar:[260]

> Malgré ses airs évaporés (c'était le mot des bourgeoises d'Yonville), Emma, pourtant, ne paraissait pas joyeuse, et, d'habitude, elle gardait aux coins de la bouche cette immobile contraction qui plisse la figure des vieilles filles et celle des ambitieux déchus. Elle était pâle partout, blanche comme du linge ; la peau du nez se tirait vers les narines, ses yeux vous regardaient d'une manière vague.[261]

Ihr Zustand verschlimmert sich zusehends und sie spuckt sogar Blut.[262] Just in dem Moment, als sie in der klassischen Haltung des Melancholikers – auf ihren Ellenbogen gestützt – zum Fenster hinausschaut,[263] betritt ihr späterer Liebhaber, der Grundbesitzer Rodolphe Boulanger die Arztpraxis ihres Gatten. Charles Bovary soll einen seiner Bauern, der an einer Empfindungsstörung der Nerven leidet, zur Ader lassen.[264] Auch diese bekannteste aller humoralpathologischen Behandlungsmethoden verfolgt das Ziel, das Gleichgewicht der ‚vier Säfte' im Körper wiederherzustellen. Das Blut des Bauern spritzt im hohen Bogen aus der

---

259 Flaubert, OC I, 2. VII, S. 403 f.
260 Wie hoch im 19. Jahrhundert der Einfluss der psychischen Disposition des vom *ennui* geplagten Menschen auf dessen physische Gesundheit bewertet wurde, ist auch in der von Flauberts Vater verfassten Doktorarbeit nachzulesen. Achille-Cléophas Flaubert äußert darin, es sei grundsätzlich von Operationen abzuraten, wenn der Patient im Laufe seines Krankenhausaufenthaltes Symptome des *ennui* erkennen lasse (ders., *Sur la manière de conduire les malades avant et après les opérations chirurgicales*, Paris 1810, S. 24 f.; siehe hierzu Valentin Mandelkow, *Der Prozeß um den ‚ennui'*, S. 189).
261 Flaubert, OC I, 2. VII, S. 405.
262 Ebd.
263 Vgl. das Kapitel „(Selbst-)Inszenierungen nach Dürers Kupferstich *Melencolia I*" dieser Arbeit sowie Klibansky u. a., *Saturn und Melancholie* (S. 409–412), „Das Motiv des aufgestützten Kopfes".
264 „M. Boulanger lui présenta son homme, qui voulait être saigné parce qu'il éprouvait *des fourmis le long du corps*. « Ça me purgera », objectait-il à tous les raisonnements" (Flaubert, OC I, 2. VII, S. 407).

geöffneten Vene, der Gehilfe des Apothekers erträgt die Szenerie nur schwer und über den zur Ader lassenden Arzt Bovary, der dieser Tätigkeit doch durchaus regelmäßig nachgeht, heißt es: „Et, dans son émotion, il avait peine à poser la compresse."²⁶⁵ Obwohl die Unwirksamkeit der Phlebotomie auch in Frankreich bereits seit Beginn des 18. Jahrhunderts angeprangert worden ist, gehört das Reinigungsverfahren nach wie vor zum Alltagsgeschäft des Dorfarztes.²⁶⁶ Und ein Effekt ist dem Aderlass ja auch nicht abzusprechen – wenngleich dieser sich in Ohnmachten erschöpft.

Über das mitunter skurril anmutende Geschehen im Eingangsbereich der Arztpraxis Bovary wacht der Kopf des Begründers der Humoralpathologie.²⁶⁷ Doch wird hier nicht etwa eine Büste beschrieben, die aufgestellt worden zu sein scheint, um Hippokrates zur Ehre zu gereichen oder auf die ärztliche Ethik des Koers zu verweisen. Der Kopf des Hippokrates wird bei Flaubert allein zum schmückenden Gegenstand, der lediglich der Verzierung einer merkwürdig geformten Stockuhr dient, welche bezeichnenderweise am entgegengesetzten Ende zu Charles' Behandlungszimmer aufgestellt ist:

> [...] sur l'étroit chambranle de la cheminée resplendissait une pendule à tête d'Hippocrate, entre deux flambeaux d'argent plaqué, sous des globes de forme ovale. De l'autre côté du corridor, était le cabinet de Charles [...].²⁶⁸

Auch Flauberts *Dictionnaire des idées reçues* zeugt davon, in welchem Maße Hippokrates als folkloristisch-schmückender Gegenstand nicht nur Einlass in das Haus des Arztes Bovary gefunden hat, sondern auch im bourgeoisen Sprachgebrauch seinen festen Platz innehat:

> *Hippocrate*: « On doit toujours le citer en latin, parce qu'il écrivait en grec »²⁶⁹

Wenn in der Mitte des 19. Jahrhunderts schließlich auch in Frankreich die enormen Fortschritte der Medizin die Wirkungslosigkeit humoralpathologischer Behandlungsmethoden immer offensichtlicher zutage treten lassen und die Zweifel an der Wirksamkeit humoralpathologischer Lehren immer lauter werden, nehmen

---

265 Flaubert, *OC* I, 2. VII, S. 408.
266 In der *première partie* des Romans wird die Tätigkeit des Landarztes wie folgt beschrieben: „[...] [Charles] entrait son bras dans des lits humides, recevait au visage le jet tiède des saignées, écoutait des râles, examinait des cuvettes, retroussait bien du linge sale; [...]" (Flaubert, *OC* I, 1.IX, S. 346).
267 Flaubert, *OC* I, 1.V, S. 320.
268 Ebd.
269 Flaubert, *OC* II, S. 1013.

auch die anachronistischen Behandlungsmethoden ab, die ein nicht existierendes Gleichgewicht fragwürdiger Säfte wiederherstellen sollen. Doch genau zu dem Zeitpunkt, an dem die zweitausend Jahre alten hippokratischen Ideen als überwunden gelten dürfen und endgültig durch die moderne Medizin ersetzt werden, erfahren sie ein verstärktes literarisches Interesse.[270] Ein möglicher Grund für dieses paradoxe Phänomen könnte darin liegen, dass in den auf Hippokrates zurückgehenden humoralpathologischen Schemata von körperlichen Symptomen auf psychische Veranlagungen geschlossen wird. Genau in diesem Punkte nämlich überschneiden sich eine anachronistische Humoralpathologie und eine immer präsentere Physiognomik, die im Frankreich des 19. Jahrhunderts ihre größten literarischen Blüten treiben sollte. *Madame Bovary* zeugt von eben dieser Entwicklung, wobei Flaubert dem Verhältnis von körperlichen Eigenschaften und psychologischer Disposition eine ironische Wendung gibt: Die Hauptfigur bearbeitet ihre Physis mit Erfolg nach dem Vorbild einer angeblichen melancholischen Symptomatik (im Sinne eines *Self-Fashioning*), die aus einem Amalgam humoralpathologisch-medizinischer Annahmen und literarisch-romantischer Vorbilder besteht. Dies tut sie so erfolgreich, dass das soziale Umfeld ihr tatsächlich ebendiese Disposition, die Melancholie, unterstellt: Die Interdependenz zwischen psychischer Disposition und körperlicher Symptomatik wird von der Figur folglich umgedreht. Das Resultat ist eine Selbst-Inszenierung, die ihren grotesken Höhe- und Endpunkt im Sterbeszenario finden wird.

### II.2.2 Melancholie als Phantasma der Sünde (*acedia*)

Unmittelbar bevor Emma Bovary zum Gesang des blinden Bettlers das Zeitliche segnet, spendet ihr der Priester Bournisien die Krankensalbung. Diese letzte Ölung steht weniger im Zeichen eines eigentlich üblichen Sündenablasses, vielmehr sind es die Sünden selbst, die eine nach der anderen aufgerufen werden. Wenn der Pfarrer die Ölung vorschriftsgemäß mit den Sinnesorganen beginnt, um

---

270 So bestimmt die Fiktion des schwarzen Gallensafts aus dem hippokratischen Viererschema die literarische Darstellung des *spleen* im 19. Jahrhundert ganz entscheidend mit (zum Bedeutungswandel des Begriffs *spleen* im Laufe der Jahrhunderte siehe Karin Westerwelle, „Baudelaires Rezeption der Antike", bes. S. 52–62). Dies verwundert umso mehr, als in der deutschsprachigen Literatur, in der sich mit Melancholie auseinandergesetzt wird, ein Jahrhundert zuvor das gleiche Phänomen zu beobachten ist: Fiktionale Texte zur Melancholie erfahren ihren quantitativen Höhepunkt im 18. Jahrhundert, also genau in jenem Moment, in dem sich die Naturwissenschaften im deutschsprachigen Raum gerade endgültig von humoralpathologischen Konstruktionen verabschiedet haben.

bei den Füßen zu enden, macht der Erzähler aus diesem allgemeinen, einem festgelegten rituellen Schema folgenden Vorgang eine individuelle, ganz auf Emma zugeschnittene Rekapitulation ihrer moralischen Vergehen. Der standardisierte Ablauf der Krankensalbung wird dem Leben der Dahinsiechenden in höchstem Maße gerecht:

> [Bournisien] trempa son pouce droit dans l'huile et commença les onctions : d'abord sur les yeux, qui avaient tant convoité toutes les somptuosités terrestres ; puis sur les narines, friandes de brises tièdes et de senteurs amoureuses ; puis sur la bouche, qui s'était ouverte pour le mensonge, qui avait gémi d'orgueil et crié dans la luxure ; puis sur les mains, qui se délectaient aux contacts suaves, et enfin sur la plante des pieds, si rapides autrefois quand elle courait à l'assouvissance de ses désirs, et qui maintenant ne marcheraient plus.[271]

Die hier aufgerufenen Sünden werden allesamt im dritten Teil des Romans begangen, der mit der skandalösen Kutschfahrt durch Rouen einsetzt. Diese wiederum wird mit einem ausdrücklichen Verweis auf die Sünde eingeleitet: Der Kirchendiener der Kathedrale von Rouen versucht das ungewöhnliche Besucherpaar Emma und Léon beim Verlassen der Kirche noch ein letztes Mal auf die Sehenswürdigkeiten des Gotteshauses aufmerksam zu machen:

> « Sortez du moins par le portail du nord ! leur cria le suisse, qui était resté sur le seuil, pour voir la *Résurrection*, le *Jugement dernier*, le *Paradis*, le *Roi David*, et les *Réprouvés* dans les flammes d'enfer.
> – Où Monsieur va-t-il ? demanda le cocher.
> – Où vous voudrez ! » dit Léon poussant Emma dans la voiture.
> Et la lourde machine se mit en route.[272]

Von der Türschwelle aus verkündet der Schweizer schreiend seinen Hinweis auf die ‚Verdammten in den Flammen der Hölle' just in jenem Moment, in dem die Ehebrecherin die Kutsche besteigt. Von diesem Augenblick an werden die lasterhaften Ausschweifungen der Protagonistin gravierend zunehmen.

Diesen Exzessen ist eine ausführliche psychologische Vorarbeit des Erzählers vorausgegangen:[273] Durch die so intensive wie monotone, fast schon aufdringliche Darstellung von Emmas *ennui* in der ersten Hälfte des Romans wird dem regelrechten Sündenstrudel des dritten Teils Plausibilität verliehen. Hierbei ist die folgende Entwicklung zu beobachten: Herrscht zu Beginn der Erzählung noch ein diffuser Satisfaktionsmangel vor, so verschlimmert sich der beklagenswerte

---

[271] Flaubert, *OC* I, 3.VIII, S. 588.
[272] Flaubert, *OC* I, 3.I, S. 514.
[273] Siehe hierzu ausführlich Jacques Neefs, „L'Espace d'Emma", in: Michel Guggenheim (Hg.), *Women in French Literature*, Stanford 1988, S. 169–180.

Seelenzustand der Protagonistin im Laufe des Romans zusehends und findet seinen Höhepunkt in einem alles bestimmenden Ungenügen am Leben, dem sich alle anderen Wahrnehmungen der Wirklichkeit unterordnen. Diese grundsätzlich empfundene Mangelhaftigkeit der sie umgebenden Welt steht am Anfang all jener Verfehlungen, die Emma im Laufe ihres Lebens begehen wird. Jedes ihrer Laster und jede ihrer Sünden – vom Ehebruch über die Konsumsucht bis hin zum Selbstmord – sind als Reaktion auf jene basale Unzufriedenheit zu verstehen.

Marianne Beyerle hat *Madame Bovary* aus guten Gründen einen „Roman der Versuchung", eine auf „normannischer Provinzbühne sich abspielende [...] *Tentation*"[274] genannt. Die strukturelle Ähnlichkeit zwischen den Protagonisten Emma Bovary und dem Heiligen Antonius liegt in der Empfindung von *ennui*, bzw. von *acedia* begründet. Die *acedia* – ein Ungenügen an der von Gott so und nicht anders eingerichteten Welt –, welche den Wüsteneremit gleich zu Beginn der Erzählung heimsucht, macht es überhaupt erst möglich, dass alle anderen Versuchungen, denen er ausgesetzt wird, zu veritablen Sünden heranwachsen können.[275] Emma Bovarys Verworfenheit hat einen vergleichbaren Ursprung: Das Ungenügen, das sie beständig für diese Welt empfindet – ihr *ennui* oder ihre Melancholie –, bildet die Voraussetzung dafür, dass alle anderen Laster vortrefflich gedeihen können.[276]

---

[274] Marianne Beyerle, Madame Bovary als Roman der Versuchung, Frankfurt a. M. 1975, S. 3. Jean-Paul Sartre trifft in seinem Flaubert-Buch, das allerdings keine literaturwissenschaftliche Zielsetzung hat, eine ähnliche Feststellung: „En 1857 toute la France lira, sans y rien comprendre – à part le seul Baudelaire – le récit d'une *damnation*, prédite dès les premières pages et réalisée dans les dernières : admirable et perdue, comme Mazza l'empoisonneuse, Emma se jette en Enfer spontanément ; elle y est inexorablement jetée." (Ders., *L'Idiot de la famille. Gustave Flaubert de 1821–1857*, Paris 1971, S. 392).

[275] André Chastel hat die Melancholie/*acedia* des Wüsteneinsiedlers aus kunsthistorischer Perspektive untersucht: *Fables, formes, figures*, Bd. 1, Paris 1978, siehe darin v. a. Kapitel 4: „La Tentation de Saint Antoine ou le songe du mélancolique", S. 136–148. Zur Wüste als originärem Schauplatz der *Tentation* sei auf Yves Thomas verwiesen: „La tentation du désert chez Flaubert", in: Raymonde Debray Genette u. a. (Hg.), *Gustave Flaubert 4: Intersections*, Paris 1994, S. 155–167.

[276] Wie sehr im 19. Jahrhundert der *ennui* als historischer Nachfahre der *acedia* verstanden worden ist, lässt sich bei Valentin Mandelkow nachlesen (*Der Prozeß um den ‚ennui'*). Doch sollen Melancholie und *acedia* hier keineswegs miteinander gleichgesetzt werden. Melancholie gilt in erster Linie als eine körperliche Erkrankung, die sich in seelischer Verfassheit niederschlägt, die *acedia* ist eine geistige, eine religiöse Verstimmung. Die Symptome jedoch sind weitgehend identisch – bis auf die Tatsache, dass die *acedia* grundsätzlich etwas schlechthinnig Negatives ist und ihr nur unter größter Anstrengung positive Aspekte zugesprochen werden können. Zur Differenzierung der beiden Termini siehe Wolf-Günther Klostermann, „Acedia und schwarze Galle. Bemerkungen zu Dante, Inferno VII, 115ff.", in: *Romanische Forschungen* 76 (1964), S. 183–193, hier bes. S. 190, sowie Theunissen *Vorentwürfe von Moderne*, bes. Kapitel 2.1.

Dass der *ennui* zuweilen mit einem spirituellen Erlebnis zu vergleichen ist, und in welchem Maße er zu Beginn des 19. Jahrhunderts gar als aktualisierte Version der *acedia* aufgefasst wurde, verdeutlicht der Blick in das Werk von Charles-Augustin Sainte-Beuve:[277] In seinem Roman *Volupté* – erschienen im Jahre 1834 und von den Zeitgnossen stark rezipiert worden – stellt der Protagonist, der Priester Amaury, einen expliziten Vergleich an zwischen seinem eigenen *ennui* und dem Leiden der spätantiken Wüstenväter.[278] In der *Histoire de Port-Royal* setzt Sainte-Beuve dann *acedia* und *ennui* vollends gleich und sieht die entscheidende Gemeinsamkeit darin, dass sowohl das eine als auch das andere Phänomen im Befallenen ‚undefinierbare Wünsche' hervorrufe, womit wir wieder bei der Verwandtschaft zwischen Emmas *ennui* und Saint Antoines *acedia* wären.[279]

Im Folgenden soll an der Romanfigur des *aveugle* aufgezeigt werden, dass das christliche Sündenregister des Mittelalters in *Madame Bovary* ebenso präsent ist, wie es von der Forschung schon für Baudelaires *Les Fleurs du Mal* herausgestellt worden ist.[280]

Auf ihren Kutschfahrten zwischen Yonville und Rouen – also stets unmittelbar vor und nach dem Ehebruch mit Léon – sucht der *aveugle* Emma wie ein wiederkehrender Alp heim, und ihren letzten Lebensmoment begleitet er mit einem Spottlied. Dass dem Blinden eine symbolische Funktion zugesprochen werden muss, liegt auf der Hand, und die Frage nach seiner Bedeutung ist sogar gleich auf zwei Textebenen relevant. Sie betrifft zum einen die Komposition, also den

---

**277** Charles-Augustin Sainte-Beuve, *Volupté*, Paris 1840, bes. S. 298–304. Zum *ennui* in *Volupté* sei verwiesen auf Sagnes, *L'ennui*, S. 117–136.

**278** Vgl. auch Mandelkow, *Der Prozeß um den ‚ennui'*, darin besonders Kapitel 5.3 „Die Neufassung der ‚Acedia'", S. 255–261. Ebenfalls zum *ennui* als direktem Nachfolger der *acedia* in Senancours *Oberman* sei erneut auf Mandelkows Monographie verwiesen, darin besonders Kapitel 4 („Zwischen *mal du siècle* und *mal bourgeois*").

**279** „Veine éternelle : à l'origine des cloîtres on la retrouve. Cassien, dans son ouvrage *de Institutis Cœnobiorum*, parle d'une maladie particulière, *acedia*, et en fait le sujet de son dixième livre. L'*acedia* est l'ennui propre au cloître, surtout dans le désert et quand le religieux vit seul ; une tristesse vague, obscure, tendre, l'ennui des *après-midi*. Le besoin de l'infini vous prend ; on s'égare en d'indéfinissables désirs ; c'est le moment où l'on se perdrait volontiers dans le tourbillon du désert avec Pharan, où l'on s'écrierait avec René : « Levez-vous vite, Orages désirés … »." (Charles-Augustin Sainte-Beuve, *Port-Royal I*, hg. von Maxime Leroy, Paris 1953, S. 232). Vgl. auch Mandelkow, *Der Prozeß*, S. 257 f. und Kuhn, Reinhard, „Ennui in der französischen Literatur", in: *Die Neueren Sprachen* 65 (1966), S. 17–30, hier S. 21 f.

**280** Vgl. hierzu das Kapitel „Die Topografie des *ennui* bei Baudelaire" dieser Arbeit. Zur sündentheologischen Lesart der *Fleurs du Mal* sei besonders auf Maria Moog-Grünewald verwiesen: „Ennui – Curiosité – Nouveau", S. 124–139.

Text als ganzen, zum anderen die erzählte Welt, wird der Blinde doch – als einzige Figur des Romans – auch für die Protagonistin selbst zu einem (lebenden) Sinnbild. So etwa scheint Emma in dem Moment, in dem sie ihm aus dem Innern der Kutsche ihr letztes Geld zuwirft, ihre Handlung als einen symbolischen Akt zu verstehen, der über das reine Ausgeben von Geld hinausgeht: „C'était toute sa fortune. Il lui semblait beau de la jeter ainsi."[281] *Beau*, das bedeutet nichts anderes, als dass die getätigte Geste eine inszenierte ist, und zwar eine von Emma selbst inszenierte.[282] Und wenn Flaubert diesen finalen Auftritt seiner Protagonistin mit einem bizarren Lachen enden lässt, dann weil die sterbende Emma in dem Aussätzigen und seinem Gesang etwas erkennt, das ihr eigenes Leben unmittelbar betrifft:

> Tout à coup, on entendit sur le trottoir un bruit de gros sabots, avec le frôlement d'un bâton ; et une voix s'éleva, une voix rauque, qui chantait :
>
> > Souvent la chaleur d'un beau jour
> > Fait rêver fillette à l'amour.
>
> Emma se releva comme un cadavre que l'on galvanise, les cheveux dénoués, la prunelle fixe, béante.
>
> > Pour amasser diligemment
> > Les épis que la faux moissonne,
> > Ma Nanette va s'inclinant
> > Vers le sillon qui nous les donne.
>
> « L'Aveugle ! » s'écria-t-elle.
> Et Emma se mit à rire, d'un rire atroce, frénétique, désespéré, croyant voir la face hideuse du misérable, qui se dressait dans les ténèbres éternelles comme un épouvantement.
>
> > Il souffla bien fort ce jour-là
> > Et le jupon court s'envola !
>
> Une convulsion la rabattit sur le matelas. Tous s'approchèrent. Elle n'existait plus.[283]

Es stellt sich also zum einen die Frage, welche Symbolik die Figur des blinden Bettlers für den Leser birgt, zum anderen aber auch, was Emma in der so unerwartet kurz vor ihrem Tod wieder auftretenden Figur auszumachen meint.

---

281 Flaubert, *OC* I, 3.VII, S. 565.
282 Vgl. zur Selbstinszenierung Emmas Joachim Küppers Aufsatz „Das Ende von Emma Bovary".
283 Flaubert, *OC* I, 3.XIII, S. 589.

Weil diese Fragen nicht klar voneinander getrennt worden sind, ist es in der Literaturkritik zu einer Kontroverse gekommen, die jedoch nichts als eine Frage der vom Interpreten eingenommenen Perspektive ist: Jene, die von der Warte des Lesers aus argumentieren, begreifen den blinden Bettler als ein Symbol der ‚Hölle' und der ‚Verdammnis'.[284] Diejenigen, die sich auf die Perspektive der sterbenden Emma einlassen, erkennen in der Figur einen Verweis auf das furchtbare Antlitz der ‚Realität' oder das ‚Gewissen'.[285] Beide Seiten führen überzeugende Argumente ins Feld und es sei hier angemerkt, dass in der Gedankenwelt Flauberts Hölle und Realität nicht unbedingt auf zwei verschiedene Orte verweisen müssen.[286]

Der Blinde tritt dreimal auf, alle Auftritte finden im letzten Drittel des Romans statt. Es ist im Besonderen sein letztmaliges Erscheinen, das die Aufmerksamkeit der Forschung auf sich gezogen hat. Das anzügliche Liedchen, das Emmas

---

[284] So zum Beispiel Albert Thibaudet, *Gustave Flaubert, 1821–1880. Sa vie, ses romans, son style*, Paris 1922, S. 105; Léon Bopp, *Commentaire sur* Madame Bovary, Paris 1951, S. 506; Benjamin F. Bart, „Aesthetic Distance in Madame Bovary", in: *PMLA* 69 (1954) 5, S. 1112–1126, hier S. 1125.

[285] So etwa Margaret G. Tillett, *On Reading Flaubert*, London 1961, S. 33, und Murray Sachs, „The Role of the Blind Beggar in Madame Bovary", in: *Symposium* XXII, 1 (1968), S. 72–80, hier S. 74. Siehe hierzu auch Max Aprile, der die schuldige Emma mit den Seelen in der danteschen Hölle vergleicht („Comme les âmes de l'enfer dantesque elle [Emma] est en constante révolte") und im Lied des Bettlers eine Anspielung auf Dantes Francesca zu erkennen meint, diese Gedanken jedoch nicht weiter ausführt, vermutet er doch im Gebaren des Blinden allererst eine Gesellschaftskritik Flauberts (ders., „L'Aveugle et sa signification dans *Madame Bovary*", in: *Revue d'Histoire littéraire de la France* 3 [1976], S. 385–392, hier bes. S. 388 und S. 391 f.). Daneben existieren originelle, aber nicht unbedingt überzeugende Deutungsversuche: So zum Beispiel Peter Wetherills fragwürdige Analogie, die er am Ende seines ansonsten überzeugenden Aufsatzes zieht: „[...] the character we are dealing with is blind. This physical defect in him parallels a moral defect in those who meet him. The Blind Man is thus totally isolated in a world of subjective interpretations." (Ders., „*Madame Bovary*'s Blind Man: Symbolism in Flaubert", in: *Romanic Review* 61 [Feb. 1970], S. 36–42, hier S. 42). Ähnlich spekulativ ist auch die jüngste Auseinandersetzung mit dem blinden Bettler von Mary Donaldson-Evans: „As the recipient of Emma's last five-franc coin, he is the degraded replacement of Léon and Rodolphe, who had been the beneficiaries of her sexual and economic largesse. As a living spectacle of disease, he becomes the incarnation of Emma's moral corruption. He is, finally, a social outcast and a mental deficient, and as such, the hyperbolic counterpart of the isolated schoolboy, Charles, whose lack of intelligence is affirmed throughout the novel." (Dies., „A Pox on Love: Diagnosing Madame Bovary's Blind Beggar", in: *Symposium* 44 [1990], S. 15–27, hier S. 16).

[286] Vgl. etwa Flauberts kurzes Prosastück aus frühester Jugendzeit *Voyage en enfer*, in dem die Hölle auf Erden zu finden ist (in dem Text hat Satan das letzte Wort: « C'est que le monde, c'est l'enfer ! », Flaubert, *Œuvres de jeunesse*, hg. von Claudine Gothot-Mersch/Guy Sagnes, Paris 2001, S. 16). Vgl. hierzu Marianne Beyerle, *Versuchung*, S. 59 und S. 69 ff.

letzte Atemzüge begleitet, kommentiert spöttisch ein abstoßendes Sterbefinale, das so gar nichts mehr von einem großen romantischen Liebestod hat.[287] Erst in einer späten Textfassung hat Flaubert den Blinden auch in das Sterbeszenario eingebunden (interessanterweise wird die Figur des Bettlers nicht von Anfang an als ‚blind' bezeichnet; noch in einer Version vom Sommer 1855 wird er lediglich *cul-de-jatte* genannt)[288]. Die früheren Auftritte des Bettlers hingegen waren schon in den ersten Entwürfen des Romans angelegt und sollen hier einer genaueren Beobachtung unterzogen werden.

Von seinen drei Auftritten im dritten Teil des Romans abgesehen, findet sich in der *deuxième partie* die Beschreibung eines rätselhaften Schreis, den die Forschung gemeinhin dem blinden Bettler zuschreibt; die Gründe hierfür seien sogleich angeführt.[289] Der „cri vague et prolongé" unterbricht das Ausklingen des Schäferstündchens zwischen Emma und Rodolphe. Dieser Schrei stört dabei eine Lamartinsche Landschaftsbeschreibung, die, schaut man genauer hin, in sich selbst schon brüchig ist:

> [...] elle [Emma] renversa son cou blanc, qui se gonflait d'un soupir, et, défaillante, tout en pleurs, avec un long frémissement et se cachant la figure, elle s'abandonna.
> Les ombres du soir descendaient ; le soleil horizontal, passant entre les branches, lui éblouissait les yeux. Çà et là, tout autour d'elle, dans les feuilles ou par terre, des taches lumineuses tremblaient, comme si des colibris, en volant, eussent éparpillé leurs plumes. Le silence était partout ; quelque chose de doux semblait sortir des arbres ; elle sentait son cœur, dont les battements recommençaient, et le sang circuler dans sa chair comme un fleuve de lait. Alors, elle entendit au loin, au-delà du bois, sur les autres collines, un cri

---

**287** Vgl. hierzu Küpper, der gezeigt hat, inwiefern Emma Bovary den von ihr kontrollierbaren Anfang ihres Sterbens einer Opernaufführung gleich inszenieren möchte: „Akzeptiert man die These der Referenz auf Donizetti am Beginn der Szene, so stünden sich in effektvollster Weise der ‚mensonge' der romantischen Oper, gesungen von dem Blender Lagardy, und die ‚vérité' des anspruchslosen, volkstümlichen Lieds, gesungen von dem geblendeten Bettler, gegenüber." (Ders., „Das Ende von Emma Bovary", S. 84).

**288** Dass Flaubert seinem ‚Krüppel' unbedingt Originalität verleihen wollte, geht aus einem Brief vom 30. Mai 1855 an Louis Bouilhet hervor: „Tu devrais bien me dire quelle espèce de *monstre* il faut mettre dans la côte du Bois-Guillaume. Faut-il que mon homme ait une dartre au visage, des yeux rouges, une bosse, un nez de moins ? Que ce soit un idiot ou un bancal ? Je suis très perplexe. Cochon de père Hugo avec ses culs-de-jatte qui ressemblent à des limaces dans la pluie ! C'est embêtant !" (Flaubert, *Corr* II, 1980, S. 580 f.). Vgl. zur Genese der Figur auch Gustave Flaubert, *Madame Bovary. Nouvelle version précédée des scénarios inédits*, hg. von Jean Pommier und Gabrielle Leleu, Paris 1949, S. 96. Nebenbei bemerkt ist der Verkrüppelte als ‚Blinder' wohl kaum vollkommen blind, immerhin bewegt er sich flink zwischen den Wagen, springt auf sie auf, fängt Geldstücke auf oder holt diese aus dem Matsch.

**289** Léon Bopp hat diese Vermutung zum ersten Mal geäußert (vgl. ders., *Commentaire*, S. 252).

vague et prolongé, une voix qui se traînait, et elle l'écoutait silencieusement, se mêlant comme une musique aux dernières vibrations de ses nerfs émus."[290]

Emma, die während des Ehebruchs ihr Gesicht mit den Händen bedeckt hat, wird nun von der untergehenden Sonne geblendet: Die „lueur mystérieuse" von Lamartines „étoile amoureuse" in *Le Soir*[291] scheint denkbar weit entfernt zu sein. Ist bei dem Romantiker von einem „rayon de l'astre nocturne, / Glissant sur mon front taciturne, / Vient mollement toucher mes yeux"[292] die Rede, so ist die Sonne bei Flaubert schlicht blendend. Die Schatten sind nicht mehr die „ombres chéries"[293] des romantischen Gedichts, vielmehr wird ein Bild der Zerstörung aufgerufen, indem das im dunklen Blattwerk zitternde Sonnenlicht mit den ausgerupften Federn von Kolibris verglichen wird. Wenn dann der Schrei im Wald ertönt, wird die – ja nur vorgebliche – Harmonie vollends gestört, und der Lamartinsche Referenztext könnte hier ein letztes Mal aufgerufen werden: „[...] elle entendit au loin, au-delà du bois, sur les autres collines, un cri vague et prolongé, une voix qui se traînait, et elle l'écoutait silencieusement, se mêlant comme une musique aux dernières vibrations de ses nerfs émus".[294] Emma lauscht andächtig der Stimme, die sich einer Musik gleich mit den letzten Schwingungen ihrer erregten Nerven vermischt, und man ist durchaus geneigt, darin eine Parodie auf den folgenden Reim aus *L'Isolement* zu erkennen: „Un son religieux se répand dans les airs, / [...] Aux derniers bruits du jour mêle de saints concerts".[295]

Doch ist es die lautliche Äußerung des blinden Bettlers selbst, die das offensichtlichste übereinstimmende Motive zwischen Wald-, Kutsch- und Sterbeszene bildet. Auf der Fahrt von Rouen nach Yonville hört die in der Kutsche sitzende Emma das Folgende: „Sa voix, faible d'abord et vagissante, devenait aiguë. Elle se traînait dans la nuit, comme l'indistincte lamentation d'une vague détresse [...]"[296], was freilich eine gewisse Ähnlichkeit zu dem mysteriösen „cri vague et prolongé, une voix qui se traînait"[297] aufweist, wie er im Wald ertönt ist. Es gibt indessen ein noch stärkeres Indiz, das von einem eindeutigen Zusammenhang zwischen jener Stimme des Waldes und dem späteren Auftritt des Bettlers zeugt: In der Romantisches

---

290 Flaubert, *OC* I, 2.IX, S. 438.
291 *Le Soir*, Alphonse de Lamartine, *Œuvres poétiques complètes*, hg. von Marius-François Guyard, Paris 1963, S. 13.
292 *Le Soir*, Lamartine, *OC*, S. 14.
293 Ebd.
294 Flaubert, *OC* I, 2.IX, S. 438.
295 *L'Isolement*, Lamartine, *OC*, S. 3.
296 Flaubert, *OC* I, 3.V, S. 535.
297 Flaubert, *OC* I, 2.IX, S. 438.

parodierenden – und oben zitierten – Waldszene beschreibt der Erzähler die waagerecht scheinende Sonne, die zwischen dem Blätterwerk hindurchstrahlt und auf den Waldboden zitternde Flecken zeichnet mit den Worten: „comme si des colibris, en volant, eussent éparpillé leurs plumes." In der ersten ausführlichen Beschreibung des *aveugle* – wenn dieser Emma von der unspektakulären Hafenstadt Rouen, die in der Wahrnehmung der Ehebrecherin gleichwohl zu einem Babylon[298] geworden war, zurück nach Yonville begleitet – wird sein Gesang folgendermaßen wiedergegeben:

> Il chantait une petite chanson en suivant les voitures :
>
>> Souvent la chaleur d'un beau jour
>> Fait rêver fillette à l'amour.
>
> Et il y avait dans tout le reste des oiseaux, du soleil et du feuillage.[299]

Der Erzähler fasst lapidar zusammen, im Rest des Liedes sei von Vögeln, von Sonne und von Blättern die Rede, eben genau von jenen Motiven, wie sie in der Beschreibung des *beau jour* des ersten Ehebruchs im Wald genannt worden waren. Bemerkenswerterweise kommen Vögel, Sonne und Laubwerk aber weder in der längeren Version des Liedes, wie es in der Sterbeszene erklingen wird (Kap. III.8), noch in der Vorlage von Rétif de la Bretonne vor.[300] Die Zusammenfassung des Gesungenen durch den Erzähler könnte somit ausschließlich als intratextueller Bezug auf die Beschreibung von Emmas träumerischem Zustand nach den mit Rodolphe ausgetauschten Intimitäten im Unterholz gelesen werden. Damit können sowohl der Schrei im Wald als auch das Spottlied des Bettlers als in direktem Zusammenhang mit Emmas frivolem Ehebruch stehend verstanden bzw. als Kommentar zu diesem gedeutet werden.[301] Auf diese Analogie wird weiter unten im Zusammenhang mit dem letzten Auftritt des Bettlers unmittelbar vor Emmas Tod noch einmal einzugehen sein.

Der Blinde wirkt in seinem Auftreten ganz so, als sei er dazu verdammt, das immer gleiche anzügliche Lied zu singen. Das Sprechen allerdings scheint

---

[298] „[...] et la vieille cité normande s'étalait à ses yeux comme une capitale démesurée, comme une Babylone où elle entrait" (Flaubert, *OC* I, 3.V, S. 531).
[299] Flaubert, *OC* I, S. 534 f. Siehe hierzu das Kapitel „Emma Bovarys Sterben: Realismus und Allegorie" in dieser Arbeit.
[300] Nicolas Edme Restif de la Bretonne, *L'Année des dames nationales ; ou Histoire, jour-par-jour, d'une femme de France*, Paris 1791.
[301] Diese Überlegungen stellen sowohl Léon Bopp (*Commentaire*, S. 417 f.) als auch Don Louis Demorest (*L'expression figurée et symbolique dans l'Œuvre de Gustave Flaubert*, Genf 1967, S. 466 ff.) und Jean Starobinski („L'échelle des températures", hier S. 63 f.) an.

ihm unmöglich zu sein, stößt er doch nur undefinierbare Laute aus („hurlement sourd"[302]). Die Kombination aus süßlichem Liebesliedchen und der Schilderung seines leprösen Äußeren lässt die Szenerie der Heimfahrt umso kontrastvoller erscheinen: Der bettelnde Sänger hat anstelle der Augenlider offen klaffende und blutige Augenhöhlen. Das Fleisch schält sich in roten Fetzen ab, eine Flüssigkeit läuft heraus, die an der Nase zu grünlichem Schorf gerinnt; die Nasenflügel sind schwarz und blähen sich unentwegt auf. Zuweilen biegt er den Kopf mit einem idiotischen Lachen zurück und enthüllt seine bläulichen Pupillen, die unaufhörlich an die offenen Wunden am Rand der Schläfen stoßen.[303] Emma, die im Innern der Kutsche sitzt, zeigt sich von der jämmerlichen Stimme des Aussätzigen in besonderem Maße ergriffen:

> Quelquefois, il apparaissait tout à coup derrière Emma, tête nue. Elle se retirait avec un cri. Hivert venait le plaisanter. Il l'engageait à prendre une baraque à la foire Saint-Romain, ou bien lui demandait, en riant, comment se portait sa bonne amie.
> Souvent, on était en marche, lorsque son chapeau, d'un mouvement brusque entrait dans la diligence par le vasistas, tandis qu'il se cramponnait, de l'autre bras, sur le marchepied, entre l'éclaboussure des roues. Sa voix, faible d'abord et vagissante, devenait aiguë. Elle se traînait dans la nuit, comme l'indistincte lamentation d'une vague détresse ; et, à travers la sonnerie des grelots, le murmure des arbres et le ronflement de la boîte creuse, elle avait quelque chose de lointain qui bouleversait Emma. Cela lui descendait au fond de l'âme comme un tourbillon dans un abîme, et l'emportait parmi les espaces d'une mélancolie sans bornes. Mais Hivert, qui s'apercevait d'un contrepoids, allongeait à l'aveugle de grands coups avec son fouet. La mèche le cinglait sur ses plaies, et il tombait dans la boue en poussant un hurlement.
> Puis les voyageurs de l'*Hirondelle* finissaient par s'endormir, les uns la bouche ouverte, les autres le menton baissé, s'appuyant sur l'épaule de leur voisin, ou bien le bras passé dans la courroie, tout en oscillant régulièrement au branle de la voiture ; et le reflet de la lanterne qui se balançait en dehors, sur la croupe des limoniers, pénétrant dans l'intérieur par les rideaux de calicot chocolat, posait des ombres sanguinolentes sur tous ces individus immobiles. Emma, ivre de tristesse, grelottait sous ses vêtements ; et se sentait de plus en plus froid aux pieds, avec la mort dans l'âme.[304]

Diese Begebenheit scheint sich häufig ereignet zu haben, worauf nicht nur die Verwendung des *imparfait* hinweist. „Quelquefois" taucht unvermittelt der Blinde

---

**302** Flaubert, *OC* I, 3.VII, S. 565.
**303** „[...] il découvrait, à la place des paupières, deux orbites béantes tout ensanglantées. La chair s'effiloquait par lambeaux rouges ; et il en coulait des liquides qui se figeaient en gales vertes jusqu'au nez, dont les narines noires reniflaient convulsivement. Pour vous parler, il se renversait la tête avec un rire idiot ; – alors ses prunelles bleuâtres, roulant d'un mouvement continu, allaient se cogner, vers les tempes, sur le bord de la plaie vive." (Flaubert, *OC* I, 3.V, S. 534).
**304** Flaubert, *OC* I, 3.V, S. 534 f.

hinter Emma auf und stellt sein furchterregendes Antlitz schonungslos zur Schau. Diese reagiert zutiefst erschrocken und stößt einen Schrei aus. Der Kutscher Hivert hingegen findet sichtlich Gefallen an dem Gebaren des Kranken und treibt seine Späßchen mit ihm. „Souvent" klammert der Bettler sich mit aller Kraft an die fahrende Kutsche und versucht dabei auf dem Trittbrett zwischen den Rädern, die ihn mit Schlamm bespritzen, zu stehen. Gleichzeitig lässt er zunächst schwache und winselnde Töne verlauten, die allmählich zu einem schrillen Gejammer anschwellen. Die durch die Nacht klingende Stimme des Blinden kündet von einer ‚unbestimmten Not', so heißt es im Text. Emma, die im Innern der einem Schiff oder gar einem Sarg ähnelnden „boîte creuse" („avec la mort dans l'âme" könnte hierauf verweisen) sitzt, ist auf das Tiefste erschüttert. Sie ahnt, dass sie von etwas berührt ist, das nicht allein den Bettler, sondern auch sie selbst betrifft.[305] Die Stimme des Blinden wird als Auslöser einer melancholischen Traurigkeit Emmas genannt. Doch angesichts der in erster Linie überaus abstoßenden Erscheinung des Bettlers und der Qualität des Schreis, dürfte dies eigentlich nicht als naheliegende Reaktion gelten:

> Cela lui descendait au fond de l'âme comme un tourbillon dans un abîme, et l'emportait parmi les espaces d'une mélancolie sans bornes.[306]

Obwohl der Kutscher die Wunden des auf die Kutsche gesprungenen Blinden umgehend mit seiner Peitsche geißelt, bis dieser schreiend vom Wagen in den Matsch zurück stürzt, hallt die melancholische Traurigkeit in Emma noch lange nach. In ihr macht sich eine Todesahnung breit, welche erneut davon zeugt, dass sie dem Bettler gegenüber zu keinerlei Distanz fähig ist. Anders als Hivert kann sie auf das furchterregende Antlitz des Blinden nicht mit Spott reagieren, noch ist sie in der Lage, wie die übrigen Reisenden, den „pauvre diable" einfach zu vergessen und unter dem Geschaukel der Kutsche einzudämmen.

Was die Szene prägt, ist die Tatsache, dass Emma die einzige ist, die sich von dem Blinden überhaupt ergreifen lässt. Sie ist die einzige, die die Bedeutung dieser Gestalt *fühlt* – wenn sie sie auch nicht rational erfassen und erklären kann, einmal mehr ahnt Emma eher als dass sie versteht. Diese Ahnung ist den anderen

---

[305] An dieser Stelle sei auch der Entwurf einer frühen Version von *Madame Bovary* angeführt. Deutlich kürzer und weniger schockierend heißt es darin über Emma, die dem Bettler auf der Kutschfahrt begegnet: „Mais une singulière dépravation l'attirait à ce spectacle, elle se dévoilait à demi, avançait la tête, se recachait vite, le regardait encore, et enfin se tenait immobile, haletante, n'osant lever les yeux et comme collée sur la banquette, par ces deux regards sanglants qui n'y voyaient pas." (Gustave Flaubert, *Madame Bovary. Nouvelle version précédée des scénarios inédits*, hg. von Jean Pommier und Gabrielle Leleu, Paris 1949, S. 532).
[306] Flaubert, *OC* I, 3.V, S. 535.

Passagieren ebenso wie Hivert deswegen verschlossen, da die ‚tiefere' Bedeutung ganz auf die Existenzproblematik Emmas bezogen ist.

Es scheint zunächst fast so, dass sich an dieser Stelle die ‚Gefahren' einer Schreibweise offenbaren, in der kein sprachliches Detail dem Zufall überlassen bleibt: Mit der exklusiven Beziehung, die Flaubert zwischen Emma und dem Blinden etabliert, scheint er sich einem narrativen Verfahren zu nähern, das seinem Schreibprogramm eigentlich zutiefst widerspricht, der Metalepse. Der Blinde ist eine symbolbehaftete Romanfigur, die der Leser über den Wortsinn und die Wirklichkeit hinausweisend deuten muss. Wenn eine Figur, in diesem Falle Emma, diese Bedeutung zu begreifen scheint, so könnte dies implizieren, dass sie in diesem Augenblick etwas von den Prinzipien erahnt, nach denen ihr ‚Schöpfer' sie und ihre Welt erdacht hat. Man könnte nun darauf schließen, dass Emma in den Augenblicken, in denen sie die ausschließlich auf sie gemünzte Bedeutung des Blinden erahnt, den Hauch einer Ahnung davon bekäme, dass sie die Hauptfigur in einer Fiktion ist. Hierin würde man den ‚Preis' erkennen, den Flaubert für seinen Versuch zahlt, innerhalb einer dargestellten alltäglichen Welt Bedeutung zu generieren. Dass es hierbei jedoch nicht im Ansatz zu einer Verletzung seines, Flauberts, eigenen narrativen Codes kommt – der einerseits kaum ein Wort dem Wortsinn allein überlässt, dabei aber andererseits dem Leser niemals den Eindruck vermittelt, den Roman ausschließlich allegorisch lesen zu müssen – zeigt sich, wenn wir noch einmal auf die Kutschfahrt zurückkommen und mit Genette fragen „Qui voit?" und „Qui entend?" Auffallend ist, dass es sich bei der beschriebenen Szene um ein wiederkehrendes Ereignis handelt (auf die Verwendung des *imparfait* und die Adverbien „quelquefois" und „souvent" ist oben bereits hingewiesen worden). Doch wie ist die so suggerierte Iterativität an dieser Stelle mit der Detailgenauigkeit des Beschriebenen vereinbar? Eigentlich ist sie es gar nicht, es sei denn man geht davon aus, dass die gesamte Szenerie allererst aus Emmas Perspektive heraus geschildert wird. Sie wäre in diesem Falle diejenige, die den blinden Bettler mit ihren eigenen Angstphantasmen und ihrer eigenen Todesverfallenheit besetzt und dieser würde dann, in ihrem letzten Lebensmoment zu einer veritablen *self fulfilling prophecy* werden. Teil dieser Entwicklung scheint zu sein, dass Emma dem blinden Bettler äußerlich immer ähnlicher wird, je näher ihr Ende kommt, was in fast allen Beschäftigungen mit der Figur herausgestellt wird.[307] Gewiss ist eine physische Gemeinsamkeit zwischen

---

**307** Hier ist vor allem Jean Starobinskis Arbeit „L'échelle des températures" zu nennen (darin bes. S. 62 f.). Auf dem Sterbebett entfahren Emma Laute („hurlement sourd"), deren Beschreibung wortwörtlich schon in der Darstellung des Blinden im vorhergegangenen Kapitel zu finden ist (in der Agonie-Szene heißt es: „Un hurlement sourd lui échappa [...]" [Flaubert, *OC* I, 3.VIII, S. 580]; wenn der Blinde ‚die Komödie spielt', so stößt er dabei „[...] une sorte d'hurlement sourd,

Emma und dem Bettler, wenn sie auch nur schwach ausgeprägt und mit großer Anstrengung auszumachen ist, nicht gänzlich von der Hand zu weisen. Doch geht die Verwandtschaft der beiden über diesen oberflächlichen Aspekt hinaus, was im Folgenden gezeigt wird.

Aufgrund seiner körperlichen Eigenschaften wie auch seines Verhaltens stehen alle Auftritte des Blinden stets im Zeichen von Verdammung. Marianne Beyerle hat darauf hingewiesen, dass der *aveugle* in seiner Eigenschaft als Höllenbote seinen ersten Auftritt bereits in Flauberts Jugendwerk *Voyage en enfer* hat.[308] Hierdurch könnte genau jene religiöse Verdammnis aufgezeigt sein, die Emma angesichts ihrer Vergehen nach ihrem Ableben zu erwarten hat – und die bei dem klandestinen Treffen in der Kathedrale von Rouen mit dem Verweis auf die ‚Verdammten in den Flammen der Hölle' bereits angekündigt worden ist.

Die maßgeblichen künstlerischen Höllendarstellungen im Frankreich des 19. Jahrhunderts greifen in den allermeisten Fällen Dante Alighieris *Divina Commedia* auf. Im Folgenden wird der Versuch unternommen, am Romantext aufzuzeigen, ob und gegebenenfalls inwiefern auch Flaubert bei der Erschaffung der Figur des Bettlers das *Inferno* vor Augen gehabt haben könnte. Dieses Vorhaben ist historisch insofern begründbar, als die künstlerische Dante-Rezeption im Frankreich des 19. Jahrhunderts eine kaum hoch genug zu veranschlagende Blütezeit erlebt hat – und zwischen dem späten 18. und dem späten 20. Jahrhundert hat es zu keiner Zeit so viele Übersetzungen der *Divina Commedia* ins Französische gegeben wie um 1850, was die beeindruckende Statistik von Marc

---

comme un chien affamé" aus [Flaubert, *OC* I, 3.VII, S. 565]). Wobei Flaubert ein ‚unbestimmtes' oder ‚dumpfes' Gebrüll schlicht und ergreifend für besonders erschütternd erachtet haben könnte. Gänzlich überzeugt es nicht, wenn behauptet wird, der Schrei des Bettlers halle sowohl in Emmas Erschrecken beim Anblick des *aveugle* wider (wenn der Blinde unvermittelt vor dem Fenster der Kutsche auftaucht, reagiert Emma wie folgt: „Elle se retirait avec un cri" [Flaubert, *OC* I, 3.V, S. 535]), als auch in dem furchtbaren Schmerzensschrei ihrer letzten Atemzüge („Puis, elle se mettait à crier, horriblement" [Flaubert, *OC* I, 3.VIII, S. 583]). Sogar Charles' Schrei, den dieser beim Anblick seiner verstorbenen und vom Tod schon gezeichneten Ehefrau ausstößt, wurde als erneutes Echo auf den Schrei des Blinden gedeutet („Il eut une curiosité terrible : lentement, du bout des doigts, en palpitant, il releva son voil. Mais il poussa un cri d'horreur qui réveilla les autres" [Flaubert, *OC* I, 3.IX, S. 596]). Auch auf die Ähnlichkeit in der Beschreibung der Augen des Blinden und der Sterbenden hat die Forschung hingewiesen (über den Blinden ist zu lesen: „[...] à la place des paupières, deux orbites béantes tout ensanglantées" [Flaubert, *OC* I, 3.V, S. 534]; über die letzten Lebensmomente der todgeweihten Emma heißt es: „Emma se releva comme un cadavre que l'on galvanise, les cheveux dénoués, la prunelle fixe, béante" [Flaubert, *OC* I, 3.XIII, S. 589]).

308 Vgl. Marianne Beyerle zum ‚veillard' in *Voyage en enfer* (dies., *Versuchung*, S. 69 ff.).

Scialom belegt.[309] An dieser Stelle seien nur exemplarisch die prominentesten und expliziten französischen künstlerischen Werke in Erinnerung gerufen, die von der jahrzehntelang anhaltenden Bedeutung zeugen, die die *Divina Commedia*, und allererst das *Inferno*, für die verschiedenen Kunstformen hatte.[310] In der Literatur sind zu nennen: Auguste Barbiers *Dante*-Gedicht von 1831, Hugos *Après une lecture de Dante* von 1837 in *Les voix intérieures* sowie *La vision de Dante* von 1853 in der *Légende des Siècles*, sodann Alexandre Soumets *Divine épopée*[311] und natürlich Balzacs *Comédie Humaine*[312]. Für die Musik seien insbesondere Franz Liszts Klaviersonate *Après une lecture du Dante* von 1849 und seine *Dante-Sinfonie* von 1857 genannt. In der Kunst sind die wohl prominentesten Beispiele William Bouguereaus *Dante et Virgile* von 1850, Gustave Dorés Illustrationen der *Commedia* von 1861 und schließlich Auguste Rodins *magnum opus*, die *Porte de l'Enfer*.

Obwohl Flaubert die *Divina Commedia* zeitlebens immer wieder erwähnt, gibt es keine Studie, die sich dem Einfluss Dantes auf Flaubert widmet – was unter Umständen nicht zuletzt daran liegt, dass Flaubert stets sein Unverständnis gegenüber den Dante-Texten hervorgehoben hat, was freilich auch einer bewussten Abgrenzung gegenüber der veritablen Dantomanie der Romantiker geschuldet sein könnte.[313] In *Bibliomanie*, einem sehr frühen Werk (von 1836), zeigt er sich besonders beeindruckt von dem Lachen der Verdammten, die in Dantes Höllenkreisen vegetieren. Schon hier könnte man meinen, einen Beschreibungsversuch des *aveugle* zu lesen:

> [...] un homme, au front pâle, aux mains tremblantes, un homme qui riait amèrement de ce rire des damnés du Dante. Il baissait la tête, et avait la main dans sa poitrine ; quand il la retira, elle était chaude et mouillée, car il avait de la chair et du sang au bout des ongles.[314]

---

309 Vgl. Marc Scialom, „La traduction de la Divine Comédie, baromètre de sa réception en France?", in: *Revue de littérature comparée* 63 (1989), S. 197–207, hier S. 201.
310 Einen umfangreichen Überblick über die französische Dante-Rezeption vom 14. Jahrhundert bis zum Beginn des 20. Jahrhunderts bietet Albert Counson, *Dante en France*, Paris 1906 (zu Flaubert bes. S. 204); für das 19. Jahrhundert sei insbesondere verwiesen auf Michael Pitwood, *Dante and the French Romantics*, Genf 1985, und Carlo Ossola, „Dante, poète européen (XIXᵉ et XXᵉ siècles)", in: ders./François Livi (Hg.), *De Florence à Venise. Études en l'honneur de Christian Bec*, Paris 2006, S. 477–512.
311 Zu Alexandre Soumet und der Rezeption der *Divine épopée*, siehe Max Milner, *Le diable dans la littérature française. De Cazotte à Baudelaire, 1772–1861*, Bd. 2, Paris 1960, S. 117–210.
312 Zur Balzacschen Aktualisierung von Dantes *Inferno* siehe Karlheinz Stierle, *Der Mythos von Paris. Zeichen und Bewußtsein der Stadt*, München 1998, S. 418, S. 463 f. und S. 681 f.
313 Siehe hierzu Pitwood, *Dante and the French Romantics*.
314 Flaubert, *Bibliomanie*, in: *Œuvres de jeunesse*, S. 168. Welche lachenden Verdammten der *Commedia* Flaubert meint (vielleicht verwechselt er sie mit den spaßenden Teufeln), kann an

In seiner *Étude sur Rabelais*, die in den Jahren 1838/1839 entstanden ist, notiert Flaubert: „Dante est sombre et rayonnant tout à la fois ; c'est le poète chrétien, le poète de la mort et de l'enfer, plein de mélancolie et d'espérances."[315] Christentum, Tod, Hölle, Melancholie und Hoffnung, unter diesen doch sehr breiten Schlagwörtern fasst Flaubert seine Dante-Lektüre zusammen. Auch über zehn Jahre später äußert er sein Unverständnis angesichts des ihm so fremden *Inferno*. In einem Brief von 1852 an Louise Colet schreibt er, nachdem er zunächst von der Arbeit an *Madame Bovary* berichtet hatte:

> J'ai lu dernièrement tout l'Enfer de Dante (en français). Cela a de grandes allures. Mais que c'est loin des poètes universels qui n'ont pas chanté, eux, leur haine de village, de caste ou de famille ! – Pas de plan ! Que de répétitions ! Un souffle immense par moments. – Mais Dante, je crois, est comme beaucoup de belles choses consacrées, Saint-Pierre de Rome entre autres, qui ne lui ressemble guère, par parenthèse, on n'ose pas dire que ça vous embête. Cette œuvre a été faite pour un temps et non pour tous les temps. – Elle en porte le cachet. Tant pis pour nous qui l'entendons moins, tant pis pour elle qui ne se fait pas comprendre ![316]

Seine ostentativ – ja fast schon kokett – herausgestellte Verständnislosigkeit hindert Flaubert nicht daran, danteske Beschreibungen (oder deren Darstellungen in anderen Medien und Zeiten, wie zu zeigen sein wird) in seine eigenen Arbeiten einfließen zu lassen. Wenn der blinde Bettler sich bei seinem ersten Auftritt mit aller Kraft an die Kutsche klammert, in der die frisch versündigte Emma von Rouen nach Yonville zurückfährt, wenn er seine unverständlichen Laute ausstößt und von dem Kutscher auf die offen liegenden Wunden geschlagen wird, bis er unter Gebrüll von dem Wagen lässt und in den Matsch zurückfällt, könnte nicht nur der zeitgenössische Leser an Delacroix' *La Barque de Dante* von 1822 gedacht haben. Zwar befinden sich die Verdammten auf diesem Gemälde im Wasser, in der *Commedia* allerdings vegetieren die *accidiosi* wie der Bettler in *Madame Bovary* im Schlamm. Hiervon abgesehen weist die Gesamtsituation starke Ähnlichkeiten auf: Dargestellt bzw. beschrieben werden Reisende in einem Fortbewegungsmittel, an welches sich die Verdammten zu klammern versuchen, das sie aber in seiner Fahrt nicht aufhalten können und das sie letztlich doch loslassen müssen.

Diese Szenerie wiederholt sich in ähnlicher Weise kurze Zeit später, wenn Emma sich auf dem Rückweg von Rouen befindet und die Pfändung des Hauses Bovary nunmehr nur noch eine Frage der Zeit ist. Nachdem der Apotheker dem

---

dieser Stelle nicht nachvollzogen werden.
315 Flaubert, *Étude sur Rabelais*, in: *Œuvres de jeunesse*, S. 529.
316 Flaubert, *Corr.* II, 1980, S. 85 (28. Mai 1852).

Blinden höchst fragwürdige Ratschläge zur Behandlung seiner Krankheiten gegeben hat, kommt es zu folgendem Szenario:

> – Eh bien ! pour la peine, dit Hivert, tu vas nous *montrer la comédie.* »
> L'Aveugle s'affaissa sur ses jarrets, et, la tête renversée, tout en roulant ses yeux verdâtres et tirant la langue, il se frottait l'estomac à deux mains, tandis qu'il poussait une sorte de hurlement sourd, comme un chien affamé.
> Emma, prise de dégoût, lui envoya, par-dessus l'épaule, une pièce de cinq francs. C'était toute sa fortune. Il lui semblait beau de la jeter ainsi.[317]

Den kursiv gesetzten Halbsatz „[...] tu vas nous *montrer la comédie*" hat Flaubert in seinen Manuskripten insgesamt acht Mal modifiziert.[318] Bereits vom ersten Textentwurf an verwendet er den bestimmten Artikel. Ginge es einfach darum, „Komödie vorzuspielen", so müsste es ‚tu vas nous *montrer ta comédie*' heißen. Zugegebenermaßen wäre ein Verweis auf die *Commedia* recht weit hergeholt und in dieser Klarheit untypisch für Flaubert. Eine andere Erklärung für die ungewöhnliche Artikelsetzung und die Kursivierung steht jedoch noch aus.

Bevor nun diese Textstelle näher erläutert und unser Deutungsangebot weiter ausgebaut wird, soll ein Blick auf die von der Forschung bislang nicht beachtete Figur des Kutschers Hivert geworfen werden.

Dessen Postkutsche *Hirondelle* taucht an den meisten Orten der Romanhandlung zumindest ein Mal auf. Der Kutscher transportiert Reisende und Waren, fährt von Tostes nach Yonville und von Yonville immer wieder nach Rouen und zurück. Betrachtet man all die knappen Darstellungen des Kutschers in ihrer Gesamtheit, so ergibt sich das Bild einer für Flauberts Romane bemerkenswert positiv gezeichneten Figur, die sich durch großes Pflichtbewusstsein, eine als regelrecht fürsorglich zu bezeichnende Art der Langmut und große Standhaftigkeit auszeichnet: Hivert ist derjenige, der Emmas verlorengegangenes Hündchen am intensivsten sucht,[319] in Rouen wartet er fast eine Stunde lang auf die Ehebrecherin, bevor er dann doch abfahren muss.[320] Mit großer Gelassenheit hört er sich allerlei mit Ratschlägen verbundene Aufträge der Gastwirtin an, die ‚jeden anderen als ihn

---

[317] Flaubert, *OC* I, 3.VII, S. 565.
[318] Vgl. *folio* 122, 123, 123v, 124, 125, 154v, 419, 440 (Universität Rouen).
[319] „Un accident l'avait retardé ; la levrette de madame Bovary s'était enfuie à travers les champs. On l'avait sifflée un grand quart d'heure. Hivert même était retourné d'une demi-lieue en arrière, croyant l'apercevoir à chaque minute ; mais il avait fallu continuer la route" (Flaubert, *OC* I, 2.I, S. 362).
[320] „En arrivant à l'auberge, madame Bovary fut étonnée de ne pas apercevoir la diligence. Hivert, qui l'avait attendue cinquante-trois minutes, avait fini par s'en aller" (Flaubert, *OC* I, 3.II, S. 515).

verwirrt hätten'.³²¹ Die Fahrgäste, die die Reise in der *Hirondelle* zu verschlafen drohen, holt er persönlich aus ihren Betten,³²² und auch Emma weckt er in ihrem Rouener Hotelzimmer.³²³ Am bemerkenswertesten ist jedoch vielleicht, dass der Kutscher nicht müde wird, einflussreichen Bewohnern des kleinen Ortes die Stirn zu bieten. Als der Apotheker Homais dem Blinden ein skrofulöses Leiden diagnostiziert und ihm eine offensichtlich schwachsinnige Therapie empfiehlt (der Bettler solle sich nicht in den Kneipen betrinken, sondern eine Diät befolgen, der ‚guter Wein', ‚gutes Bier' und ‚guter Braten' zugrunde liegen) heißt es lapidar: „Hivert se permit tout haut quelque doute sur leur efficacité."³²⁴ Der Fuhrmann widerspricht hier – und das zu recht – dem Mann, der als der gebildetste dieser kleinen Stadt gilt. Und auf der vorletzten Seite des Romans schließlich fordert der Kutscher von seinen Kunden – unter der Androhung, zur Konkurrenz zu wechseln, der neu eingerichteten Postwagenverbindung von Monsieur Lheureux – eine höhere Vergütung ein.³²⁵ Hivert scheint folglich ebenso gutmütig wie intelligent zu sein.

Einzig in Bezug auf den blinden Bettler reagiert der sonst so sanftmütige Kutscher mit einer Brutalität, die derart unverhältnismäßig ist, dass sie die Szenerie noch grausamer erscheinen lässt. Er schlägt die Wunden des Blinden, bis dieser in den Matsch fällt, fordert ihn voller Häme auf, sein abscheuliches Gebaren zur Schau zu stellen und ‚die Komödie zu geben'. Diese *comédie*, die Hivert dem Verkrüppelten abverlangt, sieht wie folgt aus: Der Blinde lässt sich in den Schlamm sinken, wirft den Kopf zurück, rollt seine grünlichen Augen, streckt die Zunge heraus, reibt sich den Magen mit den Händen und stößt ein dumpfes Geheul aus

---

321 „Hivert attelait sans se dépêcher, et en écoutant, d'ailleurs, la mère Lefrançois, qui passant par un guichet sa tête en bonnet de coton, le chargeait de commissions et lui donnait des explications à troubler un tout autre homme" (Flaubert, *OC* I, 3.V, S. 529 f.).
322 „Ceux qui avaient prévenu la veille se faisaient attendre ; quelques-uns même étaient encore au lit dans leur maison ; Hivert appelait, criait, sacrait, puis il descendait de son siège et allait frapper de grands coups contre les portes" (Flaubert, *OC* I, 3.V, S. 530).
323 „Puis, revenue à la *Croix Rouge*, elle se jeta sur son lit, dans la petite chambre du second, où il y avait des images de la *Tour de Nesle*. A quatre heures du soir, Hivert la réveilla" (Flaubert, *OC* I, 3.VI, S. 558).
324 „Au lieu de t'enivrer au cabaret, tu ferais mieux de suivre un régime. Il l'engageait à prendre de bon vin, de bonne bière, de bons rôtis." (Flaubert, *OC* I, 3.VII, S. 565).
325 „Cependant la volupté de sa douleur [de Charles] était incomplète, car il n'avait autour de lui personne qui la partageât ; et il faisait des visites à la mère Lefrançois afin de pouvoir parler d'*elle*. Mais l'aubergiste ne l'écoutait que d'une oreille, ayant comme lui des chagrins, car M. Lheureux venait enfin d'établir les *Favorites du Commerce*, et Hivert, qui jouissait d'une grande réputation pour les commissions, exigeait un surcroît d'appointements et menaçait de s'engager « à la Concurrence »." (Flaubert, *OC* I, 3. XI, S. 609 f.).

(„un hurlement sourd"), einem heißhungrigen Hund gleich („comme un chien affamé"[326]).

Beim Beobachten dieser Vorstellung wird Emma Bovary von Ekel gepackt, was sie jedoch nicht daran hindert, dem Aussätzigen eine Münze zuzuwerfen. Nicht zuletzt ihr – gedachter – Kommentar („Il lui semblait beau de la jeter ainsi") lässt den Eindruck entstehen, es handle sich hier um den Versuch eines Ablasshandels. Doch wovon versucht die Hauptfigur sich durch den Obolus zu befreien, was meint sie in dem Blinden zu erkennen? Werfen wir erneut einen Blick auf den *ennui* – jenes Laster, das Ursache all ihrer Fehltritte ist –, hier insbesondere in seiner Eigenschaft als historische Variante der *acedia*.

In Dantes *Commedia*, die in französischer Übersetzung in Flauberts Bibliothek gestanden hat,[327] werden die *accidiosi* im siebten Gesang vorgestellt. Im fünften Höllenkreis vegetieren jene, die in der von Gott geschaffenen Welt Mangelhaftigkeit empfunden und sich deshalb der Traurigkeit überlassen haben; es handelt sich folglich um eine Traurigkeit über etwas, das eigentlich ein Gut darstellt, wie Vergil unaufgefordert erklärt:[328] Die im Schlamm sitzenden waren „elend im süßen, sonnenfrohen Äther"[329] und haben sich einem „innern Unlustnebel" überlassen („Fitti nel limo dicon: ‚Tristi fummo / ne l'aere dolce che dal sol s'allegra, / portando dentro accidïoso fummo; / or ci attristiam nella belletta negra'"). In der Hölle finden sie sich dann in ein ihrer inneren Verfassung entspre-

---

[326] Victor Brombert meint in dem Gebaren ein „[...] hideous mockery of the sex act" zu erkennen (ders., *The Novels of Flaubert*, S. 75). Dass der Auftritt des Blinden durchaus sexuell konnotiert sein kann, macht allein schon die Tatsache deutlich, dass er immer dann anwesend ist, wenn Emma gerade von einem Treffen mit einem ihrer Liebhaber kommt. Mary Donaldson-Evans, die in ihrer Arbeit versucht, dem blinden Bettler eine medizinische Diagnose zu stellen, geht davon aus, dass er nicht allein eine skrofulöse Krankheit hat, sondern an verschiedenen Erkrankungen gleichzeitig leidet: Die Erblindung sei einer fortgeschrittenen Syphilis, also einer sexuell übertragbaren Krankheit, geschuldet, was Bromberts These stützen würde (Mary Donaldson-Evans, „A Pox on Love: Diagnosing *Madame Bovary's* Blind Beggar", in: *Symposium* 44 [1990], S. 15–27, hier S. 20 f.). Zum Hund als Höllengestalt bei Flaubert (im *Rêve d'enfer* und *Madame Bovary*), siehe auch Beyerle, *Versuchung*, S. 82–86.

[327] Vgl. die „Reconstitution de la bibliothèque de Flaubert" der Universität Rouen. Wahrscheinlich handelt es sich um die Übersetzung von Antoine de Rivarol (von 1785), die auch Chateaubriand und Hugo zur Hand gehabt haben (vgl. Scialom, „La traduction de la *Divine Comédie*, hier S. 203). Jean Bruneau stellt in seinem Kommentar der *Pléiade*-Ausgabe der *Correspondance* die gleiche Vermutung an (Flaubert, *Corr* II, S. 1067).

[328] Zur selbstwidersprüchlichen Struktur der Traurigkeit über Gott (und insbesondere zu deren Sichtbarmachung bei Dante), siehe Michael Theunissen, *Vorentwürfe von Moderne*, S. 30–33.

[329] Dante, *Die Göttliche Komödie*, übers. von Hermann Gmelin, I. Teil, Stuttgart 1949, S. 89.

chendes Milieu versetzt.³³⁰ Schmutzig, nackt und mit bösen Mienen schlagen und zerfleischen sie sich im Schlamm; in der französischen Übersetzung von Rivarol – jene Übersetzung, mit der Flaubert aller Wahrscheinlichkeit nach gearbeitet hat – heißt es, und hier meint man eine Ähnlichkeit zur Beschreibung des im Schlamm sitzenden Bettlers zu erkennen: „[...] elles se heurtoient tête baissée, se frappant des pieds et des mains, et déchirant leurs flancs de morsures cruelles."³³¹ Dantes Büßer können sich, genau wie der *aveugle*, nicht ausdrücken, ihr Vergehen nicht artikulieren – lediglich ein Seufzen entsteigt ihren Kehlen. Rivarol übersetzt: „Mais leur langue qui lutte contre l'épais limon, articule à peine cet hymne de douleur ; et leurs sanglots étouffés sous le poids des eaux, en font bouillonner la surface."³³² Jene paradoxe Traurigkeit über eine Welt, die eigentlich keinen Anlass zum Trauern bietet, ist konstitutiver Bestandteil von Emma Bovarys Lebensunglück. Ein besonders schlagendes Beispiel hierfür findet sich im zweiten Teil des Romans:

> Mais qui donc la rendait si malheureuse ? Où était la catastrophe extraordinaire qui l'avait bouleversée ? Et elle releva la tête, regardant autour d'elle, comme pour chercher la cause de ce qui la faisait souffrir. Un rayon d'avril chatoyait sur les porcelaines de l'étagère ; le feu brûlait ; elle sentait sous ses pantoufles la douceur du tapis ; le jour était blanc, l'atmosphère tiède, et elle entendit son enfant qui poussait des éclats de rire.³³³

Ohne jede ironische Brechung schildert Flaubert einen lichten Apriltag, dessen Schönheit alle Sinne der Protagonistin berühren könnte: Die Sonnenstrahlen bringen das Porzellan zum Glitzern, das Feuer brennt, unter den Pantoffeln fühlt sie die Weichheit des Teppichs, der Tag ist licht und die Luft lau und sie hört das Gelächter ihres Kindes. Doch Emma ist in ihrem Innern erfüllt von eben jenem ‚Unlustnebel'³³⁴ (so der treffende Ausdruck in der Dante-Übersetzung von Hermann Gmelin) der grundlosen Traurigkeit und weist hiermit genau den Widerspruch auf, der die irdischen Kennzeichen der *accidiosi* bestimmt. Das paradoxe Ungenügen an dieser Welt ist es, das zunächst Ausgangspunkt jeder ihrer Handlungen bildet und schließlich zu ihrem Tod als Sünderin führt. Auf genau dieses Hauptlaster könnte der blinde Bettler in seiner Eigenschaft als

---

**330** Vgl. hierzu Michael Theunissen, *Vorentwürfe von Moderne*, S. 31, und Wolf-Günther Klostermann, „Acedia und schwarze Galle. Bemerkungen zu Dante, *Inferno* VII, 115ff.", in: *Romanische Forschungen* 76 (1964), S. 183–193, bes. S. 185f.
**331** Antoine de Rivarol, *L'enfer, poème du Dante, traduit de l'italien par. M. le Comte de Rivarol*, Paris 1788, S. 99.
**332** Antoine de Rivarol, *L'enfer*, S. 99.
**333** Flaubert, *OC* I, 2.X, S. 449.
**334** Dante, *Die Göttliche Komödie*, übers. von Gmelin (1949), S. 89.

Höllenbote verweisen, gleich einem Wiedergänger, dem ein Gott/Autor gestattet hat, die Lebenden über die Bedeutung der Todsünden aufzuklären. Und wenn es darüber hinaus nun Emma Bovary selbst ist, die den *aveugle* mit ihrem Angstphantasma besetzt, was diesen zur Schnittstelle zwischen kontingenter Realität und schlüssiger Sinngebung werden lässt, so macht dies, und damit Flaubert, allererst deutlich, dass die Angst das Letzte ist, das von einem Sündendogma übriggeblieben ist.

### II.2.3 (Selbst-)Inszenierungen nach Dürers *Melencolia I*

Dürers Kupferstich *Melencolia I* aus dem Jahre 1514 ist die wohl prominenteste und wirkmächtigste allegorische Darstellung der Melancholie. Dieses „Bild der Bilder"[335] hat einen beispiellosen Einfluss auf die künstlerische Nachwelt ausgeübt. Besonders im Deutschland und im Frankreich der ausklingenden Romantik wird der Stich in der bildenden Kunst wie in der Literatur ausführlich behandelt.[336] Scharenweise haben sich die französischen Künstler und Intellektuellen des 19. Jahrhunderts zu Dürers rätselhaft inszeniertem Stich geäußert:[337] Eugène Delacroix beschäftigt sich ab 1825 im Rahmen seiner Faust-Lithografien ausführ-

---

[335] Peter-Klaus Schuster, „Das Bild der Bilder. Zur Wirkungsgeschichte von Dürers Melancholiekupferstich", in: *Idea. Jahrbuch der Hamburger Kunsthalle* 1 (1982), S. 72–134.
[336] Vgl. hierzu Ludwig Völkers Sammlung von Melancholie-Gedichten, darin besonders das Kapitel „Gedichte auf Dürers ‚Melencolia I'", in: ders., *„Komm, heilige Melancholie"*, S. 445–486.
[337] Eine umfangreiche und bebilderte Aufarbeitung künstlerischer Auseinandersetzungen mit dem Kupferstich findet sich in Ulrich Finkes Aufsatz „Dürers Melancholie in der französischen und englischen Literatur und Kunst des 19. Jahrhunderts", in: *Zeitschrift des deutschen Vereins für Kunstwissenschaft* 30 (1976), S. 67–85. Auch Hartmut Böhmes Arbeit „Zur literarischen Rezeption von Albrecht Dürers Kupferstich *Melencolia I*" gibt Aufschluss über den literarischen Nachruhm des Stichs (in: Jörg Schönert/Harro Segeberg [Hg.], *Polyperspektivik in der literarischen Moderne. Studien zur Theorie, Geschichte und Wirkung der Literatur*. Karl Robert Mandelkow gewidmet, Frankfurt a. M. 1988, S. 84–123, vgl. darin v. a. den Abschnitt über die Rezeption im Frankreich und England des 19. Jahrhunderts, S. 94–102). Freilich nicht unerwähnt bleiben darf das Kapitel III, „Die künstlerische Nachfolge der *Melencolia I*" in Klibanskys u. a., *Saturn und Melancholie*, S. 523–568. Ein Aufsatz, der Dürer und Flaubert gemeinsam behandelt, wurde jüngst von Cornelia Wild vorgelegt. Darin geht die Verfasserin weniger auf Dürers Bedeutung für Flaubert ein, sondern sie versucht vielmehr, über die ‚écriture' der Melancholie Dürer und Flaubert in Beziehung zueinander zu setzen (dies., „L'écriture de la mélancolie. Dürer et Flaubert", in: Pierre-Marc de Biasi/Anne Herschberg/Barbara Vinken [Hg.], *Voir, croire, savoir. Les épistémologies de la création chez Gustave Flaubert*, Berlin 2015, S. 85–100).

lich mit dem Kupferstich;[338] Théophile Gautiers in Versform verfasste *Melancholia* erscheint 1838 in *La comédie et la mort*; Victor Hugo schreibt 1837 das Gedicht *À Albert Durer* und Henri Cazalis im Jahre 1866 das Sonett *Devant la Mélancolia d'Albert Durer*, um nur die bekanntesten Arbeiten zu nennen.[339] Von Charles Baudelaire sind sowohl literarische als auch theoretisierende Auseinandersetzungen mit Dürers *Melencolia I* überliefert.[340] Auch die über die Jahrhunderte entstandenen wissenschaftlichen Interpretationsversuche des enigmatischen Stichs sind kaum noch zählbar.[341] Allen Erklärungsansätzen liegt die Annahme

---

**338** Vgl. Finkes Artikel „Dürers Melancholie", S. 71f., und besonders seinen Verweis auf die Arbeit Claudine Ganevals: „Delacroix et les maîtres allemands du XVIe siècle", in: *Panthéon* (1976), S. 40–48.

**339** So sind Dürersche Motive ebenso wie explizite Verweise auf den Kupferstich auch bei Gérard de Nerval zu finden, man denke an den ‚soleil noir' in *El Desdichado* (Gérard de Nerval, *Œuvres Complètes* III, hg. von Jean Guillaume und Claude Pichois, Paris 1993, S. 645) oder die unheimliche Begegnung mit dem geflügelten Wesen im zweiten Kapitel von *Aurélia*: „Je me perdis plusieurs fois dans les longs corridors, et en traversant une des galeries centrales, je fus frappé d'un spectacle étrange. Un être d'une grandeur démesurée, – homme ou femme, je ne sais, – voltigeait péniblement au-dessus de l'espace et semblait se débattre parmi des nuages épais. Manquant d'haleine et de force, il tomba enfin au milieu de la cour obscure, accrochant et froissant ses ailes le long des toits et des balustres. Je pus le contempler un instant. Il était coloré de teintes vermeilles, et ses ailes brillaient de mille reflets changeants. Vêtu d'une robe longue à plis antiques, il ressemblait à l'ange de la Mélancolie d'Albrecht Dürer. – Je ne pus m'empêcher de pousser des cris d'effroi, qui me réveillèrent en sursaut." (Nerval, *OC* III, S. 698). Für weitere französischsprachige Beschäftigungen mit Dürers Kupferstich siehe Sagnes, *L'ennui*, S. 52ff.

**340** Zwei besonders schlagende Beispiele für Baudelaires Beschäftigung mit Dürers Kupferstich seien hier angeführt: In einem Charles-Augustin Sainte-Beuve gewidmeten Gedicht (um 1843 verfasst) beschreibt Baudelaire eine Variante der Dürerschen Allegorie. Interessant erscheint hierbei die Verbindung zu der an der klösterlichen Melancholie („Mittagsdämon") leidenden *religieuse* Diderots: „Saison de rêverie, où la Muse s'accroche / Pendant un jour entier au battant d'une cloche ; / Où la Mélancolie, à midi, quand tout dort, / Le menton dans la main, au fond du corridor, – / L'œil plus noir et plus bleu que la Religieuse / Dont chacun sait l'histoire obscène et douloureuse, / – Traîne un pied alourdi de précoces ennuis, / Et son front moite encor des langueurs des ses nuits." (Baudelaire, *OC* I, S. 207). Auch in dem Artikel *L'art philosophique* (Baudelaire, *OC* II, S. 600f.) setzt sich Baudelaire – durchaus kritisch – mit Jules Michelets poetischem Interpretationsversuch des Kupferstichs auseinander (Jules Michelet, *Histoire de France au XVIe siècle – La Réforme*, Paris 1922, darin „Réaction contre la banque. – Melancolia. – Luther. – La musique.", S. 84f.).

**341** Exemplarisch sollen hier nur die prominentesten genannt werden: Klibansky u.a., *Saturn und Melancholie*; Hartmut Böhme, *Melencolia I. Im Labyrinth der Deutung*, Frankfurt a. M. 1989, sowie Peter-Klaus Schuster, *Melencolia I. Dürers Denkbild*, Berlin 1991. Eine Zusammenfassung der Rezeptionsgeschichte des Stichs ist bei Martina Wagner-Egelhaaf nachzulesen: Kapitel I.3: „Das Bild der Bilder: Dürers Melencolia I (1514)", in: dies., *Die Melancholie der Literatur*, darin S. 62–78.

zugrunde, dass Dürer in seinem Kupferstich Melancholisches und Schöpferisches erstmals bildhaft miteinander verbindet. So begründen Klibansky, Panfosky und Saxl die besondere Bedeutung des Stichs damit, dass hier der mittelalterliche *typus acediae* zum ersten Mal gegenständlich um positiv Schöpferisches, um eine *melancholia generosa*, erweitert wird.[342] Dürer habe die mittelalterliche *acedia* wieder um jenes ingeniöse Moment bereichert, das den Melancholiediskurs der griechischen und römischen Antike bestimmt hat; gilt doch im Altertum vor allem der scharf- und feinsinnige Mensch als von der Melancholie bedroht. Panofsky schreibt diese spezielle Verbindung von humoralpathologischem Konstrukt und Geist allererst dem pseudoaristotelischen *Problem XXX* zu, als dessen Verfasser gemeinhin Theophrast gilt,[343] dann auch Ärzten der Antike, insbesondere Rufus von Ephesos.[344] Das pseudoaristotelische Traktat aus den *Problemata Physica* hat in die Geschichte des Melancholie-Begriffs zum einen die Feststellung eingebracht, dass es eine natürliche, konstitutive und nicht krankmachende Melancholie gibt, sowie dass ein Zusammenhang zwischen ebendieser chronischen Form der Melancholie und dem „außergewöhnlichen" Menschen vorliegt. Das *Problem XXX* setzt mit der Frage ein, warum sich alle „außergewöhnlichen Männer in Philosophie oder Politik oder Dichtung oder in den Künsten als Melancholiker [erweisen]"[345]. Diese Eröffnung des Problems beinhaltet jene Konstatierung, die dazu geführt hat, dass der Text als Urtext der Verbindung zwischen Melancholie und Genialität gelesen wurde: alle Außergewöhnlichen (*perritoî*)[346]

---

**342** „Er [Dürer] besaß die Kühnheit, das zeitlose Wissen und Wirken einer freien Kunst in den Bereich menschlichen Strebens und Versagens herabzuziehen, aber auch die animalische Dumpfheit eines ‚traurig, erdhaften' Temperaments in die Sphäre eines Ringens um geistige Probleme emporzuheben" (Klibansky u. a., *Saturn und Melancholie*, Kapitel III, S. 448 f.).
**343** Vgl. hierzu Hellmut Flashars Kommentar in der deutschen Aristoteles-Ausgabe: *Aristoteles, Problemata Physica*, S. 713 f.
**344** Vgl. Klibansky u. a., *Saturn und Melancholie*, S. 102 ff.
**345** Aristoteles, *Problemata Physica*, S. 250.
**346** *Perittós* wurde nicht nur mit dem tendenziell wertneutralen ‚außergewöhnlich', sondern vor allem mit ‚herausragend' oder gar ‚hervorragend' übersetzt. In Norbert Jonards historischem Abriss *L'ennui dans la littérature européenne. Des origines à l'aube du XXᵉ siècle* (Paris 1998, S. 14) heißt es gar: „Pourquoi tous les hommes qui ont particulièrement brillé en philosophie, en politique, en poésie ou dans les arts sont-ils mélancoliques ?". Auch bei Klibansky u. a. ist von „hervorragenden Männern" die Rede, und die Autoren betonen, dass das Wort sich auf Philosophen, Staatsmänner, Dichter und Künstler bezieht, und somit nur positiv gemeint sein kann (*Saturn und Melancholie*, S. 78). Zur Problematik der Übersetzung des Begriffs vgl. besonders Michael Theunissen (*Vorentwürfe von Moderne*, S. 9 f.), der anmerkt, dass *perittós* sowohl mit positiven als auch wertneutralen oder gar negativen Begriffen wie ‚übermäßig', ‚übertrieben' und ‚exaltiert' übersetzt werden könnte. Siehe auch Hellmut Flashars Aristoteles-Übersetzung: *Aristoteles, Problemata Physica*, S. 250 und S. 713 ff., darin übersetzt Flashar mit „außergwöhnlich".

seien Melancholiker. Im weiteren Verlauf des Texts trifft der Autor die Feststellung, dass besonders gelungene Mischverhältnisse der Körpersäfte, verursacht durch eigentümliche Quantität wie Qualität der schwarzen Gallenflüssigkeit, besondere Begabungen zutage treten lassen können. Wenn es demjenigen, der eigentlich einer negativen Konstitution ausgesetzt ist, möglich ist, diese dahingehend zu verändern, dass ihr eine positive Wirkung entnommen werden kann, offenbart sich eine Dialektik, welche die hohe Anziehungskraft erklären könnte, die der Text auf die Folgegenerationen ausgeübt hat.[347] Zumal hinzu kommt, dass dieses aus einem negativen ‚Urgrund' gezogene Positive unter Umständen sogar das Höchstmaß an Positivem überhaupt, nämlich das ‚Geniale' erreichen kann.[348] Bei Rufus von Ephesos liest man, es seien insbesondere „diejenigen, die scharfsinnig und von besonderer Auffassungsgabe" sind, die „leicht in melancholische Stimmungen" verfallen.[349] Ebendieser Gedanke sollte erst in der Neuzeit – dafür aber in aller Radikalität – mit Ficino und Dürer wieder Einlass in die Melancholievorstellung finden: Seit der Renaissance werden Melancholie und Genialität als Symbiose verstanden und dargestellt. Dass dieses Konstrukt auch unter Flauberts Zeitgenossen noch seinen festen Platz gehabt haben muss, zeigt der Eintrag zur ‚Mélancolie' in dessen *Dictionnaire des idées reçues*, der Sammlung bourgeoiser Plattitüden: „Signe de distinction du cœur et d'élévation de l'esprit".[350]

Nun weist Emma Bovary weder die Züge eines scharf- noch die eines feinsinnigen Menschen auf. Das schiere Gegenteil ist der Fall: Sie ist eine prototypische, ein wenig ordinäre und einfältige Hausfrau aus der französischen Provinz, die sich einzig durch einen gewissen Zug zum Höheren von anderen unterscheidet. Und doch ist es nicht so, dass sie allein sich selbst als Melancholikerin sehen möchte und in der Folge als solche inszeniert,[351] auch der Erzähler stattet die

---

[347] Zur Dialektik der Melancholie, insbesondere in der Antike, sei verwiesen auf Walter Benjamins Trauerspielbuch: *Ursprung des deutschen Trauerspiels*, S. 325; hierzu auch Bader, *Melancholie und Metapher*, S. 68 f.

[348] Vgl. Theunissen, *Vorentwürfe von Moderne*, S. 9 f., sowie ders., „Melancholie und Acedia. Motive zur zweitbesten Fahrt in der Moderne", in: Ludger Heidbrink (Hg.), *Entzauberte Zeit. Der melancholische Geist der Moderne*, München/Wien 1997.

[349] Zitiert nach Klibansky u. a., *Saturn und Melancholie*, S. 103.

[350] Flaubert, *OC* II, S. 1017.

[351] Paradoxerweise sind es allerdings gerade Emmas aktionistische Versuche, sich selbst als Melancholikerin zu inszenieren, die sie letztendlich immer daran hindern, sich ihrem Gemütsideal tatsächlich zu nähern, kennzeichnet der Melancholiker sich doch gerade durch sein Nicht-Handeln. In Kapitel XII des ersten Teils liest man beispielsweise: „Au clair de lune, dans le jardin, elle récitait tout ce qu'elle savait par cœur de rimes passionnées et lui chantait en soupirant des adagios mélancoliques ; mais elle se trouvait ensuite aussi calme qu'auparavant, et Charles n'en paraissait ni plus amoureux ni plus remué" (Flaubert, *OC* I, S. 330 f.).

Figur – zu deren völliger Unkenntnis – mit dem typischen Gebaren und den charakteristischen Topoi des Melancholikers aus.

Bevor wir uns im Romantext als besonders schlagendes Beispiel für die Art und Weise, auf die Flaubert (gewiss im Modus der Ironie) Emma im Zeichen einer sogar ingeniösen Melancholietradition stehend gestaltet, jenen Ausflug anschauen, den Emma zusammen mit ihrer Windhündin unternimmt, sollen einige grundsätzliche Anmerkungen zur Darstellungsweise vorrangig romantischer Melancholie in *Madame Bovary* gemacht werden.

Weil die idealtypische romantische Tristesse eine zutiefst melancholische ist, inszeniert sich Emma, die ihr Leben durch den Schleier romantisch stilisierter Empfindsamkeit versucht wahrzunehmen, als saturnische Existenz. Ihr Streben nach romantisch-melancholischer Verwirklichung sticht umso deutlicher hervor, als die anderen Romanfiguren so gar nichts mit ihrer Melancholie anfangen können, ja sie in den meisten Fällen nicht einmal bemerken, geschweige denn sie als solche erkennen – man denke etwa an die einschlägigen Situationen zwischen Emma und dem Pfarrer Bournisien oder zwischen Emma und ihrem Gatten Charles.[352] Einen Sonderfall stellt allerdings Rodolphe Boulanger de la Huchette dar, der das romantisch-melancholische Verlangen Emma Bovarys erfasst und in seinem Sinne zu nutzen weiß. So gibt der überaus lebenslustige Landwirt vor, seit jeher ebenfalls einer schweren Melancholie anheimgefallen zu sein:

> – « Aussi, disait Rodolphe, je m'enfonce dans une tristesse ...
> – Vous ! fit-elle avec étonnement. Mais je vous croyais très gai ?
> – Ah ! oui, d'apparence, parce qu'au milieu du monde je sais mettre sur mon visage un masque railleur ; et, cependant, que de fois, à la vue d'un cimetière, au clair de lune, je me suis demandé si je ne ferais pas mieux d'aller rejoindre ceux qui sont à dormir ... »[353]

Seine deklamatorische Ausführung belegt, wie leicht es fallen kann, sich ohne jede Erfahrung von Lebensüberdruss den melancholischen Diskurs anzueignen:

> – Eh quoi, dit-il, ne savez-vous pas qu'il y a des âmes sans cesse tourmentées ? Il leur faut tour à tour le rêve et l'action, les passions les plus pures, les jouissances les plus furieuses, et l'on se jette ainsi dans toutes sortes de fantaisies, de folies. »
> Alors elle le regarda comme on contemple un voyageur qui a passé par des pays extraordinaires, et elle reprit : – « Nous n'avons pas même cette distraction, nous autres pauvres femmes !
> – Triste distraction, car on n'y trouve pas le bonheur.

---

[352] So etwa die missglückte Unterredung zwischen Emma und dem Pfarrer sowie Emmas Wutausbruch und Charles verständnisloses Gebaren (beide Szenen befinden sich im zweiten Teil des Romans, Kapitel VI und Kapitel XI).
[353] Flaubert, *OC* I, 2.VIII, S. 417.

– Mais le trouve-t-on jamais ? demanda-t-elle.
– Oui, il se rencontre un jour », répondit-il.³⁵⁴

Auch das Vorspiel zum berühmten Stelldichein zwischen Emma und Rodolphe im Wald zeugt davon, wie sehr der zukünftige Liebhaber darauf bedacht ist, romantisch-melancholische Attitüden an den Tag zu legen. Indessen sind die zeitgleich vom Erzähler eingeflochtenen Kommentare von ironischen Brüchen gezeichnet. So ist zum Beispiel der Baumstamm, auf dem Emma und Rodolphe sich niederlassen, weniger Bestandteil einer lieblichen Lichtung, sondern vielmehr – als einer von vielen Baumstämmen – eines gerodeten Waldes:

> Ils arrivèrent à un endroit plus large, où l'on avait abattu des baliveaux. Ils s'assirent sur un tronc d'arbre renversé, et Rodolphe se mit à lui parler de son amour.
> Il ne l'effraya point d'abord par des compliments. Il fut calme, sérieux, mélancolique.³⁵⁵

Nur wenige Augenblicke später stellt sich der Erfolg des melancholischen Geweses ein – und es kommt zu dem berühmten Ehebruch im Wald.

Rodolphe Boulangers melancholische Weltanschauung scheint Emma Bovary im gleichen Maße wie diejenige Lamartines oder Chateaubriands zu überzeugen. Wenn es nun selbst dem grobschlächtigsten Schürzenjäger gelingt, sich in glaubhafter Manier romantisch-melancholischer Topoi zu bedienen und diese für seine Zwecke zu nutzen, so kann dies als generelle Aussage über Melancholie nur bedeuten, dass sich jeder den melancholischen Diskurs zu eignen machen kann und melancholisches Gebaren ebenso lächerlich wie einfach ist. Wenn nun aber melancholische Plattitüden von jedermann aussichtsreich verwendet werden können, stellt sich die Frage, warum ‚melancholisches Schreiben' auf mehr als auf einer Aneinanderreihung althergebrachter, ja mitunter abgedroschener Formeln gründen sollte, denn auf ebensolche Formeln wie jene Rodolphes greift doch auch der Erzähler zurück, was im Folgenden zu zeigen sein wird. Auf metapoetischer Ebene stellt sich an dieser Stelle erneut die Frage, inwiefern der Flaubertsche Erzähler sich selbst in seine Generalkritik eigentlich mit einschließt.

Emma vergehen ihre romantischen Illusionen bereits in den ersten Monaten der Ehe. Unter dem Eindruck ständiger und immer wieder neuartiger Enttäuschungen, die aufgrund der aberwitzigen Beschaffenheit ihrer Phantasien gar nicht ausbleiben können und daher strukturell genannt werden können, verwandelt sich ihre Melancholie von einer träumerisch-hoffenden in eine traurig-resigna-

---
**354** Flaubert, *OC* I, 2.VIII, S. 421 f.
**355** Flaubert, *OC* I, 2.VIII, S. 437.

tive. Dieser Prozess ist insbesondere im siebten Kapitel des ersten Teils beobachtbar: Zu Beginn dominieren noch Emmas sehr konkrete Tagträume über romantische Liebe im Allgemeinen und junges Eheglück im Besonderen, doch schon bald kommt die Frischvermählte von ihren Wunschvorstellungen ab und sinniert immer häufiger über die tatsächliche Beschaffenheit ihres Ehemanns, der in ihren Augen mehr und mehr zum Verursacher ihres Unglücks wird. Indessen legt gerade das kritische Porträt, das sie von Charles Bovary zeichnet, doch nur ihr eigenes Wesen offen: „La conversation de Charles était plate comme un trottoir de rue, et les idées de tout le monde y défilaient dans leur costume ordinaire [...]"[356]. Ebensolche „idées de tout le monde" muss man nämlich just jene Gedanken nennen, die Emma wenige Zeilen zuvor durch den Kopf gehen, wenn sie von den besten aller Flitterwochen träumt: „Quand le soleil se couche, on respire au bord des golfes le parfum des citronniers ; puis, le soir, sur la terrasse des villas, seuls et les doigts confondus, on regarde les étoiles en faisant des projets"[357]. In der erlebten Rede darf dann sogar der imaginierte Ehemann, bzw. vor allem dessen Kleidung, zu einem konkreten Bestandteil eines romantisch-melancholisch stilisierten Lebensentwurfs werden: „Que ne pouvait-elle s'accouder sur le balcon des chalets suisses ou enfermer sa tristesse dans un cottage écossais, avec un mari vêtu d'un habit de velours noir à longues basques, et qui porte des bottes molles, un chapeau pointu et des manchettes !"[358]

Nach erfolglosen Versuchen, in ihrem Eheleben eine irgendwie geartete Leidenschaft zu entfachen, beginnt sie sich an ihrem Leid zu laben und nicht mehr die Vorstellung von Melancholie, sondern Melancholie selbst zu kultivieren. Schon an dieser Stelle des Romans kann man von ‚Inszenierung' sprechen:[359]

> Un garde-chasse, guéri par Monsieur d'une fluxion de poitrine, avait donné à Madame une petite levrette d'Italie ; elle la prenait pour se promener, car elle sortait quelquefois, afin d'être seule un instant et de n'avoir plus sous les yeux l'éternel jardin avec la route poudreuse.
> Elle allait jusqu'à la hêtrée de Banneville, près du pavillon abandonné qui fait l'angle du mur, du côté des champs. Il y a dans le saut-de-loup, parmi les herbes, de longs roseaux à feuilles coupantes.
> Elle commençait par regarder tout alentour, pour voir si rien n'avait changé depuis la dernière fois qu'elle était venue. Elle retrouvait aux mêmes places les digitales et les ravenelles,

---

[356] Flaubert, OC I, 1.VII, S. 328.
[357] Flaubert, OC I, 1.VII, S. 328. Dieses Musterbeispiel der erlebten Rede, in dem „die poetische Illusion Emmas" nach Lyrik des Autors klingt, bezeichnet Hugo Friedrich treffend als „objektivierte Poesie" (ders., *Drei Klassiker des französischen Romans*, S. 112).
[358] Flaubert, OC I, 1.VII, S. 328.
[359] Zu Emma Bovarys Selbstinszenierung, die auch noch auf dem Sterbebett fortdauert, sei verwiesen auf Joachim Küpper, „Das Ende von Emma Bovary".

les bouquets d'orties entourant les gros cailloux, et les plaques de lichen le long des trois fenêtres dont les volets toujours clos s'égrenaient de pourriture, sur leurs barres de fer rouillées. Sa pensée, sans but d'abord, vagabondait au hasard, comme sa levrette, qui faisait des cercles dans la campagne, jappait après les papillons jaunes, donnait la chasse aux musaraignes en mordillant les coquelicots sur le bord d'une pièce de blé. Puis ses idées peu à peu se fixaient, et, assise sur le gazon, qu'elle fouillait à petits coups avec le bout de son ombrelle, Emma se répétait :
« Pourquoi, mon Dieu, me suis-je mariée ? »
Elle se demandait s'il n'y aurait pas eu moyen, par d'autres combinaisons du hasard, de rencontrer un autre homme ; et elle cherchait à imaginer quels eussent été ces événements non survenus, cette vie différente, ce mari qu'elle ne connaissait pas. Tous, en effet, ne ressemblaient pas à celui-là. Il aurait pu être beau, spirituel, distingué, attirant, tels qu'ils étaient sans doute, ceux qu'avaient épousés ses anciennes camarades du couvent. [...] Mais elle, sa vie était froide comme un grenier dont la lucarne est au nord, et l'ennui, araignée silencieuse, filait sa toile dans l'ombre à tous les coins de son cœur. [...] Elle appelait Djali, la prenait entre ses genoux, passait ses doigts sur sa longue tête fine et lui disait:
« Allons, baisez maîtresse, vous qui n'avez pas de chagrins. »
Puis, considérant la mine mélancolique du svelte animal qui bâillait avec lenteur, elle s'attendrissait, et, le comparant à elle-même, lui parlait tout haut, comme à quelqu'un d'affligé que l'on console.[360]

Emma Bovary unternimmt ihre kleine Promenade, wie sie es schon viele Male getan hat, um eine Weile allein sein zu können und weil sie sich davon ein wenig Ablenkung von ihrem tristen Alltag verspricht. So jedenfalls steht es im Text: „afin d'être seule un instant et de n'avoir plus sous les yeux l'éternel jardin avec la route poudreuse." Aber das Bedürfnis nach Einsamkeit vermag bei näherer Betrachtung als Grund für den Ausflug nicht zu überzeugen, denn an Einsamkeit mangelt es Emma nicht, verbringt sie doch den Großteil des Tages, auf die Rückkehr des Gatten wartend, allein im Haus. Doch nicht nur der an Logik gebrechende Inhalt, auch die überhöhte Ausdrucksweise gibt Hinweise auf die erlebte Rede: Die Ablenkung vom ‚ewigen Garten mit der staubigen Straße' wirkt übertrieben getragen und zeigt an, dass hier nicht der Wortsinn den Code bestimmt, im Sinne einer ‚realistischen' psychologischen Darstellung des Alltags einer depressiven Hausfrau, wir also weniger im objektiven Erzählen, sondern im lyrischen Sprechen sind. Fließend allerdings sind die Grenzen, an denen die Gedanken Emmas anfangen und enden, und an denen der Erzählerkommentar einsetzt, um im Modus der Ironie den provinziellen Alltag der sehnsüchtigen Protagonistin zu schildern.

Wenn diese ihren „éternel jardin avec la route poudreuse" nun verlässt, geht sie so lange, bis sie zu einem verfallenen Häuschen gelangt, welches am Rande eines Buchenwaldes liegt. Der Wald bildet die Grenze zu einer Örtlichkeit namens

---

[360] Flaubert, *OC* I, 1. VII, S. 331 f.

‚Banneville'. Ein Ortsname, der auffälligerweise nur dieses eine Mal im Roman auftaucht und in dem das Verb *bannir* (‚verbannen') steckt. An der Grenze zu Banneville angekommen, nimmt Emma Bovary ihre Umgebung in Augenschein, um irgendetwas Neues auszumachen: „Elle commençait par regarder tout alentour, pour voir si rien n'avait changé depuis la dernière fois qu'elle était venue." Doch enttäuscht muss sie feststellen, dass alles genau so ist, wie es immer war – Pflanzen und Steine befinden sich noch an ihrem Platz, was doch eigentlich nicht wirklich überraschen dürfte. Bemerkenswerterweise erblickt sie bei ihrem Rundumblick eine Vegetation, die ausnehmend bedrohlich ist: Das Schilf hat messerscharfe Blätter („de longs roseaux à feuilles coupantes"), hochgiftige Pflanzen wie Fingerhut („digitales") und Goldlack („ravenelles") stehen neben Büschen von Brennnesseln („les bouquets d'orties").[361] Und das verlassene Häuschen ist alles andere als ein Idyll: Um seine drei großen Fenster ranken sich Flechten („plaques de lichen") und seine Fensterläden verrotten langsam unter den verrosteten Eisenstangen, die sie noch geschlossen halten.[362] Während Emmas Windspiel im

---

[361] Die erwähnten Gewächse sind nicht nur Gift- sondern auch Heilpflanzen. Einige von ihnen wurden im 19. Jahrhundert gar als Gegenmittel bei Erkrankungen, die der Melancholie zugeschrieben werden, erachtet (siehe die Auflistung in Jean Starobinskis Geschichte der Melancholiebehandlung): 1806 räumt Joseph Mason Cox dem Fingerhut (*digitales*) den ersten Platz zur Behandlung dieser geistigen Erkrankung ein (vgl. Starobinski, *Histoire du traitement de la mélancolie*, S. 86). Mason Cox spricht gerade der Verbindung von Fingerhut und Opium (der *coquelicot*, der Klatschmohn, nach dem die *levrette d'Italie* schnappt, lässt an den Schlafmohn denken), eine gelungene medikamentöse Kombination bei verrückten Kranken zu (vgl. Joseph Mason Cox, *Practical Observations on Insanity*, London 1806, S. 129 f.). Die Opiumtherapie ist im 19. Jahrhundert die am weitesten verbreitete Behandlungsmethode melancholischer Dysphorie, zu ihr bekennen sich die größten europäischen Psychiater der Jahrhundertmitte (vgl. Starobinski, S. 87). Auch der Goldlack (*ravenelle*) wird zur Behandlung von Melancholikern eingesetzt, denn man spricht ihm unter anderem eine heilende Wirkung bei Erkrankungen der Milz zu. Doch darf nicht unerwähnt bleiben, dass es sich bei der Auflistung der Naturheilpflanzen auch um eine rein zufällige Nennung von antimelancholischen Heilmitteln handeln kann, denn im 19. Jahrhundert verband sich quasi mit jedem neu entdeckten Wirkstoff die Hoffnung, endgültig ein Medikament gegen die Melancholie gefunden zu haben (vgl. Starobinski, S. 86). Allzu rabulistisch erscheint die Interpretation Henning Mehnerts, der in der *levrette* ebenfalls einen Verweis auf den Dürerschen Hund erkennt: Er meint, in dem kreisförmigen Herumspringen von Emmas Tier eine Anspielung auf die *machine rotatoire* aus der Melancholie-Therapie auszumachen, und im Schnappen des Hundes nach gelben Schmetterlingen vermutet er die Symbolisierung eines „Eskapismus" (vgl. Henning Mehnert, *Melancholie und Inspiration*, 1978, S. 261). Zu antimelancholischen Gegenmitteln, die in Dürers Kupferstich *Melencolia I* auszumachen sind (wie etwa der Kranz aus Wasserpflanzen und das Quadrat), sei auf Klibansky u. a. verwiesen (*Saturn und Melancholie*, S. 458–461).

[362] Zur Bedeutung des Fensters in *Madame Bovary*, siehe Jean Rousset, *Forme et signification. Essais sur les structures littéraires de Corneille à Claudel*, Paris 1962, S. 123–131, und Victor Brom-

Feld große Kreise zieht und hinter gelben Schmetterlingen herkläfft, Spitzmäuse jagt und in Klatschmohn beißt, lässt Emma ihre Gedanken ziellos umherschweifen. Nach kurzer Zeit kristallisiert sich indes eine Überlegung heraus: „Pourquoi, mon Dieu, me suis-je mariée?" Während ihr diese Gedanken der klischeehaft desillusionierten Ehefrau durch den Kopf gehen, sitzt sie im Gras und stochert trotzig mit ihrem Sonnenschirm im Boden herum. Schon diese Pose scheint derjenigen nachempfunden zu sein, in welcher Dürer die *Melencolia* auf dem gleichnamigen Kupferstich dargestellt hat: Darauf blickt die Figur düster-störrisch ins Leere und hält dabei einen Zirkel in der Hand. Der längliche Gegenstand, der lustlos vom Melancholiker oder der allegorisierten Melancholie selbst in der Hand gehalten wird, bildet in der künstlerischen Nachfolge Dürers eine der wenigen Konstanten, bei Cranach etwa sehen wir einen Stock.[363] Indessen ist das ausschlaggebende Motiv, das einen direkten Vergleich zwischen der in dem Roman beschriebenen Szene und Dürers Kupferstich zulässt, der Hund. Er ist nicht nur der klassische Begleiter des Gelehrten, sondern auch der traditionelle Seelenverwandte des Melancholikers.[364] Das Tier, das Emma auf ihren Spaziergang mitnimmt, ist eine *levrette d'Italie*, ein Italienisches Windspiel.[365] Es handelt sich hierbei um eine Rasse, deren äußere Merkmale große Ähnlichkeiten mit dem auf dem Boden zusammengekauerten Hund in Dürers *Melencolia I* aufweisen.[366] Hinzu kommt, dass das Tier in dem Text explizit mit der Melancholie in Verbindung gebracht wird:[367] „Puis, considérant la mine mélancolique du svelte animal qui bâillait avec lenteur, elle s'attendrissait, et, le comparant à elle-même, lui parlait tout haut, comme à quelqu'un d'affligé que l'on console."[368]

---

bert, *Flaubert par lui-même*, Paris 1971, S. 65 f.
**363** Vgl. Kapitel III, 1 „Die künstlerische Nachfolge der *Melencolia I*" in: Klibansky u. a., *Saturn und Melancholie*, S. 523–556, darin bes. „Lukas Cranachs Melancholiedarstellungen", S. 562–568.
**364** Vgl. Klibansky u. a., *Saturn und Melancholie*, S. 455.
**365** Eine etwas eigenwillige Interpretation des Windhundes als einer im Bezug zu Dantes *veltro* stehende allegorische Figur findet sich im *Flaubert-Wörterbuch* (Angela Oster, s. v. ‚Windhund', in: Barbara Vinken/Cornelia Wild [Hg.], *Arsen bis Zucker. Flaubert-Wörterbuch*, Berlin 2010, S. 279–283).
**366** Allerdings muss hier die der Argumentation nicht dienliche Bemerkung gemacht werden, dass kleine Windhunde gewiss Modehunde der Zeit gewesen sind, man denke nur an Decaisnes Lamartine-Porträt.
**367** Marianne Beyerle macht darauf aufmerksam, dass in der ersten *Éducation* ein ganz ähnlich lautender Passus zu finden ist (dies., *Versuchung*, S. 84 f.): „Le chien vint se coucher aux pieds de Jules, écarta lentement ses mâchoires en bâillant d'une façon mélancolique et attristée. Un homme n'eût pas soupiré avec un ennui plus douloureux" (Flaubert, *Œuvres de jeunesse*, S. 1026). Auch in Flauberts *Rêve d'enfer* klagt Arthur dem in Hundegestalt auftretenden Teufel seinen *ennui* (vgl. Flaubert, *Œuvres de jeunesse*, S. 222 ff.).
**368** Flaubert, *OC* I, 1. VII, S. 331 f.

Der Windhund tritt in dem Roman nur dieses eine Mal auf. Wenn er zu Beginn der *deuxième Partie* erneut genannt wird, ist er schon für immer verschwunden, seiner Herrin entlaufen, als die Kutsche, welche die Bovarys von Tostes in ihre neue Heimatstadt Yonville bringt, unterwegs anhält. Unmittelbar nachdem der Hund sich davongemacht hat, setzt übergangslos die Beschreibung des in der Kutsche sitzenden Kaufmanns Lheureux ein, ja wird dieser erstmalig überhaupt erwähnt. In der ‚Auswechslung' zwischen einem Hund und jemandem, der Emma Bovary in ‚Versuchung bringen wird', hat Marianne Beyerle in ihrer Arbeit *Madame Bovary als Roman der Versuchung* eine Analogie zu Goethes Mephistoteles gesehen.[369] Doch kann der Wucherer Lheureux nicht als der Leibhaftige in persona identifiziert werden. Vielmehr lässt er eine vage Verbindung zu teuflischem Gebaren im weitesten Sinne erahnen: So tröstet er die traurige Emma, indem er ihr von Hunden erzählt, die nach langer Abwesenheit zu ihrem Besitzer zurückgekehrt sind. Einen dieser Hunde – so weiß der Händler zu berichten – habe man schon für immer verloren geglaubt, als er eines Tages aus dem Osmanischen Reich zurückgekehrt sei. Ein anderer habe fünfzig Meilen zurückgelegt und vier Flüsse[370] durchschwommen. Und seinem eigenen Vater sei im dreizehnten Jahr des Verschwindens seines Pudels ebendieser plötzlich auf den Rücken gesprungen:

> Un autre avait fait cinquante lieues en ligne droite et passé quatre rivières à la nage ; et son père à lui-même avait possédé un caniche qui, après douze ans d'absence, lui avait tout à coup sauté sur le dos, un soir, dans la rue, comme il allait dîner en ville.[371]

Von besonderer Bedeutung scheint diese letzte Anekdote über den Hund des Vaters zu sein, ist doch auch Hilarion von Gaza, dem Begründer des anachoretischen Mönchtums in Syrien, der Teufel in den Rücken gesprungen. Wie der Leibhaftige dem Heiligen Hilarion auf den Rücken steigt,[372] so springt der Hund – ausgerechnet ein Pudel, die Nähe zum Faust ist durchaus gegeben – dem

---

[369] Beyerle versucht diese These unter anderem durch den Verweis auf die Genese des Romans plausibel zu machen: Flaubert hat zum Zeitpunkt der Niederschrift der gerade erwähnten Passage Goethes Faust wiedergelesen (vgl. dies. *Versuchung*, S. 41 sowie Fußnote 114).
[370] Dies könnte eine Anspielung auf Euphrat, Tigris, Pison und Geon sein.
[371] Flaubert, *OC* I, 2.I, S. 363.
[372] Vgl. die Hagiographie des Heiligen Einsiedlers Hilarion in den *Mönchsviten des Heiligen Hieronymus*: „Da sprang ein Widersacher ihm auf den Rücken, bearbeitete seine Seiten mit den Fersen und seinen Nacken mit einer Geißel, wobei er ihn fragte: ‚Warum schläfst du?'" (in: *Die Mönchsviten des Heiligen Hieronymus*, hg. von Katharina Greschat und Michael Tilly, Wiesbaden 2009, S. 135).

alten Lheureux von hinten ins Kreuz.³⁷³ Diese Analogie wäre nicht weiter erwähnenswert, wenn Hilarion nicht ‚der Fröhliche', also eben ‚*L'heureux*' bedeuten würde.³⁷⁴ Der Verweis auf den Wüstenheiligen schließt eine Lesart aus, die den Tuchhändler Lheureux eins zu eins mit dem Teufel gleichsetzt, obgleich festgehalten werden kann, dass Monsieur Lheureux durchaus eine irgendwie geartete Verbindung zu Hund und Teufel unterhält, und dies eben nicht zuletzt weil er Emma als teuflischer Verführer gegenübertritt.³⁷⁵ Das Motiv der Verführung ist für unsere Thematik insofern von Bedeutung, als Verführung dann besonders erfolgreich verläuft, wenn sie auf einen bereiteten Boden fällt – und hier treten erneut Melancholie und *acedia* auf den Plan.

Nehmen wir diesen Gedanken zur Grundlage für weitere Betrachtungen von Emmas Spaziergang im ‚Zeichen der Melancholie'. Während sie sich mit der Tristesse ihrer Existenz beschäftigt, springt lebenslustig der Hund umher. Ein Kontrast der Gemüter wird ausgestellt, wie er sich schon in Cranachs Melancholie-Darstellungen findet: Auf dem Gemälde von 1528 ist die melancholisch blickende weibliche Hauptfigur von einem Hund und kleinen Kindern umgeben, die mit dem Tier ihren Schabernack treiben,³⁷⁶ der eigentliche ‚Melancholiehund', der dem Hund auf Dürers Stich ähnelt, hat sich im Bildhintergrund auf einer Bank zusammengerollt.³⁷⁷ Die Darstellung, so Klibansky, werde bestimmt durch einen „[...] Dualismus zwischen irdischer Munterkeit und melancholischem Tiefsinn – im Gegensatz zu der großartigen Einheitlichkeit, die die Stimmung des Dürerschen Kupferstichs beherrscht [...]". Emma Bovary allerdings versucht, ihrem Tier diese „irdische Munterkeit" auszutreiben und es in ihr Leiden miteinzubeziehen. Sie ruft den sorglosen Hund zu sich, betrachtet die „mine mélancolique du svelte animal qui bâillait avec lenteur", vergleicht sich selbst mit ihm, und redet schließlich gerührt und mit lauter Stimme auf ihren tierischen Gefährten ein, als sei dieser derjenige, der aufgeheitert werden muss. Das immer stärker werdende Aufkommen eines kalten Windes, der vom – doch recht weit entfernten Ozean –

---

**373** Vgl. hierzu auch die *Tentation de Saint Antoine*. Darin Kapitel VI, in dem Hilarion die Gestalt des Teufels annimmt, Flaubert, *OC* I, S. 142–148.
**374** Beyerle vermutet, der Familienname des Verführers sei ironisch zu verstehen. „[...] die Schlechtesten schwimmen oben, ihnen geht es immer am besten, das ist ganz allgemein die bittere Erkenntnis, die hinter dieser Namenswahl steht" (Beyerle, S. 34). Doch erinnert sie in diesem Zusammenhang auch an Hilarion aus Flauberts *Tentation*, allerdings ohne diesen Verweis interpretatorisch fruchtbar zu machen (Beyerle, *Versuchung*, S. 96, Fußnote 96).
**375** Die diabolischen Aspekte im Auftreten des Händlers werden im Einzelnen in Beyerles Studie aufgelistet.
**376** Siehe Cranachs *Melancholie* von 1532 (die Abbildung findet sich bei Klibansky u. a., *Saturn und Melancholie*, Abb. 134; siehe auch die Abbildungen 133 und 135).
**377** Klibansky u. a., *Saturn und Melancholie*, S. 533 und S. 534 sowie Abbildung 133.

hinüberweht, leitet schließlich das Ende der Szene ein. Zum einzigen Mal in dem gesamten Roman wird hier ein wahrnehmbares Meer erwähnt:

> Il arrivait parfois des rafales de vent, brises de la mer qui, roulant d'un bond sur tout le plateau du pays de Caux, apportaient, jusqu'au loin dans les champs, une fraîcheur salée. Les joncs sifflaient à ras de terre et les feuilles des hêtres bruissaient en un frisson rapide, tandis que les cimes, se balançant toujours, continuaient leur grand murmure. Emma serrait son châle contre ses épaules et se levait.[378]

Nicht zuletzt weil schon zu Beginn der Beschreibung des Spaziergangs von langen Schilfblättern die Rede war („de longs roseaux à feuilles coupantes"), indes ohne dass ein Gewässer genannt wurde, entsteht durch die Erwähung des Meeres nun fast der Eindruck, ein solches läge sichtbar im Hintergrund der geschilderten Landschaft; ganz so wie es auf Dürers Kupferstich und auf zahlreichen anderen Melancholiedarstellungen der Fall ist.

Doch fehlt in Flauberts Szenerie das prägnanteste Symbol der Melancholie, vielleicht gerade weil es zu durchsichtig und zu abgegriffen erscheint: der in die Hand gestützte Kopf. Durch diese Geste wird seit jeher der Melancholiker als solcher erkennbar gemacht bzw. er versucht sich selbst in seiner Eigenschaft als Melancholiker erkennbar zu machen.[379] Das Fehlen dieses markanten Motivs ist umso auffallender, als die in die Hand gestützte Wange im gesamten Roman häufig beschrieben wird und effektvoll platziert ist. Emma Bovary stützt immer dann ihren Kopf auf einen Arm, wenn ein Passus, der ihr melancholisches Leiden in Szene setzt, beginnt oder endet.[380] Schon zu Schulzeiten träumt die Protagonistin von einem romantischen Leben, in dem diese Pose eingenommen wird:[381]

---

[378] Flaubert, *OC* I, 1.VII, S. 332.
[379] Vgl. das Kapitel „Das Motiv des aufgestützten Kopfes" bei Klibansky u. a., *Saturn und Melancholie*, S. 409–412.
[380] Alphonse de Lamartine, auf den in *Madame Bovary* bekanntermaßen im Zusammenhang mit romantischen Schwärmereien der Protagonistin verwiesen wird (so etwa in 1.VI, S. 326), beschreibt in seiner „Lettre à M. Léon Bruys d'Ouilly" den dichtenden Melancholiker folgendermaßen: „Le coude appuyé sur la table et la tête sur la main, le cœur gros de sentiments et de souvenirs, la pensée pleine de vagues images, les sens en repos ou tristement bercés par les grands murmures des forêts qui viennent tinter et expirer sur mes vitres, je me laisse aller à tous mes rêves ; je ressens tout, je pense à tout [...]" (Alphonse de Lamartine, „Lettre à M. Léon Bruys d'Ouilly. Servant de préface", in: *Receuillements Poètiques. Épitres et poésies diverses*, Paris 1907, S. VII).
[381] Zu diesem und weiteren Topoi des *ennui* siehe Jean Rousset, *Forme et signification*, darin in dem Kapitel über *Madame Bovary* „Les fenêtres et la vue plongeante", S. 123–133, und Victor Brombert, *The Novels of Flaubert*, S. 57 f.

> Elle aurait voulu vivre dans quelque vieux manoir, comme ces châtelaines au long corsage qui, sous le trèfle des ogives, passaient leurs jours, le coude sur la pierre et le menton dans la main, à regarder venir du fond de la campagne un cavalier à plume blanche qui galope sur un cheval noir.³⁸²

Auch als verheiratete Frau stützt sie häufig ihren Kopf in die Hand, jedoch nicht in schwärmerischen, sondern in depressiven Momenten, die mit Resignation und Benommenheit einhergehen. Etwa in jener Passage, die das gemeinsame Abendessen der Eheleute Bovary schildert – und die Erich Auerbach in *Mimesis* ausführlich analysiert hat. Auerbach bezeichnet die Szenerie als den „Höhepunkt einer Darstellung, deren Gegenstand das Ungenügen Emma Bovarys an ihrem Leben in Tostes ist", als einen „Gipfelpunkt der Ausmalung ihrer Verzweiflung"³⁸³:

> Mais c'était surtout aux heures des repas qu'elle n'en pouvait plus, dans cette petite salle au rez-de-chaussée, avec le poêle qui fumait, la porte qui criait, les murs qui suintaient, les pavés humides ; toute l'amertume de l'existence, lui semblait servie sur son assiette, et, à la fumée du bouilli, il montait du fond de son âme comme d'autres bouffées d'affadissement. Charles était long à manger ; elle grignotait quelques noisettes, ou bien, appuyée du coude, s'amusait, avec la pointe de son couteau, à faire des raies sur la toile cirée.³⁸⁴

Besondere Betonung erfährt der Rückgriff auf die typische Positur des Melancholikers deswegen, weil Charles Bovary, der so gar nichts von einem Melancholiker hat, zuvor eine ähnliche Haltung eingenommen hat. Eine Haltung, die jedoch geradezu einer Persiflage des melancholischen Gebarens gleicht:

> Enfin, *pour se tenir au courant*, il prit un abonnement à la *Ruche médicale*, journal nouveau dont il avait reçu le prospectus. Il en lisait, un peu après son dîner, mais la chaleur de l'appartement, jointe à la digestion, faisait qu'au bout de cinq minutes, il s'endormait ; et il restait là, le menton sur ses deux mains, et les cheveux étalés comme une crinière jusqu'au pied de la lampe. Emma le regardait en haussant les épaules.³⁸⁵

Nicht nur an dieser Stelle stützt der genügsame Charles sein Gesicht in *beide* Hände. So etwa wird er kurz vor der Geburt seines Kindes wie folgt beschrieben: „L'idée d'avoir engendré le délectait. Rien ne lui manquait à présent. Il connaissait l'existence humaine tout du long, et il s'y attablait sur les deux coudes avec sérénité"³⁸⁶. Und wenn er Emmas melancholischem Ungenügen gegenüber

---

**382** Flaubert, *OC* I, 1.VI, S. 325.
**383** Erich Auerbach, *Mimesis*, S. 451.
**384** Flaubert, *OC* I, 1.IX, S. 351. Weitere Beispiele der von Emma Bovary eingenommenen melancholischen Pose finden sich in 1.VII, S. 328 und 2.V, S. 379.
**385** Flaubert, *OC* I, 1.IX, S. 347.
**386** Flaubert, *OC* I, 2.III, S. 371.

ebenso verständnis- wie machtlos reagiert, heißt es: „ « Ah bah ! répondit-elle [Emma], qu'est-ce que cela fait ? » Charles s'alla réfugier dans son cabinet ; et il pleura, les deux coudes sur la table, assis dans son fauteuil de bureau, sous la tête phrénologique."[387] Nicht ein einziges Mal kommt es in dem Roman vor, dass er sein Gesicht in nur eine Hand stützt, stets stellt er beide Ellbogen auf und legt seinen Kopf in beide Hände, wie seine Gattin es niemals tut.

Die Schilderung des Spaziergangs im Zeichen der Dürerschen Melancholie weist zwei Auffälligkeiten auf, welche zusammengenommen eine Deutungsperspektive eröffnen: Zum einen ist die gesamte Passage im Imperfekt gehalten, gleich so, als würde es sich hier – im Sinne von Genettes Pseudo-Iterativ – um ein detailgenaues Beispiel handeln, welches paradimagtisch für eine Begebenheit steht, die sich ähnlich geartet alle Tage aufs Neue ereignet.[388] Zum anderen ist es ungewöhnlich, wie abrupt die Schilderung beendet wird, und wie übergangslos die Szenerie gewechselt wird:[389]

> [...] une peur la prenait, elle appelait Djali, s'en retournait vite à Tostes par la grande route, s'affaissait dans un fauteuil, et de toute la soirée ne parlait pas.
> Mais, vers la fin de septembre, quelque chose d'extraordinaire tomba dans sa vie ; elle fut invitée à la Vaubyessard, chez le marquis d'Andervilliers.[390]

Das *imparfait* ist auch an dieser Stelle eigentlich völlig ungeeignet, um eine einmalige Handlung wie das Rufen des Windhunds oder das Niederlassen in einem Sessel zu beschreiben. Fast meint man, Emma versinke hier in einem Schlummer,

---

[387] Flaubert, *OC* I, 2.VII, S. 405 f.
[388] Vgl. hierzu Jonathan Cullers „The real Madame Bovary", in: Barbara Vinken/Peter Fröhlicher [Hg.], *Le Flaubert réel*, Tübingen 2009, S. 9–20, hier S. 10). Zur sprachlichen Gestaltung der Wiederholung in *Madame Bovary* sei auch verwiesen auf Victor Brombert, *Flaubert par lui-même*, S. 64 ff.
[389] Siehe zum abrupten Abbruch auch Beyerle, *Vesuchung*, S. 86.
[390] Flaubert, *OC* I, 1.VIII, S. 332. Es mag nur eine oberflächliche Verwandtschaft sein, die zwischen diesem Textausschnitt und dem *Mélancolie*-Artikel aus der Diderotschen Enzyklopädie besteht (der Artikel wird gemeinhin Diderot selbst zugeschrieben, vgl. hierzu Fritz Schalk, *Studien zur Französischen Aufklärung*, Frankfurt a. M. ²1977, darin: „Der Artikel ‚Mélancolie' in der Diderotschen Enzyklopädie"), doch angesichts des hohen Bekanntheitsgrads des Artikels sei die u. E. ähnliche Stelle des Eintrags hier angeführt: „M. Vien l'a représentée sous l'emblème d'une femme très-jeune, mais maigre et abbatue : elle est assise dans un fauteuil, dont le dos est opposé au jour ; on voit quelques livres et des instruments de musique dispersés dans sa chambre, des parfums brûlent à côté d'elle ; elle a sa tête appuyé d'une main, de l'autre elle tient une fleur, à laquelle elle ne fait pas attention ; ses yeux sont fixés à terre, et son âme toute en elle-même ne reçoit des objets qui l'environnent aucune impression" (Denis Diderot, *Œuvres complètes de Diderot. Encyclopédie*, Bd. 16, hg. von Jules Assézat, Paris 1876, S. 115).

der bis September andauern würde. Das *imparfait* soll hier weniger eine Iterativität, als vielmehr eine durch Eintönigkeit ausgelöste, eine zuständliche Langeweile suggerieren.

Die Einladung auf Schloss Vaubyessard folgt unmittelbar auf die Beschreibung ihrer Verzweiflung; die Konjunktion *mais* stellt als Kohäsionsmittel einen direkten semantischen Zusammenhang zwischen dem zuvor geschilderten Spaziergang und dem neu eingetretenen Ereignis her, das in Emmas eintöniges Leben geradezu ‚einfällt' („tomba"). Die Einladung zu einer einzigen – wie man sehen wird, für alle Beteiligten außer Emma nicht sonderlich aufregenden – Nacht in einem Schloss erscheint noch eindrucksvoller, weil eben vor ihrer Erwähnung auf das Genaueste und seitenlang die Alltagstristesse der Protagonistin zum Thema gemacht worden ist. Wie schon den allerersten Seiten des Romans zu entnehmen ist, schöpft das *Neue* seine ‚Größe' bei Flaubert nicht aus sich selbst, sondern gewinnt sie erst durch ihr Verhältnis zur vorangehenden Monotonie –[391] einmal mehr bedarf die ereignishafte *nouveauté* hier eines Stillstands, der ihr vorausgeht.

---

**391** Vgl. hierzu die Analyse der Eröffnung des Romans im Kapitel „Der paradoxe Reiz des *Neuen* in *Madame Bovary*: *Le nouveau* und der *marchand de nouveautés*" dieser Arbeit.

## III  *Mélancolie* und *nouveauté* – Zeitlichkeit in den *Fleurs du Mal* und in *Madame Bovary*

‚Zeitlichkeit' ist die zentrale Kategorie, mit der sich jeder Definitionsversuch der Moderne auseinandersetzt, gründet doch jedwede Form von ‚Modernität' auf der Vorstellung vom ‚Neuen'. In den *Ästhetischen Grundbegriffen* wird auf dessen dialektische Beschaffenheit wie folgt eingegangen: „[...] nichts verdient weniger Achtung als das Neue von gestern. Andererseits wird das Heute als dernier cri über alles Alte erhobene Neue jeweils morgen seinerseits in den Abgrund der Zeit gestoßen."[1] Genau diese Struktur beschreibt die *histoire* der *Madame Bovary* ebenso gut wie die Suchbewegung in den *Fleurs du Mal*. Die Gründe für diese und weitere Ähnlichkeiten zwischen Definitionsversuchen der ästhetischen Moderne und den beiden fiktionalen Texten von 1857 sollen im folgenden Kapitel aufgezeigt werden.

Der Begriff des ‚Neuen' fällt sowohl in den *Fleurs du Mal* als auch in *Madame Bovary* an ebenso exponierten wie prominenten Stellen. So schließt der Gedichtband mit den resümierenden Worten „Au fond de l'Inconnu pour trouver du nouveau!"[2], und auf den ersten drei Seiten der *Madame Bovary* liest man allein acht Mal ein kursiv gesetztes „*nouveau*". Darüber hinaus sind Emmas Wünsche immer allererst Wünsche nach ‚Neuem': so basiert ihre Anziehungskraft für Rodolphe insbesondere auf dem „charme de la nouveauté"[3], und der Kaufmann Lheureux, bei dem sich die Protagonistin verschuldet, wird als „marchand de nouveautés" bezeichnet.

Dennoch hat die Flaubert-Forschung sich bislang nur am Rande mit dem Terminus beschäftigt, und zu Baudelaires *nouveauté*[4] hat allein Walter Benjamin

---

[1] Cornelia Klinger, „Moderne", hier S. 147.
[2] Baudelaire, *OC* I, S. 134.
[3] Flaubert, *OC* I, 2.XII, S. 466.
[4] Statt mit der Bedeutung von ‚Neuheit' hat sich die Baudelaire-Forschung vor allem mit dem schwer operablen Begriff der ‚Flüchtigkeit' auseinandergesetzt, welchen Baudelaire mit seiner Definition der Moderne freilich selbst ins Spiel gebracht hat („La modernité, c'est le transitoire, le fugitif, le contingent, la moitié de l'art, dont l'autre moitié est l'éternel et l'immuable", in: „Le Peintre de la vie moderne", *OC* II, S. 695). Das *fugitif* soll in dieser Arbeit jedoch nicht weiter behandelt werden, bezeichnet es doch letztendlich immer nur die *Erscheinungsform* der Neuheit. Zur Flüchtigkeit bei Baudelaire sei vor allem auf die Arbeiten von Hermann Doetsch verwiesen, *Flüchtigkeit: Archäologie einer modernen Ästhetik bei Baudelaire und Proust*, Tübingen 2004, bes. S. 95–156, sowie „Momentaufnahmen des Flüchtigen. Skizzen zu einer Lektüre von *Le Peintre de la vie moderne*", in: Karin Westerwelle (Hg.), *Charles Baudelaire. Dichter und Kunstkritiker*, Würzburg 2007.

unsystematische, fragmenthafte und mitunter enigmatisch formulierte Beobachtungen angestellt.[5]

Nicht zuletzt weil jedes Neue das Alte zu seiner Bedingung hat, wird in Baudelaires Gedichtzyklus wie in Flauberts Roman das Alte, das schon Bestehende, so geschildert, dass es von den berichtenden Instanzen (d. h. von dem lyrischen Sprecher in den *Fleurs du Mal* und von Emma Bovary als erlebende Figur, gleichzeitig aber auch von ihrem Erzähler) grundsätzlich als minderwertig betrachtet und in der Folge abgelehnt wird. Zur Illustration dieses Sachverhalts kommt der Melancholie eine wesentliche Rolle zu.

Dass auch in dem wohl berühmtesten Sonett der *Fleurs du Mal, À une passante*, die Melancholie im Rückgriff auf Ihre Tradition den Katalysator für die Entstehung des künstlerischen Werks bildet, wird im Folgenden die Offenlegung der literarischen Vorläufer des Gedichts deutlich machen. In welchem Maße die Melancholie zum Grundbaustein einer Poetik der *nouveauté* wird, wie sie für den gesamten Gedichtzyklus gilt, soll am letzten Text der *Fleurs du Mal, Le Voyage*, herausgearbeitet werden.

In *Madame Bovary* zeichnet sich das vorherrschende Paradigma von der Suche nach Neuem und dem Werden zum Alten, der perpetuierende Wechsel von Illusion zu Desillusion, bereits von allem Anfang an und in aller Deutlichkeit an den Roman-Skizzen Flauberts ab.[6] Inwiefern wir dieses Muster jedoch nicht nur in der Makrostruktur des Textes, sondern bereits im Incipit, im Auftritt des *nouveau*, angelegt finden, wird die Interpretation der Eingangsszene zeigen. Dass auch in der Beschreibung von Emma Bovarys Sterben auf die Melancholie-Tradition zurückgegriffen wird, soll im letzten Kapitel der Arbeit offengelegt werden.

---

**5** So liest man etwa in Walter Benjamins Fragmentsammlung *Zentralpark*: „Baudelaires Dichtung bringt das Neue am Immerwiedergleichen und das Immerwiedergleiche am Neuen in Erscheinung. [...] Bei Baudelaire liegt der Akzent auf dem Neuen, das mit heroischer Anstrengung dem ‚Immerwiedergleichen' abgewonnen wird [...]" (ders., „Zentralpark", in: *Gesammelte Schriften* I.2, hg. von Rolf Tiedemann und Hermann Schweppenhäuser, Frankfurt a. M. 1974, S. 673).
**6** Victor Brombert fasst in seinem Kapitel „*Madame Bovary*: The Tragedy of Dreams" dieses strukturelle va-et-vient von Hoffnung auf Neues und darauf folgende Enttäuschung, das „pattern repeated throughout the book", wie folgt zusammen: „[...] from ennui to expectation, to escape, to confusion, back to ennui and to a yearning for nothingness" (ders., *The Novels of Flaubert*, S. 55).

## III.1.1 Die *passante* als *Dame Melencolie*

À une passante

La rue assourdissante autour de moi hurlait.
Longue, mince, en grand deuil, douleur majestueuse,
Une femme passa, d'une main fastueuse
4   Soulevant, balançant le feston et l'ourlet ;

Agile et noble, avec sa jambe de statue.
Moi, je buvais, crispé comme un extravagant,
Dans son œil, ciel livide où germe l'ouragan,
8   La douceur qui fascine et le plaisir qui tue.

Un éclair ... puis la nuit ! – Fugitive beauté
Dont le regard m'a fait soudainement renaître,
11  Ne te verrai-je plus que dans l'éternité ?

Ailleurs, bien loin d'ici ! trop tard ! *jamais* peut-être !
Car j'ignore où tu fuis, tu ne sais où je vais,
14  Ô toi que j'eusse aimée, ô toi qui le savais ![7]

*À une passante* darf als das wohl berühmteste und meistkommentierte Gedicht der *Fleurs du Mal* gelten. Seine kaum noch zählbaren Auslegungen beeindrucken durch eine Divergenz, die – so die These der folgenden Interpretation – darin begründet liegt, dass in dem Sonett ein singuläres Erlebnis und eine abstrakte Reflexion bis zur Ununterscheidbarkeit nivelliert werden: Ein Phänomen bildet ein Amalgam mit seiner Wirkung, wodurch das einzelne Schöne und das Schöne an sich miteinander verschränkt werden. Da die im Folgenden ausgeführte Lektüre des Gedichts keiner der bekannten Interpretationen folgt, soll die Rezeptionsgeschichte des Sonetts lediglich in groben Zügen vorab rekapituliert werden, und nur in dem Maße, wie es für unser Deutungsangebot erforderlich ist.

Walter Benjamins Auseinandersetzung mit *À une passante* hat fast alle ihm nachfolgenden Interpreten maßgeblich beeinflusst. Obgleich er keine umfassende Auslegung des Sonetts anstrebt, gelingt es ihm in seiner knappen Beschäftigung mit dem Text, zwei weitreichende Topoi in der Baudelaire-Kritik zu etablieren: Dies ist zum einen derjenige des ‚Großstadt-Gedichts', zum anderen die in den Rang einer Tatsache gehobene Behauptung, bei der Passantin handele es sich um eine Witwe.

---

[7] Baudelaire, *OC* I, S. 92f.

Gewiss ereignet sich die Begegnung mit der Passantin in einer lauten Straße der Stadt, wie der Leser bereits in der ersten Zeile erfährt, und zweifellos wäre auf dem Dorfe ein Zusammentreffen mit einer unbekannten Frau eher unwahrscheinlich, indessen lassen sich weitere Ausgestaltungen einer Großstadtszenerie nicht beobachten. Das Gedicht als einen Gründungstext der ‚Asphaltliteratur' zu bezeichnen, wie es in diesem Zusammenhang oft getan wurde, und als sein eigentliches ‚Thema' die moderne Großstadt zu erachten, erscheint überzogen.[8] In seiner Bemühung, die ästhetische Moderne quasi mimetisch an die materielle Moderne anzubinden, indem er die ‚Flüchtigkeit' moderner Kunst in der Beschleunigung des großstädtischen Alltags auszumachen versucht, lässt Benjamin sich in seiner Analyse des ‚Großstadtgedichts' zu mitunter konstruierten Beweisführungen hinreißen. Er behauptet, die ‚Menge' stelle den für das Funktionieren dieses Gedichts grundlegenden Faktor dar: „Keine Wendung, kein Wort macht in dem Sonett *À une passante* die Menge namhaft. Und doch beruht der Vorgang allein auf ihr, wie die Fahrt des Segelschiffs auf dem Wind beruht."[9] Der

---

**8** Nach Harald Weinrich haben „[a]lle späteren ‚Asphaltliteraten' [...] bei Baudelaire die Ästhetik der großstädtischen Moderne gelernt" (in: ders., *Literatur für Leser. Essays und Aufsätze zur Literaturwissenschaft*, Stuttgart 1971, S. 87). Auch in dem zweiten berühmten ‚Großstadtgedicht' *Le Cygne* geht es letztendlich ja nicht darum, dass oder inwiefern Paris sich verändert. Vielmehr wird darin vor Augen geführt, in welchem Maße die Melancholie der Exilierten – von Andromache über Ovid, vom Schwan zur *négresse*, von mageren Waisenkindern zu vergessenen Matrosen, bis hin zu Victor Hugo, dem das Gedicht gewidmet ist – eine Empfindung ist, die völlig unabhängig von Zeit und Raum, immer die gleiche geblieben ist. Die berühmtesten Interpretationen von *Le Cygne* finden sich bei Dolf Oehler, „Charles Baudelaire: *Le Cygne*", in: Hartmut Stenzel/Heinz Thoma (Hg.), *Die französische Lyrik des 19. Jahrhunderts. Modellanalysen*, München 1987, S. 148–165; Jean Starobinski, *La mélancolie au miroir*; Wolf-Dieter Stempel, „Nachdenken über Andromaque (Zu Baudelaires *Le Cygne*)", in: Bernhard König/Jutta Lietz (Hg.), *Gestaltung – Umgestaltung: Beiträge zur Geschichte der romanischen Literaturen*, Tübingen 1990, S. 429–442, und Karlheinz Stierle, *Der Mythos von Paris*, S. 820–883.
**9** Walter Benjamin, *Charles Baudelaire. Ein Lyriker im Zeitalter des Hochkapitalismus*, Frankfurt a. M. 1974, S. 118. Dolf Oehler, der einen sozialpsychologischen Deutungsversuch des Gedichts unternimmt und in der Figur der Passantin nicht nur eine „fatale Liberté von 1848, die ihrerseits sämtliche Wunschbilder von Freiheit, Republik, Natur, Patrie, France, wie sie in der republikanischen Ikonographie ausformuliert worden waren, in sich schließt", sondern auch die von Baudelaire „inzestuös geliebte Mutter, zumal die in Trauer gehüllte der Jahre 1827–28, die durch ihre Witwenschaft dem sechsjährigen Knaben zum Greifen nahe gekommen war und die auch der erwachsene Baudelaire weder erobern noch aufgeben und verlassen konnte" zu erkennen meint, geht davon aus, dass mit der von Benjamin aufgezeigten Menge nicht nur eine „klassenneutrale Großstadtmenge" gemeint ist, sondern auch die „im emphatischen historischen Augenblick [...] aufgebrachte Menge des Volks, die revolutionären Massen." (Dolf Oehler, „Art-Névrose. Soziopsychoanalyse einer gescheiterten Revolution bei Flaubert und Baudelaire", in: *Akzente* 27 [1980], S. 113–130, hier bes. S. 121–123).

Sprachmystiker Benjamin erklärt das Abwesende zum Eigentlichen: „Die Masse ist bei Baudelaire derart innerlich, daß man ihre Schilderung bei ihm vergebens sucht."[10] Benjamins (letztlich dekonstruktivistischer) Gedankengang reduziert das Verhältnis zwischen moderner Ästhetik und der Realität der Großstadt auf eine mimetische Relation der Analogie, die wenig Spielraum für alternative Interpretationsentwürfe lässt.[11]

So verstellt diese Auffassung vom angeblichen ‚Dichter der Großstadt' den Blick auf ein anderes, unseres Erachtens plausibleres Verständnis der *Passante*: Baudelaire geht es nicht um die Erfahrung des Lebens in der Metropole, vielmehr benutzt er schlicht Bilder der ihn unmittelbar umgebenden Lebenswirklichkeit, die in seinem Falle nun einmal Paris ist, um literarästhetische Gedanken in der Lyrik ‚sichtbar' zu machen. Die Stadt ermöglicht lediglich das Entstehen von Bildern, von „Tableaux parisiens", von Dichtung.[12] Ein Problem der Baudelaire-Interpretationen Walter Benjamins bildet sein Übergehen der Tatsache, dass die lyrisch erschaffene Welt durch die *Beziehung* von Wirklichkeitsausschnitten zu diskursiven Verfahren entsteht, und nicht allein in den Wirklichkeitsausschnitten selbst besteht.[13]

Doch kommen wir auf die zweite ‚Entdeckung' Walter Benjamins zu sprechen. Nicht nur die Großstadt hat er zum substantiellen Moment Baudelairescher Dichtung erhoben, auch die Tatsache, dass die Passantin eine Witwe ist,

---

**10** Benjamin, *Charles Baudelaire*, S. 117. Auch Karlheinz Stierle geht in seiner Interpretation des Gedichts von der Annahme aus, der Text sei allererst die Schilderung einer Großstadterfahrung, in welcher der ‚Menge' ein besonderer Stellenwert zukomme (ders., *Der Mythos von Paris*, darin „Die Gruppe der Tableaux parisiens", S. 765–883, bes. S. 789–820; vgl. hierzu auch Karin Westerwelle, „Die Transgression von Gegenwart im allegorischen Verfahren. Baudelaires *À une passante*", in: *Romanische Forschungen* 107 [1996], S. 53–87, hier S. 62 f.).
**11** Die ausführlichste und überzeugendste Kritik an der Baudelaire-Lektüre Walter Benjamins formuliert Karl Heinz Bohrer in: *Der Abschied. Theorie der Trauer: Baudelaire, Goethe, Nietzsche, Benjamin*, Frankfurt a. M. 1997, S. 177; hier besonders das Kapitel „Walter Benjamins sozialhistorisches Mißverständnis".
**12** Hier mag man einwenden, dass *À une passante* ein Gedicht aus dem Kapitel „Tableaux Parisiens" ist, weswegen es eben um Pariser Bilder gehen müsse. Doch ist Baudelaire nicht daran gelegen, einen Eindruck der soziohistorischen Gegebenheiten der modernen Großstadt zu übermitteln, impliziert doch schon der Begriff des *tableau* einen Künstlichkeitscharakter, der den Eindruck realistischer Schilderung einer *paysage* unterbindet. Gleichermaßen geht es in dem darauffolgenden Kapitel „Le Vin" weniger um die Beschaffenheit des Weins, sondern vielmehr um die Wirkweise von Rauschmitteln.
**13** Zur Interdependenz zwischen mimetischen und diskursiven Relationen im literarischen Text sei verwiesen auf Andreas Kablitz, „Das Spiel mit der Mimesis: Aspekte der Wirklichkeitsdarstellung in einigen Texten der *Fleurs du Mal*", in: *Zeitschrift für französische Sprache und Literatur* 94 (1984), S. 246–271.

gilt seit Benjamin als eine allgemeine und nicht mehr hinterfragte Wahrheit. Die Frau, von der der Text lediglich sagt, sie sei „en grand deuil" und von einer „douleur majestueuse", erscheint allen Interpreten als in Witwentracht gekleidet. Benjamin hatte hierzu geschrieben: „Im Witwenschleier, schleierhaft durch ihr stummes Dahingetragenwerden im Gewühl, kreuzt eine Unbekannte den Blick des Dichters"[14]. Zugegebenermaßen finden sich in Baudelaires Dichtung einige Witwengestalten,[15] weswegen der Schluss, auch in der Figur der Passantin könnte die Trauer über den Verlust einer nahestehenden Person durch eine vollständige Witwentracht veranschaulicht werden – zumal deren Trauer ja explizit benannt ist –, auf den ersten Blick nicht abwegig scheint. Doch würde ein ‚Witwenschleier', wie Benjamin ihn sich ersinnt und wie er traditionell zum Witwenkleid gehört, nicht auch die Augen der Passantin bedecken? Eine Beschreibung wie die ihres Auges, in dem wie in einem aschfahlen Himmel ein Gewitter ‚keimt' („germe", V. 7), wäre unter diesen Umständen allenfalls in der Vorstellung des lyrischen Sprechers möglich, was angesichts des Benjaminschen Interesses an Auslegungen im Kontext sozioökonomischer Realitäten kaum innerhalb des Deutungshorizonts gelegen haben dürfte. Abgesehen davon, dass in dem weiteren Verlauf des Gedichts nicht von Belang ist, wer oder was die Passantin ist, und dass die Information über ihre Witwenschaft schon ungewöhnlich viel über sie preisgeben würde, wäre sie als Witwe mit ihrer beschwingten Art – vielleicht lässt die Semantik sogar eine gewisse Frivolität erkennen („Soulevant, balançant le feston et l'ourlet", V. 4) – doch letztendlich eine freie Frau, geradezu eine ‚lustige Witwe', die die Trauer über den Verlust augenscheinlich bereits überwunden hat. Das Ergebnis dieser Gedankenspielerei bestünde dann jedoch darin, dass die gewaltige Empfindung, die im lyrischen Sprecher ausgelöst wird, letztendlich nicht mehr als ein Ausdruck der Trauer darüber wäre, nicht schnell genug gehandelt, die Dame nicht in der gebotenen Eile angesprochen zu haben. Die Begegnung mit der Passantin wäre schlicht und ergreifend eine *rencontre manquée*,[16] und zwar keine von besonders tragischem Ausmaß.

---

14 Walter Benjamin, *Charles Baudelaire*, S. 119.
15 Vgl. *Le Cygne*, *Les Petites Vieilles* oder *Les Veuves*. Besonders in dem letztgenannten Prosagedicht ähnelt die Beschreibung der Witwe – allerdings der Witwe mit Kind – derjenigen der *passante*. Zum Witwenmotiv bei Baudelaire sei verwiesen auf Edward K. Kaplan, „Baudelaire's Portrait of the Poet as Widow: Three Poëmes en Prose and *Le Cygne*", in: *Symposium* 34 (1980), S. 233–248.
16 An dieser Stelle soll nicht unerwähnt bleiben, dass auch eine biographistische Deutung des Sonetts existiert. Keine Geringeren als Jean Crépet und Georges Blin bezeichnen in ihrer kritischen Ausgabe von 1950 die Begegnung mit der Passantin als „trop évidemment vécue par le poète" (zit. n. Reichenberger, „Die schöne Unbekannte. Realismus und Symbolhaftigkeit in den *Fleurs du Mal* [Baudelairestudien 1]", in: *Zeitschrift für französische Sprache und Literatur*

In den 50er-Jahren hat J. D. Hubert den folgenreichen Versuch unternommen, die düstere Evokation des majestätischen Schmerzes der Passantin symbolisch zu deuten und der dunklen Frauengestalt die Funktion einer Botin des Todes zuzuschreiben: „La passante symbolise, semble-t-il, la mort ou tout au moins l'éternité"[17]. Darüber hinaus, so Hubert, erkenne der lyrische Sprecher in ihr seinen eigenen Tod.[18] Indessen zeugt doch gerade die Formulierung „Dont le regard m'a fait soudainement renaître" (V. 11) davon, dass die Passantin unmöglich den Tod allein symbolisieren kann.

Ihr dunkles Erscheinungsbild wirft auch dann Fragen auf, wenn man das Sonett als in der Tradition der italienischen stilnovistischen Liebeslyrik stehend liest – was unseres Erachtens den interessantesten, gleichwohl nicht gänzlich unproblematischen Deutungsansatz bildet, ist doch die *donna* bei Petrarca eine glänzende Erscheinung mit blondem gelocktem Haar in rotem, weißem oder grünem Kleid, den Farben der Gottesmutter, sowie mit heller Gesichtshaut und roten Lippen.[19] Freilich könnte man in der farblichen Differenz einen ‚Bruch' mit der traditionellen Liebeslyrik bei Baudelaire vermuten.[20] Dass dieser vermeint-

---

71 [1961], S. 129–147, hier S. 130). Zur Beweisführung ihrer Vermutung geben sie die Stelle aus einem Brief an, den Baudelaire einige Monate vor der Veröffentlichung des Sonetts an seinen Verleger Poulet-Malassis geschrieben hat. Darin schildert Baudelaire die Begegnung mit einem sehr großen und sehr dünnen Mädchen. Die Existenz der von Crépet und Blin zitierten Briefpassage macht die biographistische Lesart des Gedichts jedoch nicht zur obligatorischen, und hier sei einmal mehr auf die Worte verwiesen, die Alfred Noyer-Weidner in der Einleitung seines Baudelaire-Sammelbands in Bezug auf die Rezeption der *Fleurs du Mal* findet: „Natürlich läßt sich die historische Bedingtheit jeder Dichtung, und somit auch der *Fleurs du Mal*, nicht leugnen, aber das ändert nichts an der Tatsache, daß Baudelaires literaturgeschichtliche Bedeutung nur mittelbar auf der Komplexität seiner Persönlichkeit oder seiner Zeit beruht; primär gibt jedenfalls die Qualität seiner Texte den Ausschlag, wobei diese freilich erst einmal exakt zu beschreiben und nicht vorschnell zu bewerten ist." (Alfred Noyer-Weidner, „Einleitung", in: ders. [Hg.], *Baudelaire*, Darmstadt 1976, S. 1–12, hier S. 1).
17 Judd David Hubert, *L'esthétique des* Fleurs du Mal, Genf 1953, S. 184. Kurt Reichenberger meint hier einen banalen wie basalen Einwand geltend machen zu können, wenn er schreibt: „Die *Passante* symbolisiert angeblich den Tod. Wer kann dann von sich behaupten, daß er sie vielleicht niemals wiedersehen werde?" (ders., „Die schöne Unbekannte", S. 130). Doch ist sich der lyrische Sprecher ja gerade allein dessen sicher, dass er sie in der Ewigkeit sehen (nicht *wieder*sehen) wird – schließlich heißt es: „Ne te verrais-je plus que dans l'éternité ?" (*À une passante*, V. 11).
18 Hubert, *L'esthétique*, S. 185. So auch Richard Stamelman in „The Shroud of Allegory: Death, Mourning, an Melancholy in Baudelaire's Work", in: *Texas Studies in Literature and Language* 25 (1983), S. 390–409, bes. S. 397.
19 So z. B. in Francesco Petrarca, *Canzoniere*. Kommentierte Ausgabe von Marco Santagata, Mailand ²2005 [I Meridiani], RVF 90, S. 443.
20 Vgl. Karin Westerwelle, „Bilderscheinung, flüchtige Schönheit und Ästhetik der Farbe. Baudelaires *À une passante* und *La belle Dorothée*", in: Milan Herold/Michael Bernsen (Hg.), *Der*

liche ‚Bruch' mit der Tradition indessen nur einer von vielen wäre, so vielen, dass man gar einen anderen Intertext vermuten kann, wird im Folgenden gezeigt werden. Doch sollen vorher die von der Forschung hinlänglich herausgearbeiteten Gemeinsamkeiten zwischen *À une passante* und der „Ursituation"[21] stilnovistischer Liebeslyrik in der gebotenen Kürze referiert werden.

Rainer Warning trifft in seinem Aufsatz über „Imitatio und Intertextualität" die Feststellung, dass Baudelaires Passantinnen-Sonett ohne Dantes und Petrarcas Vorlagen nicht zu denken sei,[22] auch wenn Baudelaire mit dem darin aufgerufenen Motivkatalog wahrscheinlich erst über die Lektüre der Texte Ronsards vertraut geworden ist.[23] In der Tat weist die von Baudelaire erdichtete Begegnungssituation zahlreiche Ähnlichkeiten mit der petrarkistischen Tradition auf: So findet die *rencontre* auf offener Straße statt, und das im Auge der Passantin aschfahl keimende Gewitter ließe sich als Referenz auf das stilnovistische Motiv des Blitzes interpretieren, der den Wahrnehmenden in aller Plötzlichkeit[24] nicht nur in den Bann der geheimnisvollen Schönen zieht, sondern ihn buchstäblich zutiefst trifft. Und obgleich die Frau doch weiterschreitet und somit unerreicht bleiben wird, vergleicht der lyrische Sprecher seinen Zustand mit einer Wiedergeburt. Indes, so unleugbar die Ähnlichkeiten mit dem italienischen Vorbild auch sind, so unübersehbar sind doch auch die Abweichungen. Wie oben schon beschrieben, ist es bei der Passantin mit der strahlenden Erscheinung einer Beatrice oder Laura nicht weit her. Sie wird als groß und dünn beschrieben, und nicht glänzende Helligkeit, sondern traurige Dunkelheit umgibt sie. Es sind nicht die Augen, die den lyrische Sprecher zuallererst betören, vielmehr ist es – auf überaus unromantische und fast schon unverfrorene Art – ihr Bein, das alle Aufmerksamkeit auf sich zieht und den Blick des Betrachters überhaupt erst auf ihre Augen lenkt. Darüber hinaus gibt die *passante* dem Wahrnehmenden keinerlei Zeichen

---

*lyrische Augenblick*, Berlin/Boston 2015, S. 149–188, hier S. 163.
**21** So die Formulierung Hugo Friedrichs, in: *Epochen der italienischen Lyrik*, Frankfurt a. M. 1964, S. 114. Siehe hierzu auch Westerwelle, „Die Transgression von Gegenwart", S. 59.
**22** Rainer Warning, „Imitatio und Intertextualität. Zur Geschichte der Amortheologie: Dante, Petrarca, Baudelaire", in: Klaus W. Hempfer/Gerhard Regn (Hg.), *Interpretation. Das Paradigma der europäischen Renaissance-Literatur. Festschrift für Alfred Noyer-Weidner zum 60. Geburtstag*, Wiesbaden 1983, S. 288–317, hier S. 292.
**23** Warning nennt hier beispielhaft als Vorlagen die *Sonnets pour Hélène*, das *Sonnet IX* („L'autre jour que j'étais sur le haut d'un degré") und das *Septième Livre des poèmes* („Seul et pensif j'allois parmy la rue"), Warning, *Imitatio*, S. 315, dort auch Anmerkung 53.
**24** Jean Starobinski stellt hierzu die Vermutung an, das *soudainement* Baudelaires greife das *subitamente* aus Dantes *Vita Nova* wieder auf (vgl. ders., „Der Blick der Statuen", in: Ludger Heidbrink [Hg.], *Entzauberte Zeit. Der melancholische Geist der Moderne*, München 1997, S. 77–100, hier S. 92).

der Aufmerksamkeit.[25] Weder schreitet sie grüßend vorüber, noch richtet sie überhaupt irgendein Wort an ihn. Nicht einmal von Grußverweigerung kann man sprechen, denn obgleich der lyrische Sprecher in ihre Augen schaut, ist unklar, ob diese überhaupt zurückschauen, denn es wird nicht gesagt, worauf ihr Blick fällt; es ist gar denkbar, dass sie das lyrische Ich nicht einmal bemerkt. Auch ist der Himmel, dessen Sitz der Wahrnehmende in ihren Augen zu erblicken meint, kein göttlicher mehr, denn er wird lediglich als aschfahl und ‚unwetterschwanger'[26] bezeichnet.

Die literarischen Vorlagen des Gedichts *À une passante* wurden bislang allein in den Texten stilnovistischer, petrarkischer und petrarkistischer Dichter gesucht. Die genannten allzu zahlreichen Abweichungen von diesen können allerdings schwerlich als ironische Verkehrungen deklariert werden. Wiewohl der Stellenwert der Ironie bei Baudelaire vereinzelt gewiss nicht zu unterschätzen ist, kann eine ridikülisierende Verarbeitung der literarischen Tradition hier – nicht zuletzt aufgrund der Schwere der Thematik – ausgeschlossen werden.[27]

Im Folgenden wird nun gezeigt, dass die Begegnung zwischen lyrischem Sprecher und Dame nicht allein in der Nachfolge stilnovistischen und petrarkistischen Frauenlobs steht, sondern einen weiteren intertextuellen Bezug aufweist: Die Passantin der *Fleurs du Mal* bildet eine Neubearbeitung frühneuzeitlicher Personifikationen von Melancholie. Insbesondere soll hier die Verwandtschaft zwischen Charles Baudelaires Frauengestalt und John Miltons allegorischer Modellierung der Melancholie in *Il Penseroso* offengelegt werden.

Auch Milton greift in seiner Melancholie-Darstellung auf Motive zurück, die sich bereits in früherer Dichtung, in Texten des späten Mittelalters finden. Diese gilt es zunächst aufzuzeigen.

---

**25** Zum Gruß der Dame bei Guinizzelli, Dante, Petrarca und Ronsard siehe Westerwelle, „Bilderscheinung", S. 163 f. Zum Motiv der Hand in der Lyrik der Renaissance sei verwiesen auf James Mirollo, „In Praise of *La bella mano*: Aspects of Late Renaissance Lyricism", in: *Comparative Literature Studies* 9 (1972), S. 31–43. Die Hand der Passantin analysiert Westerwelle in „Die Transgression von Gegenwart" (S. 76 f.).
**26** So die Übersetzung von Friedhelm Kemp (Charles Baudelaire, *Die Blumen des Bösen/Les Fleurs du Mal*. Vollständige zweisprachige Ausgabe, München ⁴1991, S. 199).
**27** An dieser Stelle könnte man einwenden, dass die Unterschiede einen Bezug auf die Italiener nicht hermeneutisch unschlüssig machen und die Abweichung eine durch die Moderne bedingte sei. Eventuell könnte man gar versuchen, Baudelaire in der Tradition des Anti-Petrarkismus zu verorten. Doch sind in beiden Fällen die Bezüge auf petrarkistische Dichtung viel zu vage, als man ihnen eine parodistische Semantik zusprechen, geschweige denn sie als veritable Liebessatire bezeichnen könnte.

Raymond Klibansky und Erwin Panofsky machen in ihrer kunsthistorischen Aufarbeitung der Geschichte der Melancholie in der europäischen Dichtung des 15. Jahrhunderts eine grundsätzliche Neuerung mit weitreichenden Folgen aus: Die Melancholie werde ab diesem Zeitpunkt nicht mehr ausschließlich als krankhafte Störung oder als christliche Sünde verhandelt, sondern gelte nun auch als ein Gemütszustand, der von den Dichtern nach allen Regeln der Kunst bearbeitet werden könne.[28] Dabei wird die Melancholie stets in Form einer weiblichen Gestalt dargestellt, und zwar als eine hochgewachsene und magere Frau, die das lyrische (Dichter-)Ich gleichermaßen fasziniert und bedroht.[29]

Schauen wir uns hierzu zwei Beispiele aus der französischen Literatur des Spätmittelalters an: In dem um 1429 verfassten *Livre de l'Espérance* von Alain Chartier begegnet dem lyrischen Sprecher, der sich ohnehin schon in einem Zustand größtmöglichen Unglücks und Verzweiflung befindet, eine magere alte Frau namens *Melencolie*:

> Et en cest point vint vers moy une vielle toute desaroyée et comme non chalant de son habit, maigre, seiche et flaitrie, a couleur pale, plommee et ternie, le regart bas, la voix entreprinse, et la levre pesant. Son chief estoit toqué du cueuvre-chief sale et encendré, son corps affublé d'un mantel de tenné. A l'aproucher sans mot dire m'envelopa soudainement entre ses bras et me couvry visage et corps de ce maleureux mantel ; maiz de ses bras si estroit me serroit que je sentoye mon cueur au dedans destraint comme en presse ; et de ses mains me tenoit la teste et les yeulx embrunchés et estouppés, si que n'avoye laisir de voyr ne de ouir. [...] Et depuis ay je sceu que ceste vielle s'apelle Melencolie, qui trouble les pensees, deseiche le corps, corrompt lez humeurs, affoiblit les senssitifz espris, et maine l'omme a la langueur et a mort.[30]

---

[28] Diese Entwicklung zeichnen Klibansky und Panofsky detailliert im dritten Teil ihrer Melancholie-Monographie nach („*Poetische Melancholie* in der nachmittelalterlichen Dichtung", in: *Saturn und Melancholie*, S. 319–350).

[29] Beispiele hierfür (so etwa bei Guillaume de Machaut, Froissart oder Deschamps) finden sich bei Henrik Heger, *Die Melancholie bei den französischen Lyrikern des Spätmittelalters*, Bonn 1967. Dass ,longue' und ,mince' klassische Adjektive sind, wie wir sie in Melancholie-Darstellungen finden, stellt bereits Henning Mehnert in *Melancholie und Inspiration* (S. 201) fest. An dieser Stelle sei auch an Flauberts *Tentation de Saint Antoine* erinnert, in der die Melancholie im Gewand einer alten Frau auftritt. Die Verwandtschaft mit traditionellen Allegorien der Melancholie ist nicht zuletzt aufgrund der Fledermaus offensichtlich, doch ist auch eine gewisse Ähnlichkeit mit der Passantin nicht gänzlich von der Hand zu weisen: „[...] d'une prodigieuse maigreur [...]. Les orbites de ses yeux sont pleines de ténèbres, et au fond deux flammes vacillent, comme des lampes de sépulcre. [...] La Vieille, pendant qu'elle parlait, s'est encore décharnée ; et au-dessus de son crâne, qui n'a plus de cheveux, une chauve-souris fait des cercles dans l'air" (*La Tentation de Saint Antoine*, Flaubert, *OC*, I, S. 150 und S. 152).

[30] Alain Chartier, *Le livre de l'Espérance*, hg. von François Rouy, Paris 1989, S. 3 f.

Ihr Kopf ist von einer schmutzigen und mit Asche bedeckten Haube verschleiert.[31] Plötzlich und ohne ein Wort zu sagen, umhüllt sie den Sprecher mit ihrem schwarzen Mantel und umschließt ihn so fest mit ihren Armen, dass es ihm scheint, sein Herz werde wie in einer Presse zusammengedrückt. Mit ihren Händen umfasst sie seinen Kopf und seine Augen, so dass ihm buchstäblich Hören und Sehen vergehen. Sodann flößt sie ihm giftige Zaubertränke ein und bearbeitet sein Gehirn mit ihren harten Händen – wodurch sie ihm jedoch zugleich neue Denkhorizonte eröffnet. Im Text heißt es: „Et aprés grant foiblesse, longue jeusne, apre douleur et estonnement de mon cerveil, que dame Melencolie tormontoit entre ses dures mains, senti ouvrir, crouller et remouvoir la partie qui au milieu de la teste siet en la region de l'ymaginative, que aucuns appellent fantasie."[32] Die Melancholie quält ihren Gefangenen fast zu Tode, gleichzeitig ist sich dieser jedoch bewusst, dass sie in ihm ein ungeheures Potenzial entbirgt – ganz im Verständnis der (pseudo)aristotelischen Verknüpfung von Schwermut und Schöpfertum, auf die sich Alains lyrisches Ich auch explizit beruft.[33] Nach Henrik Heger, der die Melancholie der französischen Dichter des späten Mittelalters in einer eigenen Studie untersucht hat, besteht das Verdienst Alain Chartiers vor allem darin, die peripatetische Vorstellung von einem Konnex zwischen Melancholie und Kreativität äußerst anschaulich dargestellt zu haben, indem er den im Text auftretenden Dichter – in einer in ihrem Detailreichtum ‚realistisch' anmutenden Begegnung – von der (selbstredend dennoch

---

[31] Klibansky und Panofsky machen an dieser Stelle darauf aufmerksam, dass die Melancholie bei Alain Chartier Elemente der ‚Tristesse' aufweist, wie sie im *Roman de la Rose* beschrieben ist (dies., *Saturn und Melancholie*, S. 325). Die Gemeinsamkeiten sind jedoch nicht so stark ausgeprägt und auch nicht so überzeugend, dass sie hier zitiert werden müssten. Was hingegen herausgestellt werden soll, ist die in dieser Vermutung angelegte enge Verbindung zwischen *Tristesse* und *Melancolie*. Hierzu sei auf Renés von Anjou *Livre du Cuer d'amours espris* (siehe weiter unten) verwiesen. In allegorisierter Form treten darin beide Affekte nicht nur zeitgleich auf, sondern es heißt auch, dass sie miteinander auf das Engste verwandt seien: „[...] Tristesse envoya devers Melencolie, qui estoit sa parente bien prochaine [...]" (René von Anjou, *Livre du Cuer d'amours espris* [‚Buch vom liebesentbrannten Herzen'], Miniaturen und Text, Bd. 2, hg. von Ottokar Smital und Emil Winkler, Wien 1926, S. 29). Zur (kreativen) Melancholie in Alain Chartiers *Livre de l'Espérance* sei auf Antje Wittstock verwiesen: „Die Inkubation des Textes. Krankheit, Melancholie und Schreiben bei Alain Chartier und Georg Wickram", in: Andrea Sieber/Antje Wittstock (Hg.), *Melancholie. Zwischen Attitüde und Diskurs. Konzepte in Mittelalter und Früher Neuzeit*, Göttingen 2009, S. 257–273.
[32] Chartier, *Espérance*, S. 5.
[33] Vgl. Chartier: „Par elle [la Melencolie], selon la doctrine de Aristote, ont estoy et sont souvent lez haulx engins et eslevés entendemens des parfons et excellens hommes toublés et obscurcis, après frequentation de trop parfondes et diverses pensees" (Alain Chartier, *Espérance*, S. 4).

allegorisierten) Melancholie *tatsächlich* überfallen werden lässt.[34] Dieses Bild von der über den schöpferisch tätigen Menschen geradezu hereinbrechenden Melancholie hat sich in der Nachfolge Alain Chartiers als ein veritabler Topos etabliert.

Die Melancholie, die René von Anjou in seinem allegorischen Roman *Livre du Cuer d'amours espris* von 1457 beschreibt, ähnelt derjenigen Alain Chartiers in den wesentlichen Punkten: „une grant vielle eschevelee, morne et pensive, qui seoit auprez du fouyer et tenoit ses mains ensamble; maigre et ridee estoit terriblement et, a le vous abregier, il sambloit qu'elle fust retraitte de terre, car oncques homme ne vit plus espouventable creature."[35] Die alte Frau Melancholie ist Bewohnerin der Hütte, in die sich das liebesentbrannte *Cuer* und sein Kamerad verirren. Sie gibt ihnen Wasser aus dem Fluss der Tränen zu trinken: „Puis beurent de l'eaue du Fleuve de Larmes, que Melencolie avoit en sa maisonette [...]."[36] Nicht nur die Größe und Magerkeit, die wir sowohl bei Alain Chartier als auch bei René von Anjou finden, auch das Motiv des aus den Augen strömenden Schmerzensflusses, aus welchem der Berichtende trinkt, erinnert an die Begegnung zwischen Baudelaires lyrischem Sprecher und der *passante*, trinkt doch auch im Sonett der Wahrnehmende etwas, das aus den Augen der Dame zu fließen scheint: „Moi, je buvais, crispé comme un extravagant, / Dans son œil, ciel livide où germe l'ouragan / La douceur qui fascine et le plaisir qui tue" (V. 6–8); und auch die *passante* verhext (bedeutet doch *fascinare* ‚verhexen' oder ‚verzaubern') den lyrischen Sprecher in einen pathologischen Zustand. René von Anjou lässt seine berichtende Instanz fast bei dem Versuch sterben, der Melancholie zu entkommen; allein die *Espérance* hält das zu ertrinken drohende *Cuer* am Leben: Im letzten Augenblick reitet sie herbei und befreit es aus seiner misslichen Situation.[37] Im weiteren Verlauf des Geschehens rettet sie es dann gewissermaßen ein zweites Mal, dabei tritt die *Espérance* jedoch nicht mehr als allegorisierte Hoffnung auf: Vielmehr ist es ausreichend, wenn das verzweifelte Herz die Erinnerung an sie heraufbeschwört und sich hierdurch selbst beruhigen kann. Wie die das Gehirn malträtierenden Hände der Melancholie in der Beschreibung Alain Chartiers, versetzt auch hier die Angreiferin das Ich zwar einerseits in einen Zustand größtmöglicher Verzweiflung, entfaltet in ihm aber andererseits schöpferische Fähigkeiten,

---

**34** Henrik Heger, *Die Melancholie*, darin bes. Kapitel IV „Die Melancholie im inneren Universum des Dichters", darin besonders S. 200–209.
**35** Anjou, *Livre du Cuer*, S. 23.
**36** Anjou, *Livre du Cuer*, S. 25.
**37** Anjou, *Livre du Cuer*, S. 50; vgl. hierzu auch Heger, *Die Melancholie*, S. 246.

die es ihm ermöglichen, allein durch die eigene Vorstellungskraft die angreifende Melancholie zu besiegen.[38]

Charles d'Orléans, dem im Frankreich des 19. Jahrhunderts wohl der höchste Bekanntheitsgrad unter den Dichtern des Spätmittelalters zugesprochen werden kann, lässt in zahlreichen Balladen und Rondeaux die Melancholie im allegorisierten Gewand der Dame *Merencolie* (oder *Merencolye*) auftreten. Er verankert hiermit endgültig das Motiv von der erbarmungslosen Frau, die ein Dichter-Ich überfällt und fast zu Tode quält, in der Literatur der Frühen Neuzeit, und zwar nicht nur in Frankreich, auch auf italienische und englische – und dies wird im Folgenden von Belang sein – Melancholie-Darstellungen hat er maßgeblichen Einfluss ausgeübt.[39] Die motivischen Ähnlichkeiten lassen bereits eine Verbindung zu Baudelaires Passantin erahnen, doch meinen wir das literarische Vorbild von Baudelaires Gedicht in aller Deutlichkeit noch nicht in den Dichtungen des französischen Spätmittelalters zu erkennen, sondern erst in dem 1631 verfassten *Il Penseroso* von John Milton. Die Argumentation sollte bei der ebenso banalen wie grundsätzlichen Frage ansetzen, wie weit Baudelaire mit den Schriften Miltons vertraut gewesen sein könnte. Seine hervorragenden Englisch-Kenntnisse und seine Affinität zur englischsprachigen Literatur dürften als ausreichend belegt gelten.[40] In seinen literarästhetischen Schriften erwähnt Baudelaire John Milton zwar nur vereinzelt, aber immer positiv, etwa dann, wenn er Percy Bysshe Shelleys Versen einen „caractère si solennel et si véritablement miltonien" attestiert. Bezeichnenderweise unterstreicht er in seinen Ausführungen über den englischen Romantiker gerade den melancholischen Charakter dessen Dichtung: „L'infini dans l'horreur et dans la mélancolie, et, plus mélancolique que tout, l'impuissance de s'arracher soi-

---

[38] Heger schreibt dazu, seine Ausführungen über René von Anjou abschließend: „Selbst dort, wo man Gefahr läuft, in seiner Bedingtheit und in seiner völligen Ausgeliefertheit von *Melancolies* Macht erdrückt zu werden, kann man sich noch durch Flucht in die Subjektivität wohltuende Linderung verschaffen und in dem die Zukunft beschwörenden Traumgesicht Erlösung von der Seelenqual erleben" (ders., *Die Melancholie*, S. 247).

[39] Vgl. hierzu Jean Starobinski, „L'encre de la mélancolie", sowie erneut Heger, *Die Melancholie*, darin bes. „Die Melancholielyrik Charles d'Orléans'", S. 248–274, und Reinhard Kuhn, *The Demon of Noontide. Ennui in Western Literature*, Princeton 1976, darin bes. „The Demon of Noontide", S. 39–64. Siehe ferner Klibansky u. a., *Saturn und Melancholie*, darin die Kapitel III. 2 („Dame Mérencolye") und III. 3 („Melancholie als gesteigerte Selbsterfahrung"), aber auch Karlheinz Stierle, „Trauer der Stimme, Melancholie der Schrift. Zur lyrischen Struktur des Rondeau bei Charles d'Orléans", in: Wolf-Dieter Stempel (Hg.), *Musique naturele. Interpretationen zur französischen Lyrik des Spätmittelalters*, München 1995, S. 141–174.

[40] Zu Baudelaire als Übersetzer sei auf die Arbeit von Karl Philipp Ellerbrock verwiesen: *Ästhetische Differenz. Zur Originalität von Baudelaires Poe-Übersetzungen*, Paderborn 2014.

même au supplice !"⁴¹ Des Weiteren gilt es weitestgehend auszuschließen, dass die Analogien zwischen den beiden Gedichten, also *Il Penseroso* und *À une passante*, womöglich lediglich auf ein gemeinsames Vorbild zurückzuführen sind. Diese Vermutung ist jedoch insofern unwahrscheinlich, als – so Klibansky und Panofsky in ihrer Melancholie-Studie – es bei Milton zu einer veritablen Erneuerung kommt, die mit früheren Darstellungen der Melancholie nicht mehr viel gemein hat: Die Dame Melancholie jagt dem lyrischen Sprecher keine Furcht und Abneigung mehr ein (wie noch in den gerade genannten Beispielen von Alain Chartier und René von Anjou), vielmehr wird sie erstmals sowohl zur ‚Göttin', als auch zur ‚Nonne'; sie ist nicht mehr in Lumpen, sondern in kostbare Kleidung gehüllt. An dieser Erscheinungsform wird auch nach Milton festgehalten werden.⁴² Nicht unerwähnt sollen die Versuche bleiben, in Dürers allegorisierter Melancholie das Vorbild für Miltons *Penseroso* zu sehen.⁴³ Dass Milton Dürers Stich gekannt hat, ist in der Tat denkbar.⁴⁴ Allerdings ist der evozierte Motivkreis in beiden Werken in solch hohem Maße verschiedenartig, dass man dem Text offensichtlich Gewalt antäte, läse man ihn als eine explizite Bezugnahme

---

**41** Baudelaire, *Les paradis artificiels*, OC I, S. 476. Weitere Nennungen Miltons finden sich ebenfalls in den *Paradis artificiels* (Baudelaire zitiert hier einen Vers aus dem Ende von *Paradise Lost*; Baudelaire, OC I, S. 492) und in den *Journaux intimes*, darin erkennt Baudelaire den ‚perfektesten' („le plus parfait") Typen männlicher Schönheit in dem Satan „à la manière de Milton" (Baudelaire, OC I, S. 658) aus *Paradise Lost*.
**42** Vgl. Klibansky u. a., *Saturn und Melancholie*, S. 336.
**43** Vor allem der Aufsatz des britischen Kunsthistorikers Martin Conway ist hier zu nennen: „Dürer und Milton", in: Georg Biermann (Hg.), *Albrecht Dürer. Festschrift der internationalen Dürer-Forschung*, Leipzig/Berlin, 1928, S. 29 f. Auch Ulrich Finke hält den Verdacht nicht für abwegig, wiewohl er jedoch vermutet, Milton beziehe sich eher auf Robert Burtons Beschreibung des Stichs (bes. die Passage: „Extreme passionate, and what they desire, they do most furiously seek: anxious ever & very solicitous, distrustful and timorous, envious, malicious, profuse one while, sparing another, but most part covetous, muttering, repining, discontent, and still complaining, grudging, peevish, prone to revenge, soon troubled, and most violent in all their imaginations, not affable in speech, or apt to vulgar compliment, but surely, dull, sad, austere, brooding still, very intent, and, as Albertus Durer paints Melancholy, like a sad woman leaning on her arm with fixed looks, neglect habit, &c. held therefore by some proud, soft sottish, or half-mad, as the Abderites esteemed of Democritus […]", in: Robert Burton, *The Anatomy of Melancholy*, S. 334), als auf den Stich selbst (Ulrich Finke, „Dürers *Melancholie* in der französischen und englischen Literatur und Kunst des 19. Jahrhunderts", in: *Zeitschrift des deutschen Vereins für Kunstwissenschaft*, Bd. 30 [1976], S. 67–85, hier S. 81).
**44** Die überaus große Beliebtheit von Dürers Kupferstichen und Gemälden im England des 17. Jahrhunderts (Bilder, die in späteren Zeiten jedoch fast alle die Insel verlassen haben) hebt Conway zu Beginn seiner kleinen Abhandlung über die intermediale Beziehung zwischen Milton und Dürer hervor (vgl. Conway, „Dürer und Milton", S. 29).

auf *Melencolia I*.[45] Und selbst wenn das Gedicht des englischen Barockdichters von Dürer inspiriert sein sollte, so erinnert nichts in Baudelaires Passantin an Dürers fülligen Engel, und auch die Motive und Gegenstände, mit denen der Künstler seine *Melencolia* umgeben hat, sind in Baudelaires Text vollständig abwesend. Eine letzte in Betracht zu ziehende Verbindung zwischen den beiden Texten besteht womöglich darin, dass Baudelaire Anregungen zum Passantinnen-Sonett Gedichten entnommen hat, die in der direkten Nachfolge Miltons stehen – ein Gedanke, auf den wir im Anschluss an die Betrachtung von *Il Penseroso* zurückkommen werden. Bevor wir nun die Ähnlichkeiten zwischen *À une passante* und Miltons zweihundert Jahre zuvor entstandenem Gedicht en détail aufzeigen, sei die für den Vergleich ausschlaggebende Stelle des Anfangs von *Il Penseroso* wiedergegeben:

>Il Penseroso
>
>Hence vain deluding joyes,
>　The brood of folly without father bred,
>How little you bested,
>　Or fill the fixed mind with all your toyes;
>5　Dwell in som idle brain,
>　And fancies fond with gaudy shapes possess,
>As thick and numberless
>　As the gay motes that people the Sun Beams,
>Or likest hovering dreams
>10　The fickle Pensioners of *Morpheus* train.
>But hail thou Goddes, sage and holy,
>　Hail divinest Melancholy,
>Whose Saintly visage is too bright
>　To hit the Sense of human sight;
>15　And therfore to our weaker view,
>　Ore laid with black staid Wisdoms hue.
>Black, but such as in esteem,
>　Prince *Memnons* sister might beseem,
>Or that Starr'd *Ethiope* Queen that strove

---

45 Indizien dafür, dass Milton sich auf Dürers Stich bezieht, sieht Conway vor allem in der Figur des Cherub, aber auch im Läuten der Abendglocke, der Erwähnung des Mondes, eines Gewässers und der Planeten. Er gesteht ein, dass die Beweislage äußerst dünn ist, es jedoch durchaus vorstellbar sei, dass Milton einen Nachdruck von Dürers Stich besessen habe, und dass sein Geist „bewußt oder unbewußt" von Dürers Melancholie beeinflusst war (vgl. Conway, „Dürer und Milton", S. 30). Indessen wird die Beweislage noch dünner, wenn man in Rechnung stellt, dass Glocke, Mond und Meer, und selbstverständlich die Gestirne, seit jeher traditionelle Begleiter der Melancholie sind (zu den genannten Motiven siehe Klibansky u. a., *Saturn und Melancholie*, darin „Dürer", S. 397–522).

> 20    To set her beauties praise above
>       The Sea Nymphs, and their powers offended.
>          Yet thou art higher far descended,
>          Thee bright- hair'd *Vesta* long of yore,
>          To solitary *Saturn* bore;
> 25       His daughter she (in *Saturns* raign,
>          Such mixture was not held a stain)
>       Oft in glimmering Bowres, and glades
>       He met her, and in secret shades
>       Of woody *Ida's* inmost grove,
> 30       While yet there was no fear of *Jove*.
>       Com pensive Nun, devout and pure,
>          Sober, stedfast, and demure,
>       All in a robe of darkest grain,
>          Flowing with majestick train,
> 35    And sable stole of *Cipres* Lawn,
>          Over thy decent shoulders drawn.
>       Com, but keep thy wonted state,
>          With eev'n step, and musing gate,
>       And looks commercing with the skies,
> 40       Thy rapt soul sitting in thine eyes:
>       There held in holy passion still,
>          Forget thy self to Marble, till
>       With a sad Leaden downward cast,
>          Thou fix them on the earth as fast.[46]

Der lyrische Sprecher fordert die eitlen und trügerischen Freuden auf, seinen Geist zu verlassen. Dagegen die als göttlichst bezeichnete Melancholie heißt er willkommen („Hail divinest Melancholy", V. 12). Deren heiliges Antlitz sei zu leuchtend, als es von einem menschlichen Auge erfasst werden könne („Whose saintly visage is too bright / to hit the sense of human sight", V. 14), weswegen es schwarz verschleiert sei („O'erlaid with black staid wisdom's hue", V. 16 f.). Hiernach schildert der Sprecher die noble Herkunft der Dame: Sie stamme von höheren Sphären ab („Yet thou art higher far descended", V. 22), sei die Tochter des Saturn und der Vesta, gezeugt in einer geheimen Zusammenkunft (V. 24–30). In Vers 31 wird die – eingangs noch als göttlich bezeichnete – Melancholie zu einer nachdenklichen Nonne, andächtig und rein, und der lyrische Sprecher fordert sie auf, sich ihm zu nähern: „Come pensive nun, devout and pure" (V. 31). Sie wird als besonnen, unverwandt und ernst beschrieben („Sober, stedfast, and

---

[46] Milton, *Il Penseroso*, in: *The Poetical Works of John Milton*, hg. von Helen Darbishire, London 1960, S. 424 f. Eine Übersetzung von Otto Heinrich von Gemmingen (1782) findet sich in Ludwig Völkers Anthologie deutscher Melancholie-Gedichte, *„Komm, heilige Melancholie"*, S. 344–346.

demure", V. 32), ist eingehüllt in dunkelstes Gewand („All in a robe of darkest grain", V. 33) mit fließender majestätischer Schleppe („Flowing with majestic train", V. 34). Eine schwarze (Trauer-) Stola bedeckt ihre keuschen Schultern („And sable stole of cypress lawn, / Over thy decent shoulders drawn", V. 35 f.). Der lyrische Sprecher fordert sie erneut auf, näher zu treten, dabei jedoch die ihr eigene Art zu bewahren („Come, but keep the wonted state" V. 37). Als diese ihre Eigenart wird erneut die ungewöhnliche Form ihrer Fortbewegung hervorgehoben; ihre Schritte werden als gemäßigt und ihr Gang als gedankenverloren beschrieben: „With even step, and musing gait" (V. 38). Ihre Blicke scheinen sich mit den Himmeln zu verständigen („And looks commercing with the skies" V. 39), ihre entzückte Seele wird in ihren Augen verortet („Thy rapt soul sitting in thine eyes") und mit dem Attribut heilig-erhabener Leidenschaft („Ther held in holy passion still" V. 41) versehen. Die Melancholie solle selbstvergessen zu Marmor erstarren: „Forget thyself to marble" (V. 42), bis zu jenem Moment, in dem sich ihr trauriger und bleierner Blick nach unten an die Erde heftet: „till, / With a sad leaden downward cast, / Thou fix them on the earth as fast" (V. 43 f.). Die Situation, die hier geschildert wird, ist mit derjenigen, die in *À une passante* aufgerufen wird, fast identisch: Der lyrische Sprecher begegnet einer erhaben auftretenden, schwarz gekleideten Frau von hoher Abstammung, deren dunkle Kleidung fließend ihren Körper umspielt und die sich majestätisch-langsamen Schrittes gedankenverloren hinfort bewegt. In beiden Gedichten werden die Bewegungen der Frau auf dieselbe Weise geradezu stillgestellt, nämlich durch den Verweis auf die antike Statue. Bei Milton wird die Gestalt vom lyrischen Sprecher dazu aufgefordert, sich selbst ‚zu Marmor zu vergessen', Baudelaires Sprecher vergleicht das Bein der Passantin mit dem einer Statue. Besondere Bedeutung messen beide Autoren ihrem Blick bei: Beide Frauenfiguren unterhalten mit ihren Augen sowohl eine Beziehung zum Himmel, als auch zur Erde, wo die berichtenden Instanzen sich aufhalten. Auch stellt in beiden Gedichten die Beschreibung des Blicks den Interpreten vor dasselbe Problem, denn das Gesicht beider Frauen scheint verschleiert, bei Milton explizit, bei Baudelaire ist die Verschleierung nur suggestiv in einer generellen Dunkelheit, ja Schwärze der Erscheinung angelegt.

Dass sich Milton in seiner allegorisierten Darstellung der Melancholie auf eine Tradition beruft, derjenigen Alain Chartiers und Renés von Anjou ähnlich, steht für Klibansky und Panofsky außer Frage. Als Belege führen sie vor allem den bleiernen Blick und die erstarrte Haltung an, sowie schließlich die *facies nigra*, die der personifizierten Melancholie wie dem Melancholiker gleichermaßen zu eigen sind.[47] Interessanter noch als die Tradition scheinen uns an dieser Stelle

---

[47] Vgl. Klibansky u. a., *Saturn und Melancholie*, S. 335.

die Neuerungen zu sein, die sich an der Melancholie im *Penseroso* beobachten lassen und auf die Panofsky und Klibansky hinweisen:

> Während die „Dame Mérencolye" der französischen Romane, ebenso wie die „Malinconia" Ripas [dessen Einfluss auf Milton könnte man allein aufgrund des italienischen Titels des Gedichts vermuten], eine Art Alptraum gewesen war, die dem Leser womöglich noch tiefere Furcht und Abneigung einflößen sollte als ihre Ahnherrin, die „Dame Tristesse", wird Miltons Melancholie als „göttlichste" bezeichnet und als „Göttin, kluge und heilige", als „nachdenkende Nonne, andächtige und reine" gefeiert. Während jene in ärmlicher und vernachlässigter Kleidung oder gar in Lumpen auftritt, erscheint diese „All in a robe of darkest grain, Flowing with majestick train."[48]

Bei Milton, so Panofsky und Klibansky, erfahre der Motivkreis der Melancholie insofern eine generelle Umbesetzung, als die schwarze Gestalt im *Penseroso* letztendlich nur ein Trugbild sei, entstanden durch die Schwäche der menschlichen Sinne, die dem Glanz des wahren Antlitzes nicht würden standhalten können. Hierdurch werde es möglich, der Melancholie eine schwarze und zugleich eigentlich doch strahlende Erscheinung zuzuschreiben, die wir bis zu einem gewissen Grade auch bei Baudelaire finden bzw. wiederfinden.

*Il Penseroso*, so zeigt es Eleanor M. Sickels in ihrer Abhandlung zu *Moods and Themes of Melancholy. From Gray to Keats*, hat den Ausgangspunkt einer ganz eigenen literarischen Gattung gebildet.[49] In diesen Texten werden nicht nur die Motive Miltons, sondern auch solche aufgegriffen, die eine frappierende Ähnlichkeit mit der erwähnten französischen Lyrik des späten Mittelalters aufweisen. Von noch größerer Bedeutung für unsere Fragestellung ist indes die Tatsache, dass sich in diesen Gedichten weitere Motive angelegt finden, die Baudelaire in *À une passante* erneut aufzugreifen scheint.

Nach Sickels zeichnet sich in der englischen Dichtung der zweiten Hälfte des 18. Jahrhunderts die allegorisierte Melancholie zunächst durch ihren gedankenverlorenen Schritt aus, mit dem sie an dem, der sie wahrnimmt, vorüberschreitet. Währenddessen ist ihr Blick entweder gen Himmel oder starr auf die Erde gerichtet. Des Weiteren treten in der Mehrzahl der Beschreibungen Tränen aus ihren Augen (ähnlich dem *fleuve de larmes*, den Renés von Anjou Melancholie dem lyrischen Sprecher zu trinken gibt oder eben den Augen der Passantin).[50]

---

**48** Klibansky u. a., *Saturn und Melancholie*, S. 336.
**49** Vgl. Eleanor M. Sickels, *The Gloomy Egoist. Moods and Themes of Melancholy. From Gray to Keats*, New York 1932, darin vor allem „Invocation to Melancholy", S. 39–90; vgl. auch die Arbeit von Raymond Dexter Havens, *The Influence of Milton in English Poetry*, Cambridge 1922, darin bes. S. 669–679.
**50** Vgl. Sickels, *The Gloomy Egoist*, S. 45. Sickels listet in ihrer Arbeit zahlreiche weitere Gedichte aus der englischen Literaturgeschichte (bis hin zu Keats und Byron, deren Einflüsse auf Baude-

Hierzu seien nun einige Textbeispiele Sickels angeführt. In einem Sammelband von 1782 adressiert sich ein lyrischer Sprecher an die „Sable-vested Melancholy" mit den Worten:

> Come with sadly-plaintive sigh,
> With folded hands, and heav'n ward eye;
> With streaming tears that ceaseless flow,
> And all the solemn suit of woe.[51]

Joseph Warton formuliert um 1777 in seiner *Ode to Fancy* ganz ähnlich:

> Haste, Fancy, from the scenes of folly
> To meet the matron Melancholy,
> Goddess of the tearful eye,
> That loves to fold her arms and sigh;
> Let us with silent footsteps go.[52]

Die gefalteten Hände bzw. die verschränkten Arme (die wir weder im *Penseroso* noch in *À une passante* finden), so die Vermutung Eleanor Sickels', könnten weniger auf Miltons Melancholie-Darstellung, als vielmehr auf einen Fletcher und Beaumont zugeschriebenen (um 1650 datierten) Text zurückzuführen sein:[53]

> Oh sweetest Melancholy!
> Welcome, folded arms, and fixed eyes,
> A sigh that piercing mortifies,
> A look that's fasten'd to the ground,
> A tongue chained up, without a sound![54]

Bei John Whitehouse wird das Auftreten der Melancholie zu einer veritablen und regelmäßigen Heimsuchung, wenn die Melancholie *ihre* nächtliche Runde dreht. In Anbetracht der starken Traditionalität des Motivs stellt sich die Frage, ob diese wiederkehrende Runde jene ist, die schon in den Intertexten beschrieben wird,

---

laire einer gesonderten Studie bedürften), in denen ein oftmals identischer Motivkreis dargestellt ist.

51 „Ode to Melancholy. To the Memory of a Lady who Died of a Cancer in the Breast", in: *Nichols' Select Collection of Poems*, Bd. 8, hg. von John Nichols, London 1782, S. 63, V. 5–9. Zur Ähnlichkeit mit Miltons *Il Penseroso*, siehe auch S. 62.
52 Joseph Warton, „Ode to Fancy", in: *Select Works of the British Poets*, hg. von John Aikin, London 1820, S. 710.
53 Vgl. Sickels, *The Gloomy Egoist*, S. 45.
54 Francis Beaumont/John Fletcher, *The Nice Valour*, or *The Passionate Madman*, in: *Works of Beaumont and Fletcher*, mit einer Einführung von George Darley, Bd. 2, London 1840, S. 463.

oder ob sich die Wiederholung nur auf die individuelle Begegnung mit dem lyrischen Sprecher bezieht:

> Here Melancholy walks her nightly round,
> With haggard looks and wan ; pale is her cheek
> As nightly mists that clothe the darksome side
> Of some hoar hill ; gath'ring her tresses long
> From off the winds, she roves with measur'd step
> Along the grass-grown pavement, glancing oft
> An eye on heav'n, and heaving oft a sigh.[55]

Der Miltonsche Intertext ist in den Darstellungen allegorisierter Melancholie deutlich zu erkennen, und auch Baudelaires Passantin ließe sich in diese Begegnungstradition einreihen, ist doch allen Beschreibungen zu eigen, dass der lyrische Sprecher einer dunkel gekleideten Frauengestalt begegnet, die zumeist lautlos und gemessenen Schrittes den Raum durchschreitet. Ihr Blick kommuniziert entweder mit dem Himmel oder er ist unverwandt zu Boden gerichtet, mitunter scheint in ein und derselben Begegnung auch beides abwechselnd der Fall zu sein.

Baudelaires Verbindung zur spätmittelalterlichen und frühneuzeitlichen Melancholie-Tradition tritt noch deutlicher zutage, wenn man die Lektüre auf weitere von ihm verfasste Texte ausweitet, Texte, in denen er die Melancholie als weibliche Figur auftreten lässt.[56] Exemplarisch seien zwei Stellen erwähnt, aus dem *Salon de 1859* und aus dem Prosagedicht *Le Désir de peindre*.[57] Im *Salon* schreibt er:

---

**55** John Whitehouse, „*Elegy. Written near the Ruins of a Nunnery*", in: *Poems. Consisting chiefly of original pieces*, London 1787, S. 3.
**56** An dieser Stelle sei erwähnt, dass Baudelaire mit dem Gedanken gespielt hat, ein „Melancholie-Gedicht" zu schreiben, welches er auch als solches bezeichnen wollte; sowohl auf seinen *Listes de projets* unter den *Poèmes à faire* als auch unter den Texten *Spleen de Paris à faire* finden wir den Gedichttitel *Melencholia* (Baudelaire, *OC* I, S. 366 und S. 368).
**57** Eine frühe Beschäftigung Baudelaires mit ebendieser Thematik ist in dem Sainte-Beuve gewidmeten Gedicht *Tous imberbes alors, sur les vieux bancs de chêne ...* (aus dem Jahre 1843 oder 1844) auszumachen. Darin findet sich sowohl eine Variante der Dürerschen Allegorie, als auch die Erwähnung der an der klösterlichen Melancholie leidenden *Religieuse* Diderots: „Saison de rêverie, où la Muse s'accroche / Pendant un jour entier au battant d'une cloche ; / Où la Mélancolie, à midi, quand tout dort, / Le menton dans la main, au fond du corridor, – / L'œil plus noir et plus bleu que la Religieuse / Dont chacun sait l'histoire obscène et douloureuse, / – Traîne un pied alourdi de précoces ennuis, / Et son front moite encor des langueurs des ses nuits" (Baudelaire, *OC* I, S. 207).

> Au détour d'un bosquet, abritée sous de lourds ombrages, l'éternelle Mélancolie mire son visage auguste dans les eaux d'un bassin, immobiles comme elle. Et le rêveur qui passe, attristé et charmé, contemplant cette grande figure aux membres robustes, mais alanguis par une peine secrète, dit : Voilà ma sœur ! [...]
> Et au coin de cette allée fleurie qui mène à la sépulture de ceux qui vous sont encore chers, la figure prodigieuse du Deuil, prostrée, échevelée, noyée dans le ruisseau de ses larmes, écrasant de sa lourde désolation les restes poudreux d'un homme illustre, vous enseigne que richesse, gloire, patrie même, sont de pures frivolités, devant ce je ne sais quoi que personne n'a nommé ni défini, que l'homme n'exprime que par des adverbes mystérieux, tels que : peut-être, jamais, toujours ! et qui contient, quelques-uns l'espèrent, la béatitude infinie, tant désirée, ou l'angoisse sans trêve dont la raison moderne repousse l'image avec le geste convulsif de l'agonie.[58]

Unter dem Schutz schwerer Schatten betrachtet die ewige Melancholie ihr hoheitsvolles Antlitz in einem Gewässer, das ebenso unbeweglich ist wie sie selbst. Der *rêveur* erkennt in ihr seine Schwester und geht doch an dieser von einem Schmerz, der sich dem Betrachter nicht erschließt, ermatteten Erscheinung vorüber. Eine wundersame Gestalt der Trauer erscheint nun auf einem zu Gräbern führenden Weg. Überströmt von ihrem eigenen Tränenbach („ruisseau de ses larmes"[59]) verkündet sie die Vergeblichkeit des menschlichen Strebens: Alles werde nichtig im Angesicht jenes „je ne sais quoi", welches niemals jemand bei seinem Namen genannt noch näher bestimmt habe, und das der Mensch lediglich durch mysteriöse Adverbien („peut-être, jamais, toujours !", auch diese Formulierung erinnert an *À une passante*)[60] auszudrücken versuche und das, so hoffen es einige, die unendliche und so sehr ersehnte Glückseligkeit enthalte, oder aber die niemals endende Angst, deren Bild die moderne Vernunft mit der zuckenden Bewegung des Todeskampfes von sich weise.

Auch in dem kaum minder bekannten *Le Désir de peindre* weist die Schönheit einige Merkmale auf, die offensichtlich auf die Melancholietradition zurückgehen:

> Malheureux peut-être l'homme, mais heureux l'artiste que le désir déchire !
> Je brûle de peindre celle qui m'est apparue si rarement et qui a fui si vite, comme une belle chose regrettable derrière le voyageur emporté dans la nuit. Comme il y a longtemps déjà qu'elle a disparu !

---

58 Baudelaire, *OC* II, S. 669.
59 Vgl. den bereits erwähnten „fleuve des larmes" der Melancholie bei René von Anjou.
60 Schon Karlheinz Stierle hat in seinem Paris-Buch die Ähnlichkeit zwischen dieser Formulierung und *À une passante* herausgestellt (ders., *Der Mythos von Paris*, S. 810 f.).

> Elle est belle, et plus que belle ; elle est surprenante. En elle le noir abonde : et tout ce qu'elle inspire est nocturne et profond. Ses yeux sont deux antres où scintille vaguement le mystère, et son regard illumine comme l'éclair : c'est une explosion dans les ténèbres.
>
> Je la comparerais à un soleil noir, si l'on pouvait concevoir un astre noir versant la lumière et le bonheur. [...]
>
> Il y a des femmes qui inspirent l'envie de les vaincre et de jouir d'elles ; mais celle-ci donne le désir de mourir lentement sous son regard.[61]

Die flüchtige Erscheinung, die der lyrische Sprecher im Bild festzuhalten wünscht, wird nicht nur als schön, sondern als ‚mehr als schön', nämlich als ‚überraschend' bezeichnet – ein Attribut, das hier ausdrücklich als Überbietung von ‚schön' verwendet wird. Schwarz sei reichlich in ihr vorhanden, und alles, wozu sie inspiriere, sei nächtlich und tief. Ihre Augen seien zwei Höhlen, in denen dunkel das Geheimnis schimmere, und ihr Blick beleuchte alles wie ein Blitz, eine Explosion in der Finsternis.[62] Die motivischen Gemeinsamkeiten zur *Passante* treten deutlich zutage: Die Frau, von der hier die Rede ist, ist eine schwarze Erscheinung, sie macht sich rar, sie verschwindet schnell wieder, und der Sprecher begegnet ihr als ein „voyageur", die Begegnung ist – mit anderen Worten – stets zufällig und sozusagen ‚Glückssache'. Ihr Blick gleicht einem Blitz und lässt den Betrachter nach ihrem Verschwinden in der Dunkelheit allein zurück. Ihre enge Verbundenheit mit der allegorischen Melancholie-Tradition wird explizit, wenn der lyrische Sprecher verkündet, er würde sie – wenn man sich denn ein schwarzes Gestirn vorstellen könnte, welches Licht und Glück verströmt – mit einer ‚schwarzen Sonne' vergleichen.[63] Der Topos vom *soleil noir* der Melancholie ist im Frankreich des beginnenden 19. Jahrhunderts fest verankert, so finden wir ihn in Gautiers

---

61 Baudelaire, *Le Désir de peindre*, OC I, S. 340.
62 Zur dunklen und gleichzeitig hell strahlenden Erscheinung der Melancholie sei erneut an Miltons Verse aus dem *Penseroso* erinnert: „Hail divinest Melancholy, / Whose Saintly visage is too bright / To hit the Sense of human sight; / And therfore to our weaker view, / Ore laid with black staid Wisdoms hue." (V. 12–16).
63 Vgl. hierzu Baudelaires Gedicht *Un fantôme*. Auch darin ist von einer „belle visiteuse [...] noire et pourtant lumineuse" (I., V. 13 f.) die Rede, und weiter heißt es: „Être maudit à qui, de l'abîme profond / Jusqu'au plus haut du ciel, rien, hors moi, ne répond / – Ô toi qui, comme une ombre à la trace éphémère, // Foules d'un pied léger et d'un regard serein / Les stupides mortels qui t'ont jugée amère, / Statue aux yeux de jais, grand ange au front d'airain !" (Baudelaire OC I, *Un fantôme*, V. 10–14, S. 41). Ausgehend von dieser Ähnlichkeit, und hiermit sind nicht nur Motive aus *À une passante*, sondern allgemein der Motivkreis der Melancholie gemeint, könnte untersucht werden, ob es sich bei dem den lyrischen Sprecher heimsuchenden *fantôme* weniger um Jeanne Duval (wie es Claude Pichois in seinem Kommentar vermutet [vgl. Baudelaire, OC I, S. 901]), als vielmehr ebenfalls um eine allegorisierte Darstellung der Melancholie handelt.

*Melancholia*⁶⁴ von 1838, in Nervals *Desdichado* von 1854, aber auch in einem von Nerval übersetzten und in der *Revue des deux mondes* erstmals erschienenen Text von Heinrich Heine aus dem Jahre 1848.⁶⁵ Am Ende von Baudelaires *Le désir de peindre* wird ein Quasi-Resümee gezogen, in dem der Sprecher behauptet, es gebe Frauen, die das Verlangen wachrufen, sie zu besiegen und sich an ihnen zu erfreuen. Diese Schönheit jedoch sei von der Art, dass sie im Betrachter die Sehnsucht erwecke, unter ihrem Blick langsam zu sterben – ein Gedankengang, dessen Nähe zu der „douceur qui fascine et le plaisir qui tue" auslösenden Passantin nicht von der Hand zu weisen ist.⁶⁶

Baudelaire hat in *À une passante* nicht nur auf traditionelle Allegorien der Melancholie zurückgegriffen, sondern er hat darin die Melancholie selbst zu einer Allegorie werden lassen. Seine Innovation besteht darin, die Melancholie nicht auf traditionelle Weise allegorisch zur Anschauung gebracht zu haben, sondern die Melancholie selbst zu einer Allegorie gemacht zu haben, die wiederum auf eine außerhalb ihrer selbst liegende eigentliche Bedeutung von poetologischer Dimension verweist. Mittels ihrer mimetischen Integration in die Großstadt, so soll in der nun folgenden Analyse gezeigt werden, wird zum einen das Paradoxon eines fruchtbaren *ennui* aufgezeigt, zum anderen dem grundsätzlichsten Merkmal der Kunst der Moderne zum Ausdruck verholfen.

Unsere Interpretation ist freilich nicht der erste Versuch, das Gedicht *À une passante* poetologisch zu deuten, doch haben frühere Interpreten ihn zum einen nur ansatz- bzw. stellenweise unternommen, zum anderen kranken diese Ansätze oftmals daran, sich stets damit zu begnügen, einen irgendwie gearteten Bezug zur

---

64 In dem Gedicht *Melancholia* ist von einem „grand soleil noir" die Rede (Théophile Gautier, *Poésies complètes* I, Paris 1902, S. 220).

65 „Noir soleil, combien de fois tu m'as versé les flammes dévorantes de l'enthousiasme, et combien de fois ne suis-je pas resté chancelant sous l'ivresse de cette boisson! Mais alors un sourire d'une douceur enfantine voltigeait autour des lèvres fièrement arquées, et ces lèvres fièrement arquées exhalaient des mots gracieux comme le clair de lune et suaves comme l'haleine de la rose. Et mon âme alors s'élevait et planait avec allégresse jusqu'au ciel." (Heinrich Heine, *Poëmes et Légendes*, übers. von Gérard de Nerval, Paris 1855, darin „La Mer du Nord", S. 138, erstmalig erschienen in der *Revue des deux mondes*). Siehe hierzu auch James S. Patty, „Baudelaire and Dürer: Avatars of Melancholia", in: *Symposium* 38 (1984), S. 244–257, hier S. 251.

66 Wir finden den Gedanken aber auch – fraglos in abgeschwächter Form – in *La Beauté*: Darin sagt die Schönheit über sich selbst sprechend, ihre Brust, der gemeinhin eine lebensspendende Funktion zugeschrieben wird, sei der Ort, an dem sich einer nach dem anderen schlimmste Verletzungen zuziehe: „Et mon sein, où chacun s'est meurtri tour à tour, / Est fait pour inspirer au poète un amour" (*La Beauté*, Baudelaire, *OC* I, S. 21, V. 2–3).

Baudelaireschen Begriffsrelation von *éternel* und *transitoire* aufzuzeigen, ohne indes darüber hinausgehende Erklärungen anzubieten.[67] Diese vielbeschworene Interdependenz zwischen Stillstand und Bewegung wird auch Ausgangspunkt, jedoch nicht Endpunkt, unserer nun folgenden Deutung bilden.

Das Sonett ist durch einen narrativen, ereignishaften Teil, den die beiden Quartette bilden, und einen diskursiv-reflexiven Teil, bestehend aus den beiden Terzetten, in zwei Hälften geteilt. Der Übergang zwischen Quartett und Terzett ist semantisch fließend gestaltet. Einerseits gehört der erste Halbvers des ersten Terzetts („Un éclair ... puis la nuit!") noch zum narrativen Teil, er enthält aber andererseits bereits kein Verb mehr in einer Vergangenheitsform und bereitet somit den Wechsel zum Temporalsystem der Rede vor, unterstreichen doch Erzähltempora die Aufteilung in einen narrativen und einen diskursiven Teil.[68] In den beiden Quartetten dominieren *imparfait* und *passé simple*: Der Hintergrund des Geschehens wird im *imparfait* („hurlait") beschrieben. Das Vorüberschreiten der Dame („passa") steht aus naheliegenden Gründen im *passé simple*. Doch schon nach der ersten Strophe springt der lyrische Sprecher wild zwischen den Zeiten, wobei wohl am auffälligsten ist, dass seine einzige Handlung („buvait [...] dans son œil") auch im *imparfait* geschildert wird. Diese doch eigentlich unpassende

---

[67] Die berühmte Formulierung aus dem *Peintre de la vie moderne* lautet: „La modernité, c'est le transitoire, le fugitif, le contingent, la moitié de l'art, dont l'autre moitié est l'éternel et l'immuable" (Baudelaire, *OC* II, S. 695). Ein sehr ähnlicher Gedanke, hierauf macht Karin Westerwelle (dies., „Bilderscheinung", S. 154) im Verweis auf Claude Pichois' Kommentar aufmerksam, findet sich schon in einer 1840 verfassten Schrift von Félicité Robert de Lamenais. In dessen *Esquisse d'une philosophie* ist zu lesen: „Car l'Art implique le Beau essentiel, immuable, infini, identique avec le Vrai dont il est l'éternelle manifestation, et quelque chose qui le rende accessible à nos sens, qui le détermine au sein de la Création contingente ; et comme le Vrai ou l'Être infini est, dans son unité, la source d'où dérive l'inépuisable variété des êtres finis qui le manifestent dans l'univers, le Beau infini est la source d'où dérive le Beau créé, ou la variété inépuisable des formes limitées qui le manifestent dans l'espace et dans le temps. [...] l'Art implique deux éléments inséparables, l'élément spirituel ou idéal dont le type premier est l'infini, l'élément matériel dont le type premier est le fini. L'un correspond à l'unité primordiale, absolue, et se résout en elle, l'autre aux manifestations limitées, partielles, diverses, dès-lors, de cette unité première, et se résout en elles. Le rapport naturel de ces deux éléments, l'unité et la variété, constitue l'harmonie essentielle de l'Art." (Félicité Robert de Lamenais, *Esquisse d'une philosophie*, 4 Bde., Paris 1840–1846, Bd. 3 [1840], S. 126–128). Baudelaire muss mit diesem Text nicht vertraut gewesen sein. Indessen reicht uns doch dieses Fundstück um feststellen zu können, dass Baudelaires theoretische Überlegungen zur Moderne zuweilen weniger originell sind und sein Denken dem Zeitgeist stärker verhaftet ist, als die Forschung oftmals erahnen lässt.
[68] Émile Benveniste, *Problèmes de linguistique générale*, Paris 1966, S. 237–250 (darin das Kapitel „Les relations de temps dans le verbe français").

Zeitform scheint dazu gedacht, eine Handlung vorzubereiten oder wenigstens anzukündigen (womöglich ein erotisches Ereignis) – die allerdings und bezeichnenderweise ausbleiben wird. In den Terzetten dominieren dann die Tempora der Rede (Präsens, Futur, *passé composé*), bevor mit dem letzten Verb, das hier zugleich das letzte Wort des Gedichts ist, wieder das *imparfait* zum Zuge kommt und die Vergeblichkeit der Erlösung markiert: Die für alle Zeiten Entschwundene hat das ihr unterstellte Wissen um die Liebe im entscheidenden Augenblick für sich behalten. Rhetorisch handelt es sich um eine Apostrophe, mithin um eine Exclamatio, kleidet der Sprecher seine Reflexion des Ereignisses doch in die Anrede der abwesenden, nur noch in der Vorstellung gegenwärtigen Passantin.

Beginnen wir mit der einleitenden Beschreibung des Zusammentreffens zwischen dem lyrischen Sprecher und der Dame, das inmitten einer lärmenden Straße stattfindet. Die Angabe „autour de moi" bedeutet nichts anderes, als dass der lyrische Sprecher sich selbst als im Zentrum des lärmenden Geschehens stehend präsentiert. Der Eindruck der Stille entsteht erst später, und das letztendlich auch nur durch eine ungewöhnliche Form von Nachzeitigkeit. Denn in dem Augenblick, in dem der Leser dieses Moments gewahr wird, hat das jähe Ende der Betrachtung der schönen Unbekannten die Geräuschlosigkeit schon wieder zerrissen und der lyrische Sprecher überlässt sich dem Nachsinnen über das soeben Geschehene.[69] Dieser Moment befindet sich am Übergang von den Quartetten zu den Terzetten. Zunächst wird die verzaubernde Erscheinung der Passantin aus der Perspektive des Sprechers beschrieben:

> Agile et noble, avec sa jambe de statue.
> Moi, je buvais, crispé comme un extravagant,
> Dans son œil, ciel livide où germe l'ouragan,
> La douceur qui fascine et le plaisir qui tue. (V. 8)

Aus diesem Wahrnehmungsvorgang geradezu herausgerissen erscheint dann die nächste Strophe, die uns erst bewusst werden lässt, in welchem Maße der lyrische Sprecher sich in seinen Gedanken verloren hatte: „Un éclair ... puis la nuit! – Fugitive beauté". Der Vorgang des Träumens ist beendet, und der Berichtende leitet das Gedicht mit einer geradezu theoretisierenden Reflexion des just Erleb-

---

69 Zur Bedeutung des ‚Augenblicks' für die ästhetische Moderne sei verwiesen auf Karl Heinz Bohrer, *Plötzlichkeit*, Frankfurt a. M. 1981; Zimmermann, *Der ästhetische Augenblick*, 1989; Gottfried Boehm, „Augenblick und Ewigkeit. Bemerkung zur Zeiterfahrung in der Kunst der Moderne", in: Willem van Reijen (Hg.), *Allegorie und Melancholie*, Frankfurt a. M. 1992, S. 109–123; sowie Milan Herold, *Der lyrische Augenblick als Paradigma des modernen Bewusstseins. Kant, Schlegel, Leopardi, Baudelaire, Rilke*, Göttingen 2017 (zu Baudelaires Passantin bes. das Kapitel „Augen-Blick: *À une passante*").

ten aus. Doch damit dieser Effekt der nachzeitigen Stillstellung überhaupt funktionieren kann, musste zunächst eine Szenerie aufgebaut werden, in welcher der Bewegung maßgebliche Funktion zugesprochen wird. Diese ist folgendermaßen gestaltet: Dem lyrischen Sprecher fällt die *passante* allererst wegen ihrer Größe und ihrer Magerkeit auf, Attribute, die weder auf klassische Schönheit, noch auf das modische Stilempfinden des 19. Jahrhunderts verweisen.[70] Wenn sie als „en grand deuil" mit „douleur majestueuse" und schließlich mit einer „main fastueuse" ausgestattet beschrieben wird, scheint sie sich zunächst dem Betrachter zu nähern, geht dann aber doch an diesem vorbei („une femme passa"). Mit ihrer Hand wiegt sie den wellenhaften Saum ihres Kleides und lässt hiermit das Bild einer wippenden Gangart entstehen, die durch ihre Größe Selbstsicherheit suggeriert. Passend wird die Passantin dann auch zu Beginn der zweiten Strophe als „Agile et noble", beweglich und edel, beschrieben; und auch in dieser Formel sind bereits Bewegung und Stillstand angelegt. Der fast schon als verführerisch zu bezeichnende Gang steht im Kontrast zu dem ‚großen Schmerz' und der ‚majestätischen Trauer', mit der sie eingangs umschrieben wurde. Der Schilderung des lyrischen Sprechers zufolge handelt es sich um eine doch sehr ungewöhnlich trauernde Dame, soviel kann an dieser Stelle festgehalten werden. Um diese auffällige Diskrepanz zu erklären, unterstellt Kurt Reichenberger ihr ein ausgeprägtes Stilbewusstsein: „Eine elegante Frau aus der Gesellschaft. [...] jeder Zoll eine große Dame, die auch im Leid den Sinn für modische Erscheinung nicht verloren hat."[71] Doch scheint bei näherer Betrachtung die Passantin gar nicht zu trauern. Von ihrer dunklen Kleidung – die ja auch nur auf der Suggestivität der Formulierung „en grand deuil" beruht – einmal abgesehen, deutet keine der Beschreibungen darauf hin, dass sie überhaupt seelischen Schmerz empfindet. Einmal mehr stellt sich die Frage, ob die Passantin nicht weniger eine trauernde Erscheinung ist, als vielmehr – zeichenhaft – Trauer oder eben Melancholie selbst *verkörpert*.

Das Auftreten der Vorübergehenden suggeriert nicht allein semantisch, sondern auch metrisch ein dynamisches Wogen. Die beschwingte Bewegung in *À une passante* wird in dem Moment geradezu stillgestellt, in dem über die Dame, die kurz zuvor noch als „agile et noble" beschrieben wurde, berichtet wird, sie habe das Bein einer Statue, „avec sa jambe de statue"[72] – eine Beschreibung,

---

70 Vgl. Joachim Küpper, „Lyrik der Dekadenz. Zu Gabriele D'Annunzios Gestaltung der ‚schicksalhaften Begegnung' (*Ricordo di Ripetta*)", in: Rainer Warning/Winfried Wehle (Hg.), *Fin de siècle*, München 2002, S. 143–163, hier S. 151.
71 Reichenberger, „Die schöne Unbekannte", S. 133.
72 Wie sehr der Rhythmus des Gedichts „Leichtfüßigkeit und schwere Trägheit" einander gegenübergestellt, und inwiefern der Versrhythmus die paradoxe Beschreibung des Beins der Marmorstatue imitieren könnte, kann bei Karin Westerwelle nachgelesen werden, in: „Die Transgression

die kein bloßes Schönheitsattribut des Beins ist. Alle Formulierungen, die dieser Beobachtung folgen, zeugen in einem ungleich geringeren Maße von Bewegungen.

Wenn der lyrische Sprecher das momenthafte Auftreten der Schönheit im Bild des in Stein gemeißelten Beins zu konservieren versucht, entsteht hierdurch ein Verweis auf die antike Vorstellung von Schönheit und somit auf einen Kontext, der ein vorchristlicher ist. Vor diesem Hintergrund könnte die *éternité*, von der der Sprecher sagt, dass dann bzw. dort – sind doch Zeit und Raum in der *éternité* aufgehoben – ein Erblicken (kein ‚Wiedersehen', wie es in der deutschen Übersetzung, aber auch in der Sekundärliteratur oftmals zu finden ist)[73] der Passantin möglich sei, nicht nur das christliche Jenseits bezeichnen.[74] Vielmehr könnte der Begriff wortwörtlich mit ‚Ewigkeit' zu übersetzen sein. Er würde so nicht nur eine „Zeit nach der säkularen Zeit"[75] bezeichnen, sondern eine

---

von Gegenwart", S. 66–71. Hingegen weniger überzeugt Westerwelles Argumentation, wenn sie der Passantin den Status einer erotischen Todesbotin wie folgt zuspricht: „Das Todesmoment, das sich im Prozeß des Gehens ereignet, stellt sich im fetischisierten Bein kristallisiert dar [,jambe de statue']. In der Bewegung, im erotischen Schritt des Beins, ist das Bein von Rocksaum im Schritt und in der Geste der Hand quasi entblößt worden (‚Soulevant (...) le feston et l'ourlet'). Als ‚statue' ist die Passantin diejenige, die den Tod durch die Geste der Hand (‚fastueuse') im fetischisierten Teil ihres Körpers, im Bein, aufscheinen läßt. Das Bein, das Quelle größter, den Blick fixierender ‚douceur' ist, tötet (sta-tue) oder kastriert zugleich den Blick" („Die Transgression von Gegenwart", S. 79). Weitere Überlegungen zur ‚Femme fatale' bei Baudelaire, insbesondere zu deren Blick und eben auch zum Blick in *À une passante*, finden sich bei Lena Schönwälder, „‚La douceur qui fascine et le plaisir qui tue.' Der Blick der *Femme fatale* in Baudelaires *Fleurs du mal*", in: Milan Herold/Michael Bernsen (Hg.), *Der lyrische Augenblick*, Berlin/Boston 2015, S. 189–206. Zum parnassischen Motiv der Statue und Baudelaires Wiederaufgreifen desselben sei verwiesen auf Klaus W. Hempfer „Die *Fleurs du Mal* und der Parnasse", in: Brunhilde Wehinger (Hg.), *Konkurrierende Diskurse. Studien zur französischen Literatur des 19. Jahrhunderts. Zu Ehren von Winfried Engler*, Stuttgart 1997, S. 154–174.

73 Die Zeile „Ne te verrai-je plus que dans l'éternité?" (V. 11) müsste übersetzt werden mit: „Werde ich Dich nur noch in der Ewigkeit erblicken?", oder wie Walter Benjamin es tut mit „Seh ich dich nur noch in der Ewigkeit?" und nicht so, wie W. Hausenstein („Seh ich Dich wieder, eh' die Ewigkeit beginn?"), S. George („Kommst du erst wieder in der ewigkeit?") oder F. Kemp („soll ich Dich in der Ewigkeit erst wiedersehen?") übersetzen (alle Beispiele sind entnommen aus: Jürgen von Stackelberg, *Weltliteratur in deutscher Übersetzung. Vergleichende Analysen*, München 1978, S. 204–212). Auch Simon Werle hat jüngst in seiner Neu-Übersetzung in Versform geschrieben: „Werd ich erst in der Ewigkeit dich wiedersehen?" (Charles Baudelaire, *Les Fleurs du Mal. Die Blumen des Bösen. Aus dem Französischen von Simon Werle*, Reinbek bei Hamburg 2017, S. 267).

74 Womit gleichzeitig auch die These, der zufolge die Passantin eine Symbolfigur des Todes ist, an Überzeugungskraft einbüßt, stünde doch in diesem Fall eine Vereinigung im Tod gar nicht erst zur Debatte.

75 So Bohrer in: *Der Abschied*, S. 177.

generelle ‚Überzeitlichkeit'.⁷⁶ In der Kombination mit dem Hinweis auf antike Künste wird die moderne Interdependenz zwischen Zeit und Schönheit zum Thema gemacht, zumal Baudelaire *éternité* mit *fugitive beauté* reimt. Das Zusammenfallen der Opposition von Flüchtigkeit und Ewigkeit findet sich in der semantischen Anomalie vom „jambe de statue" in konzentrierter Form.⁷⁷ Hans Robert Jauß hat in seiner kritischen Benjamin-Lektüre herausgestellt, inwiefern Baudelaire, wenn er auf Antikes rekurriert, weniger das Altertum meint, sondern vielmehr das Gegenteil der flüchtigen Schönheit moderner Kunst benennen möchte.⁷⁸ Auch im Fall von Baudelaires Statuenbein könnte der Verweis auf Antikes den geglückten Versuch des Konservierens von Schönheit (für alle Ewigkeit) im Kunstwerk bezeichnen, womit im gleichen Atemzug die ‚Verzeitlichung' von Schönheit, die das Wesensmerkmal moderner Kunst bildet, zum Thema gemacht würde.

Wie so häufig in den *Fleurs du Mal* bildet in *À une passante* die räumliche Opposition von Horizontalität und Vertikalität einen bedeutungsgenerierenden Rahmen des Geschehens: Durch das Gewahrwerden der Schönheit kann der lyrische Sprecher die ihn horizontal umgebende Welt des *ennui* – wenn auch nur für einen Augenblick – verlassen.⁷⁹ Der Passantin kommt hierbei die Funktion einer Mittlerin zu: Sie kommuniziert mit der vertikalen Achse (diesen Eindruck vermittelt schon ihre Größe, aber auch ihr wohl aufrechter Gang),⁸⁰ in deren Höhe in der Gedichtsammlung gemeinhin das *Idéal* verortet wird. In ihren Augen hat ein ‚gewitterschwangerer' Himmel seinen Ort, welcher zum einen über den Blick und zum anderen durch das ‚Trinken' an den lyrischen Sprecher herangetragen wird. Vergleichbar mit der Wirkkraft von Alain Chartiers Melancho-

---

76 Karin Westerwelle bemerkt hierzu treffend: „Immer schon hat sich die Schönheit an diesem Ort der Ewigkeit aufgehalten und nur an diesem Ort kann ihr das lyrische Ich begegnen oder sie wiedersehen" (in: „Transgression von Gegenwart", S. 81)
77 Andreas Kablitz weist in seiner Analyse von *La Beauté* auf eine ähnlich paradoxe Formulierung hin: Gleich zu Beginn des Gedichts wendet sich die Schönheit an die Sterblichen und behauptet von sich selbst schön wie ein „rêve de pierre" zu sein. In der Gegenüberstellung von flüchtigem Traum und ewigem Stein wird auf vorchristliches Denken verwiesen – in dem Materie weder entsteht noch vergeht –, ist doch in der christlichen Vorstellung der *creatio ex nihilo* der Materie als Bestandteil der Schöpfung ein Zeitpunkt des Entstehens zugeschrieben (vgl. Kablitz, „Baudelaires [Neu-]Platonismus", S. 165). Eine ähnliche Kombination von unbelebter Materie mit einem Adjektiv der Lebendigkeit findet sich auch in dem Sonett *Correspondances*, wo von „vivants piliers" (V. 1) die Rede ist (Baudelaire, *OC* I, S. 11).
78 Vgl. Jauß, *Literaturgeschichte als Provokation*, S. 60 f. Siehe hierzu auch Warning, „Imitatio", S. 315.
79 Vgl. hierzu das Kapitel „Die Topografie des *ennui* bei Baudelaire" dieser Arbeit.
80 Siehe hierzu auch Westerwelle, „Die Transgression von Gegenwart", S. 74.

lie, die den von ihr Befallenen mit Zaubertränken vergiftet und die sein Gehirn mit ihren Händen fast bis zum Tode zerdrückt, ihm dadurch aber neue Wege eröffnet („[...] senti ouvrir, crouller et remouvoir la partie qui au milieu de la teste siet en la regionde l'ymaginative, que aucuns appellent fantasie"[81]), fühlt sich Baudelaires lyrischer Sprecher wie wiedergeboren („m'a fait soudainement renaître", V. 10). Dieses *renaître* könnte sich auf das *assourdissante* der ersten Zeile des Gedichts beziehen, den nervtötenden Lärm der Großstadt, hatte doch die Alltagsszenerie, in die das Erlebnis eingebettet ist, mit der Überladung eines akustischen Reizes begonnen. Die Wiederbelebung, ja die Erlösung, kommt hingegen aus dem Visuellen – und in der Tat gleicht die Schilderung des lyrischen Sprechers einer Vision, die Züge einer *visio beatificata* oder gar einer Gottesschau trägt.[82]

Weder die Schönheit einer Frau noch die der Frau an sich ist Thema des Gedichts. Vielmehr geht es um die Schönheit, wie sie sich in der beschriebenen Passantin manifestiert. Neoplatonischer Denkweise verpflichtet wird aufgezeigt, wie Wahrnehmungsausschnitte, wie das momenthafte Aufscheinen bzw. das Wahrnehmen der Schönheit der Frau es ermöglichen, auf die Schönheit an sich zu verweisen.[83]

Der lyrische Sprecher in *À une passante* enthält sich ab dem ersten Terzett des Gedichts jeder weiteren Beschreibung der Frau und überlässt sich stattdessen einer Reflexion über den Effekt, den die Begegnung in ihm ausgelöst hat. Hierbei zeigt er sich weniger von der Liebe als vielmehr von der Schönheit getroffen. Eine andere Deutung wäre schwerlich möglich, denn würde das Gedicht den Moment des urplötzlichen und unsterblichen Verliebens zum eigentlichen Thema haben,

---

[81] Chartier, *Le livre de l'Espérance*, S. 5. Das vergiftete Gehirn, dem es in diesem pathologischen Zustand möglich ist, Neues hervorzubringen, finden wir – dies sei hier nur am Rande bemerkt – auch in der letzten Strophe von *Le Voyage*, wenn der vom *ennui*-geplagte lyrische Sprecher dem Tod zuruft: „Verse-nous ton poison pour qu'il nous reconforte ! / Nous voulons, tant ce feu nous brûle le cerveau [...] / Au fond de l'Inconnu pour trouver du *nouveau !*", V. 141–144 (*Le Voyage*, Baudelaire, *OC* I, S. 134).

[82] Siehe hierzu auch Glenn W. Most, der dieser göttlichen Erscheinung jedoch gleichzeitig eine diabolische Dimension zuschreibt, wenn er fragt, ob nicht die Passantin selbst den von ihr Betrauerten umgebracht haben könnte (vgl. ders., „Urban Blues: Detective Fiction and the Metropolitan Sublime", in: *The Yale Review* 94 [2006], S. 56–72, hier S. 61). Diese Deutung könnte auch erklären, warum die Dame zwar mittels ihrer Kleidung Trauer ausstellt, in ihrer aufrechten und beschwingten Gangart jedoch geradezu kokett auftritt.

[83] Joachim Küpper macht im Vergleich zu früherer Liebeslyrik die treffende Feststellung: „Was bei Petrarca und bei Lamartine die Singularität des Ereignisses verbürgte: die Einzigartigkeit des Sprechers bzw. die der Angesprochenen, ist bei Baudelaire zur Einzigartigkeit eines Augenblicks transformiert. Diese Umbesetzung konterkariert das im Motiv der einzigartigen Begegnung implizierte Moment des Beginns einer (Liebes-)Geschichte." (Ders., „Lyrik der Dekadenz", S. 152).

so hätte Baudelaire hier eine reichlich abgenutzte romantische Schablone verwendet, nach der die Liebe über den sich Verliebenden geradezu hineinbricht. Deutete man das Gedicht als eine Aktualisierung des Motivs des traditionellen *innamoramento*, müsste man es als das lyrische Resultat einer durch und durch romantisch stilisierten Vorstellung bezeichnen. Es wäre ganz im Stile der im höchsten Maße verkitschten Träumerei Emma Bovarys gehalten („L'amour, croyait-elle, devait arriver tout à coup, avec de grands éclats et des fulgurations, – ouragan des cieux qui tombe sur la vie, la bouleverse, arrache les volontés comme des feuilles et emporte à l'abîme le cœur entier"[84]) und würde mit Baudelaires übrigen literarischen wie auch theoretischen Schriften kaum zu vereinbaren sein.

Bevor sich dieser Verschränkung von schöner Frau als solcher und Schönheit an sich gewidmet wird, soll zunächst gezeigt werden, inwiefern die Passantin (als Allegorie der Melancholie) lediglich die Funktion eines Anlasses für eine Reflexion über die Beschaffenheit moderner Schönheit darstellt – und dass hierbei dem Faktor Zeit eine tragende Rolle zukommt.[85]

Um das Konzept einer nunmehr allein kurzzeitig aufscheinenden Schönheit zum Ausdruck zu bringen, lässt Baudelaire die Melancholie im traditionellen rhetorischen Gewand der Allegorie auftreten, welche den Weg des lyrischen Sprechers lediglich streift und die den Leser zum Zeugen des Versuchs werden lässt, das momenthafte Aufscheinen von Schönheit festzuhalten (im *Confiteor de l'artiste* wird dieses Mühen gar als ‚Duell' bezeichnet)[86]. Nach Adorno, dessen Verständnis von der Bedeutung des Augenblicks demjenigen Baudelaires ähnelt – ja womöglich von Baudelaires Auffassung beeinflusst worden ist –, geht es bei diesem Kraftakt des ‚Ringens' stets darum „[...] das Flüchtige, Enteilende, Vergängliche [...] in Dauer zu retten".[87] Hierzu, so unsere Behauptung, hat Baudelaire in *À une passante* die Melancholie *in persona* zum Schlüssel der Wahrnehmung

---

[84] Flaubert, *OC* I, S. 382.
[85] Insbesondere Jean-Paul Sartre (ders., *Baudelaire*, Paris 1947) vermutet den Schwerpunkt der Baudelaireschen Dichtung in der Darstellung eines überspitzten Zeitbewusstseins, wobei der Existentialist immer allerserst ein psychologisch motiviertes Grauen vor dem Vergehen und vor dem Tod, und nicht die kunstästhetische Thematisierung von Schönheit im Blickfeld hat. Vgl. zur Diskussion auch Karl Heinz Bohrers Kapitel „Die vollendete Kontemplation: Statt elegischer Erinnerung die Reflexionsfigur des endgültigen Abschieds", in: *Der Abschied*.
[86] Darin heißt es: „L'étude du beau est un duel où l'artiste crie de frayeur avant d'être vaincu" (in: *Le Spleen de Paris*, Baudelaire, *OC* I, S. 279). Zu dem Text sei insbesondere verwiesen auf die Lektüre von Karin Westerwelle in „Zeit und Schock. Charles Baudelaires *Confiteor de l'artiste*", in: *Merkur* 553 (1993), S. 667–682, aber auch auf Walter Benjamin, *Charles Baudelaire*, S. 111 f.
[87] Adorno, *Ästhetische Theorie*, in: *Gesammelte Schriften*, Bd. 7, S. 326. Vgl. hierzu auch Bohrer, *Plötzlichkeit* (1981), sowie Tilo Wesche, „Adornos Engführung von Kunst und Moderne. Zum

von Schönheit gemacht. Sie selbst braucht dabei nicht einmal mit gängigen Attributen der Schönheit versehen zu werden, denn ihre Aufgabe ist die einer Mittlerin und es geht allein darum, was sie in dem sie Wahrnehmenden hervorruft. Und auch wenn die Deixis eine Ansprache der Dame suggeriert („Ne te verrais-je plus que dans l'éternité" V. 11; „j'ignore où tu fuis", V. 13; „toi que j'eusse aimée, ô toi qui le savais!", V. 14), so macht die Situation der flüchtigen Begegnung doch deutlich, dass der lyrische Sprecher in seinen Überlegungen im zweiten Teil des Sonetts weniger um die Passantin wirbt, als vielmehr zu sich selbst spricht.

Die zunächst als „passante" und als „femme" (V. 3) Bezeichnete wird in dem reflektierenden Abschluss mit „Fugitive beauté" (V. 9) angesprochen.[88] Dementsprechend schildert die letzte Strophe wohl kaum die Reue über eine verpasste Gelegenheit, die eventuell erst nach dem Tode wiederkehren würde. Vielmehr bezieht sich das „Ailleurs, bien loin d'ici! trop tard! *jamais* peut-être!" (V. 12) auf eine Schönheit, die an anderen Orten und zu anderen Epochen – gemeint ist gewiss die griechische Antike – noch möglich war, nunmehr vielleicht *niemals* mehr möglich sein wird. In dem kursiv gesetzten *jamais* könnte gar ein Echo auf das berühmte *nevermore* aus E. A. Poes Gedicht *The Raven* vermutet werden.[89] Darin richtet der schwarze Vogel dieses Wort an den lyrischen Sprecher, der sich von dem Verlust seiner geliebten Leonore schwer getroffen zeigt und sich fragt, ob er die Dame je wiedersehen werde: „Tell this soul with sorrow laden if, within

---

Begriff des Neuen in der *Ästhetische*[n] *Theorie*", in: Maria Moog-Grünewald (Hg.), *Das Neue*, S. 73–89, bes. S. 77 f.

**88** An dieser Stelle sei auf Lamartines berühmtes Gedicht *À Elvire* verwiesen, das von dem Angebot des Dichters handelt, die Schönheit der geliebten Dame unsterblich zu machen. Freilich wird das Verhältnis von Elvire zur Schönheit, von der Dame zum Abstraktum nicht wie bei Baudelaire in die mimetische Szene der Großstadt geholt, sondern lediglich in den Kommentar eingepflegt. Doch hier wie dort werden in der Formel von der „Fugitive beauté" das Singulär-Momenthafte und das Abstrakt-Ewige zusammengebracht. Das Gedicht schließt mit den Worten: „Jeunesse, amour, plaisir, fugitive beauté! / Beauté, présent d'un jour que le ciel nous envie, / Ainsi vous tomberez, si la main du génie / Ne vous rend l'immortalité! // Vois d'un œil de pitié la vulgaire jeunesse, / Brillante de beauté, s'enivrant de plaisir! / Quand elle aura tari sa coupe enchanteresse, / Que restera-t-il d'elle? à peine un souvenir: / Le tombeau qui l'attend l'engloutit tout entière, / Un silence éternel succède à ses amours; / Mais les siècles auront passé sur ta poussière, / Elvire, et tu vivras toujours!" (Lamartine, *Œuvres complètes*, hg. u. kommentiert v. Marius-François Guyard, Paris 1963, S. 12).

**89** Schon Karl Heinz Bohrer macht in *Der Abschied* darauf aufmerksam, dass das *jamais* in der *passante* genauso endgültig ist wie das *nevermore* des Raben (ders., *Der Abschied*, S. 177). Auch Karin Westerwelle weist in „Transgression" (S. 86) auf die mögliche Verbindung zwischen dem *jamais* aus der Passantin und dem *jamais plus* aus der Poe-Übersetzung Baudelaires hin. Zu Baudelaires Verhältnis zu Poe sei insbesondere verwiesen auf Henri Peyre, *Connaissance de Baudelaire*, Paris 1951, darin Kapitel VII.

the distant Aidenn, / It shall clasp a sainted maiden whom the angels name Leonore"[90]. Bemerkenswerterweise sitzt der angesprochene Rabe dabei auf einer Büste der Athene, der griechischen Göttin der (unter anderem) Weisheit und der Kunst; und das Ende des Gedichts macht deutlich, dass er für alle Ewigkeit auf der antiken Skulptur hocken und das Wort *nervermore* krächzen wird: „And the Raven, never flitting, still is sitting, still is sitting / On the pallid bust of Pallas just above my chamber door; / And his eyes have all the seeming of a demon's that is dreaming"[91]. Auch Formulierungen wie „This I sat engaged in guessing, but no syllable expressing / To the fowl whose fiery eyes now burned in to my bosom's core"[92] laden zum genaueren Vergleich der beiden Gedichte ein, der hier jedoch nicht stattfinden soll. Es kann indessen festgehalten werden, dass die Kombination von der für immer verlorenen Frau und dem auf einer antiken Büste sitzenden schwarzen Vogel, der immerfort nur ‚niemals wieder' krächzen kann, durchaus für eine gewisse geistige Verwandtschaft zwischen dem Raben und der Passantin sprechen könnte.[93] Besonders interessant erscheint an dieser Stelle die Tatsache, dass Baudelaire in seinen *Études sur Poe* dem Kapitel „Edgar Poe, sa vie et ses Œuvres" eine Strophe aus *The Raven* voranstellt. Es handelt sich hierbei um eine Übersetzung ins Französische, die weder diejenige von 1853/1854 noch diejenige von 1865 ist;[94] vermutlich handelt es sich um eine Übersetzung, die von Baudelaire selbst angefertigt wurde, ihr Wortlaut ist der Folgende:

> ... Quelque maître malheureux à qui l'inexorable Fatalité a donné une chasse acharnée, toujours plus acharnée, jusqu'à ce que ses chants n'aient plus qu'un unique refrain, jusqu'à ce que les chants funèbres de son Espérance aient adopté ce mélancolique refrain : Jamais ! Jamais plus ![95]

Dem „*jamais*" in *À une passante* folgt unmittelbar ein „peut-être"; das Wahrscheinlichere scheint zu sein, dass der lyrische Sprecher die sich ihm nur für einen Augenblick offenbart habende Schönheit niemals sehen wird. Hierbei geht es in erster Linie freilich nicht um die erneute Begegnung mit der Dame, sondern um die gesamte momenthafte Szenerie, die das Aufscheinen der Schönheit aller-

---

**90** Poe, *The Raven*, in: *The Works of Edgar Allan Poe. In ten volumes*, Bd. 10, hg. von Edmund Clarence Stedman/George Edward Woodberry, New York/Pittsburg 1903, S. 10.
**91** Poe, *The Raven*, S. 11.
**92** Poe, *The Raven*, S. 9.
**93** Siehe hierzu die Auflistung Baudelaires zahlreicher Erwähnungen des Gedichts, in: Baudelaire, *OC* II, S. 1657.
**94** Vgl. Pichois' Kommentar hierzu in: Baudelaire, *OC* II, S. 1227.
**95** Baudelaire, *OC* II, S. 296.

erst möglich gemacht hat[96] – und die in einer Umsetzung des Abstrakten in die sinnliche Erscheinung des Abstrakten gipfelt: die Kunst.

Abschließend soll nun gezeigt werden, inwiefern die Erscheinung der Melancholia den Aufbau eines Konstrukts platonischer Ästhetik ermöglicht, in welchem die Liebe zu und das Begehren von einem schönen Wesen in die Erkenntnis der Schönheit an sich führt.[97] Andreas Kablitz hat in seinem Aufsatz über „Baudelaires (Neu-)Platonismus" anhand seiner Interpretation von *La Beauté* die Ähnlichkeiten, aber auch die Unterschiede zwischen Platonischer und Baudelairescher Ästhetik herausgearbeitet und dabei offengelegt, inwiefern das Baudelairesche Konzept des Aufstiegs sich letztendlich immer in der Kategorie der unabschließbaren Uneigentlichkeit auflöst, weswegen eine finale Einsicht strukturell unerreichbar ist, was den grundlegenden Unterschied zur Platonischen *ascensio* bilde.[98]

Im Hinblick auf den Platonischen Aufstieg[99] ergibt sich die Frage, ob die Flüchtigkeit der Schönheit hier nicht schon das Wesen der Schönheit selbst benennt, die Schönheit also schon von Hause aus flüchtig ist. Anders gefragt: handelt es sich bei der Formulierung „Fugitive beauté" tatsächlich um ein synthetisches oder doch um ein analytisches Urteil? Die Frage erscheint umso dringlicher, als

---

**96** An dieser Stelle sei auf Karl Heinz Bohrer verwiesen, der in seiner literaturtheoretischen Abhandlung über die Bedeutung von *Plötzlichkeit* für das Denken der Moderne der Frage nachgeht, inwiefern sich das ästhetische Phänomen des momenthaften Aufscheinens an der nicht-ästhetischen zeitlichen Modalität der *Plötzlichkeit* darstellen lässt; *Plötzlichkeit* versteht er dabei – und dies kommt unserer Deutung der *Passante* entgegen – als „Ausdruck und Zeichen von Diskontinuität und Nichtidentischem" (Karl Heinz Bohrer, *Plötzlichkeit*, S. 7), liegt doch jeder Neuheit eine Kontinuität zugrunde, auf die sie sich beziehen kann.
**97** Den Kern der Platonischen Ästhetik finden wir im Gastmahl. Das Fazit, das die Priesterin Diotima Sokrates verkündet, und das Sokrates uns empfiehlt, lautet: „Denn dies ist die rechte Art, sich auf die Liebe zu legen oder von einem anderen dazu angeführt zu werden, daß man von diesem einzelnen Schönen beginnend jenes einen Schönen wegen immer höher hinaufsteige, gleichsam stufenweise von einem zu zweien und von zweien zu allen schönen Gestalten, und von den schönen Gestalten zu den schönen Sitten und Handlungsweisen, und von den schönen Sitten zu den schönen Kenntnissen, bis man von diesen Kenntnissen endlich zu jener Kenntnis gelangt, welche von nichts anderem als eben von jenem Schönen selbst die Kenntnis ist, und man also zuletzt jenes selbst, was schön ist, erkenne." (Platon, *Symposion* 211 c, übers. von F. Schleiermacher, in: *Platon*, Werke in acht Bänden, Bd. 3, bearbeitet von D. Kurz, Darmstadt ³1990, S. 349).
**98** Kablitz, „Baudelaires (Neu-)Platonismus", S. 166 f.
**99** Versuche platonischer Deutungen der Texte Baudelaires finden sich insbesondere bei: Jean Massin, *Baudelaire. ‚Entre Dieu et Satan'*; Jean Pommier, *La Mystique de Baudelaire*, Paris 1932; und Marc Eigeldinger, *Le platonisme de Baudelaire*, Neuchâtel 1951.

„ – Fugitive beauté" den entscheidenden Wechsel in dem Gedicht markiert. Initiiert durch die „jambe de statue"[100], geht die Beschreibung eines einzigartigen Augenblicks, wie er sich in einer großstädtischen Straße ereignet haben könnte, über in die Reflexion über ein Abstraktum: Genau hier findet der Umschlag von der Wahrnehmung in die Erkenntnis des Abstraktums der Schönheit statt. Die Transformation ist in der lyrischen Sprache Baudelaires derart unauffällig dargestellt, dass Erlebnis und Abstraktion ununterscheidbar werden. Zaghaft klingt dieses Modell jedoch bereits in der zweiten Strophe des Gedichts an. Wenn es heißt „La douceur qui fascine et le plaisir qui tue", wird eine Sache mit ihrem Effekt gleichgeordnet, denn die „douceur" benennt sowohl ein Phänomen als auch seine Wirkung, das „plaisir" benennt allein eine Wirkung.[101] In der dritten Strophe finden wir dies in verstärkter Form wieder „[...] – Fugitive beauté / Dont le regard m'a fait soudainement renaître" (V. 10–11). Der Blick der Schönheit/Frau (worauf sie blickt, wird nicht gesagt) übt eine wiederbelebende Wirkung auf den lyrischen Sprecher aus. Wenn der Sprecher dies schildert, muss sein Blick auf die Schönheit/Frau gefallen sein; eventuell blicken Schönheit und Betrachter einander an. In jedem Fall ist der Blick der Schönheit *sein* Blick auf die Schönheit. Den gleichen Gedanken finden wir in Baudelaires *La Beauté*, einem Gedicht, in dem das Abstraktum Schönheit zum Sprecher und der Sprecher selbst zum Sujet wird.[102] Am Ende des Textes schließt die *Beauté* mit den Worten:

> Car j'ai, pour fasciner ces dociles amants,
> De purs miroirs qui font toutes choses plus belles :
> Mes yeux, mes larges yeux aux clartés éternelles ![103]

Die Schönheit beschreibt, wie ihre Augen als ‚reine Spiegel', die ‚alle Dinge schöner machen', die gefügigen Liebhaber faszinieren (auch hier haben wir wieder das Verb *fasciner* und auch hier wäre es nicht abwegig, darin das etymologische Mitschwingen von ‚verhexen' oder ‚verzaubern' zu vermuten). Der ‚Spiegel-

---

[100] Zur Statue bei Baudelaire und insbesondere in *À une passante* sei verwiesen auf Starobinskis „Der Blick der Statuen".
[101] Im Übrigen wird die Ambivalenz des Blickes, welcher Freude und Leid zugleich auslöst, auch in *Hymne à la Beauté* beschworen. Dies tut das lyrische Ich in der direkten Ansprache der Schönheit: „Ô Beauté ? ton regard, infernal et divin, / Verse confusément le bienfait et le crime" (*Hymne à la Beauté*, Baudelaire, *OC* I, S. 24, V. 3–4).
[102] Vgl. Kablitz, „Baudelaires (Neu-)Platonismus", S. 163. Eine Deutung von *La Beauté* im Kontext des zeitgenössischen Kunstverständnisses findet sich bei Bettina Full, *Karikatur und Poiesis. Die Ästhetik Charles Baudelaires*, Heidelberg 2005, darin „*La Beauté* – Ideale Schönheit und das komische Selbstporträt".
[103] *La Beauté*, Baudelaire, *OC* I, S. 21.

blick' suggeriert, dass die Augen der Schönheit die Augen des Betrachters brauchen, um selbst sichtbar zu werden. Erst im Blick des Wahrnehmenden entsteht die Schönheit, was dazu führt, dass man die Sache und ihre Wirkung nicht mehr voneinander unterscheiden kann – und hierin liegt die Ähnlichkeit zu *À une passante*. ‚Schönheit' wird hier wie dort (und in der modernen Ästhetik überhaupt) sozusagen zur Ansichtssache – eine Ansichtssache, die im ‚Geschmacksurteil' Kants ihren Ursprung hat.[104]

In der letzten Strophe der *passante* wird genau diese Interdependenz zwischen betrachtetem Objekt und betrachtendem Subjekt als Voraussetzung der Schönheit neu ausgelotet. Hier werden das ‚Ich' des Sprechers und das ‚Du' der Angesprochenen chiastisch miteinander verbunden. Die Anfangsszenerie der Großstadt in Erinnerung rufend heißt es: „Car j'ignore où tu fuis, tu ne sais où je vais". Wenn der lyrische Sprecher angibt, nicht zu wissen, wohin das *tu* flieht, erscheint es zunächst unklar, wer oder was mit der zweiten Person Singular gemeint ist. Die Frau geht vorbei, sie wird im Titel als *passante* bezeichnet und ihre Bewegung ist ein *passa* (V. 3). Es erschließt sich nicht, warum sie, die in ihrem Auftreten doch so souverän und deren Gangart so ebenmäßig war, nun fliehen sollte. Es liegt nahe zu vermuten, dass hier weniger die flüchtende Frau, als vielmehr die flüchtige Schönheit gemeint ist. Freilich würde man sich dennoch nicht fragen, *wohin* die Schönheit flieht, denn bei der Schönheit kommt es auf den Aufenthaltsort nicht an. Allein wenn das *où* eine räumliche Bezeichnung ist, kann hiermit die Dame gemeint sein. Wenn wir das Adverb jedoch zeitlich deuten, würde hier die Frage, mit der die dritte Strophe abschließt, wieder aufgegriffen werden: „Ne te verrai-je plus que dans l'éternité ?" (V. 11), bedeutet doch ‚ewig' raum- und zeitlos, und mit dem *tu* könnte auch die *Beauté* angesprochen sein.[105] Der lyrische Sprecher hingegen flüchtet nicht, sondern geht, was wiederum seiner Selbstbeschreibung „comme un extravagant" entspricht, bedeu-

---

[104] Zur Kant-Rezeption im Frankreich der ersten Hälfte des 19. Jahrhunderts sei verwiesen auf Julia von Rosen, „Deutsche Ästhetik in *De l'Allemagne*: Eine Transferstudie am Beispiel der Kant-Interpretation Mme de Staëls", in: Udo Schöning/Frank Seemann (Hg.), *Madame de Staël und die Internationalität der europäischen Romantik. Fallstudien zur interkulturellen Vernetzung*, Göttingen 2003, S. 173–202, sowie dies., *Kulturtransfer als Diskurstransformation. Die Kantische Ästhetik in der Interpretation Madame de Staëls*, Heidelberg 2004.
[105] Man beachte die Ähnlichkeit zwischen der Kontemplation des lyrischen Ichs in der zweiten Hälfte von *À une passante* und dem Ende des Gedichts *Hymne à la Beauté*: „Si ton œil [das der *Beauté*], ton souris, ton pied m'ouvrent la porte / D'un Infini que j'aime et n'ai jamais connu ?" (Baudelaire, *OC* I, *Hymne à la Beauté*, V. 23 f., S. 25), und in den abschließenden Zeilen dieses Gedichts könnte mit dem Verweis auf den Rhythmus sowohl die Musik als auch die Dichtung selbst gemeint sein: „Rhythme, parfum, lueur, ô mon unique reine ! – / L'univers moins hideux et les instants moins lourds." (Baudelaire, *OC* I, *Hymne à la Beauté*, V. 27 f., S. 25).

tet doch *extravagare* ein Wandern, ein Umherschweifen nach außen, nach einem Außerhalb. Zweifelhaft erscheint auch, dass die Passantin, die dem Berichtenden keinerlei Zeichen gemacht hat, sich Gedanken darüber machen könnte, wohin der lyrische Sprecher geht. Dass die schöne Dame die Liebe des Dichters erwidern könnte, erscheint doch ebenso unwahrscheinlich wie bei den Minnesängern und ihren Nachfahren.[106] Anders verhält es sich in der nächsten und letzten Zeile: „Ô toi que j'eusse aimée". Hiermit kann nur die Passantin gemeint sein, denn die Schönheit hat der lyrische Sprecher *per definitionem* immer schon geliebt und er wird sie auch immerfort lieben. Wer oder was hingegen mit dem letzten Ausruf „ô toi qui le savais!" gemeint ist, bleibt tendenziell offen, beide Varianten wären gleichermaßen möglich bzw. unmöglich.

Eine bisher nicht gestellte, wiewohl dringliche Frage muss zu guter Letzt noch gestellt werden: warum duzt der lyrische Sprecher diese edle, sich in majestätischer Trauer befindende Fremde? Ohne Zweifel wäre in dieser Situation ein höflicher Plural dichterisch angemessen. Das Duzen der Dame scheint auch nicht mit einer Eigenart Baudelaires erklärbar zu sein, siezt er doch auch die Kreolin in dem Sonett *À une dame créole* oder die angesprochene Geliebte in *Une charogne*. Die zweite Person Singular hingegen verwendet der Dichter ausschließlich zur Ansprache niedrig gestellter Personen, wie des Bettlerkindes in *À une mendiante rousse*, oder eben dann, und hierauf kommt es uns an, wenn er Abstrakta anspricht, so zum Beispiel den Schmerz (*ma douleur*) in *Recueillement*, den Tod (*la mort*) in *Le Voyage* oder die Schönheit (*la Beauté*) in *Hymne à la Beauté*.

Die Ambivalenz der Ansprache findet sich darüber hinaus schon im Titel: Ist *À une passante* ins Deutsche mit ‚An' oder ‚Auf' eine Passantin / Vorübergehende / Eine, die vorübergeht zu übersetzen? In allen großen Übersetzungen des Gedichts wurde sich für ‚An' entschieden, was eine direkte Ansprache der Dame suggeriert.[107] Würde man, und dies ist, obwohl es bislang noch nicht getan wurde, durchaus diskutabel, mit *Auf eine Passantin / Auf eine Vorübergehende / Auf Eine, die vorübergeht* übersetzen, so wäre es indes möglich, die letzten beiden Strophen des Gedichts als die hymnische Ansprache an die Schönheit zu lesen, in der das singuläre Schöne in das Schöne an sich überginge.

---

**106** Hier sei erneut auf das Gedicht *La Beauté* verwiesen, in dem die unnachgiebige Schönheit von sich selbst sagt: „J'unis un cœur de neige à la blancheur des cygnes", V. 6 (vgl. auch Kablitz, „Baudelaires (Neu-)Platonismus", S. 169).
**107** Die Übersetzungen von Stefan George, Walter Benjamin, Wilhelm Hausenstein, Friedhelm Kemp und Carlo Schmidt finden sich bei Jürgen von Stackelberg, *Weltliteratur in deutscher Übersetzung. Vergleichende Analysen*, München 1978, S. 204–212. Auch Simon Werle übersetzte unlängst mit „*An eine Passantin*" (Charles Baudelaire, *Les Fleurs du Mal. Die Blumen des Bösen*, S. 267).

### III.1.2 Zur *nouveauté* in *Le Voyage*

Baudelaire urteilt Ende des Jahres 1861 in einem Brief an Alfred de Vigny über *Les Fleurs du Mal*: „Le seul éloge que je sollicite pour ce livre est qu'on reconnaisse qu'il n'est pas un pur album et qu'il a un commencement et une fin. Tous les poèmes nouveaux ont été faits pour être adaptés au cadre singulier que j'avais choisi."[108] Jules Barbey d'Aurevilly geht bekanntermaßen noch einen Schritt weiter und behauptet gar, der Gedichtsammlung liege eine „*architecture secrète*"[109] zugrunde. Diese beiden Aussagen über die Struktur des Werkes bilden den Ausgangspunkt der nun folgenden Analyse von *Le Voyage*, fasst doch dieses letzte Gedicht der *Fleurs du Mal* Motive und Themen des gesamten Gedichtzyklus zusammen, und überführt schlussendlich den Gedichtband in ein – gewiss nur vorläufiges – Ende. Vorläufig aus dem Grund, weil das *nouveau*, nach dem der lyrische Sprecher sich sehnt, per definitionem nur für einen Moment lang in seiner Eigenschaft als Neuheit existent sein kann, und so wäre denkbar, dass auch der Titel des an das Gedicht anschließenden später hinzugefügten Kapitels *Les Épaves*, was so viel wie ‚Strandgüter' oder ‚Schiffswracks' bedeutet, Aufschluss über den Fort- bzw. Ausgang der Schiffsreise gibt. Darüber hinaus bietet das Abschlussgedicht nicht nur eine inhaltlich-thematische Zusammenfassung des Zyklus, sondern veranschaulicht gleichzeitig die literarästhetischen Überlegungen seines Verfassers.[110]

Angesichts dieser doppelten Bedeutung des Texts mutet es erstaunlich an, dass nie ein ausführlicher Versuch unternommen worden ist, nicht nur den Inhalt, sondern auch die vielschichtigen poetologischen Äußerungen des abschließenden Gedichts im Hinblick auf die *gesamte* Gedichtsammlung zu lesen.[111] Eben-

---

**108** Baudelaire, *Corr.* II, S. 196.
**109** Baudelaire, *OC* I, S. 798.
**110** Vgl. hierzu die knappe und präzise Deutung von Maria Moog-Grünewald, „Ennui – Curiosité – Nouveau", S. 138 f.
**111** *Le Voyage* gehört, seiner prominenten Stellung innerhalb der Gedichtsammlung zum Trotz, zu den weniger bearbeiteten Gedichten der *Fleurs du Mal*. Gemeinhin wird es als die Zusammenfassung einer biographischen Suche nach Erfüllung, gar nach einem Lebenskampf gegen den *ennui* gedeutet. Andreas Blanks Auslegung des Texts sei hier beispielhaft zitiert: „*Le Voyage* ist in der Tat ein Mikrokosmos der *Fleurs du Mal*, in dem sich das Werk widerspiegelt, eine Zusammenfassung in einer fast episch zu nennenden Form. Inhalt dieses ‚Epos' ist das Leben bzw. die Suche nach einem Sinn des Lebens" (Andreas Blank, „Le Voyage von Charles Baudelaire – Mikrokosmos der *Fleurs du Mal* und Symbol der poetischen Suche des Dichters", in: *Französisch heute* 1 [1988], S. 15–27, hier S. 26). Zu *Le Voyage* als „microscosme des *Fleurs du Mal*" sei auch verwiesen auf den *Pléiade*-Kommentar von Claude Pichois (*Œuvres complètes* I, Paris 1975, S. 1096–1103, hier bes., S. 1102). Sylvia Zirden setzt sich in ihrer philosophischen Arbeit über die *Theorie des Neuen* auch

dies soll im folgenden Kapitel geschehen. Zunächst wird gezeigt werden, dass die fundamentale Unveränderlichkeit des *ennui* und seine potentielle Linderung – welche allein in der Erfahrung eines wie auch immer beschaffenen ‚Neuen' vermutet wird – das Grundthema des Abschlussgedichts bilden. Die sich hierbei offenbarende, sehr konkrete Interdependenz von Altem und Neuem soll als das literarästhetische Muster einer Poetik verstanden werden, deren oberstes Ziel in der Erschaffung von Neuem liegt. Ob und gegebenenfalls inwiefern *Le Voyage* nicht nur Schlüsse über die Poetik des gesamten Gedichtzyklus, sondern darüber hinaus Aussagen über die grundsätzliche Beschaffenheit moderner Kunst zulässt, und doch gleichzeitig dem Fortschrittsgedanken der Moderne eine Absage erteilt, soll abschließend gefragt werden.

Der Reiz des Gedichts entsteht allererst aus der Engführung von der Schiffsreise als Lebensreise und der Schiffsreise als Dichterreise, aber auch durch die Aufrufung der altchristlichen Symbolik der Kirche als Schiff sowie des antiken Motivs des Schiffs als Staatsschiff. Sowohl die Mehrfachcodierung als auch ihre Verschränkung gilt es im Folgenden herauszuarbeiten.

Der Text beschreibt auf das Ausführlichste, fast schon muten die Darstellungen der Monotonie selbst monoton an, den brennenden und strukturell nicht erfüllbaren Wunsch, immerfort Neues zu entdecken – eine Sehnsucht, die der lyrische Sprecher sich selbst wie der gesamten Menschheit gleichermaßen zuschreibt. Der Text endet – wenig überraschend, trägt das Kapitel, das es abschließt, doch den Titel „La Mort" – mit der Apostrophe des Todes.

*Le Voyage* setzt mit der Erinnerung an jenen Lebensabschnitt ein, der vom Tod am denkbar weitesten entfernt, ja diesem entgegengesetzt ist: mit der Kindheit. Das Kind, so heißt es in den ersten Versen, stelle sich das Universum riesig vor, und zwar ebenso riesig wie das eigene Verlangen danach groß sei:

> Pour l'enfant, amoureux de cartes et d'estampes,
> L'univers est égal à son vaste appétit.[112]

Erinnert sich im nächsten Vers dann der Erwachsene rückblickend an die Welt, wie er sie tatsächlich erfahren hat, so *erscheint* sie ihm nicht nur reichlich klein, er behauptet, dass sie es tatsächlich *sei*. Chiastisch formuliert der Sprecher:

---

mit Walter Benjamins Deutungen von *Le Voyage* im *Passagenwerk* auseinander (Benjamin, *Gesammelte Schriften*, Bd. V.1, hg. von Rolf Tiedemann, Frankfurt a. M. 1982, S. 55 f.), insbesondere versucht sie, dessen Diktum vom „Verfall der Aura" in dem Gedicht wiederzufinden (vgl. dies., *Theorie des Neuen*, S. 54–68). Im Hinblick auf *Le Voyage* sind auch Zirdens Kapitel über „Das Neue in der Geschichte" und „Das Neue in der Kunst" aufschlussreich.

112 Baudelaire, *OC* I, V. 1–2, S. 129.

> Ah ! que le monde est grand à la clarté des lampes !
> Aux yeux du souvenir que le monde est petit !¹¹³

Als bemerkenswert darf der Umstand gelten, dass das Kind sich die Karten und Stiche des Nachts anschaut, wird hiermit doch jene Tageszeit genannt, die so oft am Anfang romantischer Gedichte zu finden ist: die Nacht als der Moment, in dem sich dem lyrischen Sprecher der Romantik das Geheimnis des Universums offenbart. Die Anschauung desselben erfolgt bei Baudelaire nur noch im Zeichen einer doppelten Künstlichkeit: Natürliche Lichtquellen werden durch Lampen ersetzt, die Welt selbst durch deren graphische Darstellung in Form von Stichen und Karten. Die reale Welt wird durch Repräsentationen, die in einem abstrakten mimetischen Verhältnis zum Abgebildeten stehen („cartes' und ,estampes'), substituiert. Sichtbar gemacht werden die vom Kinde so geliebten Objekte nicht durch das Licht der Sonne, des Mondes oder des Sternenhimmels, sondern durch das künstliche Licht der Lampen. Wir finden also gleich in der ersten Strophe zwei Formen der Repräsentation von Welt vor. Obgleich Karten und Stiche Verkleinerungen der Welt sind, verkehrt der Text ebendiesen Sachverhalt in sein Gegenteil: Die Verkleinerung lässt den Eindruck einer unendlichen Größe entstehen. In der Erinnerung ist die unfassbar große Welt hingegen klein. Durch die Abbildung, wie sie das Gedächtnis erschafft, entsteht eine weitere Form der Repräsentation. Und in der Parallelisierung von Lampe und Auge wird die Erinnerung schließlich selbst zum Auge.

Bereits in der ersten Strophe lassen sich zwei Grundthemen des Gedichts erkennen: Zum einen die vollständige Ersetzung der eigentlichen Welt durch ihre Repräsentation, zum anderen die Vorstellung des Möglichen, auf die strukturell die Erkenntnis der Vergeblichkeit seiner Realisierung folgt. Die reale Welt hingegen bleibt gänzlich unerwähnt, sozusagen ein *non-dit*: Die Repräsentation der Welt (Karten, Stiche und zu einem gewissen Grad auch die künstliche Lichtquelle) ersetzt die Welt – und dasjenige, was zwischen Illusion und Desillusion liegt, das wirkliche Leben, wird bezeichnenderweise nicht geschildert, ja, es wird nicht einmal erwähnt.¹¹⁴ Dieser Grundidee verhaftet wird der lyrische Sprecher, der die

---

113 Ebd., V. 3–4.
114 Ein ähnliches Verfahren wendet Baudelaire in *Le coucher du soleil romantique* an. In der ersten Strophe werden der Sonnenaufgang und der Sonnenuntergang beschrieben, der gesamte Tag wird folglich ausgeklammert: „Que le Soleil est beau quand tout frais il se lève, / Comme une explosion nous lançant son bonjour ! / – Bienheureux celui-là qui peut avec amour / Saluer son coucher plus glorieux qu'un rêve !" (Baudelaire, *OC* I, V. 1–4, S. 149). Auf die Zeit dazwischen, auf den Tag, auf das Erlebte, kommt es gerade nicht mehr an. Das eigentliche Leben scheint gleichgültig geworden, in der Lebenswirklichkeit nichts Schönes, ja überhaupt nichts Berichtenswertes möglich zu sein.

Welt kennengelernt hat, im Laufe des Gedichts schildern, wie sehr alles auf Erden doch immer und überall nur aus dem Gleichen zu bestehen scheint, und wie wenig eine Erfahrung von wirklich Neuem de facto gemacht werden könne. Das vom Kind ungeduldig herbeigesehnte Erlebnis, das ja nichts anderes als die Entdeckung von noch Unbekanntem bezeichnet, ist offensichtlich ausgeblieben.[115] Stattdessen lasse sich überall in der Welt nur dasselbe beobachten, wie auch die Reisenden im Textverlauf bestätigen werden.

So entbirgt die erste Strophe nicht etwa eine Welt, sie entrollt kein *tableau*, wie es in den Anfangsstrophen romantischer Dichtung so häufig zu finden ist, sondern sie baut, indem sie eine einzige Ausklammerung der realen Welt suggeriert, eben gerade *keine* Welt auf.

In den folgenden Strophen der ersten Abteilung des Gedichts wird die Ursache für die Enttäuschung des Erwachsenen beschrieben. Der lyrische Sprecher und seine Leidensgenossen[116] brechen eines Morgens auf, das ‚Gehirn voller Flammen' („le cerveau plein de flamme", V. 5), eine idiomatische Wendung, die nicht nur auf die Begeisterung des Aufbrechenden, sondern auch auf dessen Identität als Dichter verweisen könnte, hängt der Lyrik doch seit jeher die Vorstellung an, sie entstehe im Zustand entbrannten Eifers.[117] Und auch die darauffolgenden Verse lassen Anspielungen auf die Dichter erkennen, die sich im Laufe des Texts als die von der Romantik Geprägten zu erkennen geben werden. Deren Herzen sind voll von Zorn und von bitterer Begierde, sie folgen den Rhythmen der Wogen[118] (geben

---

115 Ähnlich konstatiert Baudelaire über das Kind in *Le Peintre de la vie moderne*: „L'enfant voit tout en *nouveauté*; il est toujours ivre" (Baudelaire, *OC* II, S. 690). Anders als in dem hier zu behandelnden Gedicht baut Baudelaire den Gedanken von dem Kind, das sich an der Welt berauscht, in *Le Peintre de la vie moderne* weiter aus und evoziert eine Analogie zwischen Kind und Künstler: „Mais le génie n'est que *l'enfance retrouvée* à volonté, l'enfance douée maintenant, pour s'exprimer, d'organes virils et de l'esprit analytique qui lui permet d'ordonner la somme de matériaux involontairement amassée. C'est à cette curiosité profonde et joyeuse qu'il faut attribuer l'œil fixe et animalement extatique des enfants devant le *nouveau*, quel qu'il soit, visage ou paysage, lumière, dorure, couleurs, étoffes chatoyantes, enchantement de la beauté embellie par la toilette." (Baudelaire, *OC* II, S. 690; siehe zu der Passage Doetsch, *Flüchtigkeit*, bes. S. 146 ff., und Cornelia Wild, *Später Baudelaire. Praxis poetischer Zustände*, München 2008, S. 140–143). Dieses Herausstellen der Ähnlichkeiten zwischen der Wahrnehmung des Kindes (oder des Verrückten) und der des Künstlers wird symptomatisch für die späteren Avantgarde-Bewegungen werden (man denke hier etwa an das Theater von Apollinaire bis Vitrac oder an die Texte Bretons), was jedoch gewiss weniger auf Baudelaire, sondern vielmehr auf die ‚Entdeckung' und Aufwertung des Unbewussten zurückzuführen ist.
116 Freilich könnte mit der ersten Person Plural auch die gesamte Menschheit bezeichnet sein.
117 Vgl. hierzu Johanna Neumanns Eintrag zum „Furor Poeticus" im *Historischen Wörterbuch der Rhetorik*, hg. von Gert Ueding, Bd. 3, Tübingen 1996, S. 490–495, bes. S. 490 f.
118 Die doppelte Bedeutung von *lame* könnte hier schon zaghaft das tödliche Ende ankündigen.

die Rhythmen also nicht etwa selbst vor) und wiegen wie zu ihrer eigenen Beruhigung ihre Unendlichkeit, d. h. ihr unendliches Begehren nach Entdeckungen, auf der Endlichkeit des Meeres:

> Un matin nous partons, le cerveau plein de flamme,
> Le cœur gros de rancune et de désirs amers,
> Et nous allons, suivant le rythme de la lame
> Berçant notre infini sur le fini des mers (V. 5–8).

In den darauffolgenden Zeilen entwickelt Baudelaire eine Typologie der Motivationen, welche die Reisenden zum Aufbruch treiben. Die einen fliehen ein abstoßendes Vaterland: „Les uns, joyeux de fuir une patrie infâme" (V. 9), womit das bürgerliche Frankreich des 19. Jahrhunderts gemeint sein könnte, die anderen ihre (in diesem Falle gewiss romantische) Kinderstube:[119] „D'autres, l'horreur de leurs berceaux" (V. 10).[120] Im nächsten Vers werden indirekt jene Sterne aufgegriffen, die in der ersten Strophe bezeichnenderweise gefehlt haben: „Astrologues noyés dans les yeux d'une femme, / La Circé tyrannique aux dangereux parfums" (V. 11–12). Doch wer sind diese Sterndeuter, die doch für gewöhnlich in die Unendlichkeit des Universums hineinblicken, und nicht dessen Reproduktion suchen und die nun, völlig unverhältnismäßig, in den Augen einer Frau zu

---

[119] Anders Andreas Blank, der den Vers als eine Umschreibung der misslungenen Flucht des entmündigten Baudelaire vor seinen Eltern versteht (vgl. ders., „Le Voyage" S. 20).
[120] Die Worte erinnern an das „je me souviens!" aus dem Sonett *Le coucher du soleil romantique* von 1862, in dem romantische Idealvorstellungen der Vergangenheit („J'ai vu tout, fleur, source, sillon", V. 5) nicht etwa verloren sind, weil sie als nun nicht mehr realisierbar gelten, sondern weil sie immer schon eine trügerische und grausame Illusion bildeten (Baudelaire, *OC* I, S. 149). In einer ganz ähnlichen Verwendung findet sich das Motiv der Wiege auch in Baudelaires Gedicht *La Voix*, einer aktualisierten Version des Mythos von *Herakles am Scheideweg*: „Mon berceau s'adossait à la bibliothèque, / Babel sombre, où roman, science, fabliau, / Tout, la cendre latine et la poussière grecque, / Se mêlaient. J'étais haut comme un in-folio. / Deux voix me parlaient. L'une, insidieuse et ferme, / Disait : « La Terre est un gâteau plein de douceur; / Je puis (et ton plaisir serait alors sans terme !) / Te faire un appétit d'une égale grosseur. » / Et l'autre : « Viens ! oh ! viens voyager dans les rêves, / Au delà du possible, au delà du connu ! » / Et celle-là chantait comme le vent des grèves, / Fantôme vagissant, on ne sait d'où venu, / Qui caresse l'oreille et cependant l'effraie. / Je te répondis: « Oui ! douce voix ! » C'est d'alors / Que date ce qu'on peut, hélas ! nommer ma plaie / Et ma fatalité. Derrière les décors / De l'existence immense, au plus noir de l'abîme, / Je vois distinctement des mondes singuliers, / Et, de ma clairvoyance extatique victime, / Je traîne des serpents qui mordent mes souliers. / Et c'est depuis ce temps que, pareil aux prophètes, / J'aime si tendrement le désert et la mer ; / Que je ris dans les deuils et pleure dans les fêtes, / Et trouve un goût suave au vin le plus amer ; / Que je prends très souvent les faits pour des mensonges, / Et que, les yeux au ciel, je tombe dans des trous. / Mais la voix me console et dit : « Garde tes songes ; / Les sages n'en ont pas d'aussi beaux que les fous ! »" (Baudelaire, *OC* I, S. 170).

ertrinken drohen? Auch hier können nur jene gemeint sein, die einer romantischen Illusion aufgesessen sind, und ‚romantisch' ist hier im philologischen wie im alltagssprachlichen Sinne zu verstehen. Diese Frau ist nicht irgendeine Frau, sondern Circe, wodurch die mythologische Figur zum Symbol der Frau schlechthin gemacht wird, und gleichzeitig ein erster Hinweis auf die Reise als Irrfahrt, als Odyssee, gegeben ist. Die ‚Astrologen' fliehen vor den Verführungen der Liebe, denn die Frauen, allesamt wie Circe, verführen und zähmen die Männer, die eigentlich zu Großem berufen sind – weshalb sich die Liebe in der Romantik oftmals nicht mit der Kunst verträgt. Die tyrannische Zauberin umgibt sich mit Wohlgerüchen, die deswegen so gefährlich sind, weil sie anlocken, man ihrer aber nicht habhaft werden kann, sind doch Düfte immer nur einen Moment lang genießbar, dann verflüchtigen sie sich oder man hat sich an sie gewöhnt, wahrnehmbar jedenfalls sind sie nicht mehr. Was bleibt ist ein enttäuschtes Versprechen, womit wir wieder zum Grundthema des gesamten Gedichts zurückkehren.

In der fünften Strophe werden mit der Konjunktion *mais* die ‚echten' Reisenden von allen anderen Reisenden unterschieden: „Mais les vrais voyageurs sont ceux-là seuls qui partent / Pour partir ; cœurs légers, semblables aux ballons" (V. 17–18). Der Aufbruch ist für sie Selbstzweck, wie nicht zuletzt das Enjambement verdeutlicht. Sie sind sich der strukturellen Enttäuschung, welche die Welt ihnen immerfort nur bieten wird, wohl bewusst: Die „vrais voyageurs" sind bereit, das Alte hinter sich zu lassen und eine Reise um der Reise und nicht um des Ankommens willen anzutreten. Es sind nicht ihre Herzen, die leicht sind, denn der Plural verdeutlicht, dass es sich bei den „cœurs légers" um eine auf die Reisenden selbst bezogene Apposition handelt. Gleich dem Luftballon, der zum Spiel der Winde wird, sind die wahren Reisenden selbst mit Ballons vergleichbar, sie sind diejenigen, die sich allein vom Schicksal lenken lassen.

Ihre Reise ist keine Flucht, wissen sie doch, dass es weder Entkommen noch Ankommen gibt: „De leur fatalité jamais ils ne s'écartent" (V. 19). Hiermit ist sowohl die Flucht vor einer *ennui*-geprägten Wirklichkeit gemeint, als auch, und dies ist zweifelsohne der interessantere Aspekt des Gedichts, die literarästhetische Suche nach etwas, das sich der genaueren Bestimmung immerfort entzieht. Diese gedoppelte Suche kennzeichnet bekanntermaßen den Gedichtzyklus der *Fleurs du Mal*. Sie weist durchaus kunstidolatrische Züge auf, was zunächst einmal darauf zurückzuführen ist, dass Nicht-Repräsentierbares gemeinhin auf Göttliches schlechthin verweist.[121] Zum anderen könnte der religiöse Aspekt der

---

[121] Vgl. hierzu Joachim Küpper, „Zum romantischen Mythos der Subjektivität. Lamartines *Invocation* und Nervals *El Desdichado*", in: *Zeitschrift für französische Sprache und Literatur* 98 (1988), S. 137–165, bes. S. 151 f.

Suche der strengen ‚architektonischen' Rahmung des Gedichtbandes geschuldet sein – suggeriert diese doch die Existenz eines Start- und eines Zielpunkts und somit die Struktur einer veritablen Heilssuche, wie wir sie etwa in Victor Hugos *Contemplations* angelegt finden. In der Tat scheinen auch Baudelaires Reisende von einer höheren Macht getrieben: „[...] sans savoir pourquoi, disent toujours: Allons!" (V. 20). Die Ähnlichkeiten zu dem Prosagedicht *Chacun sa chimère*[122] liegen auf der Hand, wird darin doch ein Zug von Männern beschrieben, die in gebückter Haltung unter der „coupole spleenétique du ciel"[123] den Horizont abschreiten, ein jeder mit einem monströsen Tier auf dem Rücken („[...] collée à son dos; on eût dit qu'il la considérait comme faisant partie de lui-même"[124]). In dem Prosagedicht bittet der lyrische Sprecher einen der Getriebenen um Auskunft über das Ziel der Reise: „Il me répondit qu'il n'en savait rien, ni lui, ni les autres; mais qu'évidemment ils allaient quelque part, puisqu'ils étaient poussés par un invincible besoin de marcher."[125] In *Le Voyage* scheint die *chimère* noch weiter mit den von ihr Befallenen verwachsen zu sein, in ihr Bewusstsein eingedrungen und aus ihnen selbst heraus die Herrschaft über die Welt der Gedanken übernommen zu haben. Die Wünsche der Getriebenen („vastes voluptés, changeantes, inconnues", V. 23) gleichen in ihrer ungreifbaren, weil ständig in Veränderung begriffenen Formlosigkeit den Wolken:[126] „Ceux-là dont les désirs ont la forme des nues" (V. 21), und das Gesuchte scheint zudem seit jeher etwas gänzlich Unbekanntes zu sein: „Et dont l'esprit humain n'a jamais connu le nom" (V. 24). Hier kann nur jenes Unbestimm- und Ungreifbare gemeint sein, welches Baudelaire als das *Idéal* bezeichnet.[127] Nichts wäre indes unangebrachter, als in diesem ‚Aben-

---

122 Zum Begriff der ‚chimère' als präferiertem Terminus der französischen Romantiker, durch den in sinnlicher Konkretheit die abstrakte Struktur romantischer Lyrik verhandelt wird, und insbesondere zu dessen Transformation bei Nerval, sei erneut verwiesen auf Joachim Küpper, „Zum romantischen Mythos der Subjektivität", hier S. 153 f.
123 *Chacun sa chimère*, Baudelaire, *OC* I, S. 282.
124 *Chacun sa chimère*, Baudelaire, *OC* I, S. 283.
125 *Chacun sa chimère*, Baudelaire, *OC* I, S. 282.
126 Vgl. hierzu auch *Les Plaintes d'un Icare* (Baudelaire, *OC* I, S. 143) mit seinem klaren Verweis auf Ixion, welcher in Ovids *Metamorphosen* Juno umarmen will, jedoch nur in die von Jupiter ersetzten Wolken greift.
127 Vgl. hierzu auch Lamartines *Isolement* aus den *Méditations poétiques* von 1820: „Quand je pourrais le suivre [le soleil] en sa vaste carrière, / Mes yeux verraient partout le vide et les déserts; / Je ne désire rien de tout ce qu'il éclaire; / Je ne demande rien à l'immense univers. // Mais peut-être au-delà des bornes de sa sphère, / Lieux où le vrai soleil éclaire d'autres cieux, / Si je pouvais laisser ma dépouille à la terre, / Ce que j'ai tant rêvé paraîtrait à mes yeux? // Là, je m'enivrerais à la source où j'aspire; / Là, je retrouverais et l'espoir et l'amour, / Et ce bien idéal que toute âme désire, / Et qui n'a pas de nom au terrestre séjour!" (Alphonse de Lamartine, *Œuvres poétiques complètes*, hg. von Marius-François Guyard, Paris 1963, S. 4). Es ist nicht nur die wüstenartige

teurertum' eine heroische Tugendhaftigkeit zu sehen, träumen doch die ‚wahren Reisenden' von den „vastes voluptés" wie der Rekrut in all seiner unerfahrenen Naivität vom Kanonendonner der Schlacht („Et qui rêvent, ainsi qu'un conscrit le canon", V. 22).

Die (an)treibende Kraft in *Le Voyage* ist unbekannt, wiewohl sie seit jeher ihre tyrannische Herrschaft ausübt. Weder wissen wir, was die Reisenden immerfort suchen lässt, noch wonach sie eigentlich trachten. Dieses ‚Sehnsuchtsmotiv' ist ein zutiefst romantisches, ein „état presque impossible à décrire"[128], wie ihn Chateaubriand in *René* besonders ausführlich geschildert hat. Chateaubriands Darstellung weist beachtliche Ähnlichkeiten zu der in Baudelaires Abschlussgedicht beschriebenen Reise-Erfahrung auf: Die Erzählung besteht im Wesentlichen aus introspektiven Deskriptionen eines ungreifbaren seelischen Leids, ihr Ich-Erzähler (der sich der Schwierigkeit der Darstellbarkeit stets bewusst ist) berichtet von einer „ardeur de désir qui me suit partout", von einer „étude du monde [qui] ne m'avait rien appris [...]"[129]. Die Reise im Zeichen der Suche wird in der poetischen Rede folgendermaßen geschildert:

> Il me manquait quelque chose pour remplir l'abîme de mon existence : je descendais dans la vallée, je m'élevais sur la montagne, appelant de toute la force de mes désirs l'idéal objet d'une flamme future ; je l'embrassais dans les vents ; je croyais l'entendre dans les gémissements du fleuve : tout était ce fantôme imaginaire, et les astres dans les cieux, et le principe même de vie dans l'univers.[130]

Der Mensch wird bei Chateaubriand grundsätzlich zu einem exilierten *voyageur*,[131] der für alle Zeiten im Zeichen der Erbsünde steht.[132] So wird am Ende von *Atala*

---

Leere des Universums, sondern auch die außerhalb dieser Welt liegende namenlose Erlösung, die es zulassen, in dem Baudelaire-Text Anspielungen auf *Isolement* zu vermuten, obwohl oder vielleicht gerade weil der Lamartinesche Text mit der Beschreibung eben jener von Baudelaire ausgeklammerten Landschaft beginnt („Dont le tableau changeant se déroule à mes pieds", V. 4).
**128** François-René de Chateaubriand, *René*, in: *Œuvres romanesques et voyages* I, hg. von Maurice Regard, Paris 1969, S. 128. Zum *ennui* im *René* sowie zu Baudelaires und Flauberts Chateaubriand-Rezeption sei auf Guy Sagnes' *L'ennui* verwiesen, insbesondere auf Kapitel II, „Initiation".
**129** Chateaubriand, *René*, S. 126.
**130** Chateaubriand, *René*, S. 128 f.
**131** So findet sich das Motiv des exilierten Erdenbürgers in *Atala* auf S. 43, S. 59 f. und S. 92 (Chateaubriand, *Atala*, in: *Œuvres romanesques et voyages*, hg. von Maurice Regard, Paris 1969). Der ‚Mensch als Reisender' wird im *Génie du Christianisme* auf S. 572, S. 588, S. 598, S. 708–710, S. 715 und S. 772 f. zum Thema gemacht (zitiert nach Peter Werle, „Nachahmung als Widerlegung – Jorge Isaacs' Roman *María* und das ‚genre pastoral'", in: *Romanistisches Jahrbuch* 47 [1996], S. 284–296, hier S. 291).
**132** Vgl. hierzu Werle, „Nachahmung als Widerlegung", S. 291.

kommentiert: „Nous sommes tous voyageurs ; nos pères l'ont été comme nous ; mais il y a un lieu où nous nous reposerons."[133] Diesen – christlichen – Ort der Ruhe sucht man am Ende von *Le Voyage* vergeblich. Ebenso wenig findet sich in *Madame Bovary* ein Hinweis darauf, dass die Lebensreise der verstorbenen Protagonistin an ein friedliches Ende gelangt sein könnte. Auch hier ist es die Analogie von Lebens- und Schiffsreise, die das schiere Gegenteil vor Augen führt. Insbesondere im ersten Teil des Romans werden Emmas Träumereien in Bildern der Schiffsreise ausgedrückt. Der Grad an romantisch-verkitschter Stilisierung ist hierbei so hoch, dass wir es kaum noch mit den Schilderungen des Erzählers, sondern vielmehr mit den Illusionen der jungen Emma zu tun haben dürften:[134]

> Au fond de son âme, cependant, elle attendait un événement. Comme les matelots en détresse, elle promenait sur la solitude de sa vie des yeux désespérés, cherchant au loin quelque voile blanche dans les brumes de l'horizon. Elle ne savait pas quel serait ce hasard, le vent qui le pousserait jusqu'à elle, vers quel rivage il la mènerait, s'il était chaloupe ou vaisseau à trois ponts, chargé d'angoisses ou plein de félicités jusqu'aux sabords.[135]

Bekanntlich wurde es dann doch nur die *chaloupe*. Auf schauerliche Art und Weise wird in der Beschreibung von Emmas Beerdigung diese Schiffsmotivik wieder aufgegriffen:

> Le drap noir, semé de larmes blanches, se levait de temps à autre en découvrant la bière. Les porteurs fatigués se ralentissaient, et elle avançait par saccades continues, comme une chaloupe qui tangue à chaque flot.[136]

Wenn nun Baudelaire im zweiten Abschnitt von *Le Voyage* die Nachahmung des schon Gewesenen zum Thema macht, dann bezieht sich diese Nachahmung mitnichten allein auf den Inhalt des Gedichts, die romantische und in den *ennui* führende Sehnsucht(-sreise). Vielmehr wird die Dichtkunst im Allgemeinen und das Dichten im Besonderen thematisiert,[137] stellt Baudelaire sich doch mit der Wahl des Reisemotivs in eine uralte Überlieferungstradition, in der sowohl das Leben als auch das Schreiben durch Motive der Schiffsreise illustriert werden. Die zweite Sektion des Gedichts beginnt wie folgt:

---

133 *Atala*, S. 97.
134 Hier liegt der Fall erlebter Rede vor, den Hugo Friedrich als „objektivierte Poesie" bezeichnet (ders., *Drei Klassiker des französischen Romans*, S. 112).
135 Flaubert, *OC* I, 1.IX, S. 348.
136 Flaubert, *OC* I, 3.X, S. 600.
137 Vgl. hierzu auch das Ende des Gedichts: „Si le ciel et la mer sont noirs comme de l'encre / Nos cœurs que tu connais sont remplis de rayons" (V. 139 f.). Auch hier können Meer und Himmel, ‚schwarz wie Tinte', als Verweis auf das Schreiben, auf das Dichten, gelesen werden.

> Nous imitons, horreur! la toupie et la boule
> Dans leur valse et leurs bonds même dans nos sommeils
> La Curiosité nous tourmente et nous roule,
> Comme un ange cruel qui fouette des soleils (V. 25–28)

Durch die Verwendung der ersten Person Plural lässt der Sprecher erstmals seine Zugehörigkeit zur Gemeinschaft der ‚wahren' Reisenden erkennen, und damit auch zu jenen, die Altes hinter sich lassen. Das Sich-Im-Kreise-Drehen, welches der lyrische Sprecher mit der Interjektion „horreur!" beklagt, ist an dieser Stelle ein doppeltes: Man *imitiere* fortwährend den Kreisel und die Kugel,[138] die zwar unentwegt ‚tanzen' und ‚springen', die jedoch perpetuierend auch nur um sich selbst kreisen. Das Reisen selbst wird hierdurch zu einem letztendlich immer nur unkontrollierten, einem rastlosen Kreisen und Springen. In der zweiten Hälfte der Strophe dann – fast möchte man sagen: endlich – wird jene Macht näher bestimmt, die den Menschen so unnachgiebig antreibt: es ist die Neugier, oder in der christlichen Terminologie, die *curiositas*, Tochter der *acedia* („La Curiosité nous tourmente et nous roule / Comme un Ange cruel qui fouette des soleils").[139] Die Fahrt der von ihr Gegeißelten – der ‚grausame Engel' mag lediglich aufgrund seiner oxymoralen Struktur Eingang in den Text gefunden haben, es kann sich aber ebenso gut um Luzifer selbst handeln – gleicht einer Odyssee: „Singulière fortune où le but se déplace" (V. 29). Das Ziel verschiebt sich immerfort, man kann seiner niemals habhaft werden. Die Seele selbst wird hierbei zum Dreimaster („Notre âme est un trois-mâts cherchant son Icarie", V. 33), womit weniger auf den Mythos des Ikarus, sondern vielmehr auf den Roman *Voyage en Icarie* von Baudelaires Zeitgenossen Étienne Cabet angespielt wird. Ein ungeheuer erfolgreicher Text, der den Ausgangspunkt der größten kommunistischen Bewegung der Zeit bildete. Ziel der Ikarier bestand in der realen Umsetzung der im Roman entworfenen Utopie – in der Neuen Welt, fern von Europa und seinen bestehenden Gesellschaftsordnungen.[140] Nachdem der lyrische Sprecher in *Le Voyage* also auf die von jedermann benötigte Utopie – schließlich sucht jeder *sein* Ikarien –

---

[138] Kreisel und Kugel greifen das bereits in der ersten Strophe eingeführte Motiv der Kindheit wieder auf, wie schon J. D. Hubert in *L'esthétique* (S. 131) feststellt.
[139] Zur *curiosité* bei Baudelaire sei erneut auf die grundlegende Studie von Maria Moog-Grünewald verwiesen: „Ennui – Curiosité – Nouveau", S. 124–139.
[140] Zu *Voyage en Icarie* und die Ikarier-Bewegung siehe: Dorothea Schuler, „‚Nach Ikarien, Brüder, nach Ikarien!' – Robert Owen, Etienne Cabet, Giovanni Rossi: Experimente für eine bessere Gesellschaft", in: Joachim Meißner/Dorothee Meyer-Kahrweg/Hans Sarkowicz (Hg.), *Gelebte Utopien. Alternative Lebensentwürfe*, Frankfurt a. M./Leipzig 2001, S. 117–137, bes. S. 117 f., und Etienne Cabet, *Reise nach Ikarien. Materialien zum Verständnis von Cabet*, hg. von Alexander Brandenburg/Ahlrich Meyer, [1. Aufl., Nachdr. der Ausgabe Paris 1847], Berlin 1979.

verwiesen hat, wird das Motiv der Schiffsreise als Suche nach einem strukturell nicht greifbaren *Idéal* weiter ausgeführt: „Une voix de la hune, ardente et folle, crie : / ‚Amour ... gloire ... bonheur !' Enfer ! c'est un écueil !" (V. 34–36). Gerade die Illusion, ein Ziel sei zum Greifen nahe, lässt die Reisenden die volle Schlagkraft der Vergeblichkeit ihres Strebens spüren. Und doch erleiden sie in dem Gedicht weder Schiffbruch, noch verirren sie sich. Das eigentliche Scheitern besteht in der stets aufs Neue enttäuschten Hoffnung, irgendwo anlegen, ja festmachen zu können. Denn jede Küste erweist sich bei näherer Betrachtung als ein unwirtliches Riff, und so setzt sich die Reise gezwungenermaßen fort. Dabei macht Baudelaire auch deutlich, für welche – vergeblich verfolgten – Ziele im Leben diese allegorischen Küsten stehen: Liebe, Ruhm, und Glück. Die nächste Strophe lässt das strukturelle Moment des unaufhörlichen Scheiterns im Streben nach Glück noch deutlicher zutage treten:

> Chaque îlot signalé par l'homme de vigie
> Est un Eldorado promis par le Destin ;
> L'imagination qui dresse son orgie
> Ne trouve qu'un récif aux clartés du matin. (V. 37–41)

In der darauffolgenden Strophe wird der bittere Abgrund des Meeres erneut aufgegriffen, und zwar so, wie er bereits in einem der ersten Gedichte der *Fleurs du Mal*, im *L'Albatros*, beschrieben worden ist. Nicht nur der Reim von *mer* auf (*gouffre*) *amer*, das gesamte aufgerufene Bild ist ein ähnliches: Der Mensch irrt ohne – oder mit sinnleerem – Ziel über die Meere. Zu einer veritablen Einsicht könnte nur gelangen, wer die horizontale Welt verließe.

Im dritten Teil von *Le Voyage* findet offensichtlich ein Sprecherwechsel statt, und es ist nicht eindeutig ersichtlich, wer sich hinter dem neu eingeführten *nous* verbirgt. Fest steht, dass die so Bezeichneten weniger oder gar überhaupt nicht reisen und deshalb danach gieren, zu hören, was die Reisenden gesehen haben. Es ist die Vorstellung vom Reisen (das Reisen ohne Dampf und ohne Segel kann nur dies bedeuten), die durch Reiseberichte hervorgerufen wird, und von der sich die Geplagten Linderung ihres *ennui* erhoffen. Dieser Vorgang des Erzählens und Zuhörens steht erneut im Zeichen von Künstlichkeit und Kunst: Der Geist der Zuhörer ist gespannt, wie man eine Leinwand spannt, und darüber sollen die Reisenden mit ihren Erinnerungen streichen, sozusagen wie der Pinsel die nackte Leinwand mit Farbe füllt. Die Erinnerungen der Reisenden sind ihrerseits, Gemälden gleich, in Rahmen aus Horizonten gefasst:

> Nous voulons voyager sans vapeur et sans voile !
> Faites, pour égayer l'ennui de nos prisons,
> Passer sur nos esprits, tendus comme une toile,
> Vos souvenirs avec leurs cadres d'horizons. (V. 53–56)

Die Aufforderung zu erzählen („Dites, qu'avez-vous vu ?", V. 57) leitet die Antwort der Reisenden ein: Unbefriedigendes haben sie erblickt, Sterne, gewiss ‚romantische Sterne', die jedoch weniger explizit genannt als vielmehr beiläufig erwähnt werden:

> « Nous avons vu des astres
> Et des flots; nous avons vu des sables aussi ;
> Et malgré bien des chocs et d'imprévus désastres,
> Nous nous sommes souvent ennuyés, comme ici. (V. 57–60)

Auch die nächste Strophe scheint sich auf einen romantischen Intertext zu beziehen – ähnlich dem Anfang von Victor Hugos *Soleils couchants* heißt es:

> « La gloire du soleil sur la mer violette,
> La gloire des cités dans le soleil couchant,
> Allumaient dans nos cœurs une ardeur inquiète
> De plonger dans un ciel au reflet alléchant. (V. 61–64)

Zu Beginn von Hugos restlos romantischem Text wird über acht Strophen hinweg der Himmel bei Sonnenuntergang in all seinen Formen und Farben ausgemalt, und im zweiten Abschnitt wird sein Effekt auf die Stadt geschildert.[141] Hugos lyrischer Sprecher hatte gleich einleitend kundgetan, den Abend zu mögen („J'aime les soirs sereins et beaux, j'aime les soirs [...]"[142]), und zwar schlichtweg jeden Abend, kann er selbst doch aus jedem Abend einen ästhetischen Moment machen – und so lässt er sogar Fenster ‚sternenbeschienenen' aufleuchten: „Et là-bas, allumant ses vitres étoilées [...]"[143]. Bei Baudelaire werden die Herzen der Betrachter selbst zu dem Ort, an dem durch den Anblick der Stadt bei Sonnenuntergang ein beunruhigendes Feuer der Leidenschaft entfacht wird. Akzeptiert man den Verweis auf das romantische Gedicht Hugos, oder allgemein auf roman-

---

**141** In der dritten Strophe von *Soleils couchants* wird die über der Stadt untergehende Sonne folgendermaßen beschrieben: „Le soleil, à travers leurs ombres, brille encor ; / Tantôt fait, à l'égal des larges dômes d'or, / Luire le toit d'une chaumière ; / Ou dispute aux brouillards les vagues horizons ; / Ou découpe, en tombant sur les sombres gazons, / Comme de grands lacs de lumière." (Victor Hugo, *Œuvres poétiques* I, hg. von Pierre Abouy, Paris 1964, S. 785).
**142** Hugo, *Œuvres poétiques* I, S. 786.
**143** Ebd.

tischen Intertext, ergibt sich für Baudelaires Text die folgende Deutung: Jene, in deren Herzen der Glanz der Sonne und der Glanz der Städte bei untergehender Sonne ein beunruhigendes Brennen entzündet, jene, die in einen verlockenden Farbreflex eines Himmels eintauchen („plonger" greift das „noyés dans les yeux d'une femme" der Strophe drei wieder auf), können nur diejenigen sein, die ein romantisches Denken verinnerlicht hatten. Inwiefern genau dieses Denken letzten Endes immer nur eine Illusion ist, die als kurzlebige wahrnehmbare Freude die Allmacht des *ennui* nur noch spürbarer macht, wird im vierten Teil von *Le Voyage* weiter ausgeführt.

Der fünfte Teil hingegen besteht nur aus einer einzigen, das Finale ankündigenden Frage der Nichtreisenden: „Et puis, et puis encore ?" (V. 84). Im sechsten Teil wird die Verzweiflung über das „[...] spectacle ennuyeux de l'immortel péché" (V. 88) auf Erden erneut veranschaulicht, bevor es im siebten Teil noch einmal thesenartig zusammengefasst wird: Die ‚bitteren Wünsche' des Gedichtanfangs („désirs amers", V. 6) haben sich in ein ‚bitteres Wissen' verwandelt:

> Amer savoir, qu'on tire du voyage !
> Le monde, monotone et petit, aujourd'hui,
> Hier, demain, toujours, nous fait voir notre image :
> Une oasis d'horreur dans un désert d'ennui ! (V. 109–112)

Wie so häufig bei Baudelaire, und wie Gerhard Hess in seiner Studie über die Landschaft in den *Fleurs du Mal* herausgearbeitet hat,[144] wird der *ennui* räumlich zum Ausdruck gebracht. Er ist derart konsequent in der Horizontalen verortet, dass selbst die Oase in der ‚Wüste des *ennui*' keine Rettung bedeut. Alles auf Erden ist von der gleichen Nichtigkeit geprägt. Weil man ein solches Verhältnis zur Welt gemeinhin vor allem Flaubert unterstellt, soll hier kurz auf dessen derartig modellierte Welt eingegangen werden. Joachim Küpper hat in „Mimesis und Botschaft bei Flaubert" deutlich herausgestellt, in welchem Maße sich in *Madame Bovary* schlichtweg jeder reale Ort letztendlich immer als Ort des *ennui* erweist:

> Alle realen Existenz-Orte der jeweiligen Protagonisten sind Plätze des *ennui*, alle phantasmatischen Orte sind Plätze des Glücks. [...] Der Mythos, es gebe Orte, an denen es ein intensiveres, freieres, glücklicheres Leben geben könne als an anderen, und damit auch der Mythos von der Machbarkeit des Glücks wird dekonstruiert zugunsten der Auffassung, die Essenz des Realen sei Unglück und das Glück immer nur ein Phantasma der Imagination.[145]

---

144 Hess, *Die Landschaft*; siehe auch das Kapitel „Die Topografie des *ennui* bei Baudelaire" dieser Arbeit.
145 Joachim Küpper, „Mimesis und Botschaft bei Flaubert", S. 196.

III Zeitlichkeit in den *Fleurs du Mal* und in *Madame Bovary* —— 173

Es sind auch bei Flaubert insbesondere Reisebeschreibungen, in denen diese Erkenntnis konzise vor Augen geführt wird – man denke an die berühmte Ellipse am Schluss der *Éducation sentimentale*.[146] Doch bereits auf den ersten Seiten dieses Romans, der bezeichnenderweise mit dem Beginn einer Schiffsreise einsetzt, klingt an, inwiefern das Reisen unentwegt nur erneuten *ennui* hervorruft und deshalb gerade kein geeignetes Mittel gegen diesen sein kann. Insbesondere die detaillierte Datums- und Zeitangabe des ersten Satzes lässt den Leser deutlich Ereignishafteres als die – ja doch überaus banale – Schilderung des Auslaufens eines Schiffes erwarten.[147] Der frischgebackene Baccalaureus Frédéric Moreau reist auf der Seine von Paris in seine Heimatstadt zurück. Die Stimmung an Bord ist zunächst ausgelassen und heiter, was vor allem an der ‚vollkommenen Neuheit' der Reiseerfahrung liegt: „Le plaisir tout nouveau d'une excursion maritime facilitait les épanchements. Déjà les farceurs commençaient leurs plaisanteries. Beaucoup chantaient. On était gai."[148] Doch schon kurze Zeit später ist das Deck von allerlei Essensresten übersäht und Ernüchterung macht sich breit:

> A chaque détour de la rivière, on retrouvait le même rideau de peupliers pâles. La campagne était toute vide. Il y avait dans le ciel de petits nuages blancs arrêtés, – et l'ennui, vaguement répandu, semblait alanguir la marche du bateau et rendre l'aspect des voyageurs plus insignifiant encore.[149]

Die hier evozierte uralte Idee des *horror loci*, der zufolge Trost- und Hoffnungslosigkeit durch Reisen im Raum nicht beizukommen ist, findet sich schon in Lukrez' *Rerum Natura*, in Horaz' *Epistulae*, und besonders ausführlich in Senecas *De tranquilitate animi* beschrieben.[150] Dass sich Baudelaire für letztgenannten Text interessiert hat, kann man seinen Notizen entnehmen: „Brierre de Boismont / Chercher le passage: [...] Le portrait de Sérène par Sénèque [...] *Le Taedium vitae*"[151]. Bei dem Stoiker heißt es: „Aliud ex alio iter suscipitur et spectacula

---

146 Die Passage lautet: „Il voyagea. Il connut la mélancolie des paquebots, les froids réveils sous la tente, l'étourdissement des paysages et des ruines, l'amertume des sympathies interrompues. Il revint." (*L'Éducation sentimentale*, Flaubert, *OC* II, S. 448). Der gleiche ernüchternde Tonfall findet sich auch in den Reisenotizen des jungen Flaubert, so z. B. in *Pyrénées-Corse* aus dem Jahre 1840 oder dem *Voyage en Italie* von 1845 (in: ders., *Œuvres de jeunesse*).
147 Vgl. Andreas Kablitz, *Der Zauberberg. Die Zergliederung der Welt*, Heidelberg 2017, S. 567.
148 *L'Éducation sentimentale*, Flaubert, *OC* II, S. 34.
149 *L'Éducation sentimentale*, Flaubert, *OC* II, S. 35 f.
150 Beispiele hierzu finden sich bei Reinhard Kuhn: „Ennui in der französischen Literatur", in: *Die Neueren Sprachen* 65 (1966), S. 17–30. Zur Bewegung im Raum als unwirksame Waffe gegen den *ennui* sei auch auf Karl Heinz Bohrer, *Der Abschied* (S. 281) verwiesen.
151 Baudelaire, *Fusées*, *OC* I, S. 656. Georg-Thomas Clapton nimmt eine – leider unglücklich verkürzte – Version dieser Notiz Baudelaires zum Anlass, die geistige Verwandtschaft zwischen

spectaculis mutantur", und Lukrez zitierend fügt er hinzu: „Hoc se quisque modo semper fugit."[152] Ungeachtet dieser Erkenntnis nimmt seit der Antike das Reisen eine gewichtige Stellung in der Behandlung der Melancholie ein,[153] wobei allerdings nur schwer unterscheidbar ist, ob das Reisen und Umherirren wirklich ein Heilmittel gegen die Melancholie bilden, oder ob sie vielmehr bereits deren Symptome ausdrücken. Wie auch immer diese Frage beantwortet werden mag, fest steht, dass man auch noch im 19. Jahrhundert denjenigen, der von sich behauptete, an der Melancholie zu leiden, auf Reisen geschickt hat.[154] So schiffte auch der unleidliche – heute würde man wohl sagen: depressive – Baudelaire im Jahre 1841 auf Geheiß seiner Familie in Bordeaux zu einer Reise nach Indien ein, die er jedoch vorzeitig abbrach, was uns zurück zu Seneca führen könnte: Dem Lebensekel kann man nicht entrinnen, ist er doch immer überall dort, wo das Leben selbst ist: „Sed quid protest, si non effugit? Sequitur se ipse et urget gravissimus comes."[155] Wir finden bei Seneca exakt jenen resignativen Ton, den Baudelaires lyrischer Sprecher am Ende von *Le Voyage* anschlägt. In der Arbeit des Psychiaters Brierre de Boismont – *L'Ennui (Taedium Vitae)* aus dem Jahre 1850 –, mit der Baudelaire wie bereits erwähnt vertraut gewesen ist, wird die folgende Übersetzung einer Passage aus Senecas *De Tranquilitate animi* angeführt. Die bemerkenswerten Ähnlichkeiten zu *Le Voyage*, welche insbesondere das Motiv des strukturell ziellosen Reisens betreffen, müssen kaum eigens herausgestellt werden:

> La première description que nous connaissons de cette maladie morale [l'ennui] nous a été laissée par Sénèque. Voici commen s'exprime sur elle cet auteur célèbre qui écrivait à son ami Sérène, dans le premier siècle de notre ère, au milieu d'une société raffinée dont nous admirons les chefs-d'œuvres: « Le mal qui nous travaille n'est pas dans les lieux où nous sommes, il est en nous ; nous sommes sans force pour supporter quoi que ce soit, incapables de souffrir la douleur, impuissants à jouir du plaisir, impatients de tout. Combien de gens appellent la mort, lorsqu'après avoir essayé de tous les changements, ils se trouvent revenus aux mêmes sensations sans pouvoir rien éprouver de nouveau ! La vie, le monde leurs sont devenus à charge : et au sein même des délices, ils s'écrient : Quoi ! toujours la même chose ! » (Seneca, *de Tranquilitate animi*, c. II *sub fin.*, et lettre XXIV).

---

Baudelaire, Seneca und dem Heiligen Chrysostomos in einer überzeugenden Studie herauszustellen: ders., „Baudelaire, Sénèque et Saint Jean Chrysostome", in: *Revue d'Histoire littéraire de la France* 38 (1931), S. 235–261.

152 „So folgt eine Reihe der anderen, ein Schauspiel dem nächsten, ganz wie Lukrez feststellt: ‚So sucht jeder die Flucht vor sich selbst.'" (Seneca, *Von der Seelenruhe*, S. 134).

153 Vgl. Klibansky u. a., *Saturn und Melancholie*, S. 97 f.

154 Vgl. Starobinski, *Histoire du traitement de la mélancolie*, S. 67–71.

155 „Aber was hilft das, wenn die Flucht mißlingt? Man bleibt sich zwar ständig auf der Spur, ist sich aber selbst der lästigste Begleiter." (Seneca, *Von der Seelenruhe*, S. 134).

> Parole fatale que nous retrouverons à toutes les époques de nos recherches [...]. Au temps de Sénèque, en effet, le suicide fut une véritable maladie contagieuse ; les hommes éprouvaient comme une sorte de besoin de mourir.[156]

Wenn Baudelaires Reisende ihren Bericht vom „spectacle ennuyeux de l'immortel péché" (V. 88) beendet haben, ergreift der Sprecher wieder das Wort (ab V. 109, s. o.) und nimmt nicht nur Fragen vorweg, die sich angesichts der Ödnis dieser Welt sowohl den Sesshaften als auch dem Leser stellen, sondern er liefert auch noch Antworten:

> Faut-il partir ? rester ? Si tu peux rester, reste ;
> Pars, s'il le faut. L'un court, et l'autre se tapit
> Pour tromper l'ennemi vigilant et funeste,
> Le Temps ! [...] (V. 113–116)

In einer direkten Ansprache teilt der lyrische Sprecher dem Leser die Erkenntnis mit, zu der er im Laufe des Gedichts gelangt ist: Die Reise an sich wie die Lebensreise schlechthin werden endgültig als sinnlose Tätigkeit qualifiziert. Dasjenige, was den Menschen so rastlos streben lasse, sei ein Leiden, das auf das Engste mit dem Faktor Zeit – und eben nicht mit der Bewegung im Raum – verbunden ist, womit bereits die Schlusspointe, ja gar die Lösung, angekündigt wird. Die Suche nach Linderung oder gar Erlösung ist nicht in der Horizontalen der realen Welt, sondern soll in der Vertikalen, also außerhalb dieser Welt geführt werden. Der *ennui* kann zwar nur räumlich sichtbar gemacht werden, hat seine Ursache aber nicht in der problematischen Empfindung von Räumlichkeit, sondern von Zeitlichkeit. Aus diesem Grunde kann das Leiden auch nur in einer Welt gemildert werden, die außerhalb der historischen Welt des Menschen liegt. Hierbei gilt es als unerheblich, ob jene Auflösung oben im Himmel oder unten in der Hölle erfolgt, kommt es doch allein darauf an, dass die *ennui*-bringende Wirklichkeit verlassen wird: „N'importe où ! n'importe où ! pourvu que ce soit hors de ce monde !", wie es in Baudelaires Prosagedicht *Anywhere out of the World* heißen wird.[157] Hier ist mit dem ‚Heraus aus dieser Welt' ganz konkret die Welt gemeint, die den Dichter unmittelbar umgibt, also die moderne Welt, die sich in einem – Baudelaire zufolge irrsinnigen – Fortschrittsglauben ständig selbst erneuert, ohne wirklicher Erneuerung fähig zu sein (wir werden am Schluss unserer Lektüre von *Le Voyage* noch darauf eingehen). Nicht zuletzt in Anbetracht der grundlegenden Divergenz der

---

**156** Brierre de Boismont, *L'Ennui (Taedium Vitae)*, Paris 1850, S. 1f. Zu Boismont sei auch auf Mandelkow verwiesen: *Der Prozeß um den ‚ennui'*, darin 5.3.1. „Brierre de Boismonts Bilanz".
**157** *Anywhere out of the World. N'importe où hors de ce monde*, Baudelaire, *OC* I, S. 356 f.

Zielsetzung moderner Gesellschaft und moderner Kunst muss Walter Benjamins Versuch, die Prinzipien der ästhetischen Moderne mit den sozialhistorischen Gegebenheiten der modernen Welt zu verbinden – gerade im Hinblick auf Baudelaire – kritisch betrachtet werden. Denn wenn Benjamin auf eine Differenzierung zwischen *le monde moderne* und *la modernité* verzichtet,[158] übergeht er die Tatsache, dass der lyrische Sprecher, und hier beziehen wir uns nicht nur auf denjenigen in *Le Voyage*, sondern auf die lyrische Instanz des gesamten Gedichtzyklus, doch gerade die Welt der Moderne, die sich in einem Fortschrittsglauben ständig lediglich selbst wiederherstellt, hinter sich lassen will: Moderne Kunst negiert per definitionem jede Form von Telos, die materielle Moderne tut dies ja gerade nicht.

Schauen wir uns nun Baudelaires ‚Welt-Erlöser', den Steuermann jenes Schiffs an, auf dem sich die Reisenden und der Sprecher befinden:

> Ô Mort, vieux capitaine, il est temps! levons l'ancre!
> Ce pays nous ennuie, ô Mort! Appareillons!
> Si le ciel et la mer sont noirs comme de l'encre,
> Nos cœurs que tu connais sont remplis de rayons! (V. 135–140)

Indem Baudelaire den Tod in Gestalt des Schiffskapitäns zum Befreier werden lässt, ruft er einen weiteren uralten Topos auf: die Lebensreise, die *navigatio vitae*.[159] Das Gedicht, das mit der Beschreibung der Kindheit eingesetzt hatte, wird nun konsequent zum Lebensende hingeführt und mit dem Tod beschlossen. Gewiss ist es die christliche Lebensreise, die hier evoziert wird, was nicht zuletzt das „Enfer ou Ciel" des vorletzten Verses verdeutlicht. Anders als in der religiösen Tradition jedoch markiert der Tod nicht etwa das Ende der Schiffsreise, sondern einen Anfang, und nicht Christus steht am Steuer des Lebensschiffs, sondern der Tod selbst lenkt das Geschick der Reisenden.[160] Als Säkularisat des christlichen Verständnisses vom Ende als Beginn des eigentlichen Lebens ruft der Sprecher das Lebensende zum Neuanfang aus. Er übergibt sich dem Tod aus freien Stücken, jedoch nicht, um Ruhe zu finden, sondern um die Suche nach dem Neuen in einer anderen Welt fortzusetzen, womit Dies- und Jenseits bis

---

[158] Zum Unterschied zwischen Moderne und Modernität, bzw. dessen Negierung, insbesondere in Benjamins Baudelaire-Kritik, sei verwiesen auf Uwe Japp, *Literatur und Modernität*, bes. S. 302–305.

[159] Vgl. hierzu v. a. Manfred Frank, *Die unendliche Fahrt. Ein Motiv und sein Text*, Frankfurt a. M. 1979.

[160] Siehe hierzu Ferdinand Piper, *Mythologie der christlichen Kunst von der ältesten Zeit bis in's sechzehnte Jahrhundert*, Weimar 1847, darin: „Scenen der Schiffahrt. Dämonen des Meeres", S. 218–230, aber auch Frank, *Die unendliche Fahrt*, darin: „Heimkehr und Lebensreise. Die Zerstörung der Öko-nomie", S. 38–53, bes. S. 39–41.

zu einem gewissen Grade nivelliert bzw. die christlichen Jenseits-Vorstellungen untergraben werden.[161] Inwiefern das Motiv des Segelschiffs seit jeher in der christlichen Symbolik fest verankert ist – im Bild von der „Kirche als Schiff", der „Kirche als Seefahrt zum *portus salutis*" und dem Kreuz, der *antenna Crucis*, die von Mastbaum und quergestellten Segelstangen gebildet wird und die Heimfahrt gewährleistet –, hat Hugo Rahner in seiner umfangreichen Studie über die *Symbole der Kirche* herausgearbeitet.[162] Die (Lebens-)Fahrt in den rettenden Hafen führt hierbei über das ‚Meer der Welt', welches insofern ein feindliches ist, als es das Schiff kontinuierlich bedroht und den einzelnen (in diesem Falle den ‚versündigten') Christenmenschen von Bord reißen oder gar das ganze Schiff Schiffbruch erleiden lassen könnte.[163] Nach Rahner besteht die einzige Möglichkeit der Rettung „im Frieden mit der Kirche wieder an Bord genommen zu werden, oder die Holzplanke der Buße zu ergreifen und so mühsam zum Hafen des Heils zu schwimmen."[164] Baudelaires Gedicht steht schon im ersten Abschnitt unter dem Zeichen des Schiffbruchs: Zum einen wird die sinnliche, verführerische und doch wegweisende Circe genannt, zum anderen läuft das Schiff beständig Gefahr, einem Riff aufzulaufen („Enfer! c'est un écueil", V. 36). Die Existenz eines rettenden Hafens ist bei Baudelaire von vornherein ausgeschlossen, die Planke allerdings könnte man unter Umständen in dem Titel der auf die *Fleurs du Mal* folgenden Gedichtsammlung vermuten, welche partiell aus zensierten, eigentlich für die *Fleurs du Mal* bestimmten, Gedichten zusammengesetzt ist: *Les Épaves*.[165]

---

**161** Vgl. Kablitz, „Baudelaires (Neu-)Platonismus", S. 174 f.
**162** Hugo Rahner, *Symbole der Kirche*, darin „Antenna Crucis", S. 239–564.
**163** Rahner weist in seiner Studie u. a. darauf hin, dass das Meer bereits seit der Antike als ein „bitteres Meer" bezeichnet wird; in der *Etymologiae* leitet Isidor von Sevilla *mare* gar von *amare* ab (vgl. Rahner, *Symbole der Kirche*, S. 279). Baudelaire spricht in *L'Albatros* ebenfalls von ‚bitteren Abgründen des Meeres' („Le navire glissant sur les gouffres amers", OC I, S. 9, V. 4). In *Le Voyage* bezeichnet er darüber hinaus nicht nur den ‚Meeresschlund' (so die Übersetzung von Kemp, S. 287) als ‚bitter' (V. 44), sondern auch die Wünsche, die den Ausgangspunkt der Schiffsreise bilden – und „désirs amers" wird auf ‚mers' gereimt („Le cœur gros de rancune et de désirs amers [...] / Berçant notre infini sur le fini des mers" [V. 6 und 8]).
**164** Rahner, *Symbole der Kirche*, S. 444.
**165** Henning Mehnert, der in seiner Arbeit den Versuch unternimmt, unter Zuhilfenahme der Viersäftelehre einen Baudelaireschen ‚Inspirationsprozess' aufzuzeigen, meint in der Schiffsreise eine ganz andere symbolische Konnotation zu erkennen: Er vermutet hinter dem Aufgreifen des Motivs der Seereise eine vertrackte Metaphorik vom Schiff, das auf einem melancholischen Augensaft (Meer) zum Kriegsschiff wird, und „um den Inspirationsprozess zu vollenden, mit geschwellten Segeln über die Herz-Hirn-Verbindung in die ‚cellula phantastica' und dann in die ‚cellula memorativa' segel[t]" (ausführlich sind diese Gedankengänge nachzulesen in ders., *Melancholie und Inspiration*, S. 168–170, hier S. 169).

Inwiefern die Schiffsreise bereits seit der römischen Antike auch einen bildhaften Verweis auf die Dichtkunst bildet, hat Ernst Robert Curtius Ende der vierziger Jahre in *Europäische Literatur und lateinisches Mittelalter* aufgezeigt.[166] So fahre der Epiker „mit großem Schiff über das weite Meer" und der Lyriker „mit kleinem Kahn auf dem Fluß."[167] Allerdings, so ist es bei Curtius nachzulesen, läuft das Dichterschiff nach überstandener Fahrt im geschützten Hafen ein. Bei Baudelaire hingegen ist es der lyrische Sprecher selbst, der am Ende des Gedichts geradezu nach seinem eigenen Verderben schreit: Auf Erden gibt es weder einen Heimathafen, noch ein Ziel. Auch die Existenz von Utopia, wie sie in der Literatur von der Renaissance bis zur Aufklärung im Meer vermutet wird, ist hier ausgeschlossen.[168]

Möglicherweise lässt sich der letzte Abschnitt des Gedichts aber auch als eine bewusste Anspielung auf eine der berühmtesten *navigationes vitae* der romantischen Lyrik lesen, Lamartines *Le lac*:

> Ainsi, toujours poussés vers de nouveaux rivages,
> Dans la nuit éternelle emportés sans retour,
> Ne pourrons-nous jamais sur l'océan des âges
> > Jeter l'ancre un seul jour?[169]

Wehmütig wird hier gefragt, ob wir denn auf dem Ozean der Zeit niemals den Anker werden werfen können. Diese vage Sehnsucht verkehrt sich in *Le Voyage* in einen konkreten Wunsch, der mit einer Handlungsaufforderung an den Tod als Kapitän einhergeht: „[...] il est temps! levons l'ancre!" Weder kann, noch soll das Ufer jemals wieder erreicht werden – in letzter Konsequenz wird ein Rasten also nicht nur als unmöglich erachtet, es wird gar nicht erst erwünscht. Der lyrische Sprecher und seine Genossen wirken umnachtet, das Feuer sengt ihnen das Hirn („tant ce feu brûle le cerveau", V. 142); womit die entflammten Dichter der zweiten Strophe wieder aufgegriffen werden („cerveau plein de flamme", V. 5). Das Brennen martert sie dermaßen, dass sie den Tod darum bitten, ihnen sein Gift einzuflößen: „Verse-nous ton poison pour qu'il nous réconforte!" (V. 141). Ein ganz ähnliches Bild findet sich auch in dem Sonett *La mort des artistes* aus dem Jahre 1851:

---

[166] Vgl. Curtius, *Europäische Literatur und lateinisches Mittelalter*, S. 138–140, aber auch Frank, *Die unendliche Fahrt*, darin bes. das Kapitel „Heimkehr und Lebensreise".
[167] Curtius, *Europäische Literatur und lateinisches Mittelalter*, S. 138.
[168] Zu diesem Motiv sei verwiesen auf die Arbeit von Kirsten Dickhaut, *Positives Menschenbild und venezianità. Kythera als Modell einer geselligen Utopie in Literatur und Kunst von der italienischen Renaissance bis zur französischen Aufklärung*, Wiesbaden 2012.
[169] Lamartine, *Œuvres poétiques complètes*, S. 38, V. 1–4.

La mort des artistes

Combien faut-il de fois secouer mes grelots
Et baiser ton front bas, morne caricature ?
Pour piquer dans le but, de mystique nature,
Combien, ô mon carquois, perdre de javelots ?

Nous userons notre âme en de subtils complots,
Et nous démolirons mainte lourde armature,
Avant de contempler la grande Créature
Dont l'infernal désir nous remplit de sanglots !

Il en est qui jamais n'ont connu leur Idole,
Et ces sculpteurs damnés et marqués d'un affront,
Qui vont se martelant la poitrine et le front,

N'ont qu'un espoir, étrange et sombre Capitole !
C'est que la Mort, planant comme un soleil nouveau,
Fera s'épanouir les fleurs de leur cerveau ![170]

Mit diesem Gedicht, in dem das künstlerische Schaffen selbst zum Thema gemacht wird, schloss Baudelaire die erste Ausgabe der *Fleurs du Mal* ab.[171] Ähnlich dem Prosagedicht *Le Confiteor de l'artiste*, schildert das Sonett den Kampf des Künstlers um ästhetisches Gelingen. Die in der ersten Strophe attackierte „morne caricature" kann, so legt es Erich Auerbach überzeugend dar, nur die „entwürdigte irdische Erscheinung"[172] bezeichnen, durch die hindurch der Künstler möglicherweise zum Urbild im Sinne einer platonischen oder neuplatonischen Ästhetik gelangen könnte. Der Kampf des Künstlers um dieses Absolute wird hier, so bemerkt es Auerbach, als etwas tendenziell Negatives beschrieben,[173] was allerdings durchaus zeittypischen (bzw. letztendlich schlichtweg modernen) ästhetischen Überlegungen entspricht. Man denke etwa an das grausame Bild vom Ochsen des Phalaris, das Kierkegaard in *Entweder – Oder* (1843) evoziert:

---

[170] Baudelaire, *OC* I, S. 127, V. 1–4 und V. 13–14.
[171] Vgl. den Kommentar von Claude Pichois in: Baudelaire, *OC* I, S. 1090–1093 und Erich Auerbach, *Vier Untersuchungen*, S. 123.
[172] Auerbach, *Vier Untersuchungen*, S. 124.
[173] Ebd.

> Was ist ein Dichter? Ein unglücklicher Mensch, der tiefe Qualen in seinem Herzen birgt, dessen Lippen aber so geformt sind, daß, indem der Seufzer und der Schrei über sie ausströmen, sie klingen wie eine schöne Musik. Es geht ihm wie jenen Unglücklichen, die im Ochsen des Phalaris langsam bei gelindem Feuer gepeinigt wurden, ihre Schreie drangen nicht bis an das Ohr des Tyrannen, um ihn zu entsetzen, ihm klangen sie wie eine süße Musik.[174]

Baudelaire zeichnet die Tätigkeit des Künstlers fraglos mit weniger Brutalität, wenn er ihn mit einem Gaukler oder Hofnarren vergleicht („secouer les grelots", V. 1). Der Weg zur Schönheit führt in *La mort des artistes* über den Kuss der niedrigen oder niederen Stirn eines trüben Spottbildes („baiser ton front bas, morne caricature?", V. 2). Um der „grande Créature" ansichtig zu werden, nutzen die Künstler ihre Seelen ab („userons", V. 5). Ihrer Methode scheint gar etwas Hinterlistiges anzuhaften, denn der lyrische Sprecher gibt an, mittels „subtils complots" (V. 5) schwere Gerüste zu zerstören. Es ist ein „infernal désir" (V. 8), welches das Dichter-Ich unter Tränen hierzu bewegt. Eine Formulierung, die erneut im scharfen Kontrast zum traditionellen Streben nach Schönheit steht, welches grundsätzlich als große und ehrenwerte Tätigkeit gilt und dargestellt wird.[175] Darüber hinaus werden in *La mort des artistes* diejenigen Kunstschaffenden, die ihr *Idole* niemals kennenlernen – und damit dürften schlechterdings alle gemeint sein, ist doch die Suche nach dem *Idéal* strukturell zum Scheitern verurteilt –, als Verfluchte und von Schmähung Gezeichnete beschrieben: „damnés et marqués d'un affront" (V. 10). Auch in *Le Voyage* wird die geistige Reise nicht als erhabene Tätigkeit, nicht als freudiges Suchen, niemals als erfüllendes Gewahrwerden von Schönheit und erst recht nicht als die höchste Form schöpferischer Bemühung beschrieben. Wie in Kierkegaards Text gleicht sie vielmehr einer Folter: Angetrieben von „désirs amers" (V. 6) eifert man nach („Nous imitons", V. 25), die Neugierde geißelt den Menschen „[c]omme un ange cruel qui fouette des soleils" (V. 28), und man läuft ohne Sinn und Verstand immerfort weiter: „Pour trouver le repos court toujours comme un fou" (V. 32). Und doch wird mit der ‚Entwürdigung' der Suche weder in *La mort des artistes* noch in *Le Voyage* das angestrebte Ziel, die Dichtung selbst, entwürdigt.[176] Die Beschreibung der Suche als desillusionierte und richtungslose Bewegung im Raum führt nicht zur Abwertung, sondern vielmehr zur Modifikation des Ziels, dessen strukturelle Unerreichbarkeit freilich von den Romantikern übernommen worden ist. Auf deren schwärmerische Sehnsucht allerdings

---

**174** Sören Kierkegaard, *Entweder – Oder, Teil I und II. Unter Mitwirkung von Niels Thulstrup und der Kopenhagener Kierkegaard-Gesellschaft herausgegeben von Hermann Diem und Walter Rest. Aus dem Dänischen von Heinrich Fauteck*, München [11]2012, S. 27.
**175** Auerbach, *Vier Untersuchungen*, S. 124.
**176** So Auerbach in: *Vier Untersuchungen*, S. 125.

wird mit einer Steigerung des Stellenwerts des Neuen reagiert – und auch der Originalitätsanspruch von *Le Voyage* ist letzten Endes ein romantisches Erbe: „Ce pays nous ennuie [...]! Appareillons!" (V. 138) – dieses Land langweilt uns, lasst uns ablegen, oder eben: Dieses Projekt langweilt uns, lassen wir es hinter uns, denn wenn die Dichtung nicht vom *Neuen* handelt, scheint sie nichts wert zu sein.

Der Vorstellung, dass die Kategorie ‚Schönheit' schon in dem Entstehungsprozess der Dichtung der Kategorie ‚Neuheit' untergeordnet ist, redet das berühmte „Enfer ou Ciel, qu'importe?" (V. 143) der letzten Strophe des Gedichtbandes das Wort. Das unnennbare Ziel erhofft der lyrische Sprecher in *La mort des artistes* – aber eben auch derjenige in *Le Voyage* – über den Tod zu erreichen. Wenn Auerbach fragt, wie denn der Tod als das ‚Nichts' eine neue Blüten treibende Sonne sein könne,[177] so mag die Antwort in ebendiesen Schlusssätzen von *Le Voyage* zu finden sein: Wenn das Ziel der Suche sogar im Tode liegen könnte, so birgt schlichtweg alles, was auf Erden zu finden ist, das Potential, in Dichtung umgewandelt werden zu können. Auch dies würde für die Überlegung sprechen, dass es weder eine Ästhetik des Hässlichen, noch eine Ästhetik des Bösen ist, die Baudelaire verfolgt, sondern in letzter Konsequenz und in erster Linie immer eine Ästhetik des Neuen.[178] Um diese in *Le Voyage* sichtbar zu machen, wird zunächst in epischer Breite das Bild einer ewig gleichen, zutiefst vom *ennui*, von der Melancholie bestimmten Welt gezeichnet. Dass die Welt nicht nur so gestaltet ist, dass wir in ihr immerfort nichts als Langeweile empfinden können, sondern die Welt selbst gelangweilt ist, steht schon im zweiten Gedicht der *Fleurs du Mal*: „Le Poète apparaît en ce monde ennuyé" (Baudelaire, *OC* I, S. 7, V. 2). Das Ziel ist nicht der Sieg über den *ennui*, sondern die Anschauung des Schönen, die in jenen Momenten für möglich gehalten wird, in denen das Neue aufscheint. Dieses Neue kann *auch* im Hässlichen, im Bösen, im moralisch Verkommenen seinen Ausgangspunkt nehmen, und so heißt es in *Hymne à la Beauté* – in großer Ähnlichkeit zum Schluss von *Le Voyage*: „Viens-tu du ciel profond ou sors-tu de l'abîme, / Ô Beauté? [...] // Que tu viennes du ciel ou de l'enfer, qu'importe, / Ô Beauté! monstre énorme, effrayant et ingénu!"[179]

---

**177** „Wie soll das Nichts eine neue Sonne sein, die die Blüten zur Entfaltung bringt? Ich weiß keine Antwort" (Auerbach, *Vier Untersuchungen*, S. 125).
**178** Gleichwohl die vielbeschworene Ästhetisierung des Hässlichen beobachtbar ist, bildet sie bei Baudelaire lediglich einen Teil, vielleicht sogar nur das Symptom einer Ästhetik des Neuen. Zum ästhetischen Reiz des Bösen sei verwiesen auf die Monographie von Peter-André Alt, *Ästhetik des Bösen*, München ²2011, zu Baudelaire bes. S. 216–238.
**179** *Hymne à la Beauté*, Baudelaire, *OC* I, S. 24 f.

Der Tod selbst hingegen bedeutet in den *Fleurs du Mal* immer lediglich eine weitere Enttäuschung, keine Erlösung. Betrachten wir hierzu die letzte Strophe des Gedichts *Le Rêve d'un curieux*, das *Le Voyage* unmittelbar vorausgeht:

> J'étais mort sans surprise, et la terrible aurore
> M'enveloppait. – Eh quoi ! n'est-ce donc que cela ?
> La toile était levée et j'attendais encore.[180]

Der Tod, von dem der Neugierige geträumt hatte, stellt sich als schlichtweg nicht bestaunenswert heraus, und so beendet er weder in *Le Rêve d'un curieux* noch in *Le Voyage* die Suche. Hier wie dort bietet der Tod nicht die Möglichkeit eines radikalen Neuanfangs, sondern die einer radikal neuen *Erfahrung*. Diese kann nicht aus einem Himmel- oder Höllenerlebnis selbst bestehen, denn man würde sie in Anbetracht ihrer althergebrachten sehr konkreten bildlichen Darstellungstradition nicht als ‚neuartige' bezeichnen. Vielmehr benennen Himmel und Hölle Orte, an denen jenes Neue, auf das es eben anzukommen scheint, als erfahrbar gilt. Das kursiv gesetzte *nouveau* ist dementsprechend das letzte Wort der *Fleurs du Mal*:

> Plonger au fond du gouffre, Enfer ou Ciel, qu'importe ?
> Au fond de l'Inconnu pour trouver du *nouveau* ![181]

Der sieglose Kampf gegen die immer und überall währende Erfahrung des Mangels bildet in *Le Voyage* eine neue Variante der althergebrachten Analogie von Lebens- und Dichterreise.

Die wesentlichen Aspekte der künstlerischen Unabschließbarkeit sind indessen schon in Schlegels Theorie des Interessanten zu finden:[182]

> Jede neue glänzende Erscheinung erregt den zuversichtlichen Glauben, jetzt sei das Ziel, das höchste Schöne, erreicht, das Grundgesetz des Geschmacks, der äußerste Maßstab alles Kunstwertes sei gefunden. Nur daß der nächste Augenblick den Taumel endigt; daß dann

---

**180** *Le Rêve d'un curieux*, Baudelaire, *OC* I, S. 129.
**181** *Le Voyage*, V. 143–144.
**182** Hierzu sei ein Zitat Baudelaires angeführt, in dem er seine Theorie der Moderne explizit mit der Symbolik der Reise verbindet. In dem Abschnitt „La Modernité" aus dem *Peintre de la vie moderne* heißt es: „Ainsi il [‚le peintre de la vie moderne'] va, il court, il cherche. Que cherche-t-il ? À coup sûr, cet homme, tel que je l'ai dépeint, ce solitaire doué d'une imagination active, toujours voyageant à travers *le grand désert d'hommes*, a un but plus élevé que celui d'un pur flâneur, un but plus général, autre que le plaisir fugitif de la circonstance. Il cherche ce quelque chose qu'on nous permettra d'appeler *la modernité* ; […]" (*Le Peintre de la vie moderne*, Baudelaire, *OC* II, S. 694).

> die Nüchterngewordenen das Bildnis des sterblichen Abgottes zerschlagen, und in neuem
> erkünstelten Rausch einen andern an seiner Stelle einweihen, dessen Gottheit wiederum
> nicht länger dauern wird, als die Laune seiner Anbeter!
> Das Faß der Danaiden bleibt ewig leer. Durch jeden Genuß werden die Begierden nur heftiger; mit jeder Gewährung steigen die Forderungen immer höher, und die Hoffnung einer endlichen Befriedigung entfernt sich immer weiter. Das Neue wird alt, das Seltene gemein, und die Stachel des Reizenden werden stumpf.[183]

Halten wir nun zunächst einmal fest, dass Baudelaire in dem letzten Gedicht der *Fleurs du Mal* das Leiden am *ennui* zum wiederholten Male, überaus erschöpfend und teilweise im Verweis auf romantische Intertexte schildert. Der beständige Wunsch nach Linderung der Pein geht mit einer immerwährenden und strukturell nicht erfüllbaren Sehnsucht nach Neuheit einher, wodurch eine Analogie zum Wesensmerkmal der Kunst der Moderne gebildet wird.

Es stellt sich indessen die Frage, wie auf den verschiedenen Textebenen die Verneinung der Existenz des Neuen eigentlich mit der Einforderung desselben zusammengedacht werden kann.[184] Schauen wir hierzu abschließend auf die einzige Äußerung Baudelaires, die uns zu *Le Voyage* überliefert ist. Am 20. Februar 1859 schreibt er an Charles Asselineau: „J'ai fait un long poème dédié à Max Du Camp, qui est à faire frémir la nature, et surtout les amateurs du progrès."[185] Warum könnte das Gedicht die Liebhaber des Fortschritts erzittern lassen, geht es darin doch, wie eben festgestellt, um Leben und Dichtung, und nicht um das Erlangen einer höheren technischen oder gesellschaftlichen Entwicklungsstufe? Einen Hinweis könnte die so wichtige erste Strophe geben, denn die darin herausgestellte Ereignislosigkeit impliziert ja gerade die Verneinung jedweden Fortschritts. Mit der Ereignislosigkeit der Vergangenheit und der Gegenwart geht auch eine zukünftige Ereignislosigkeit einher; wo kein Ereignis denkbar ist, kann es keine Entwicklung geben, weder zum Schlechteren noch zum Besseren – mit anderen Worten: Ereignislosigkeit macht Fortschritt undenkbar, ohne dass diese Unmöglichkeit explizit benannt werden müsste. Anlässlich der Weltausstellung im Jahre 1855 formulierte Baudelaire in seiner bekannten Fortschrittskritik:

> Il est encore une erreur fort à la mode, de laquelle je veux me garder comme de l'enfer. – Je veux parler de l'idée du progrès. Ce fanal obscur, invention du philosophisme actuel, breveté sans garantie de la Nature ou de la Divinité, cette lanterne moderne jette des ténèbres sur tous les objets de la connaissance ; la liberté s'évanouit, le châtiment dispa-

---

**183** Friedrich Schlegel, „Über das Studium der griechischen Poesie", S. 219–223.
**184** Als ausgeschlossen erscheint hier, dass an dieser wichtigen Stelle des Gedichtbands die Anrufung des Todes als Persiflage auf den romantischen Sterbediskurs, in dem insbesondere der Tod der Liebenden zu einem erfüllenden Neuanfang werden kann, zu lesen ist.
**185** Baudelaire, *Corr.* I, S. 553.

> raît. Qui veut y voir clair dans l'histoire doit avant tout éteindre ce fanal perfide. Cette idée grotesque, qui a fleuri sur le terrain pourri de la fatuité moderne, a déchargé chacun de son devoir, délivré toute âme de sa responsabilité, dégagé la volonté de tous les liens que lui imposait l'amour du beau [...][186]

Baudelaires generelle und tief sitzende Verachtung des Fortschrittsgedankens (bzw. die Verneinung der Existenz eines längerfristig angelegten Fortschritts überhaupt) übersehen all jene Interpreten, die in dem Dichter einen politisch engagierten Geist zu erblicken meinen. Besonders Walter Benjamin schießt über das Ziel hinaus, wenn er behauptet, „Baudelaire war ein Geheimagent. Ein Agent der geheimen Unzufriedenheit seiner Klasse mit ihrer eigene[n] Herrschaft."[187] Diese politische Innanspruchnahme Benjamins ist bekanntermaßen folgenreich gewesen, ihren Höhepunkt bildet gewiss Oskar Sahlbergs Monographie *Baudelaire und seine Muse auf dem Weg zur Revolution*.[188] Allen marxistisch-revolutionären Deutungsversuchen sei hier entgegengesetzt, dass der Julimonarchie kaum jemand überhaupt eine Träne nachgeweint hat, und der junge Pariser, der im Jahre 1848 nicht mit den Ideen der Revolution sympathisiert hat, wohl erst noch gefunden werden muss.

Obgleich Baudelaire der Idee des Fortschritts gegenüber mehr als kritisch eingestellt ist, verneint er doch nicht grundsätzlich die Existenz der einzelnen Entwicklung zum Besseren hin. Der Fortschritt in Gestalt einer unendlichen Reihe allerdings erscheint ihm gänzlich unmöglich.[189] Im weiteren Verlauf der Kunstkritik von 1855 führt Baudelaire die Unterscheidung zwischen dem Fortschritt der Geschichte und dem Fortschritt der Kunst weiter aus:

---

**186** Baudelaire, *Exposition Universelle, 1855, Beaux Arts*, OC II, S. 580.
**187** Walter Benjamin, „Das Paris des Second Empire bei Baudelaire", in: ders., *Gesammelte Schriften*, Bd. I.3, hg. von Rolf Tiedemann und Hermann Schweppenhäuser, Frankfurt a. M. 1974, S. 1167 (Anmerkungen der Herausgeber). Vgl. zu der Stelle auch Dolf Oehler, *Pariser Bilder I (1830–1848). Antibourgeoise Ästhetik bei Baudelaire, Daumier und Heine*, Frankfurt a. M. 1979, S. 15 f.
**188** Oskar Sahlberg, *Baudelaire und seine Muse auf dem Weg zur Revolution*, Frankfurt a. M. 1980.
**189** So schreibt er ebenfalls in seiner Kritik von 1855: „Si une nation entend aujourd'hui la question morale dans un sens plus délicat qu'on ne l'entendait dans le siècle précédent, il y a du progrès ; cela est clair. Si un artiste produit cette année une œuvre qui témoigne de plus de savoir ou de force imaginative qu'il n'en a montré l'année dernière, il est certain qu'il a progressé. Si les denrées sont aujourd'hui de meilleure qualité et à meilleur marché qu'elles n'étaient hier, c'est dans l'ordre matériel un progrès incontestable. Mais ou est, je vous prie, la garantie du progrès pour le lendemain ?" (Baudelaire, *Exposition Universelle, 1855, Beaux Arts*, OC II, S. 580 f.). Zur „Illusion du progrès" bei Baudelaire sei verwiesen auf Claude Launays Kommentar der *Fleurs du Mal* (ders., Les Fleurs du Mal *de Charles Baudelaire*, Pairs 1995, bes. S. 178–180).

> Je laisse de côté la question de savoir si, délicatisant l'humanité en proportion des jouissances nouvelles qu'il lui apporte, le progrès indéfini ne serait pas sa plus ingénieuse et sa plus cruelle torture ; si, procédant par une opiniâtre négation de lui-même, il ne serait pas un mode de suicide incessamment renouvelé, et si, enfermé dans le cercle de feu de la logique divine, il ne ressemblerait pas au scorpion que se perce lui-même avec sa terrible queue, cet éternel *desideratum* qui fait son éternel désespoir ?
> Transportée dans l'ordre de l'imagination, l'idée du progrès [...] se dresse avec une absurdité gigantesque, une grotesquerie qui monte jusqu'à l'épouvantable. [...] Dans l'ordre poétique et artistique, tout révélateur a rarement un précurseur. Toute floraison est spontanée, individuelle. [...] L'artiste ne relève que de lui-même. Il ne promet aux siècles à venir que ses propres œuvres. Il ne cautionne que de lui-même. Il meurt sans enfants. Il a été *son roi, son prêtre et son Dieu*.[190]

Die Menschheit giere nach Fortschritt, welcher von Baudelaire in gewissen Bereichen bzw. im Werk des einzelnen Künstlers auch durchaus als möglich erachtet wird. Einen generellen Fortschritt *à la longue* schließt der Dichter jedoch in beiden Fällen aus. An dieser Stelle erscheint die Verknüpfung zwischen dem ‚Fortschritt der Menschheit' und dem ‚Fortschritt der Kunst' interessant zu sein, ist diese doch genau in der Form auch in *Le Voyage* zu finden – und hiermit kommen wir zurück zu Baudelaires Behauptung, ‚das Gedicht lasse die Liebhaber des Fortschritts erzittern'. Als hätte die für die *Querelle des Anciens et des Modernes* so wichtige Diskussion über die Trennung zwischen Kunst und Wissenschaft nicht stattgefunden,[191] wird in *Le Voyage* der Gedanke wissenschaftliches Wissen wachse von Generation zu Generation an, jeder Künstler jedoch beginne wieder

---

**190** Baudelaire, *Exposition Universelle, 1855, Beaux Arts*, OC II, S. 581.
**191** Vgl. Claudia Klinger zur ‚Moderne' in *Ästhetische Grundbegriffe*, S. 126. Siehe hierzu auch Werner Krauss über den „Streit der Altertumsfreunde mit den Anhängern der Moderne und die Entstehung des geschichtlichen Weltbildes": „Der erste, der die gegensätzliche Entwicklungsrichtung von Dichtung und Wissenschaft eindeutig herausstellte, war Fontenelles Schützling Marivaux [...]. Für die Entwicklung der Künste ist seiner Meinung nach der wachsende Reichtum der Ideen im Verlauf der Geschichte geradezu ein Hindernis ihrer Entwicklung. Die große Kunst verlangt das strengere Klima und die größere Einfalt der frühgeschichtlichen Menschheit. [...] Auch Voltaire stellt den Fortschritt der Naturwissenschaften der literarischen Orientierung am unverrückbaren Vorbild gegenüber. Am entschiedensten noch wurde diese neue Lehre von dem berühmten Abbé Dubos ergriffen. Der Fortschritt bleibt den Wissenschaften verbürgt durch den beständig erweiterten Gesichtskreis der Erfahrung. Auf dem Gebiet der Künste dagegen gewährt der Fortgang der Zeiten noch keinen Vorsprung für eine höhere Leistung." (Ders., in: Werner Krauss/Hans Kortum [Hg.], *Antike und Moderne in der Literaturdiskussion des 18. Jahrhunderts*, Berlin 1966, S. XXXVII f.). Zum Verhältnis zwischen Kunst und Fortschritt sei auch auf Ernst H. Gombrich verwiesen: *Kunst und Fortschritt. Wirkung und Wandlung einer Idee*, Köln 1978, darin bes. das Kapitel „Von der Romantik zum Modernismus".

von vorne,[192] zu Gunsten einer Engführung aufgegeben, die eben nicht nur aus (religiöser) Lebens- und Dichterreise besteht, sondern auch aus der Propagierung eines nicht-teleologischen Geschichtsbilds. Darin kann das Schiff zum ‚Schiff des Staates' werden und eine Symbolik inszenieren, wie sie seit der Antike – das Schiff als Sinnbild der Polis – bekannt ist.[193] Baudelaire lässt durch die Ereignislosigkeit, welche die auf dem Schiff reisende Schicksalsgemeinschaft erfährt, das Ereignishafte zum Paradigma des Neuen werden. Dabei projiziert er nicht nur die Struktur des Lebens, sondern eben auch die Struktur seines Geschichtsbildes auf die Struktur der Kunst, kennt doch das Leben, erzähltheoretisch gesprochen, nur Geschehen, und kann doch allein die Literatur mit Ereignishaftigkeit aufwarten. Wo man von Ereignissen spricht, hat immer schon narrative Eingliederung stattgefunden. Dieser Aspekt lässt sich mit der Entstehung des modernen historischen Denkens ab 1800 in Verbindung bringen, gilt doch bis einschließlich zur Aufklärung die Geschichte nicht als ein Entwicklungszusammenhang – erst im 19. Jahrhundert geht es um das Verstehen von Entwicklung. Geschichte wird nun zunehmend als Fortschritt verstanden, sie handelt gerade davon, wie permanent Neues entsteht. Das Denken in Verläufen, von einer historischen Wurzel zu einer Gegenwart, die wiederum auf eine Gesamtentwicklung hin zu einer höheren Stufe bedacht ist, bestimmt im Frankreich nach der Aufklärung den Diskurs.[194] Gesellschaftlicher Fortschritt stelle sich, so lehrt es der Geschichtsdeterminismus, als Nebenprodukt technischer Erneuerung ganz von allein ein. Baudelaire allerdings wendet sich in dem Gedicht gegen jedwede Form teleologischer Geschichtsdeutung.[195]

---

**192** Vgl. Cornelia Klinger, „Moderne", S. 127. Siehe auch Reinhart Kosellecks Artikel „Fortschritt", in: Otto Brunner/Werner Conze/Reinhart Kosellack [Hg.], *Geschichtliche Grundbegriffe: Historisches Lexikon zur politisch-sozialen Sprache in Deutschland*, 8 Bde., Stuttgart 1972–1997, Bd. 2 [1979], S. 351–423, bes. S. 394).
**193** Eine Auflistung und Kommentierung politischer Schiffssymbolik der Antike findet sich bei Hugo Rahner: *Symbole der Kirche*, darin das Kapitel „Die antike Schiffssymbolik", S. 313–338.
**194** Vgl. Michel Foucault, *Les mots et les choses. Une archéologie du savoir*, Paris 1966.
**195** Fast könnte man meinen, Baudelaire rede dem Historismus das Wort, doch war diese Strömung in Frankreich (jedenfalls bis zur Herausbildung der *École méthodique* in der zweiten Hälfte des 19. Jahrhunderts) nicht verbreitet, was angesichts der enormen Popularität der französischen Geschichtsschreibung auch nicht verwunderlich ist – man denke etwa an Condorcets *Esquisse d'un tableau des progrès de l'esprit humain*, die Verbreitung des Saint-Simonismus, an Jules Michelets Projekt der *Histoire de France* oder die Frühsozialisten (allen voran der oben bereits erwähnte Étienne Cabet). Siehe hierzu auch Guy Bourdé/Hervé Martin, *Les écoles historiques*, Paris 1983. Baudelaires radikale Ablehnung des Fortschrittsgedankens mutet geradezu ‚postmordern' an, gilt doch die Überlegung bzw. ‚Erkenntnis', dass der Fortschrittsgedanke letzten Endes doch immer nur eine Illusion ist als Ausgangspunkt der Kritik der Postmoderne, vgl. hierzu Thomas McEvilley, *Art & Discontent. Theory at the Millenium*, Kingston (New York) 1991, darin das Kapitel

Blicken wir nun abschließend noch einmal auf den Anfang des Texts, so stellen wir fest, dass auch dieser Gedanke im Grunde schon aus der ersten Strophe hervorgeht, wird doch bereits hier die wirkliche Welt für gar nicht erst erzählenswert erachtet, wodurch jede Form von Ereignishaftigkeit, und damit eben auch von Fortschritt, negiert wird.

Wenn der vom *ennui* geplagte lyrische Sprecher in *Le Voyage* die Existenz jeglicher Form von Neuheit verneint, während er gleichzeitig eine Einforderung von radikaler Neuheit proklamiert,[196] so macht Baudelaire in dieser paradoxen Überkreuzung die konstitutive Unerreichbarkeit seines ästhetischen Ideals des Absoluten sichtbar: Die mitunter ununterscheidbare Verschränkung von Lebens- und von Dichterreise wird ganz am Ende des Gedichts aufgegeben, und nicht Jesus, nicht der Staatsmann und auch nicht der Dichter, sondern der Tod, ja das Nichts, wird zum Steuermann des Schiffes und zum Symbol dieser strukturell unabschließbaren Suche.

### III.2.1 Der paradoxe Reiz des Neuen in *Madame Bovary*: *Le nouveau* und der *marchand de nouveautés*

Anfang und Ende des literarischen Werks bilden nach Jurij Lotman einen Rahmen, der die Grenze zwischen der ‚unabschließbaren' Welt/Wirklichkeit und dem begrenzten Kunstwerk als Modell dieser ‚unendlichen' Welt bildet.[197] Dem Anfang von Texten spricht der russische Formalist eine „kodierende Funktion"[198] zu: Texte, so Lotman, stellen zu ihrem Beginn das zugrundeliegende System vor

---

„Art History or Sacred History?" (vgl. auch Klinger, „Moderne", S. 147); vgl. zu der Problematik auch Boris Groys' *Die Frage nach dem Neuen. Ein philosophischer Beitrag zur Kulturtheorie*, München/Wien 1992. Zur problematischen Gegenüberstellung von ‚Moderne' und ‚Postmoderne' sei auf Andreas Kablitz verwiesen, *Zwischen Rhetorik und Ontologie*, S. 15.

**196** Zur Korrelation zwischen Neuheit und *Spleen* schreibt Walter Benjamin in einem nicht betitelten Konspekt: „Es ereignet sich ‚immer dasselbe'. Der spleen ist nichts als die Quintessenz der geschichtlichen Erfahrung. Nichts erscheint verächtlicher als die Idee des Fortschritts gegen diese Erfahrung ins Feld zu führen. [...] Von der Überwältigung durch den spleen kann nichts aufgeboten werden als das Neue, das ins Werk zu setzen die wahre Aufgabe des modernen Heros ist." (Walter Benjamin: „Konspekt zur Baudelaire-Arbeit", in: *Gesammelte Schriften*, Bd. I.3, hg. von Rolf Tiedemann und Hermann Schweppenhäuser, Frankfurt a. M. 1974, S. 1151, vgl. hierzu auch im *Zentralpark* Abschnitt 40 [*Charles Baudelaire*, S. 183]). Im Bezug auf das Neue sei hier erneut auf die Arbeit von Sylvia Zirden verwiesen, *Theorie des Neuen*, darin v. a. das Kapitel „Ewige Wiederkehr des Gleichen und ewige Neuheit", S. 47–54.

**197** Vgl. Juri Lotman, *Die Struktur literarischer Texte*, München ²1981, S. 301.

**198** Lotman, *Die Struktur literarischer Texte*, S. 311.

und fordern den Leser dazu auf, in seinem Bewusstsein kanonische künstlerische Kodes zu aktivieren.[199]

In *Madame Bovary* scheint diese (de)kodierende Funktion des Anfangs nur in bescheidenem Maß auszumachen zu sein, was umso erstaunlicher ist, als wir es mit einem sogenannten realistischen Roman zu tun haben: Die Erzählung beginnt nicht mit Madame oder Mademoiselle Bovary, der Leser erfährt weder Zeit noch Ort des Erzählten, es wird kein Sujet angekündigt – und der Erzähler bezeichnet sich selbst gar in gewisser Weise als unwissend. Diese Eigentümlichkeit, um nicht zu sagen Sperrigkeit des Beginns von *Madame Bovary* hat zu einer kaum noch überschaubaren Anzahl von Analysen des Romananfangs geführt.[200] Die wichtigsten Forschungsergebnisse seien im Folgenden kurz vorgestellt.

Claudine Gothot-Mersch legte bereits in den 60er-Jahren in ihrer Arbeit über die Entstehung von *Madame Bovary* offen, in welchem Maße Flaubert den Beginn seines Romans mit größter Sorgfalt wieder und wieder überarbeitet hat.[201] Seit dieser Feststellung wird der Einsatz eines homodiegetischen Erzählers in der ersten Person Plural auf den ersten Seiten gemeinhin nicht mehr als ein durch Unachtsamkeit entstandener Fehlgriff Flauberts ausgelegt.[202] Indessen ist die Frage, warum der Roman zu Beginn aus der Sicht einer völlig anonymen Nebenfigur geschildert wird, diese Perspektive jedoch alsbald durch die eines heterodiegetischen Erzählers ersetzt wird, ebenso ausführlich wie kontrovers diskutiert worden. Dabei hat sich die Kritik bis heute nicht auf einen interpretatorischen Konsens einigen können.

Alain Raitt vermutet hinter der Verwendung der ersten Person Plural und Emma Bovarys Schicksal eine Verbindung von gesellschaftskritischer Dimension. Der Klassenraum stelle ein Paradigma der zeitgenössischen Gesellschaft dar, Emma sei „[...] victime elle aussi d'une société hostile dans laquelle elle se sent étrangère."[203] Dem Leser – so Raitt – werde durch den Gebrauch des *nous*

---

[199] Vgl. ebd.
[200] Ein umfangreicher Forschungsüberblick ist in der Arbeit von Francisco González nachzulesen: *La scène originaire de* Madame Bovary, Oviedo 1999, darin bes. Kapitel I. „L'origine, le Sphinx et la chimère" (S. 9–18) und Kapitel II.5 „Les études du nous" (S. 39–74).
[201] Vgl. Claudine Gothot-Mersch, *La Genèse de* Madame Bovary, Paris 1966, S. 234–239 passim.
[202] Siehe hierzu André Gides Kommentar: „[...] des choses que je me permets de penser, que je me permets un peu moins de dire, et que je ne permets aux autres de dire pas du tout. Par exemple : que le commencement de *Madame Bovary* est fort mal écrit" (*Journal 1889–1939*, Paris 1948, S. 208, Eintrag vom 15. April 1906). Auch in Enid Starkies Flaubert-Buch aus dem Jahre 1967 liest man noch: „[...] the transition to the third person, without warning, is somewhat clumsy, and one cannot help feeling that there has been here an error in technique [...]" (dies., *Flaubert: The Making of the Master*, London 1967, S. 292).
[203] Alain Raitt, „Nous étions à l'étude ...", in: *La Revue des Lettres Modernes. Gustave Flaubert 2. Mythes et Religions* (1986), S. 161–192, hier S. 167.

eine Kollektivschuld zugesprochen: „Et le *nous* initial nous rend tous un peu responsables de sa défaite, comme nous le sommes de l'humiliation de Charles."[204] Ob das *nous* die Gemeinschaft der Leser impliziert und ob diese tatsächlich durch die Lektüre der Szene mitverantwortlich für das Unglück der Figuren Emma und Charles Bovary gemacht werden kann, darf man freilich bezweifeln. Interessanter erscheint die Analyse Victor Bromberts, dem zufolge das *nous* dem Zwecke dient, eine langsame Annäherung an die Protagonistin zu ermöglichen:

> We are gradually led to the unique perspective of Emma. But this is achieved progressively: Charles serves as a transition. The mysterious *nous* can thus be considered part of those subtle modulations whereby Flaubert guides our vision to the very center of tragedy, while exploiting all the possiblities of an ironic distance.[205]

Diesen Übergang, den eigentlichen Bruch in der Erzählperspektive, identifiziert Bernard Magné in dem unmittelbaren Aufeinanderfolgen von der eindeutig homodiegetischen Äußerung „Il serait maintenant impossible à aucun de nous de se rien rappeler de lui"[206] und der unpersönlichen Feststellung „C'était un garçon de tempérament modéré [...]."[207] Nicht nur lässt Flaubert den *Nous*-Erzähler seinen einleitenden Bericht beenden, indem er diesen sagen lässt, man wisse nun nichts Weiteres mehr zu berichten, sondern es findet auch ein Wechsel vom Beobachten/Sprechen im Präsens zum idealtypischen Erzählen in der Retrospektive statt.[208] Das homodiegetisch erzählte ‚Vorspiel' (auf das unmittelbar die traditionell gehaltene und durchaus romaneske Wiedergabe einer Familiengeschichte durch einen unsichtbaren und allwissenden Erzähler folgt) deutet Jonathan Culler als gewollte Verdunkelung der Erzählinstanz, wenn nicht gar als Parodie auf klassisches Erzählen:[209]

---

**204** Ebd. Auch Claude Duchet betrachtet den ersten Satz des Romans als eine Art Einführung in dessen soziales Schema, welches aus „société-autorité-individu-utilité" bestehe (vgl. ders., „Pour une socio-critique, ou variations sur un incipit", in: *Littérature* 1 [1971], S. 5–14, hier S. 13).
**205** Brombert, *The Novels of Flaubert*, S. 42. Jonathan Culler bemerkt hierzu, dass der Übergang von einem homodiegetischen zu einem heterodiegetischen Erzählen alles andere als subtil erfolgt (vgl. ders, *Uncertainty*, S. 111 f.).
**206** Flaubert, *OC* I, 1.I, S. 298.
**207** Ebd. Vgl. Bernard Magné, „Un nous à l'étude", *Conséquences* 15/16 (1991), S. 5–20, hier S. 15.
**208** Vgl. Magné, „Un nous à l'étude", S. 17.
**209** Vgl. Culler, *Flaubert*, S. 111 f.

> There may be a suggestion that most novels are unrealistic in the amount of detail the narrators are supposed to recall, but that is very much incidental to the main point: that the text is not narrated by anyone and that the attempt to read it as if it were can lead only to confusion.[210]

Bereits zu Beginn scheint jene *confusion* angelegt zu sein, die Joachim Küpper auf ein abstrakteres Niveau überführt, wenn er feststellt:

> Der intendierte Sinn des Flaubertschen Textes ist die narrative Inszenierung der fundamentalen Abwesenheit von Sinn, was maßgeblich über die (illusionäre) Eskamotierung des sinnschaffenden Zentrums eines fiktionalen Erzähltextes, des Erzählers, realisiert werden soll.[211]

Die sich zu Beginn von *Madame Bovary* einstellende Verwunderung, die allererst dadurch entsteht, dass die Erzählinstanz nicht oder nicht mehr identifiziert werden kann, sucht Flaubert jedoch nicht nur zu Beginn des Romans, sondern auch an dessen Ende. Dort nämlich wird die Deixis vom Anfang wieder aufgegriffen. Der Erzähler berichtet zwar nicht mehr wie auf den ersten Seiten als ein eindeutig homodiegetischer, seine Rede enthält jedoch deiktische Ausdrücke, die darauf hinweisen, dass er – tritt er auch nicht ausgestattet mit einer Persönlichkeit in Erscheinung – selbst Teil der erzählten Welt ist.[212] Mit einem simplen allerletzten Satz verabschiedet Flaubert das idealtypische Erzählen, das den Roman zuvor auszumachen schien:

> Il fait une clientèle d'enfer ; l'autorité le ménage et l'opinion publique le protège.
> Il vient de recevoir la croix d'honneur.[213]

Unter idealtypischem Erzählen sei hier mit Émile Benveniste ein Erzählen verstanden, das sich der Tempora *passé simple*, *imparfait* und *plus-que-parfait* bedient und jeden Hinweis auf die Sprechinstanz tilgt, so dass man sagen kann:

---

210 Culler, *Flaubert*, S. 112.
211 Küpper, *Ästhetik der Wirklichkeitsdarstellung*, S. 112.
212 In einer Fußnote hat Gérard Genette erstmals darauf hingewiesen, dass das homodiegetische Erzählen der ersten Seiten der *Madame Bovary* mit der Verwendung des Präsens auf den letzten Seiten durchaus in Verbindung gesetzt werden kann (ders., *Figures III*, Paris 1972, darin Kapitel 5 „Voix", S. 232). Alain Raitt merkt hierzu an, dass darüber hinaus die Beschreibung Yonvilles nicht nur auch im Präsens gehalten ist, sondern dass auch dort ein Erzähler sichtbar wird. Die betreffende Stelle im Roman lautet: „Depuis les événements que l'on va raconter, rien, en effet, n'a changé à Yonville" (Flaubert, *OC* I, 2.I, S. 357), vgl. Raitt, „Nous étions à l'étude ...", S. 171 f. Vgl. zu dieser Stelle auch Claudine Gothot-Merschs Aufsatz „Sur le narrateur chez Flaubert" (in: *Nineteenth-Century French Studies* 12 [1984], S. 344–365, hier S. 348 ff.) und Cullers „The real Madame Bovary", hier S. 20.
213 Flaubert, *OC* I, 3.XI, S. 611.

> Les événements sont posés comme ils se sont produits à mesure qu'ils apparaissent à l'horizon de l'histoire. Personne ne parle ici ; les événements semblent se raconter eux-mêmes.²¹⁴

Benveniste nennt diese Art der Sprachverwendung *histoire* und grenzt sie vom *discours* ab. Es geht also um den Unterschied zwischen Erzählen und Sprechen. Ersteres stellt eine besondere Art des Sprechens dar: eine, die Vergangenes berichtet und dabei jeglichen Bezug auf die Ich-Jetzt-Hier-Origo vermeidet. Obgleich er auch synonym von der „énonciation historique" spricht, ist klar, dass er damit eine Art der Erzählung meint, die gleichgültig gegenüber der Frage nach dem kommunikativen Status des Texts ist. Es handelt sich schlicht um zwei grundsätzliche „plans d'énonciation"²¹⁵, die es im Übrigen sowohl in fiktionalen als auch in faktualen Texten geben kann. Die Beispiele, die Benveniste zur Illustration dieser Unterscheidung wählt, stammen denn auch gleichermaßen aus dem Bereich der fiktionalen Literatur (der Schriftsteller Honoré de Balzac) wie aus dem der Geschichtsschreibung (der Althistoriker Gustave Glotz). Benvenistes Begriffspaar, das im Übrigen recht stark an Harald Weinrichs zwei Jahre zuvor in Buchform erschienene Unterscheidung von ‚besprochener' und ‚erzählter' Welt erinnert,²¹⁶ ist idealtypisch zu verstehen. So stellt etwa jede homodiegetische Erzählung eine Mischform dar: Es wird erzählt, aber es gibt in der Regel immer wieder Hinweise auf die Gegenwart des Erzählens. Ebenso können Erzählerkommentare mehr oder weniger deutliche Hinweise darauf enthalten.

In unserem Kontext interessant ist diese Unterscheidung, weil Flauberts Roman mit seiner heterodiegetischen Narration zwar fast vollständig Benvenistes *énonciation historique* entspricht, aber eben nur fast:²¹⁷ Der homodiegetische Beginn und die Deixis des Schlusssatzes („Il vient de recevoir la croix d'honneur") entsprechen mit ihren Hinweisen auf die Erzähl- und Sprechinstanz auf auffällige Weise eben nicht dem Modus der *histoire*, sondern dem des *discours*. Abgesehen von dieser Rahmung gilt für *Madame Bovary*, was für die meisten Werke des sogenannten Realismus gilt: Die Sprech- bzw. Erzählsituation (die *énonciation*) steht in keinem bestimmbaren zeitlichen Verhältnis zum Erzählten (dem *énoncé*). Alles was man über sie sagen kann, ist, dass sie nach dem Erzählten liegen muss, da

---

214 Émile Benveniste, *Problèmes de linguistique générale*, Paris 1966, S. 241.
215 Benveniste, *Problèmes de linguistique générale*, S. 238.
216 Harald Weinrich, *Tempus. Besprochene und erzählte Welt*, München 1964.
217 Zur problematischen Verortung der Flaubertschen Erzählhaltung im System Benvenistes sei v. a. verwiesen auf Claudine Gothot-Mersch, „Le Point de vue dans *Madame Bovary*", in: *Cahiers de l'Association Internationale des Études Françaises* 23 (1971), S. 243–259, hier bes. S. 247 f., und dies., „Sur le narrateur chez Flaubert", in: *Nineteenth-Century French Studies* 12 (1984), S. 344–365.

sie ja retrospektiv ist. Aber schon die Frage, wie viel Zeit genau zwischen den erzählten Ereignissen und dem Erzählakt vergangen ist, kann nicht beantwortet werden. Anfang und Ende des Romans legen nah, dass die Ereignisse um den Selbstmord einer Arztgattin in der Provinz noch nicht allzu lange her sein dürften, schließlich ist der Erzähler vom Beginn einmal Charles Bovarys Mitschüler gewesen, und schließlich lebt Homais noch, der stolze Träger der frisch verliehenen *croix d'honneur*. Dies widerspricht aber auf sehr grundsätzliche Weise dem auktorial-personalen Erzählstil. Ein Erzähler ‚aus Fleisch und Blut', der selbst Teil der erzählten Welt ist, könnte weder so viel wissen noch so viel aus der ihm fremden Perspektive schildern. So hinterlassen die deiktischen Anteile der Narration ein Rätsel, das sich, so die hier vertretene These, auflösen lässt, wenn man den Anfang des Romans selbstreferentiell liest. Dass Flaubert *Madame Bovary*, ein Musterbeispiel der dominant personalen Erzählweise – die gängige Form des Erzählens im realistischen Roman[218] – mit einer homodiegetischen Erzählperspektive beginnen lässt, um diese dann mehr oder minder diskret in die übliche Erzählperspektive übergehen zu lassen, sowie die Tatsache, dass der Roman mit einer deiktischen Aussage endet, führt zunächst einmal dazu, dass das für den ‚realistischen' Text Selbstverständliche als sein Gegenteil vorgeführt wird.

Was die Ähnlichkeiten zwischen den ersten und den letzten Seiten des Romans angeht, so ist es nicht nur die Erzählhaltung, sondern auch der Inhalt des Erzählten, der eine Verbindung zwischen Anfang und Ende erahnen lässt:[219] Die den Roman abschließende moralisierende Generalkritik an einer Gesellschaft, in der Menschen wie Homais ausgezeichnet werden, wirkt stereotypisch überzogen[220] und auch viel zu explizit[221], als dass es sich um ernst gemeinten

---

[218] Dies ist umso erstaunlicher, als die personale Erzählweise des realistischen Romans alles andere als ein Garant für Objektivität ist, weil sie doch immer an den subjektiven Wissensstand der beobachtenden Figur geknüpft ist, vgl. zu dieser Problematik Andreas Kablitz, „Realism as a Poetics of Observation. The Function of Narrative Perspective in the Classic French Novel: Flaubert–Stendhal–Balzac", in: Tom Kindt/Hans-Harald Müller (Hg.), *What is Narratology? Questions and Answers Regarding the Status of a Theory*, Berlin/New York 2003, S. 99–135.
[219] Dass beide Kapitel exakt die gleiche Seitenzahl aufweisen, ist wohl eher dem Zufall geschuldet, als dass eine bedeutungstragende Struktur dahinter stünde, wäre doch eine derartige auf den Inhalt verweisende äußere Symmetrie untypisch für Flaubert.
[220] Zu Flauberts Vorhaben, den Roman mit einem selbstreflektierenden Homais ausklingen zu lassen, siehe Raitt, „Nous étions à l'étude ...", S. 183–185.
[221] Besonders platt wirkt dieser Abschluss im direkten Vergleich mit der dezenten allerersten Beschreibung des Apothekers, die überaus subtil Rückschlüsse auf Homais' Charakter nahelegt: „Un homme en pantoufles de peau verte [...]" (Flaubert, *OC* I, 2.I, S. 358). Eine ausführliche Untersuchung der Figur findet sich bei Ulrich Schulz-Buschhaus: „Homais oder die Norm des fortschrittlichen Berufsbürgers. Zur Interpretation von Flauberts *Madame Bovary*", in: *Romanistisches Jahrbuch* 28 (1977), S. 126–149.

„lakonischen Haß"²²² handeln könnte, den Flaubert nach einigen hundert Seiten Roman gewissermaßen nicht mehr zu bändigen gewusst hätte. So wie Jonathan Culler die ersten Seiten als eine Parodie narrativer Strukturen verstanden wissen möchte, lässt sich der Romanabschluss durchaus als eine Parodie auf klassisches Erzählen lesen. Überhaupt lässt das Ende den Roman vielleicht allzu sehr als geschlossene Einheit erscheinen. Dies gilt umso mehr, als abschließend fast die komplette Familie Bovary geradezu vernichtet wird: Zuerst stirbt Emma und dann stirbt Charles, auf der letzten Seite segnet schließlich auch die Großmutter Bovary (die im Laufe der Erzählung keine Rolle mehr gespielt hatte) das Zeitliche, und die ohnehin schon hustende und rot gefleckte Berthe wird zum Arbeiten in die Baumwollspinnerei geschickt, womit auch ihr baldiges Ende angezeigt sein könnte.²²³ Die Auflösung des Werks und der gänzlich unverhältnismäßig moralisierende Erzähler der letzten Sätze gleichen einem Bruch, oder eben einem Abbruch. Ein Roman gilt traditionell – und auch im Jahre 1857 – dann als beendet, wenn seine Geschichte ‚auserzählt' ist. Und so wirkt die Hast, mit der Flaubert die Familie Bovary ‚abwickelt', wie ein ironischer Kommentar auf diese Konvention. Diese Vermutung wird durch den folgenden Auszug eines Briefes bestätigt, den Flaubert unmittelbar nach der Fertigstellung der *Madame Bovary* geschrieben hat. Darin stellt er gleich zwei Überlegungen an, die nicht gerade nahe legen, das Ende des Romans als einen ernst gemeinten moralisierenden Abschluss zu lesen:

> Aucun grand génie n'a conclu et aucun grand livre ne conclut, parce que l'humanité elle-même est toujours en marche et qu'elle ne conclut pas. Homère ne conclut pas, ni Shakespeare, ni Goethe, ni la Bible elle-même. Aussi ce mot fort à la mode, le Problème social, me révolte profondément. Le jour où il sera trouvé, ce sera le dernier de la planète. [...] Nos idées les plus avancées sembleront bien ridicules, et bien arriérées quand on les regardera par-dessus l'épaule. Je parie que dans cinquante ans seulement, les mots : « Problème social, moralisation des masses, progrès et démocratie » seront passés à l'état de « rengaine » et apparaîteront aussi grotesques que ceux de : « Sensibilité, nature, préjugés et doux liens du cœur » si fort à la mode vers la fin du XVIII$^e$ siècle.²²⁴

---

222 So Hugo Friedrich, in: *Drei Klassiker des französischen Romans*, S. 117.
223 Vgl. auch Barbara Vinken, die davon ausgeht, dass Berthe an Schwindsucht leidet (dies., *Durchkreuzte Moderne*, S. 117).
224 Flaubert, *Corr.* II, Paris 1980, S. 718, Brief vom 18. Mai 1857 an Marie-Sophie Leroyer de Chantepie. Vgl. hierzu auch Roderich Billermann, dem zufolge Flaubert auf jegliche Form des *conclure* verzichtet, um – als logische Konsequenz des Postulats einer ‚wissenschaftlichen' Darstellung – wissenschaftlicher Wertfreiheit gerecht zu werden (vgl. ders., „Flauberts Stil-Reflexionen in seiner Korrespondenz [mit einem Exkurs zum Verhältnis Balzac–Flaubert]", in: *Zeitschrift für französische Sprache und Literatur* 109 [1999], S. 25–54, hier S. 35 f.).

Ohne Frage fällt in den letzten Sätzen der *Madame Bovary* die Abweichung vom traditionellen Erzählen weniger stark aus, als dies in dem präsupponierenden Beginn des Romans der Fall ist,[225] welcher im Folgenden einer eingehenden Betrachtung unterzogen werden soll. Anders als in den bekannten Interpretationen wird das Augenmerk nicht nur auf die Erzählperspektive und die ungewöhnliche Beschreibung der Mütze, sondern auf die geschilderte Szenerie in ihrer Gesamtheit gerichtet werden. Betrachten wir zunächst die berühmten Eröffnungszeilen:

> Nous étions à l'étude, quand le Proviseur entra, suivi d'un *nouveau* habillé en bourgeois et d'un garçon de classe qui portait un grand pupitre. Ceux qui dormaient se réveillèrent, et chacun se leva comme surpris dans son travail.[226]

Als Einstieg in die Interpretation kann einmal mehr eine Beobachtung Baudelaires dienen: In seiner *Madame-Bovary*-Kritik bezeichnet er den Roman als eine Wette, in der gewettet wird, dass: „[...] tous les sujets sont indifféremment bons ou mauvais, selon la manière dont ils sont traités, et que les plus vulgaires peuvent devenir les meilleurs."[227] Die ersten beiden Sätze des Romans erscheinen als gewagte Wahl zur Eröffnung einer solchermaßen beschriebenen Wette, denn sie führen den Leser in ein altbekanntes Universum der Langeweile: den Klassenraum. Dies geschieht jedoch nicht in der Absicht, den Leser dann umso abrupter mit einer ungewöhnlichen Begebenheit zu konfrontieren, wie es der Erwartung entsprechen würde, die man an einen Roman zu pflegen hat. Das Ereignishafte bleibt für den Leser auch dann aus, wenn Charles Bovary die Klasse betritt. Der Eindruck, mit diesem Beginn eine für die weitere Handlung des Romans belanglose Szene vor sich zu haben bzw. gehabt zu haben, verstärkt sich im Laufe der Lektüre der ersten Seiten noch, was den Schluss naheliegen lässt, Flaubert mokiere sich geradezu über die Erwartungshaltung des Romanlesers seiner Zeit. Dies gilt umso mehr, als bei Balzac doch noch das allerkleinste Detail nicht nur als erzählenswert, sondern vor allem als *erklärens*wert gilt.[228]

---

[225] Zum Wirken der Präsuppositionalstruktur auf die ‚Realitätsgarantie' des Anfangs in der *Éducation sentimentale* sei verwiesen auf Klaus W. Hempfer, „Zu einigen Problemen einer Fiktionstheorie", in: *Zeitschrift für französische Sprache und Literatur* (1990), S. 109–137, bes. S. 131 f.
[226] Flaubert, *OC* I, 1.I, S. 293.
[227] Vgl. „*Madame Bovary*. Par Gustave Flaubert", erschienen am 18. Oktober 1857 in *L'Artiste* (Baudelaire, *OC* II, S. 76–86, hier S. 81). Flauberts Zustimmung zur Kritik findet sich in: Flaubert, *Corr.* II, S. 772, 21. Oktober 1857.
[228] Vgl. hierzu Andreas Kablitz, „Erklärungsanspruch und Erklärungsdefizit im *Avant-propos* von Balzacs *Comédie humaine*", in: *Zeitschrift für französische Sprache und Literatur* 99 (1989), S. 261–286.

Man möchte insofern fast behaupten, der Roman beginne mit der Verweigerung, Ereignishaftes zu präsentieren, was im Grunde der Verweigerung gleichkommt, überhaupt zu erzählen.²²⁹ Die aus diesem Vorgehen (zunächst) resultierende Sujetlosigkeit wirft unweigerlich die Frage nach einer anderen Legitimation der narrativen Rede, nach einer relevanten Bedeutung jenseits des Berichts von (Nicht-)Ereignissen auf. Dieser ‚Mehrwert' des Banalen besteht, und dies soll in der folgenden Lektüre herausgearbeitet werden, darin, dass bereits die ersten Zeilen von *Madame Bovary* nur als selbstreferentielle Aussage im Lichte jener literarischen Wette, auf die Baudelaire in seiner Kritik aufmerksam gemacht hat, gelesen werden können: Es gibt kein Thema, das so banal wäre, dass man nicht Funken für das in einem Roman zu Erzählende daraus schlagen könnte.

Der Roman beginnt mit der Beschreibung einer Schulstunde, in der die Schüler augenscheinlich nicht sonderlich spannende Aufgaben in selbständiger Stillarbeit zu lösen haben – eine Situation, die wahrscheinlich jeder Leser kennt, und die er wohl weder erneut erleben noch nacherleben möchte. Es ist ein Moment größtmöglicher Langeweile, in dem jede noch so belanglose Form von Abwechslung mehr als willkommen ist. Dieses so banale wie alltägliche Szenario müsste, so will es die Lesegewohnheit, durch etwas Unerwartetes durchbrochen werden; allein das Gegenteil ist der Fall. Es betritt zwar ein neuer Schüler die Klasse, dieser erweckt jedoch allenfalls das Interesse der besonders gelangweilten, sich nach Ablenkung sehnenden Schüler. Auch wenn der *Neue* dem Ich-Erzähler als durchaus groß erscheint (er benötigt einen „grand pupitre") und er durch mangelnde Unangepasstheit auffällt, so ist das Geschehen nur in bescheidenem Maße, und das auch nur für den homodiegetischen Erzähler, ereignishaft. Zwar amüsieren sich die Schüler köstlich über den Neuen (dessen Unsicherheit ist zwar ausgeprägt, dies jedoch noch im Rahmen des Normalen) und der Leser kann dieses Vergnügen aller Wahrscheinlichkeit nach auch aus Erfahrung nachvollziehen. Und dennoch kann man bei der Lektüre kaum schmunzeln, geschweige denn mitlachen, wird man doch Zeuge theatraler Komik, die durch jenes Kuriosum, das Flaubert das *grotesque triste* genannt hat, derartig entstellt wird, dass ihr jede denkbare Form von Komischem abhanden kommt. Die nähere Bestimmung dieses Phänomens – sie gehört gewiss nicht zu den stärksten Reflexionen Flauberts – findet sich in einem Brief an Louise Colet:

---

**229** Die gleiche Absage an jegliches Ereignishafte findet sich bekanntermaßen in radikalisierter Form am Ende der *Éducation sentimentale*, wenn der Roman mit der Erinnerung an einen gescheiterten Bordellbesuch schließt: „ – C'est là que nous avons eu de meilleur! dit Frédéric. – Oui, peut-être bien? C'est là que nous avons eu de meilleur! dit Deslauriers" (Flaubert, *OC* II, S. 457).

> Le grotesque triste a pour moi un charme inouï. Il correspond aux besoins intimes de ma nature bouffonnement amère. Il ne me fait pas rire mais rêver longuement. Je le saisis bien partout où il se trouve et comme je le porte en moi ainsi que tout le monde voilà pourquoi j'aime à m'analyser. C'est une étude qui m'amuse. Ce qui m'empêche de me prendre au sérieux, quoique j'aie de l'esprit assez grave, c'est que je me trouve très ridicule, non pas de ce ridicule relatif qui est le comique théâtral, mais de ce ridicule intrinsèque à la vie humaine elle-même et qui ressort de l'action la plus simple, ou du geste le plus ordinaire. Jamais par exemple je ne me fais la barbe sans rire, tant ça me paraît bête. Tout cela est fort difficile à expliquer et demande à être senti.[230]

Das *grotesque triste* bezeichnet die grundsätzliche, ja konstitutive Lächerlichkeit des menschlichen Lebens, die sich in den alltäglichsten Handlungen offenbart.[231] Die banalsten Situationen erscheinen – besonders in der Wahrnehmung und in der literarischen Schilderung Flauberts – derart unverhältnismäßig absurd, dass ihre Lächerlichkeit nicht nur einen Charakterzug oder eine Eigenart, sondern die Essenz des Menschen zu betreffen scheint (eben das „ridicule intrinsèque à la vie humaine elle-même"). Unterscheidungen zwischen dem Komischen und dem Grotesken, dem Traurigen und dem Bitteren sind nicht mehr auszumachen; das Lachen bleibt dem empathischen Beobachter des in seiner eigenen ausweglosen Beschränktheit Gefangenen sowie dem Leser buchstäblich im Halse stecken.[232]

In der Eingangsszene lässt dieses „ridicule intrinsèque à la vie humaine ellemême" das deutlich erkennbare *ridicule relatif* des *comique théâtral* verstummen: Die Komik des Romananfangs gleicht in erster Linie derjenigen einer Farce, die allerdings nicht mehr lustig ist.[233] Der Schuljunge Charles Bovary agiert – ganz im Sinne von Bergsons Komiktheorie – unflexibel wie ein Automat, wofür er von

---

**230** Flaubert, *Corr.* I, S. 307 f., Brief an Louise Colet vom 21./22. August 1846.
**231** Vgl. hierzu auch Gerhard Walter Frey, der sich in seiner Arbeit über die Begriffswelt Flauberts eingehend mit dessen Verständnis von Komik beschäftigt: *Die ästhetische Begriffswelt*, darin Kapitel III „Das Groteske der Existenz und seine Widerspiegelung im Roman", S. 131–160.
**232** Vgl. Frey, *Die ästhetische Begriffswelt*, S. 78 f. und S. 132. Siehe hierzu auch Brombert, *Flaubert par lui-même*, darin das Kapitel „Le pessimisme ou le salut par l'art" und Murray Sachs, „La fonction du comique dans *Madame Bovary*", in: *Langages de Flaubert. Actes du Colloque de London (Canada)*, Paris 1976, S. 171–181.
**233** Girdler B. Fitch hat diese Analogien der Komik bereits 1940 in „The Comic Sense of Flaubert in the Light of Bergson's *Le Rire*" herausgearbeitet (in: *PMLA* 55 [1940], S. 511–530; vgl. hierzu auch Brombert, *Flauberts Novels*, S. 71). Darin spielt nicht nur Bergsons berühmte Definition des Komischen als Mechanischem eine Rolle, sondern auch die Verbindung zwischen der Welt des Lachens und der Welt des Traums; vgl. hierzu auch Frey, *Die ästhetische Begriffswelt*, S. 132 f. Auch Ulrich Schulz-Buschhaus bemerkt in seinem Aufsatz über Charles Bovary, dass dieser auch im weiteren Verlauf des Textes, nämlich besonders dann, wenn er seine Frau mit ihrem zukünftigen Liebhaber zusammenbringt, „nach alter Farcentradition" seine Dummheit bezeugt („Charles Bovary – Probleme der Sympathiesteuerung und der Figurenkohärenz in einem Flaubertschen

seinen neuen Mitschülern umgehend durch Auslachen bestraft wird. Seine Kleidung gleicht einer Verkleidung, durch seine *casquette* nähert er sich jenen Prototypen der Komödie, deren Wiedererkennungswert nicht zuletzt auf ihre Kopfbedeckung zurückzuführen ist.[234] Den abschließenden und expliziten Höhepunkt der Komik bildet der Moment, in dem er zwanzigmal „*ridiculus sum*" schreiben muss.

Und doch wird Charles Bovary nicht zur Figur der *commedia dell'arte*, über die das Publikum oder hier der Leser herzhaft lachen könnte. Er bleibt lediglich ein tölpischer Schuljunge, der von seinen neuen Klassenkameraden, die genau genommen allein die Ablenkung als solche berauscht, ausgelacht wird. Die ebenso bizarre wie hässliche Mütze des *Neuen* sorgt hierbei für besondere Belustigung unter den Schülern. Obgleich Charles außerordentlich sorgsam mit ihr umgeht, kann er doch nicht verhindern, dass sie ihm schließlich in einer possenhaften Bewegung vom Schoß fällt.[235] Ihre ausführliche und berühmte

---

Roman", in: ders., *Flaubert – Die Rhetorik des Schweigens und die Poetik des Zitats*, Münster 1995, S. 31–45, hier S. 37).

**234** Nicht nur die Farben der Kleidung des Neuen, auch die Kopfbedeckung weist Ähnlichkeiten zum ebenso bekannten wie auffälligen Kostüm des Arlequin auf (vgl. hierzu González, *La scène originaire*, darin das Kapitel „Charlequin, un diable drôle") – man denke nur an dessen Hütchen mit Kaninchenschwanz. Zur Entstehung von Komik durch Darstellung körperlicher Abweichungen sei verwiesen auf: Volker Klotz u. a., *Komödie. Etappen ihrer Geschichte von der Antike bis heute*, Frankfurt a. M. 2013, bes. S. 25 f.

**235** Weil die Beschreibung dieses absonderlichen Objekts zu den bevorzugten Stellen der Flaubert-Interpreten gehört, seien hier lediglich neuere Beispiele dafür angeführt, wie weit die Deutungen auseinandergehen. Karin Westerwelle erkennt in der Beschreibung der Mütze unter anderem eine Parodie der homerischen Schildbeschreibung des Achill aus dem 18. Buch der *Ilias*. Zudem vermutet sie, die in der Schilderung genannten so unterschiedlichen Stoffe, würden auf unterschiedliche Lebensbereiche verweisen, was wiederum ein Sittengemälde der Zeit darstellen könnte (dies., s. v. ‚Mütze', in: Barbara Vinken/Cornelia Wild [Hg.], *Arsen bis Zucker. Flaubert-Wörterbuch*, Berlin 2010, S. 199–206, hier S. 203–205; siehe auch dies., „Saint Julien et le mythe de Narcisse – Les images du christianisme chez Gustave Flaubert", in: *Le Flaubert réel*, Fröhlicher/Vinken [Hg.], S. 107–123, bes. S. 111 f.). Ganz anders deutet Francisco González die Mütze: Er versucht u. a., eine Analogie zwischen der Niederschrift des Romans und einer Geburt aufzuzeigen. Der *nouveau* wird in dieser Analogie kuriorserweise der Autor selbst, denn, so González, Flaubert sei ein ‚Spätzünder' wie Charles Bovary gewesen und sein Aufstieg als Schriftsteller habe im Kulturbetrieb ebenfalls ein veritables *charivari* (also einen großen Radau) provoziert. In dieser etwas beliebig anmutenden Analogie wird der *casquette* eine besondere Bedeutung zugesprochen: Wenn die Arbeit an dem Roman einer Geburt gleiche, dann sei der Anfang des Romans mit einem Embryo gleichzusetzen. Den einschlägigen Beweis hierfür meint González in der Beschreibung der Mütze zu finden: „Ovoïde et, comme nous l'avons vu, renfermant les éléments de la génération et de la vie intra-utérine, la coiffure représente en abyme la scène initiale qui n'est rien d'autre que l'embryon de l'ensemble du roman. La disparition de la casquette, métaphore de la castration symbolique de Bovary [usw.]" (González, *La scène originaire*, darin bes. das Kapitel „Une coiffure embryonnaire", hier S. 166). Jonathan Culler be-

Schilderung besteht aus lediglich zwei sehr langen Sätzen, die das konzise Ende der Beschreibung umso lapidarer wirken lassen: „Elle était neuve; la visière brillait."[236] Die Mütze ist also neu und wahrscheinlich behandelt der *Neue* sie deswegen derart vorsichtig. Den Schülern erscheint Charles' Gehabe um seine Mütze als übertrieben und lächerlich, zumal nicht einem jeden Schüler die Neuheit der Mütze auffallen muss, ist doch an dem Neuen zunächst einmal alles neu.[237]

Jene Dialektik von Altem und Neuen, die jedwede Handlung Emma Bovarys und hiermit des gesamten Romans bestimmt, ist hiermit schon auf den ersten Seiten angelegt: Die Schüler interessieren sich für den *Neuen*, dessen Aufmerksamkeit gilt vornehmlich seiner *neuen* Mütze.[238] Der Leser steht der geschilderten Situation ein wenig ratlos gegenüber: für ihn ist der gesamte Text neu. Weder der Neue noch seine neue Mütze sind für ihn an diesem frühen Zeitpunkt der Lektüre besonders ereignishaft. Er ist noch nicht vom Text in die Lage versetzt, den Neuen und seine neue Mütze als etwas Besonderes innerhalb der erzählten Welt erkennen zu können. Und selbst wenn im Leser ein Interesse für den neuen Schüler auf den ersten Seiten erweckt worden sein sollte, so wird es durch die Darstellung der schieren Mittelmäßigkeit der Figur Charles Bovary alsbald wieder erstickt, denn der Junge ist schlicht und ergreifend langweilig: Er spielt in den Pausen, arbeitet im Arbeitszimmer, hört im Unterricht zu, schläft gut im Schlafsaal und, wie könnte es anders sein, er isst gut im Speisesaal: „C'était un garçon de tempérament modéré, qui jouait aux récréations, travaillait à l'étude, écoutant en classe, dormant bien au dortoir, mangeant bien au réféctoire"[239]. Es wundert nicht, dass der homodiegetische Erzähler seinen Bericht mit dem Hinweis abschließt, er

---

zeichnet die minutiöse Deskription überzeugend als eine Parodie auf ‚symbolisches Lesen', ders., *Uncertainty*, S. 92. Ähnlich sieht es Michael P. Wetherill: „[...] il s'agit [...] de détails qui ne mènent nulle part. Les idées reçues dont ils s'enrobent inlassablement (‚coiffure d'ordre composite' en effet: tout un cafouillis renvoyant à des modes conventionnel(le)s) rendent tout à fait ineptes les ‚profondeurs d'expression comme le visage d'un imbécile' que les spectateurs (ce ‚nous' qui se croit tout permis) et bon nombre de critiques avides de symboles se permettent de lui attribuer" („Flaubert et les incertitudes du texte", in: ders. [Hg.], *Flaubert, la dimension du texte. Communications du congrès de Manchester*, 1982, S. 253–270, hier S. 255).
**236** Flaubert, *OC* I, 1.I, S. 294. Vgl. hierzu auch Westerwelle, ‚Mütze', S. 205.
**237** Dass der *nouvel élève* als Neuheit nur eine relative Neuheit ist, kann auch bei Ross Chambers nachgelesen werden, der den Begriff *nouveau* als Verweis auf die literarische *nouveauté* des Romans, insbesondere der Erzählform, deutet (in: ders., *Mélancolie et opposition*, S. 20–38).
**238** Hier könnte man einwenden, die übertriebene Beschäftigung mit der Mütze sei ein klassisches Beispiel von Übersprungshandlung und diene der Charakterisierung des späteren Landarztes. Dies würde jedoch nicht den die Beschreibung abschließenden Kommentar „[...] elle était neuve" erklären.
**239** Flaubert, *OC* I, 1.I, S. 298.

und seine Kameraden könnten sich nun an nichts Weiteres erinnern. Der junge Charles gibt einfach nichts her, woran man sich erinnern, geschweige denn, was man erzählen oder sogar erklären könnte und müsste.

Der befremdliche Eindruck, den die Szenerie beim Leser auslöst, wird verstärkt durch die ausufernde und vollkommen übertriebene Erheiterung, für die der *Neue* durch die undeutliche Aussprache seines Namens sorgt: „[...] on hurlait, on aboyait, on trépignait [...]"²⁴⁰. Diese Unverhältnismäßigkeit erklärt der Text implizit damit, dass sich die Schüler vor dem Auftritt des Neuen bodenlos gelangweilt haben: „[...] et chacun se leva comme surpris dans son travail."²⁴¹ Vorgebend mit ihren Aufgaben beschäftigt zu sein, warteten sie doch nur auf eine Unterbrechung durch eine irgendwie geartete Neuheit. Treffend wird Charles nicht etwa *le grand* oder *le nouvel élève* genannt, sondern überaus konsequent, mit fast schon penetranter Häufigkeit (acht Mal liest man es auf den ersten drei Seiten) und stets kursiviert, als le *nouveau* bezeichnet.²⁴²

Jean Ricardou hat dieses so präsente Wort einer genaueren Betrachtung unterzogen.²⁴³ Er ist der erste, der meint, darin lediglich einen phonetischen Kalauer zu erkennen: „[...] Bovary, le bœuf est jeune encore, dans la scène initiale ou, si l'on

---

**240** Flaubert, *OC* I, 1.I, S. 295.
**241** Flaubert, *OC* I, 1.I, S. 293.
**242** Es wäre natürlich u. U. denkbar, dass Flaubert das Adjektiv kursiv gesetzt hat, um darin ein „so pflegten wir zu sagen" auszudrücken. Dies würde auch den Kursivdruck in „il passera *dans les grands*" (Flaubert, *OC* I, 1.I, S. 293) und „c'était là le *genre*" (Flaubert, *OC* I, 1.I, S. 294) erklären. Inwiefern die Figuren des Romans sich mitunter selbst zitieren und die Zitate kursiv wiedergegeben werden, hat Claude Duchet erarbeitet (vgl. ders., „Discours social, texte italique dans *Madame Bovary*", in: *Langages de Flaubert. Actes du Colloque de London (Canada)*, Paris 1976, S. 143–169, hier S. 152 f.). Insgesamt sollte der Kursivsetzung im Roman jedoch mitunter nicht allzu viel Gewicht beigemessen werden, weiß doch der Interpret letztendlich zumeist nicht mit Sicherheit, wer die Kursivsetzung veranlasst hat: Flaubert selbst, der Schriftsetzer oder gar der Herausgeber. Das Wort *nouveau* ist in Flauberts Manuskript aber zumindest die ersten beiden Male nachweislich vom Autor selbst unterstrichen worden (vgl. die Diskussion im Anschluss an den Vortrag von Duchet, „Discours social", S. 165 f.).
**243** In dem *nouveau* einen intertextuellen Verweis auf Balzacs *Louis Lambert* zu sehen, scheint mir insofern nicht gerechtfertigt zu sein, als Flaubert die – zufälligen – Ähnlichkeiten zwischen seinem Roman und dem Balzacs in einem Brief an Louise Colet selbst herausgestellt hat („Autre rapprochement : ma mère m'a montré (elle l'a découvert hier) dans le *Médecin de campagne* de Balzac, une *même scène* de ma *Bovary* : une visite chez une nourrice (je n'avais jamais lu ce livre, pas plus que L[ouis] L[ambert]). Ce sont *mêmes détails*, mêmes effets, même intention, à croire que j'ai copié, si ma page n'était infiniment mieux écrite, sans me vanter. [...] *Louis Lambert* commence, comme *Bovary*, par une entrée au collège, et il y a une phrase qui *est la même* : c'est là que sont contés des ennuis de collège surpassant ceux du *Livre posthume* !" (Flaubert, *OC* II, S. 219, 27. Dezember 1852). Vgl. zu ‚Flauberts Rivalität mit Balzac' das gleichnamige Kapitel in Joachim Küppers *Ästhetik der Wirklichkeitsdarstellung*.

préfère, c'est un *veau*, ou encore un *nouveau*, à la casquette neuve."[244] Auch diese doch sehr rabulistische Interpretation kann hier vernachlässigt werden, reduziert sie die Semantik des *nouveau* doch auf den Stellenwert eines die Handlung einleitenden Schenkelklopfers.

Im Folgenden sei stattdessen eine Deutung vorgestellt, die den Begriff *nouveau* in einen funktionalen Zusammenhang zur Poetik des Romans in seiner Gänze stellt.[245]

Bereits auf den ersten Seiten von *Madame Bovary* ist die Kategorie ‚neu' von tragender Bedeutung: Wir erfahren, dass selbst die alltäglichsten Begebenheiten oder die allerbanalsten Gegenstände allein dadurch, dass sie neu sind, zur Besonderheit werden.[246] Dieser Gedanke wird im weiteren Verlauf der Romanhandlung zum strukturellen Merkmal ausgebaut.

Der alles überstrahlende Stellenwert des Neuen tritt immer dann besonders zutage, wenn nicht wie zu Romanbeginn Banalitäten, sondern ‚existentielle' Themen und Phänomene wie etwa die Liebe – und auch darin besteht eine Parallele zur *Éducation sentimentale* – ausschließlich durch den Reiz des Neuen erklärt werden: Dürfen außereheliche Liebschaften in der Welt der *Madame Bovary* schon an sich als skandalös gelten, so steigert die Serialität, mit der Ehebruch im Roman stattfindet, den Skandal noch erheblich. Wirklich entsetzenerregend jedoch ist die Ereignislosigkeit des seriellen Ehebruchs, dessen Verlockung einzig durch die von der Neuheit ausgehende Attraktivität begründet wird:

---

244 Jean Ricardou, „La belligérance du texte", in: Claudine Gothot-Mersch (Hg.), *La production du sens chez Flaubert*, Cerisy-La-Salle 1975, S. 85–124, hier S. 101. Verwiesen sei an dieser Stelle auch auf Jonathan Culler, der in „The Uses of *Madame Bovary*" (in: *Diacritics* 11 [1981], S. 74–81, bes. ab S. 77 ff.) auf den Status des Kalauers in dem Roman eingeht. Alain Vaillant hat der Analyse des Kalauers gar ein ganzes Buch gewidmet: *Le Veau de Flaubert*, Paris 2013.
245 Gemeinhin erkennt die Forschung auf den ersten Seiten der *Madame Bovary* Leitmotive und Themen lediglich auf der Handlungsebene des Romans, nicht jedoch im Bereich der Romantheorie. Victor Brombert vermutet beispielsweise: „The pathos of incommunicability (the teacher at first cannot even understand Charles' name), the construction of a narrow world here symbolized by school routines, the loneliness of the individual in the face of a harassing group, and above all, the themes of inadequacy and failure, are all set forth in these first pages", (Brombert, *The Novels of Flaubert*, S. 43 f.). Siehe hierzu auch Ulrich Schulz-Buschhaus, der im Beginn des Romans Charaktereigenschaften Charles' ausmacht (er nennt zum einen das „ridiculus sum", zum anderen die „stumme Geduld"), die einem Leitmotiv gleich im weiteren Verlauf der Handlung immer wieder aufgegriffen werden (ders., „Charles Bovary", S. 35 f.).
246 Und dies gilt selbst dann, wenn sie gleichzeitig durch die Ridikülisierung entwertet werden.

> Il [Rodolphe] s'était tant de fois entendu dire ces choses, qu'elles n'avaient pour lui rien d'original. Emma ressemblait à toutes les maîtresses ; et le charme de la nouveauté, peu à peu tombant comme un vêtement, laissait voir à nu l'éternelle monotonie de la passion, qui a toujours les mêmes formes et le même langage.[247]

Jede im Roman näher vorgestellte Leidenschaft basiert ausschließlich auf dem kurzweiligen „charme de la nouveauté".[248] Eine explizite Ausformulierung findet dieses Konzept nicht nur im Kontext schnell vergänglicher Liebschaften, sondern auch in der Verkäufertätigkeit von Monsieur Lheureux. Marianne Beyerle, die die umfassendste und originellste Analyse der Figur des Händlers vorgelegt hat, zeigt in ihrer Arbeit auf, inwiefern die Themen ‚Liebe' und ‚Luxus' auf das Motiv der Versuchung reduziert werden können. Hierdurch legt sie Parallelen offen, die zwischen der Schilderung der Liebhaber und der des Verkäufers bestehen.[249] Dass jedoch jede Form der Versuchung auf einen noch kleineren gemeinsamen Nenner gebracht werden kann, nämlich den der *Neuheit*, soll im Folgenden gezeigt werden. Der Romanverlauf entbirgt bekanntlich, dass es bei den Versuchungen, denen Emma anheim fällt, weder auf die luxuriösen Gegenstände als solche, noch auf die charmanten Liebhaber an sich ankommt, sondern allein auf die Tatsache, dass sie *Neues* verheißen. Die Versuchung ist in jedem einzelnen Fall immer die Versuchung der *nouveauté*. Treffenderweise wird der Händler Lheureux in den meisten Fällen nicht als *boutiquier* oder *commerçant*, sondern als *marchand de nouveautés* bezeichnet. Die von ihm verkauften Artikel zeichnen sich nicht so sehr durch ihre individuellen Eigenschaften aus, sondern allererst dadurch, dass sie *neu* sind. So steht auch die erste ausführlichere Begegnung zwischen Bovary und Lheureux ganz im Zeichen des Neuen. Schon am Abend vor dem Besuch des Modehändlers schläft Emma mit dem Gedanken an ein neues Glück ein, das sie sich von der Beziehung zu Léon erhofft. Die Betonung des ‚Neuen' führt zu einer stilistisch unschönen – und von Flaubert gewiss nicht unentdeckt gebliebenen – Folge von *nouveau* auf *nouveautés*, legt aber zugleich die Parallelisierung zwischen Liebhaber und Verkäufer offen:

---

**247** Flaubert, *OC* I, 2.XII, S. 466.
**248** Es ist nie der Liebreiz des neuen Partners, sondern einzig die Erfahrung von Neuartigem, die alles Alte nichtig und alles Neue wichtig und richtig erscheinen lässt: „Elle [Emma] se délectait dans toutes les ironies mauvaises de l'adultère triomphant. Le souvenir de son amant revenait à elle avec des attractions vertigineuses ; elle y jetait son âme, emportée vers cette image par un enthousiasme nouveau ; et Charles lui semblait aussi détaché de sa vie, aussi absent pour toujours, aussi impossible et anéanti, que s'il allait mourir et qu'il eût agonisé sous ses yeux." (Flaubert, *OC* I, 2.XI, S. 461).
**249** Vgl. Beyerle, *Versuchung*, hier S. 20 f.

> Elle ne put s'empêcher de sourire, et elle s'endormit l'âme remplie d'un enchantement nouveau. Le lendemain, à la nuit tombante, elle reçut la visite du sieur Lheureux, marchand de nouveautés.[250]

Zudem entlarvt Flaubert auf sehr subtile Weise Emmas Empfindung *eines* „enchantemenet nouveau" als Illusion, wenn er gleich darauf die „nouveautés" im Plural folgen lässt: Jedes als ‚original' empfundene *nouveau* ist doch letztlich nur ein beliebiges in der unendlichen Menge der *nouveautés*.

Der *marchand de nouveautés* ist bezeichnenderweise auch der erste Einwohner Yonvilles, den Emma kennenlernt. Die Begegnung spielt sich wie folgt ab: Das Ehepaar Bovary befindet sich auf dem Weg in sein neues Heim, als während eines Zwischenstopps Emmas Hund davonläuft. Nun hat Monsieur Lheureux als einer der mitreisenden Passagiere seinen ersten Auftritt:

> M. Lheureux, marchand d'étoffes, qui se trouvait avec elle dans la voiture, avait essayé de la consoler par quantité d'exemples de chiens perdus, reconnaissant leur maître au bout de longues années. On en citait un, disait-il, qui était revenu de Constantinople à Paris. Un autre avait fait cinquante lieues en ligne droite et passé quatre rivières à la nage ; et son père à lui-même avait possédé un caniche qui, après douze ans d'absence, lui avait tout à coup sauté sur le dos, un soir, dans la rue, comme il allait dîner en ville.[251]

Marianne Beyerle erkennt in Analogie zu Goethes *Faust* – der Pudel entpuppt sich als Mephistopheles – in Monsieur Lheureux den Leibhaftigen persönlich und in Emma Bovary meint sie gar eine „recht gelehrige Teufelsschülerin" zu erblicken.[252] Zweifellos gibt es gewisse Ähnlichkeiten zwischen dem Dämonischen und Lheureux, die Analogien sind jedoch recht unscharf, und der Händler kann nicht als der Leibhaftige selbst verstanden werden.[253]

Obwohl Monsieur Lheureux seine Kundin zum Kauf von Neuem und von Neuheiten verführt und dieser „Konsumfetischismus"[254] Emmas Schicksal besiegelt, ist es nicht etwa so, wie Beyerle meint, dass die Heldin erst durch die Begeg-

---

250 Flaubert, *OC* I, 2.V, S. 384.
251 Flaubert, *OC* I, 2.I, S. 362 f.
252 Beyerle, *Versuchung*, S. 56. Vgl. zur These von Emma Bovarys „Diabolisierung" auch die Kritik von Ulrich Schulz-Buschhaus, in: *Das Rezensionswerk von Ulrich Schulz-Buschhaus*, Klaus-Dieter Ertler/Werner Helmich (Hg.), Tübingen 2005, S. 115–117. Zu Flauberts Goethe-Rezeption sei auf Norbert Christian Wolf verwiesen: „Ästhetische Objektivität. Goethes und Flauberts Konzept des Stils", in: *POETICA* 34 (2002), S. 125–169, bes. ab S. 149.
253 Vgl. insbesondere zum Namen des Händlers das Kapitel „(Selbst-)Inszenierungen nach Dürers *Melencolia I*" dieser Arbeit.
254 So der treffende Ausdruck von Joachim Küpper in: „Das Ende von Emma Bovary", S. 71.

nung mit dem Händler in einen „Reigen der Todsünden"[255] gerissen würde, fällt doch das Können des Verführers auf einen in jeder Hinsicht denkbar gut bereiteten Boden: Ein beständiges Ungenügen an dieser Welt, das mit der fortwährenden Einforderung von Neuem einhergeht, bildet das Grundmuster von Emma Bovarys Denken und Handeln. Seit ihrer Zeit als Klosterschülerin empfindet sie eine grundsätzliche Mangelhaftigkeit, die sie auf vielfältigste Art und Weise zu beheben versucht. Durch Lheureux' Verkaufserfolge wird dieses Ungenügen im Bereich des Materiellen und Finanziellen in seinem ganzen Ausmaß deutlich erkennbar, setzt Emma doch restlos alles aufs Spiel, nur um des *Neuen* habhaft zu werden, auch wenn es umgehend nach dem Erwerb bereits zum Alten wird.

Gewiss hat die Gier nach dem, was der *marchand de nouveautés* verkauft, Emma in den finanziellen Untergang getrieben und ihr Schicksal besiegelt, und ohne Frage hat der Händler zuvor ausdrücklich auf Originalität, Exklusivität und Neuheit gesetzt, um Emmas Begierde zu verstärken oder überhaupt erst zu erwecken.[256] Doch ist ihr Konsumverhalten lediglich die Erscheinungsform eines strukturbildenden Weltverständnisses.

Im dritten Teil des Romans zieht dann auch eine Sünde die nächste nach sich und Emma lebt in jeder Hinsicht immer enthemmter: Sie wird übermäßig eitel und hochmütig, wollüstig und genusssüchtig, zornig, maßlos und missgünstig. Kurz bevor Lheureux durch Pfändungen ihr Ende einläutet, werden die Laster wie

---

[255] Beyerle, *Versuchung*, S. 33.
[256] So zum Beispiel in der folgenden Szenerie: „Après avoir laissé à la porte son chapeau garni d'un crêpe, il posa sur la table un carton vert et commença par se plaindre à Madame, avec force civilités, d'être resté jusqu'à ce jour sans obtenir sa confiance. Une pauvre boutique comme la sienne n'était pas faite pour attirer une élégante ; il appuya sur le mot. Elle n'avait pourtant, qu'à commander, et il se chargerait de lui fournir ce qu'elle voudrait, tant en mercerie que lingerie, bonneterie ou nouveautés ; car il allait à la ville quatre fois par mois régulièrement. Il était en relation avec les plus fortes maisons. On pourrait parler de lui aux Trois Frères, à la Barbe d'or ou au Grand Sauvage ; tous ces messieurs le connaissaient comme leurs poches ! Aujourd'hui, donc, il venait montrer à Madame, en passant, différents articles qu'il se trouvait avoir, grâce à une occasion des plus rares. Et il retira de la boîte une demi-douzaine de cols brodés." (Flaubert, *OC* I, 2.V, S. 385). Die Flaubertsche Ironie will es, dass das Angebot längst nicht so exklusiv ist, wie der Händler angibt: „une occasion des plus rares", heißt es zunächst, dann holt er eine Schachtel mit ‚sechs bestickten Kragen' heraus, was für eine so kleine Stadt wie Yonville – ähnlich wie die ‚drei algerischen Schals' – doch ein beachtliches Angebot zu sein scheint, impliziert es doch, dass noch fünf weitere Bewohnerinnen das gleiche Accessoire wie Emma tragen könnten. Eine in diesem Kontext interessante Analyse von Adornos Theorie zur (vorgeblichen) *nouveauté* in der Warenwelt ist bei Sylvia Zirden nachzulesen (*Theorie des Neuen*, darin Kap. I „Das Neue auf dem Markt", S. 97–107, aber auch Kap. IV.1.a „Neues und Gesellschaft", bes. S. 166 f.). Vgl. zu der Thematik auch Boris Groys, *Über das Neue. Versuch einer Kulturökonomie*, München/Wien 1992.

unter einem Brennglas verdichtet: „Elle devenait irritable, gourmande, et voluptueuse ; et elle se promenait avec lui [Léon] dans les rues, tête haute, sans peur, disait-elle, de se compromettre." Das Verlangen nach neuen Waren ist also nichts Punktuelles, kein ‚Thema' der Erzählung, sondern Bestandteil eines konstitutiven narrativen Zusammenspiels von Melancholie, Gier nach dem Neuen und dem Ende in der Katastrophe.

Der Romantext gehorcht einer Poetik des Neuen, formuliert sie aber nicht selbst, sondern führt sie – freilich in ihrem Scheitern – vor.

Entgegen der anfänglichen Zweifel ist die ‚kodierende Funktion' des Anfangs, von der Juri Lotman gesprochen hat, auch zu Beginn von *Madame Bovary* auszumachen. Jedoch wird in diesem Romananfang nicht etwa die eigentliche Handlung eingeleitet, sondern es werden Spezifika des Erzählens vorgestellt und literarästhetische Überlegungen aufgezeigt, und es wird in die Flaubertsche Welt eingeführt, die von einer so abgrundtiefen Banalität und Langeweile ist, dass sie so gar nichts zu enthalten vermag, das es wert wäre, erzählt zu werden.[257] Und noch viel weniger bedarf diese Welt einer Erklärung des Erzählers. Die meisten Figuren, die in dieser Welt leben, gieren – in unterschiedlichen Ausformungen und verschiedenen Stärkegraden – danach, in ihr eine irgendwie geartete Neuheit zu entdecken. Wie schnell diese zum Alten wird und inwiefern das Neue an sich immer schon eine Illusion ist, zeigt der Romananfang. Wenn der Leser auf den ersten Seiten – trotz homodiegetischer Erzählhaltung und trotz des durch Präsupposition ausgelösten Anspruchs auf Echtheit des Geschilderten –, nur mit Mühe in das Geschehen eintaucht und weder dem Verhalten des *nouveau*, noch der Beschreibung dessen neuer Mütze Belustigendes abgewinnen kann, so ist dies Resultat der aufgerufenen Dialektik von ‚neu' und ‚alt': Dass das Neue zwar immer nur ein relatives Neues ist, in seiner Eigenschaft als *nouveauté* jedoch eine alles übertreffende Anziehungskraft ausübt, wird in der Erfahrungs- und daraus resultierenden Interessensdiskrepanz zwischen den Schülern und Charles, sowie zwischen Leser und Erzähler nicht nur anschaulich dargestellt, sondern als Lese-Erfahrung nachvollziehbar gemacht. Dieser paradoxe Reiz des Neuen wird im weiteren Verlauf des Romans zum strukturgebenden Moment der Handlung ausgebaut.

---

[257] Vgl. Kablitz, „Realism as a Poetics of Observation", S. 109.

## III.2.2 Emma Bovarys Sterben: Realismus und Allegorie

Die Auseinandersetzung mit dem realistischen Roman impliziert ein Problem, zu dem jeder Interpret gezwungen ist, Position zu beziehen: Die Narration eines Romans bietet stets eine Fülle an Einzelinformationen, deren semantischer Status sich nicht durchgehend zweifelsfrei bestimmen lässt. Immer wieder stellt sich etwa angesichts einer Beschreibung die Frage, ob ihre Bedeutung eine symbolische Dimension besitzt oder ob sie nur ‚realistisch' gemeint ist. In vielen Fällen lässt sich die Frage nicht eindeutig beantworten, denn symbolische Eigenschaften und *effet de réel* können ein Amalgam bilden, in dem sich die wörtliche und die (im weitesten Sinne) symbolisch-allegorische Bedeutung je nach Einzelfall mehr oder weniger gut unterscheiden lassen. Wenn in dem in der Normandie spielenden Roman *Madame Bovary. Mœurs de province* zuweilen Apfelbäume erwähnt werden, so muss nicht jeder dieser Bäume gleich auf den Baum der Erkenntnis verweisen.[258] Offensichtlich symbolischer Natur hingegen sind Beschreibungen, welche sich einem realistischen Verständnis schlicht verweigern, so etwa diejenige der Mütze des Schuljungen Charles Bovary. Zu einem besonders schwierigen Unterfangen wird die Arbeit des Interpreten, wenn er selbst sozusagen ahnungslos ist, wie die im Text beschriebene Realität in der Wirklichkeit aussehen könnte; in diesem Falle kann er Zeichenhaftigkeit und Realismus nur mit größter Mühe voneinander unterscheiden. Eine solche dem Leser in aller Regel völlig fremde und doch in der Wirklichkeit problemlos mögliche Begebenheit stellt die Arsen-Vergiftung dar, an der Emma Bovary nach einer von Flaubert ausführlich und eingehend gezeichneten Qual stirbt. Das Szenario ist einerseits ‚realistisch', beinhaltet andererseits aber Hinweise darauf, eine ‚uneigentliche' Bedeutung zu haben.

Joachim Küpper hat in seinem Aufsatz über das Ende von Emma Bovary gezeigt, dass es die Romanfigur selbst ist, die ihr Sterben künstlerischen Vorbildern folgend *inszeniert*, wodurch das problematische Verhältnis zwischen symbolischer Codierung und realer Welt im Werk selbst offengelegt wird.[259] Küpper hat hiermit der Frage, was innerhalb des Dargestellten einer ‚eigentlichen' Realität

---

[258] Ebensolche Zusammenhänge stellt Barbara Vinken her, die in ihrer Flaubert-Monographie einen allegorischen Deutungsversuch des Romans unternimmt. Eine solche Lesart hat allerdings ihren Preis: Wenn die Plausibilität der allegorischen Interpretation es verlangt, dann werden Apfelbäume zu Normandie-untypischen Gewächsen erklärt, und dann hat es in Nordfrankreich eben niemals weder Kühe noch Wölfe gegeben: „Die im Roman an jeder Ecke schon fast penetrant vorkommenden Apfelbäume, die so wenig wie die Kühe und Wölfe durch die lokale Flora und Fauna zu erklären sind, liegen in ihrer allegorischen Natur auf der Hand" (Dies., *Durchkreuzte Moderne*, S. 112; zur „wölfischen Natur" Emmas siehe S. 124 f.).
[259] Vgl. Küpper, „Das Ende von Emma Bovary".

entspricht, und was im übertragenen, ‚uneigentlichen' Sinne zu verstehen ist, eine dritte, die Problematik verkomplizierende Dimension hinzugefügt: Emma Bovarys großes Sterbe-Szenario ist eine von der Sterbenden selbst symbolisch codierte Vorstellung, die durch die Versuche der Protagonistin gekennzeichnet ist, das ‚reale' Sterben an einer Arsenvergiftung mit Topoi und Symbolen aufzuladen, wie sie insbesondere in romantischer Literatur zu finden sind. Der ganze Vorgang zeugt somit von der Inszenierung, ja Poetisierung eines Sterbens, dem niemals eine Realität entsprochen hat: Die ‚Schönheit' dieses Todes ist nichts als ein romantisches Diskursphänomen – welches Emma freilich nicht als solches erkennt.

In Anbetracht dieser drei möglichen Deutungsperspektiven, welche aufgrund der fließenden Übergänge, die zwischen ihnen existieren, einander keineswegs ausschließen müssen, erscheint es wenig fruchtbar, die Semantisierung von Emmas Sterben weiterhin ausschließlich als eine von Flaubert und seinem Erzähler (auch an jenen Stellen, die auf Emma zurückzuführende Semantisierungen beinhalten) intendierte allegorische zu betrachten. Stattdessen soll im Folgenden, entgegen der traditionellen literaturwissenschaftlichen Lesart, gezeigt werden, dass beide Beudeutungsdimensionen, die eigentliche und die uneigentliche, ihre Legitimität besitzen, das Dargestellte sowohl realistische Schilderung als auch symbolisch-allegorisch Intendiertes ist.

Für eine derartige Auseinandersetzung mit dem Text muss man sich zunächst einmal den realistisch denkbaren Verlauf des Dargestellten vor Augen führen, denn bei der akuten und tödlich endenden Vergiftung mit einer Arsenverbindung gibt es nur einen prototypischen Verlauf. Es ist in keiner Weise abwegig anzunehmen, dass Gustave Flaubert – als realistischer Romancier mit Hang zu ausführlicher Recherche und Sohn des Chefchirurgen des Rouener Krankenhauses –, bevor er mit der Beschreibung der Agonie Emma Bovarys begonnen hat, in einschlägigen medizinischen Handbüchern die Symptome einer Arsenvergiftung nachgeschlagen hat. Umso erstaunlicher mutet an, dass Flauberts Recherchen zur Arsenvergiftung von der Forschung, die nicht nur die Sterbeszene der *Madame Bovary* zu ihren bevorzugten Textstellen zählt, sondern auch Flauberts Biographie überaus häufig und minutiös für die Interpretationen der literarischen Texte heranzieht, bis heute fast vollständig ignoriert werden. Die Ausnahme bildet ein bezeichnenderweise kaum beachteter Artikel, der 1981 in der *Revue d'histoire littéraire de la France* erschienen ist. Douglas Siler legt unter dem Titel „La mort d'Emma Bovary: Sources médicales"[260] die medizinischen Quellen Flauberts in mühsamer Kleinarbeit offen. Ausgehend von der Äußerung Flauberts: „J'ai besoin

---

260 Douglas Siler, „La mort d'Emma Bovary: Sources médicales", in: *Revue d'histoire littéraire de la France* 1 (1981), S. 719–746.

d'aller à Rouen pour prendre des renseignements sur les empoisonnements par arsenic"[261] von Anfang Oktober 1855, hat sich Siler in Flauberts Heimatstadt auf die Suche nach den vom Schriftsteller verwendeten medizinischen Studien begeben. Überaus fündig geworden, gleicht er diese mit den von Flaubert hierzu genommenen Notizen ab, und es gelingt ihm hierdurch ein präzises Bild dessen zu zeichnen, was der Autor der *Madame Bovary* als realistische Darstellung einer Arsen-Vergiftung erachtet haben könnte. Wenn Siler abschließend Parallelen zwischen den Artikeln der medizinischen Handbücher und den Aufzeichnungen Flauberts sowie der Endfassung des Romans zieht, tut er dies ohne seinen Fund zu kommentieren. Seine nüchterne, und für viele Flaubert-Interpreten wohl ernüchternde Studie macht deutlich, dass Flaubert fast die gesamte Darstellung des Sterbens der Hauptfigur, wie auch jede am Totenbett gemachte Äußerung des Apothekers Homais, auf welche hier im Folgenden nicht näher eingegangen werden wird, größtenteils wortwörtlich aus zwei Handbüchern für Mediziner entnommen hat. Douglas Siler hat mit eindeutiger Sicherheit zwei medizinische Werke identifiziert, welche Flaubert zum Zwecke einer realistischen Darstellung einer Vergiftung mit Arsen konsultiert hat. Den größeren Stellenwert nimmt das *Traité de médecine légale* von Mathieu Orfila ein, das zwischen 1823 und 1848 vier Mal aufgelegt wurde. Flaubert – so geht aus dessen Seitenangaben hervor – hat seine Anregungen der dritten Auflage von 1836 entnommen.[262] Bei der zweiten von Flaubert verwendeten Quelle handelt es sich um den *Dictionnaire de médecine ou Répertoire général des sciences médicales considérées sous le rapport théorique et pratique,* der unter der Leitung von Jacques Raige-Delorme zwischen 1821 und 1846 herausgegeben wurde. Flaubert hat daraus den vierten Band (ARS-BAL) der zweiten Auflage aus dem Jahr 1833 konsultiert. Einige besonders schlagende Analogien zwischen naturwissenschaftlichen Dokumenten und literarischem Text, die teilweise den Ergebnissen von Douglas Siler entnommen sind, seien hier exemplarisch angeführt.

---

261 Flaubert, *Corr.* II, 5. Oktober 1855, S. 602.
262 Vgl. Douglas Siler, „La mort d'Emma Bovary", S. 720. Orfila gilt als der erste Toxikologe und hat seine Berühmtheit durch neuartige Beweisführungen in Fällen von Vergiftungen durch das ‚Erbschaftspulver' Arsenik erlangt. Besondere Aufmerksamkeit wurde dem Mediziner im Rahmen des 1840 geführten Prozesses um Marie Lafarge zuteil. Orfila hat darin nachgewiesen, dass die Angeklagte Marie Lafarge ihren Ehemann Charles mit Arsenik vergiftet hat. Das Gift hatte sie einer Dose entnommen, welche von der Cousine des Verstorbenen, ihr Name lautet Emma, als Beweismittel sichergestellt worden ist (vgl. auch Eric Sartori, „Mateu Orfila et l'affaire Marie Lafarge", in: *La Recherche* [481] 2013, S. 84–86).

Der Toxikologe Orfila schreibt im *Traité de médecine légale* aus dem Jahre 1836 Folgendes:

> Article VI. – Des sels et autres composés de mercure, d'étain, d'arsenic, de cuivre, d'antimoine, d'argent, de bismuth, d'or et de zinc.
>
> 41. *Symptômes de l'empoisonnement déterminé par ces produits.* Saveur âcre métallique, plus ou moins analogue à celle de l'encre, moins caustique que celle des acides et des alcalis concentrés ; sentiment de constriction à la gorge ; douleurs dans la bouche, le pharynx, l'estomac et les intestins : elles sont d'abord légères, puis deviennent insupportables ; nausées, vomissements fréquens de matières de couleur variable, souvent mêlées de sang [...] difficulté de respirer, menace de suffocation ; le pouls, ordinairement accéléré, petit, serré, est quelquefois inégal, intermittent ; soif intolérable, difficulté d'uriner, crampes, froid glacial des extrémités ; mouvemens convulsifs, partiels ou généraux ; assez souvent prostration des forces, décomposition des traits de la face, délire ou libre exercice des facultés intellectuelles : mort.[263]

Einige Seiten weiter geht Orfila genauer auf die Beschaffenheit von Arsenik ein:

> A. *Acide arsénieux solide.* Cet acide, généralement désigné par le vulgaire sous le nom d'*arsenic*, se trouve dans le commerce sous la forme d'une poudre blanche, que l'on a quelquefois confondue avec le sucre [...].[264]

Die Notizen, die sich Flaubert bei der Lektüre des medizinischen Nachschlagewerks macht, sehen folgendermaßen aus:

> Orfila. (Médecine Légale tome III. p. 142.)
> *Acide arsénieux solide* = vulgo arsenic, se trouve dans le commerce sous la forme d'une poudre blanche que l'on a qqfois confondue avec le sucre [...].
> (p. 98) *Symptômes de l'empoisonnement.* saveur âcre métallique, plus ou moins analogue à celle de l'encre. sentiment de constriction à la gorge. douleurs dans la bouche le pharynx & les intestins. d'abord légères, puis insupportables. nausées. vomissements fréquents, de matières de couleur variable souvent mêlées de sang. [...] difficulté de respirer. menace de suffication [sic], le pouls ordinairement accéléré petit, serré est qqfois inégal intermittent. soif intolérable, difficulté d'uriner, crampes, froid glacial des extrémités, mouvements convulsifs partiels ou généraux. assez souvent prostration des forces décomposition des traits de la face délire ou libre exercice des facultés. Mort.[265]

---

263 Mathieu Orfila, *Traité de médecine légale*, Bd. III, Paris 1836, S. 98.
264 Orfila, *Traité de médecine légale*, S. 143.
265 Zitiert nach Siler, „La mort d'Emma Bovary", S. 741 f.

Douglas Siler führt zahlreiche weitere Passagen an, die Flaubert als Vorbild für die Darstellung der Agonie dienten und die er auch exzerpiert hat.[266] Vergleicht man die hier aufgelisteten Symptome der Arsenvergiftung mit der Beschreibung der sterbenden Protagonistin, stellt man folgende Übernahmen medizinischer Beobachtungen fest:[267] Unmittelbar nachdem Emma Bovary sich ein letztes Mal in ihr Bett gelegt hat, schmeckt sie „[u]ne saveur âcre [...]"[268] (bei Orfila: „Saveur âcre"). Sie trinkt einen Schluck Wasser, doch als dieser „affreux goût d'encre" (bei Orfila: „Saveur [...] plus ou moins analogue à celle de l'encre") nicht aufhört, ruft sie erneut: „J'ai soif!... oh! j'ai bien soif!"[269] (bei Orfila: „soif intolérable"). Sie hat das Gefühl zu ersticken: „Ouvre la fenêtre ... j'étouffe"[270] (bei Orfila: „sentiment de constriction à la gorge", „difficulté de respirer, menace de suffocation"), und wird dann von einer „nausée si soudaine" (bei Orfila: „nausées, vomissements fréquens") gepackt, dass ihr kaum die Zeit bleibt, ihr Taschentuch hervorzuholen. Dabei fühlt sie „un froid de glace qui lui montait des pieds jusqu'au cœur"[271] (bei Orfila: „froid glacial des extrémités"). Ihr Bauchraum ist höchst schmerzempfindlich: „Alors, délicatement et presque en la caressant, il [Charles] lui passa la main sur l'estomac. Elle jeta un cri aigu"[272] (bei Orfila: „douleurs dans la bouche, le pharynx, l'estomac et les intestins : elles sont d'abord légères, puis deviennent insupportables"). Daraufhin wird sie von einem heftigen Schauder geschüttelt und ihre Finger verkrampfen sich: „Un grand frisson lui secouait les épaules, et elle devenait plus pâle que le drap où s'enfonçaient ses doigt crispés"[273] (bei Orfila: „crampes", „mouvemens convulsifs, partiels ou généraux"). Ihr Puls ist „inégal" und „presque insensible"[274] (bei Orfila: „le pouls, ordinairement accéléré, petit, serré, est quelquefois inégal, intermittent"). Die Krämpfe mehren sich: „Mais les convulsions la saisirent [...]"[275] (bei Orfila: „crampes", „mouvemens convulsifs, partiels ou généraux"), und sie erbricht Blut: „Elle ne tarda pas à vomir du sang"[276] (bei Orfila: „vomissements fréquens de matières de couleur

---

266 Für die Formulierungen, die Flaubert aus dem *Dictionnaire de médecine ou Répertoire général des sciences médicales considérées sous le rapport théorique et pratique* zum Arsen-Tod übernommen hat, siehe Siler, „La mort d'Emma Bovary", S. 729–735.
267 Vgl. auch den Abgleich von Siler, „La mort d'Emma Bovary", S. 726 f.
268 Flaubert, *OC* I, 3.XIII, S. 579.
269 Ebd.
270 Flaubert, *OC*, 3.XIII, S. 580.
271 Ebd.
272 Ebd.
273 Ebd.
274 Ebd.
275 Ebd.
276 Flaubert, *OC* I, 3.VIII, S. 583.

variable, souvent mêlées de sang"); ihre Gesichtszüge entgleisen: „La langue toute entière lui sortit hors de la bouche, ses yeux, en roulant, pâlissaient [...]"[277] (bei Orfila: „décomposition des traits de la face, délire"), und ihre Atmung wird immer schneller und schwerer: „Sa poitrine aussitôt se mit à haleter rapidement. [...] le râle devenait plus fort [...]"[278] (bei Orfila: „sentiment de constriction à la gorge", „difficulté de respirer, menace de suffocation"). Schließlich kommt es zu einem letzten Krampfanfall: „Une convulsion la rabattit sur le matelas. Tous s'approchèrent. Elle n'existait plus"[279] (bei Orfila: „mouvemens convulsifs", „mort").

Gustave Flaubert lässt Emma Bovary einen Arsentod sterben, wie er im Lehrbuch steht.[280]

---

277 Flaubert, *OC* I, 3.VIII, S. 588.
278 Flaubert, *OC* I, 3.VIII, S. 589.
279 Ebd.
280 Für die Flaubert-Forschung wichtige Entdeckungen bezüglich der Sterbeszene, wie sie etwa Jean Starobinski oder Karin Westerwelle vorgestellt haben, büßen durch die offensichtlich sehr starke Orientierung Flauberts an medizinischen Nachschlagewerken an Plausibilität ein. So behauptet Westerwelle, die Darstellung von Emma Bovarys Sterben folge eindeutig „hysterisch-nervösen Beschreibungsmustern": „Flaubert hat die Beschreibungselemente der hysterischen Krise zur Darstellung der Agonie gewählt und damit das letzte große Tableau des Romans mit den anderen bereits analysierten Szenen nervösen, hysterischen Leidens in Korrespondenz gesetzt" (dies., *Ästhetisches Interesse und nervöse Krankheit*, S. 414; vgl. auch ebd., S. 414–416). Auch Jean Starobinskis Aufsatz „L'échelle des températures. Lecture du corps dans *Madame Bovary*", in dem er der Sterbeszene einen bedeutungsschweren Übergang von Hitze zur Kälte zuspricht und in diesem einen Ausweis poetologischer Tiefe sieht, vermag in Anbetracht der Tatsache, dass schon im medizinischen Nachschlagewerk nachzulesen ist, dass das Sterben an einer Arsenvergiftung mit einem „froid glacial des extrémités" endet (Orfila, *Traité de médecine légale*, S. 98), nicht recht zu überzeugen. Starobinski äußert die Vermutung, dass die finale Eiseskälte („un froid de glace qui lui montait des pieds jusqu'au cœur", Flaubert, *OC* I, 3.VIII, S. 580), die sich in Emma Bovarys sterbendem Körper ausbreitet, im Kontrast zu der Hitze des schönen Tages stehe, die der Blinde besingt („la chaleur d'un beau jour", Flaubert, *OC* I, 3.VIII, S. 589). Durch die thermische Opposition, so Starobinski, werde eine Analogie zwischen dem Werk und seiner Poetik aufgezeigt, nach welcher sich Hitze und Kälte genau umgekehrt verhalten: Der Dichter, so interpretiert Starobinski nun weiter und unter Berücksichtigung Flauberts privater Korrespondenz, müsse mit einem kalten Kopf arbeiten, und das Thema müsse eine gewisse ‚Hitze der Welt' beinhalten. Wenn nun in der sterbenden Protagonistin die Hitze der Eiseskälte Platz macht, meint Starobinski darin eine Bewegung zu erkennen, die ein umgekehrtes Analogon zum dichterischen Schaffen darstellt: „Et lorsque le récit glisse du sentiment brûlant à la sensation corporelle confuse et, de là, au monde froid, au calme des choses, ou à la tiédeur indifférente, c'est alors qu'au terme du paragraphe, ou du chapitre, le texte est devenu la gerbe qui jaillit, s'élevant du puits artésien vers la lumière d'en haut. Ce qui, pour les personnages, est chute dans le froid,

III Zeitlichkeit in den *Fleurs du Mal* und in *Madame Bovary* — 211

Charles Bovary sollte in seiner Eigenschaft als Arzt die Vergiftungserscheinungen seiner Frau deuten und erkennen können. Doch nicht einmal zum Nachschlagen der Symptome in einem medizinischem Handbuch – wie Flaubert es getan hat – ist er in der Lage: „Charles voulut feuilleter son dictionnaire de médecine ; il n'y voyait pas, les lignes dansaient."²⁸¹ Schon zu Beginn des Romans wird darauf hingewiesen, dass sich Charles' Interesse am Wissen seines Fachs in Grenzen hält (so schläft er bei der Lektüre der *Ruche médicale* rasch ein),²⁸² ja dass ihm die Medizin samt ihrer Geschichte vor allem in Form von den Wohnraum schmückenden Gegenständen am Herzen liegt: ‚Schöne' Objekte, die als Zeichen der (indessen nicht existenten) Verbindung zwischen Arzt und Ärztekunst fungieren, so etwa der Kopf des Hippokrates, der auf eine Uhr gesetzt, im Wohnzimmer des jungen Ehepaares bewundert werden kann:

> [...] sur l'étroit chambranle de la cheminée resplendissait une pendule à tête d'Hippocrate, entre deux flambeaux d'argent plaqué, sous des globes de forme ovale. De l'autre côté du corridor, était le cabinet de Charles [...].²⁸³

Hierbei sei einmal mehr darauf verwiesen, dass die hippokratischen Schriften noch im Frankreich des 19. Jahrhunderts an der Pariser Universität gelehrt wurden und Hippokrates für die damalige Ärzteschaft mehr als bloß ein überholter, nunmehr folkloristischer Vorgänger gewesen ist.²⁸⁴ Der Kopf des Koers – der seinen schmückenden Platz auf der anderen Seite des Flurs hat, der zum Behandlungszimmer führt – markiert im Hause Bovary neben der räumlichen Distanz zur Tätigkeit des jungen Arztes auch eine geistige, denn an den Verweis des Erzählers auf den Einrichtungsgegenstand schließt sich ein entlarvender Satz, der deutlich macht, inwiefern auch die medizinischen Nachschlagewerke Charles Bovary lediglich als Dekoration dienen:

> Les tomes du *Dictionnaire des sciences médicales*, non coupés, mais dont la brochure avait souffert dans toutes les ventes successives par où ils avaient passé, garnissaient presque à eux seuls les six rayons d'une bibliothèque en bois de sapin.²⁸⁵

---

perte mortelle, est au contraire, pour l'œuvre, incandescence dans la hauteur reconquise, « audessus de la vie »" (Starobinski, „L'échelle des températures", hier S. 74).
**281** Flaubert, *OC* I, 3.VIII, S. 581.
**282** Flaubert, *OC* I, 1.IX, S. 347.
**283** Flaubert, *OC* I, 1.V, S. 320.
**284** Siehe auch das Kapitel „Das Erbe der Humoralpathologie" dieser Arbeit.
**285** Flaubert, *OC* I, 1.V, S. 320.

Nicht nur ist der *Dictionnaire des sciences médicales* noch nicht aufgeschnitten, was bedeutet, dass er nicht ein einziges Mal benutzt worden ist, sondern er ist auch noch zweiter Hand gekauft worden, wie die ‚Gebrauchsspuren' der Einbände zeigen. Dies bedeutet, dass nicht nur Charles Bovary von dem Standardwerk keinen Gebrauch gemacht hat, sondern dass gleich mehrere Generationen von Ärzten ihren *Dictionnaire* niemals konsultiert haben. Und so nimmt es nicht wunder, dass Charles Bovary mit den Lehrbüchern der Medizin vollständig unvertraut ist, und er, während seine Frau mit dem Tode ringt, nicht einmal Grundlegendes nachschlagen kann.[286] Die banale Antwort auf die Frage, was im Falle der Arsenvergiftung zu tun gewesen wäre, gibt erst der berühmte Arzt Larivière: „Il aurait mieux valu, dit le chirurgien, lui introduire vos doigts dans la gorge."[287]

Halten wir also fest: Bis auf drei Ausnahmen – auf die im Nachfolgenden einzugehen sein wird – sind alle Beschreibungen der sterbenden Emma Bovary den medizinischen Nachschlagewerken Mathieu Orfilas oder Jacques Raige-Delormes entnommen.

Richten wir nun unser Augenmerk auf dasjenige Element der Flaubertschen Beschreibungen der Vergiftung mit Arsenik, das die Forschung am ausgiebigsten interpretiert hat und dessen symbolische Dimension allseits kaum noch in Frage gestellt wird, den ‚abscheulichen Geschmack von Tinte'. Im Romantext heißt es: „Elle but une gorgée d'eau et se tourna vers la muraille. Cet affreux goût d'encre continuait."[288] Gemeinhin meint die Flaubert-Hermeneutik in dieser Geschmacksempfindung eine metonymische Bedeutung ausmachen zu können: Flaubert, auf dessen Selbstbezeichnung als *homme-plume* in diesem Zusammenhang oftmals hingewiesen wird, habe die mit Arsen Vergiftete den Geschmack von Tinte schmecken und eine schwarze Flüssigkeit erbrechen lassen, um auf die Thematik der Schrift, oder das Schreiben an sich, oder die schlechte – oder die romantische oder die schlechte und romantische – Literatur, oder die falsche Lektüre oder die Unsagbarkeit der Welt zu verweisen; der Allegorese scheinen hier keine Grenzen

---

[286] Rudolf Behrens untersucht in seinem Aufsatz „La représentation de l'agonie d'Emma et les désillusions du discours médical", inwiefern der Diskurs der medizinischen Diagnose in seinem Verhältnis zur autoreferentiellen poetologischen Struktur des Romans zu deuten ist. Dem Nicht-Erkennen der Krankheit schreibt er hierbei eine besondere Bedeutung zu: „Est-ce que la problématique d'une faillite de la science exacte comme la médecine, faillite montrée de façon évidente et même sarcastique dans le roman, ne montre pas une problématique plus profonde, celle d'une incompréhensibilité de la souffrance humaine qui reste – d'une manière très concrète – liée au non-verbal, au mutisme et à la non-communicabilité de son sens ?" (in: *Le Flaubert réel*, Peter Fröhlicher/Barbara Vinken [Hg.], Tübingen 2009, S. 31–46, hier bes. S. 34 und S. 45 f.).
[287] Flaubert, *OC* I, 3.VIII, S. 586.
[288] Flaubert, *OC* I, 3.VIII, S. 579.

gesetzt zu sein.²⁸⁹ In der jüngsten deutschsprachigen Flaubert-Forschung hat ein vorgeblich allegorisches Dreigespann von Arsenik, Zucker und Tinte zu den überraschendsten Spekulationen geführt. So schreibt Barbara Vinken im ersten Eintrag ‚Arsen/Zucker' in dem von ihr herausgegebenen *Flaubert-Wörterbuch* Folgendes: „Christi Opfertod wandelt Bitteres in Süßes. Flaubert verkehrt das eucharistische Modell von süßer Lesbarkeit in bitter blinden Buchstabensinn. Sein Roman verkehrt die Figur der *conversio*, die der Opfertod Christi im Umschlag von Bitterkeit in Süße bewirkt: von Zucker zu Arsen."²⁹⁰ Flaubert nehme „die Passion seiner Heldin, *imitatio Emmae*, auf sich: Mit ihr fühlt er den bitteren Tintengeschmack des Giftes im Mund, mit ihr übergibt er sich. Flauberts Geschichte einer Ehebrecherin aus der Provinz ist in dieser Ersetzung des Zuckers durch Arsen ein Dysvangelium, das die Hermeneutik der heiligen Schrift ver-kehrt."²⁹¹ Die

---

**289** Es wäre für Flaubert indessen völlig untypisch, durch das metonymische Verhältnis von Tinte und Schrift ‚schlechte Schriften' beziehungsweise ‚falsches Lesen' zu thematisieren. Auch wenn seit dem Aufkommen des Begriffs ‚Bovarysmus' immer wieder der besondere Stellenwert der Lektüre in *Madame Bovary* betont wird – vorzugsweise wird von der Kritik eine Parallele zwischen Emma Bovary und Don Quijote gezogen –, soll hier die Behauptung aufgestellt werden, dass die absurden Sehnsüchte, welche romantische Literatur in einer einfältigen Frau aus der Provinz hervorruft, für den Gesamttext von nebensächlicher Bedeutung sind und der Roman als solcher kein Text ‚über das Lesen' ist. Es sind folglich nicht die lächerlichen Elemente romantischer Texte und das Lachhafte, das ihrem enthusiasmierten Leser anhaftet, was Flaubert herausstellen will, und freilich ist es auch nicht die Lächerlichkeit der literarischen Romantik an sich. Der Einfluss romantischer Lektüre auf Emma Bovarys Lebensentwurf ist nur *ein* ironisches Element von vielen. Man bedenke, dass in Flauberts Romanen schlechthin alle Protagonisten lächerlich sind, nicht nur diejenigen, die einer überkommenen Romantik anhängen. Es geht Flaubert nicht darum zu beweisen, dass romantische Literatur nicht als Lebensentwurf taugt, sondern darum, offenzulegen, dass sie für das Erschaffen des Schönen im künstlerischen Artefakt abkömmlich ist. Jedoch zeigt Flaubert nicht nur, dass romantische Elemente im Kunstwerk verzichtbar sind, er geht noch einen Schritt weiter und mokiert sich innerhalb dieses Kunstwerks selbst über die Schwächen der romantischen Idee.
**290** ‚Arsen/Zucker', in: *Arsen bis Zucker. Flaubert-Wörterbuch*, S. 7.
**291** ‚Arsen/Zucker', in: *Arsen bis Zucker. Flaubert-Wörterbuch*, S. 10. Siehe hierzu auch dies., *Durchkreuzte Moderne*, S. 94 f., und dies., „Ästhetische Erfahrung", S. 259 ff. Ähnlich spekulativ schreibt Cornelia Wild in dem *Flaubert-Wörterbuch* unter dem Stichwort ‚Tinte': „Dabei ist es keineswegs ein reales Faktum, dass Arsen Tintengeschmack erzeugt, im Gegenteil, es ist geschmacklos. Doch es ist sicher kein Zufall, dass Flaubert diesen Referenzfehler einbaut. Tinte und Gift gehen einen geheimen Bund ein – und zwar in der Schrift selbst." Emmas Abschiedsbrief enthülle „als schreckliche Wahrheit die tödliche Kraft der Schrift". Hierdurch würde die Sterbeszene implizit Flauberts Schreiben kommentieren. So überlegt Wild weiter: „Der Ekel, den Flaubert hier [in einem Brief von 1853, in dem Flaubert sein Unwohlsein während der Arbeit am Roman beschreibt] empfindet, geht über die Tinte in den Text ein: Die Tinte wird zur physischen Spur des Autors" (dies., s. v. ‚Tinte', in: *Flaubert-Wörterbuch*, Barbara Vinken/Cornelia Wild [Hg.], S. 264 f.), siehe hierzu auch Starobinskis Aufsatz „L'échelle des températures", hier S. 67–69. Zu

Assoziation von Arsenik (nicht Arsen) und Zucker, die hier als Fundament einer verschraubten, auch vor theologischen Kalauern nicht haltmachenden Allegorese herhalten muss, dürfte ihre Erwähnung indes schlicht der Tatsache verdanken, dass Flaubert sie im medizinischen Nachschlagewerk vorgefunden hat: „poudre blanche, que l'on a quelquefois confondue avec le sucre", heißt es bei Orfila.[292]

Zwar soll hier die Möglichkeit von Bedeutungsvarianten, die über den wörtlichen Sinn hinausgehen, keinesfalls geleugnet werden, doch die Tatsache, dass der Autor den Tintengeschmack neben einer Reihe anderer Symptome der Arsenvergiftung einem medizinischen Nachschlagewerk entnommen hat („Saveur âcre métallique, plus ou moins analogue à celle de l'encre"[293]), relativiert die symbolische Bedeutung der Tinte beträchtlich. Bei der Interpretation der Sterbeszene muss daher die Möglichkeit in Betracht gezogen werden, dass der Autor die Tinte einzig aus dem Bestreben heraus erwähnt, die möglichst realistische Schilderung einer Arsen-Vergiftung zu leisten. Dies hätte wiederum zur Konsequenz, dass der Schwerpunkt der Interpretation des Sterbe-Szenarios eben nicht auf der Tinte und anderen Vergiftungsmerkmalen, die mit den medizinischen übereinstimmen, liegen sollte, sondern auf den wenigen Symptomen, welche eben nicht medizinischen Handbüchern entnommen sind. Diese Beschreibungselemente, es sind derer lediglich drei, lassen sich, gerade weil sie losgelöst vom Bestreben realistischer Darstellung entstanden zu sein scheinen, mit größerer Legitimation – und Plausibilität – symbolisch deuten. Es handelt sich erstens um das Mahlen der Kieferknochen der Sterbenden; eine Bewegung, die mit der Empfindung Emmas einhergeht, etwas schwer Lastendes auf der Zunge zu haben.[294] Zum Zweiten ist hier die obskure schwarze Flüssigkeit, welche aus dem Mund der Verstorbenen quillt, zu erwähnen.[295] Das letzte von Flaubert hinzu erdachte Beschreibungsmoment ist das von Spinnen gewebte Netz, das wie ein Schleier auf den Augen der gerade Verstorbenen liegt.

---

der vorgeblichen Analogie siehe auch Christine Ott, die in ihrer Arbeit *Feinschmecker und Bücherfresser* (darin das Kapitel „Ein kannibalischer Gourmet: Flaubert") aufzeigt, inwiefern die Verbindung von Literatur und Zucker nicht erst in der Sterbeszene zu beobachten ist. Emma Bovary, so Ott, nehme über die gesamte Romanhandlung hinweg deswegen so gerne süße und flüssige Speisen zu sich, weil Flaubert hierdurch symbolisch auf ihren schlechten literarischen Geschmack und ihre falsche Rezeptionshaltung verweisen wolle (vgl. dies., *Feinschmecker und Bücherfresser. Esskultur und literarische Einverleibung als Mythen der Moderne*, München 2011, S. 309, zur Sterbeszene vgl. auch Kapitel 5.8 „Emma als Schreib-Maschine").

[292] Orfila, *Traité de médecine légale*, Bd. III, S. 98.
[293] Ebd.
[294] Flaubert, *OC* I, 3.VIII, S. 580.
[295] Flaubert, *OC* I, 3.VIII, S. 594.

Das Mahlen der Kieferknochen wird im Text folgendermaßen beschrieben:

> Elle roulait sa tête avec un geste doux, plein d'angoisse, et tout en ouvrant continuellement les mâchoires, comme si elle eût porté sur sa langue quelque chose de très lourd.[296]

Unmittelbar vor dieser unvermittelten Bewegung, die Emmas völlige Umnachtung erahnen lässt, hat die Protagonistin auf die Frage, was sie denn in einen so miserablen Zustand versetze, einmal mehr beteuert: „rien" – *nichts*.[297] Und doch lastet ihr etwas schwer auf der Zunge, „quelque chose de très lourd", etwas, das sie an der Sprachfindung hindert.[298] Emmas Unvermögen, ihren Empfindungen sprachlichen Ausdruck zu verleihen, zieht sich motivisch durch den gesamten Roman. Als exponierte Beispiele hierfür taugen sowohl der Erzählerkommentar aus dem ersten Teil des Romans („Peut-être aurait-elle souhaité faire à quelqu'un la confidence de toutes ces choses. Mais comment dire un insaisissable malaise, qui change d'aspect comme les nuées, qui tourbillonne comme le vent ? Les mots lui manquaient donc, l'occasion, la hardiesse")[299], als auch das missglückte Gespräch zwischen Emma und dem Pfarrer Bournisien.[300] Was die Protagonistin leidend macht und gleichzeitig den Antrieb für jede ihrer Handlungen bildet, ist ihre grundsätzliche Unzufriedenheit, ihr melancholisches Ungenügen an dieser Welt. In der Sterbeszene tritt zum ersten Mal in dem Roman explizit zum Vorschein, dass Emma ihre Pein, die durch die Selbstvergiftung von einer abstrakten psychischen in eine konkrete physische verwandelt wird, weder aussprechen noch leugnen kann. Ihr miserables Äußeres und ihr irres Gebaren verweisen auf ein starkes körperliches Leiden, welches – endlich, wie man fast sagen möchte – für jeden der anwesenden Dorfbewohner erkennbar ist. Indessen ist sie Zeit ihres Lebens nicht in der Lage, ihre strukturelle seelische Verstimmung – welche ja Auslöser der körperlichen, durch die Vergiftung herbeigeführten Qual ist – in Worte zu fassen. Diese Unfähigkeit, ein melancholisches Leiden zu verbalisieren, wird durch das zweite Detail erhellt, das Flaubert nicht den zeitgenössischen medizinischen Handbüchern entnommen hat: Die schwarze Flüssigkeit, die nach Emmas Tod aus ihrem Mund strömt. Lässt man die Überlegung, bei der schwarzen Flüssigkeit handele es sich ausschließlich um einen Verweis auf Tinte und somit um

---

[296] Flaubert, *OC* I, 3.VIII, S. 580.
[297] Wenige Zeilen zuvor heißt es im Text: „ – Qu'as-tu donc ? dit Charles, qui lui tendait un verre. – Ce n'est rien !... Ouvre la fenêtre ... j'étouffe ! » Et elle fut prise d'une nausée si soudaine, qu'elle eut à peine le temps de saisir son mouchoir sous l'oreiller" (Flaubert, *OC* I, 3.VIII, S. 580).
[298] Vgl. hierzu Westerwelle, *Ästhetisches Interesse und nervöse Krankheit*, S. 422 f.
[299] Flaubert, *OC* I, 1.VII, S. 328.
[300] Vgl. Kapitel I dieser Arbeit: „Die ‚alte' und die ‚neue' Krankheit: Melancholie und Hysterie in Baudelaires Flaubert-Kritik".

eine Metonymie der Schrift aus den oben angeführten Gründen beiseite, so steht vielmehr zu vermuten, dass die *liquides noirs* auf das antike Konstrukt der schwarzen Galle verweisen, welche der Melancholiker – in der Theorie – erbricht, bevor es zu seiner Heilung kommt. Im Romantext heißt es:

> Puis elles [madame Lefrançois und madame Bovary mère] se penchèrent pour lui mettre sa couronne. Il fallut soulever un peu la tête, et alors un flot de liquides noirs sortit, comme un vomissement, de sa bouche.[301]

Nach humoralpathologischer Logik erbricht Emma Bovary als Tote – und genau in dem Augenblick der von Charles Bovary gewünschten ‚Krönung' – eben dasjenige, was sie zu Lebzeiten leidend gemacht hat: wäre sie noch lebendig, würde sie geheilt sein.[302] Die Grundannahmen der Humoralpathologie besagen, dass es vier – freilich hypothetische – Säfte im Körper gibt, deren Quantitäten in ein bestimmtes Gleichgewicht zu bringen sind. Diese Ausgewogenheit ist dadurch zu erreichen, dass ein Zuviel einer jeweiligen Substanz abgeleitet oder ein Zuwenig einer anderen kompensiert werden muss.[303] Ist das schädliche Liquid, an dessen übermäßigem Vorkommen der Kranke leidet, beseitigt, gilt der Patient als geheilt.[304] Die medizinische Behandlung des Melancholikers soll vor allem dadurch erfolgen, dass das Übermaß an schwarzer Gallenflüssigkeit abgeleitet wird. In den Epidemienbüchern aus dem *Corpus Hippocraticum* nimmt das Erbrechen von schwarzer Flüssigkeit als Therapie die wichtigste Rolle ein.[305] Von

---

301 Flaubert, *OC* I, 3.IX, S. 594.
302 Zu der zitierten Stelle sei auch auf Cornelia Wild verwiesen, die in ihrem Artikel zu ‚Tinte' die Vermutung anstellt, die nicht näher definierte schwarze Flüssigkeit, die sowohl aus dem Mund der verstorbenen Emma als auch aus dem Bein Hippolytes quillt, könne – über den Verweis auf Tinte/Schrift – mit Melancholie in Verbindung gebracht werden (Wild, ‚Tinte', S. 265 f.; vgl. auch dies., „L'écriture de la mélancolie", S. 86).
303 Für eine detaillierte Schilderung humoralpathologischer Interdependenzen vgl. das Kapitel „Das Erbe der Humoralpathologie" dieser Arbeit.
304 Schon in den hippokratischen Schriften liest man, dass die Emeses sich nach verschiedenen Mustern vollziehen, je nachdem welches Brechmittel zuvor eingenommen wird; vgl. Hippokrates, *Über die Natur des Menschen*: „Vielmehr erbricht man, wenn man ein galletreibendes Mittel genommen hat, zuerst Galle, dann Phlegma; danach erbricht man außerdem schwarze Galle und am Ende reines Blut. Dies geschieht auch durch schleimtreibende Mittel. Zuerst erbricht man Schleim, dann gelbe Galle, danach schwarze Galle und schließlich reines Blut, und dann stirbt man. Denn wenn das Mittel in den Körper gelangt ist, zieht es zuerst denjenigen der im Körper enthaltenen Säfte heraus, der ihm von seiner Natur aus am nächsten steht, danach auch die anderen Säfte und führt sie ab" (Hippokrates, *Ausgewählte Schriften*, hg. und übers. von Charlotte Schubert und Wolfgang Leschhorn, Düsseldorf/Zürich 2006, S. 183 f.).
305 Antike Texte, die vom Erbrechen schwarzer Gallenflüssigkeit handeln, listet Hellmut Flashar auf, in: *Melancholie und Melancholiker*, S. 44 f.

der Antike bis in das 19. Jahrhundert hinein sollte die Ableitung fast ausschließlich durch absichtlich herbeigeführtes Erbrechen der *mélaina cholé*, der schwarzen Galle, geschehen. Jean Starobinski, der die umfangreichste Sammlung der medizinischen Behandlungsmethoden der Melancholie vorgelegt hat, macht die bemerkenswerte Feststellung, dass die für das 19. Jahrhundert charakteristische Methode der Schockbehandlung mit anderen Mitteln als die humoralpathologischen Praktiken der Antike, die gleichen Ziele wie diese verfolgt: So solle etwa die Hydrotherapie verfestigte Körpersäfte verflüssigen und auch die berüchtigte Drehmaschine sei nichts weiter als ein „émétique nuancé".[306] Es ist folglich durchaus im Rahmen des Vorstellbaren, dass die aus der verstorbenen Emma quellende schwarze Flüssigkeit einen Verweis auf die Melancholie implizieren könnte.

Wenn Flaubert abschließend den Leichnam der Protagonistin beschreibt, bezieht er sich offensichtlich auf seine Lektüre von Mathieu Orfila, der sich wiederum bei der Auflistung der Zeichen der *mort réelle* ausdrücklich auf die Lehren des Hippokrates beruft. Im zweiten Band von Orfilas *Traité de la médecine*, den Flaubert nachweislich konsultiert hat, heißt es:[307]

> *Des signes de la mort réelle* [...]: 1. *La face est cadavéreuse.* Voici comment Hippocrate a décrit cet état de la face, désigné par quelques auteurs sous le nom d'*hippocratique* : [...] poils des narines ou des cils parsemés d'une sorte de poussière d'un blanc terne ; [...]. 5. *La flexion de la première phalange du pouce.* Quand la mort est réelle, dit M. Villermé, les quatre premiers doigts de la main sont rapprochés et fléchis, et le pouce recouvert par eux [les quatre doigts], presque toujours dirigé dans le creux de la main, vers la racine du petit doigt ; [...].[308]

Die gerade verstorbene Emma Bovary bietet dem Romanleser das folgende Bild:

> Le coin de sa bouche qui se tenait ouverte, faisait comme un trou noir au bas de son visage, les deux pouces restaient infléchis dans la paume des mains ; une sorte de poussière blanche lui parsemait les cils, et ses yeux commençaient à disparaître dans une pâleur visqueuse qui ressemblait à une toile mince, comme si des araignées avaient filé dessus.[309]

---

**306** Vgl. Starobinski, *Histoire du traitement de la mélancolie*, S. 66. Vgl. darin ferner Kapitel II.2 „Les écrits hippocratiques" (S. 12–20) und Kapitel IV.3 „Les méthodes du traitement moral" (S. 54–65, bes. S. 64 f.), sowie Kapitel IV.4 „Le pirouettement" (S. 66 f.).
**307** Vgl. Flauberts Notizen nach Siler, „La mort d'Emma Bovary", S. 744 f.
**308** Orfila, *Traité de médecine légale*, Bd. II, Paris 1836, S. 4–7, siehe auch Siler, „La mort d'Emma Bovary", S. 732 f.
**309** Flaubert, *OC* I, 3.IX, S. 593.

Die ungewöhnliche Beschreibung der Augen des Leichnams, die in einer ‚schleimigen Blässe verschwinden, welche einem dünnen Gewebe gleicht' fordert die Vorstellungskraft des Lesers in einem nicht unerheblichen Maße heraus, ist aber dennoch keine Dichtung, sondern von Flaubert dem erwähnten medizinischen Handbuch entnommen worden. Bei Orfila – in Band II des *Traité de la médecine* – ist weiter zu lesen:

> 6. *L'oscurcissement et l'affaissement des yeux.* On remarque sur la plupart des cadavres que la cornée est transparente est obscurcie par un enduit glaireux et comme membraneux, facile à détacher et à fendre. Quelques heures suffisent pour que les yeux deviennent flasques et mous, après la formation de cette toile [...].[310]

Einzig die Spinnen als Spinnerinnen des Netzes hat Flaubert eigenständig hinzugefügt. Dies ist nicht zuletzt deswegen auffällig, weil die Spinne im gesamten Roman nur ein weiteres Mal, und das sehr prägnant, erwähnt wird: in den berühmten Zeilen der *Première Partie*, in denen die Melancholie der Protagonistin mit einer Spinne verglichen wird, welche im menschlichen Herzen ihre Netze spinnt:[311]

> Mais elle, sa vie était froide comme un grenier dont la lucarne est au nord, et l'ennui, araignée silencieuse, filait sa toile dans l'ombre à tous les coins de son cœur.[312]

Der *ennui* selbst wird in diesem Satz zur ‚stillen Spinne', die ihr Netz in ‚allen dunklen Winkeln des Herzens spinnt'. In der Sterbeszene scheint es nun so, als habe die Spinne des *ennui* Emma Bovarys Innerstes verlassen und sich auf ihrem Äußeren ausgebreitet oder vermehrt, um auf dem Antlitz der Toten, das ‚dünne Gewebe' der ‚schleimigen Blässe' („une pâleur visqueuse") zu spinnen.

Alle drei genannten Beschreibungen, die sich von den wissenschaftlich korrekten, teilweise wortwörtlich aus medizinischen Lexika übernommenen Details durch ihre Fiktivität unterscheiden, beinhalten einen Verweis auf die Melancholie der

---

[310] Orfila, *Traité de médecine légale*, Bd. II, S. 7, siehe auch Siler, „La mort d'Emma Bovary", S. 733.
[311] Das Bild vom *ennui* als Spinne – hierauf ist vielfach hingewiesen worden – findet sich auch in Baudelaires Gedicht *Spleen LXXVIII* aus den *Fleurs du Mal* (hier spinnen die Spinnen in den Gehirnen ihre Netze); „Quand la pluie étalant ses immenses traînées / D'une vaste prison imite les barreaux, / Et qu'un peuple muet d'infâmes araignées / Vient tendre ses filets au fond de nos cerveaux [...]" (Baudelaire, *OC* I, S. 75). Siehe zu dem Motiv auch Caspar David Friedrichs Holzschnitt *Die Frau mit dem Spinnennetz zwischen den kahlen Bäumen (Melancholie)*, um 1803, Städel Museum, Frankfurt a. M.
[312] Flaubert, *OC* I, 1.VII, S. 332.

III Zeitlichkeit in den *Fleurs du Mal* und in *Madame Bovary* — **219**

Protagonistin. Insbesondere die schwarze Flüssigkeit stellt auf geradezu exemplarische Weise eine Verbindung zum antiken Konstrukt der Melancholie her. Strömt aus der Verstorbenen ein Schwall der geheimnisvollen Schwärze, so bedeutet dies nichts geringeres, als dass sie durch den Tod geheilt worden ist. Dieser paradoxe Zusammenhang – Heilung durch Tod – ist bei näherer Betrachtung indes äußerst schlüssig, denn nur der Tod, der für das Individuum das nie Dagewesene, die *absolut neue* Erfahrung schlechthin darstellt, kann die Protagonistin endgültig von ihrer Melancholie befreien, sie erlösen.³¹³ Im gesamten Romanverlauf strebt Emma Bovary in all ihrem Handeln geradezu wie eine verzweifelte Süchtige nach Momenten der Glückserfüllung: Allein durch *Neuartiges* kann ihr *ennui* kurzzeitig gelindert werden. Hierbei ist mitunter unerheblich, ob jenes Neue nur in ihrer Vorstellung existiert oder real durch einen Orts- oder Gefühlswechsel erzeugt wird. Als von Flaubert explizit angelegtes Motiv offenbart sich dieses Muster im Kauf neuer Gegenstände, durch den sich Emma immer wieder kurzzeitige Erleichterung verschafft. Die Figur Emma Bovary ist so konzipiert, dass sie das destruktive Paradoxon des Neuen zum Ausdruck bringt: Sie gestaltet ihr ganzes Leben nach der Maxime, Neues zu erleben, scheitert damit aber stets, weil das Neue eben immer nur einen Augenblick lang neu ist, bevor es dann alsbald zum Alten und Bekannten wird.

Im Lichte dieser Synthese des Romans soll im Folgenden der Aufbau des Liedes des blinden Bettlers gedeutet werden. Unmittelbar bevor Emma Bovary stirbt, dringt die Stimme des *aveugle* durch ihr offenes Fenster. Weder die Figur des Bettlers im Allgemeinen noch dessen knappe Verse hat die Flaubert-Kritik restlos deuten können.³¹⁴ Die Liedzeilen stammen aus dem ersten Band von

---

313 Just unmittelbar nachdem Emma Bovary an das Arsenik gelangt ist, tätigt der Erzähler eine Bemerkung, die davon zeugt, dass Emma nicht nur eine gewisse Vorahnung hat, was ihre eigene Erlösung angeht, sondern auch, in welchem Maße sich die Protagonistin in eine Tradition von Gleichgesinnten einreihen möchte: „Puis elle s'en retourna subitement apaisée, et presque dans la sérénité d'un devoir accompli" (Flaubert, *OC* I, 3.VIII, S. 579). Diese ‚Aufgabe' spricht Emma Bovary bereits einige Seiten vorher in Form eines Wunsches an, denn schon in der Beschreibung der auslaufenden Liebschaft mit Léon wird der Selbstmord angekündigt: Léon kann ihrem Wunsch nach romantischer Transformation nicht nachkommen und schafft es weder, den Porträts Louis XIII (wohlgemerkt: nicht etwa Louis XIII selbst, seinen Porträts) zu ihrer Zufriedenstellung zu ähneln („Elle voulut qu'il se vêtit tout en noir et se laissât pousser une pointe au menton, pour ressembler aux portraits de Louis XIII," Flaubert, *OC* I, 3.V, S. 544), noch taugt er zum Dichter „sous une forme d'ange, lyre aux cordes d'airain, sonnant vers le ciel des épithalames élégiaques" (Flaubert, *OC* I, 3.VI, S. 550). Über die von ihrem Liebhaber – und von dem Konstrukt ‚Affäre' schlechthin – enttäuschte Emma heißt es daraufhin: „Elle aurait voulu ne plus vivre, ou continuellement dormir" (Flaubert, *OC* I, 3.VI, S. 556).
314 Für eine detaillierte Analyse der Figur des Bettlers vgl. in dieser Arbeit das Kapitel „Melancholie als Phantasma der Sünde (*acedia*)". Zur Genese des von ihm gesungenen Liedes sei ver-

Nicolas-Edme Réstif de la Bretonnes Zwölfbänder *L'Année des Dames Nationales* aus dem Jahre 1791. Das Werk trägt den Untertitel *Histoire, jour-par-jour, d'une Femme de France*[315] und Flaubert hat ihm die *Chanson d'Edmond* und die *Chanson d'Edme* entnommen, stark verkürzt und in einem neuen Lied wieder zusammengesetzt. Eine besondere Eigenschaft dieser Kürzung besteht darin, dass die in dem Liedchen beschriebene Szenerie einzig auf den letzten Satz hin konstruiert ist, auf den kurzen Moment des Aufflatterns des Röckchens – und so lautet die Passage aus dem Roman:

> Souvent la chaleur d'un beau jour
> Fait rêver fillette à l'amour.

Emma se releva comme un cadavre que l'on galvanise, les cheveux dénoués, la prunelle fixe, béante.

> Pour amasser diligemment
> Les épis que la faux moissonne,
> Ma Nanette va s'inclinant
> Vers le sillon qui nous les donne.

« L'Aveugle ! » s'écria-t-elle.
Et Emma se mit à rire, d'un rire atroce, frénétique, désespéré, croyant voir la face hideuse du misérable, qui se dressait dans les ténèbres éternelles comme un épouvantement.

> Il souffla bien fort ce jour-là,
> Et le jupon court s'envola ![316]

Une convulsion la rabattit sur le matelas. Tous s'approchèrent. Elle n'existait plus.

Das durch einen Windstoß verursachte Aufflattern des Rockes bildet Höhepunkt und Schluss des Gesangs und man könnte in Emmas letzter konvulsivischer Todes-Zuckung gewiss sein hässliches Echo vermuten. Ihre weit aufgerissenen Augen, ihr wahnsinniges und verzweifeltes Lachen dürfen als Hinweis darauf gelesen werden, dass sie in diesem ihrem letzten bei Bewusstsein verbrachten Augenblick eine Form von Anagnorisis erlebt. Der an die Stimme des Blinden gebundene Bewusstwerdungsprozess vollzieht sich im Laufe des Romans in drei Schritten. In Kapitel 2.IX kann Emma (und mit ihr der Leser) dem „cri vague et

---

wiesen auf D. Anthony Williams, „Une chanson de Rétif et sa réécriture par Flaubert", in: *Revue d'Histoire littéraire de la France*, 2 (1991), S. 239–242.
**315** Nicolas Edme Restif de la Bretonne, *L'Année des dames nationales ; ou Histoire, jour-par-jour, d'une femme de France*, Paris 1791, S. 24–26.
**316** Flaubert, *OC* I, 3.VIII, S. 589.

III Zeitlichkeit in den *Fleurs du Mal* und in *Madame Bovary* —— **221**

prolongé"³¹⁷ noch keine Bedeutung zuordnen, nicht zuletzt weil sie sich noch in einem durch den von ihr romantisch aufgeladenen Zustand der Aufgewühltheit befindet. Mit diesem Kapitel beginnt zudem für Emma eine Phase der Selbstverklärung, die ihre melancholische Grundunzufriedenheit für einen Zeitraum ein Stück weit übertüncht. Und dennoch ist die Stimme des Bettlers bereits hier als ein thematischer Indikator von Melancholie zu verstehen, da sie in einem signifikanten Augenblick ertönt: der Ehebruch mit Rodolphe ist schließlich nichts anderes als der verzweifelte Versuch, dem *ennui* zu entkommen. Auf der Kutschfahrt zwischen Rouen und Yonville wird diese Relation explizit gemacht: Der Schrei des Blinden löst in Emma eine „mélancolie sans bornes"³¹⁸ aus – deren bitteres, ja den Tod bringendes Geheimnis sich Emma freilich immer noch nicht entbirgt. Unmittelbar vor ihrem Ableben schließlich löst die Stimme des Blinden ihr groteskes Lachen der Erkenntnis aus. Was Emma im allerletzten Augenblick ihres Lebens versteht, ist, dass der Blinde sie immer begleitet hat, und dass er ihr jetzt, am Ende dieses Lebens, vorführt, welch erbärmlichen und vergeblichen Aktionismus doch all ihre Bestrebungen darstellten. Nicht zufällig vernimmt sie diese Stimme immer dann, wenn sie zuvor mit einem Liebhaber zusammen war, im Wald mit Rodolphe, in Rouen mit Léon. Nun wird ihr bewusst, dass ihre erhabenen Vorstellungen von romantischer Liebe sie zu Ehebrüchen führten, die sich letztlich in nichts von dem physischen, im Frühling erwachenden Liebesbedürfnis einer *fillette*, welcher der Wind frivol den Rock hochhebt, unterscheiden.³¹⁹ Sie stirbt in dem Augenblick, in dem sie die Illusion ihres Lebens, den Zusammenhang zwischen ihrer Melancholie und der Gier nach Neuem, verstanden hat. Erkenntnis, physischer Tod und ‚Heilung' fallen in eins.

Von besonderer Bedeutung für den Inhalt dieser plötzlichen Erkenntnis der Vergeblichkeit ihres Strebens ist der Umstand, dass die Stimme des Blinden immer nur aus der Ferne zu Emma dringt: In Kapitel 2.IX hallt der Schrei über die Hügel, in Kapitel 3.V wird das Motiv der Ferne explizit gemacht und gar mit den ‚unendlichen Räumen der Melancholie' verbunden:

---

317 Flaubert, *OC* I, 2.IX, S. 438.
318 Flaubert, *OC* I, 3.V, S. 534 f.
319 Erhöht wird die Frivolität des Lieds noch durch die physisch-erotische Metaphorik des Ackerbaus („sillon"), wie man sie in Restif de la Bretonnes Vorlage noch expliziter findet („Hâ ! C'est la belle saison / Pour cultiver une fillette !", Restif de la Bretonne, *L'Année des dames nationales ; ou Histoire, jour-par-jour, d'une femme de France*, Paris 1791, S. 25); siehe hierzu aber auch Balzacs *Contes drôlatiques*: „Le bonhomme vint alors se coucher en plein lict de sa servante, laquelle estoyt ieune et gente fillaude. Puys le vieulx manouvrier, fort de vin, en besogna le chauld sillon, cuidant estre en sa femme, et la mercia du restant de puccelaige qu'il lui trouvoyt." („Les trois clercs de Sainct-Nicholas", in: *Contes drôlatiques*, hg. von Roger Pierrot, Paris 1959, S. 607).

> [...] elle avait quelque chose de lointain qui bouleversait Emma. Cela lui descendait au fond de l'âme comme un tourbillon dans un abîme, et l'emportait parmi les espaces d'une mélancolie sans bornes.[320]

Kapitel 3.VIII greift seinerseits die Vorstellung unendlicher Räume wieder auf und fügt ihr in der Sterbeszene eine absolute zeitliche Dimension hinzu: Unendlichkeit („ténèbres éternelles", s. o.). Im Augenblick ihres Todes wird Emma die Fratze des Bettlers zum Zeichen der ewigen Verdammnis. Sie stirbt im Bewusstsein der allumfassenden Nichtigkeit des Lebens. In ihrem letzten Moment findet sie jene zutiefst melancholische Angst bestätigt, vor der sie ein Leben lang geflohen ist: Die Welt ist tatsächlich so eingerichtet, dass wir permanent nur Ungenügen an ihr empfinden können. All das (romantische) Streben Emmas war eine Illusion. Der Tod erlöst sie nicht nur vom physischen Leid der Vergiftung, sondern auch von diesem strukturellen und unentrinnbaren Unglück.

---

**320** Flaubert, OC I, 3.V, S. 534 f.

# Schlussbemerkung

„Il voyagea."[1] Mit einem Satz, der nicht kürzer hätte ausfallen können, reduziert Flaubert in der *Éducation sentimentale* Frédéric Moreaus Reise auf die Essenz erzählerischer Belanglosigkeit. Suggeriert schon die Wahl des Verbs in Verbindung mit dem *passé simple* eine längere Reise, so lassen Flauberts weitere Ausführungen keine Zweifel daran, dass es sich um eine Fernreise, genauer gesagt um eine Orientreise handelt:

> Il voyagea.
> Il connut la mélancolie des paquebots, les froids réveils sous la tente, l'étourdissement des paysages et des ruines, l'amertume des sympathies interrompues.
> Il revint.[2]

Eine solche Orientreise darf hinsichtlich ihrer Planung, der Entfernung des Ziels, der exotischen Alterität der besichtigten Kulturen ohne Zweifel in vielfacher Hinsicht als ereignishaft gelten – nur nicht bei Flaubert: Frédéric Moreau macht keine individuellen Erfahrungen, sondern lernt sozusagen die allseits bekannten Allgemeinplätze einer Orientreise kennen, wie die Wahl der bestimmten Artikel verdeutlicht: „*la* mélancolie *des* paquebots", „*les* froids réveils sous *la* tente", „*l'*étourdissment", „*l'*amertume". All das ist nicht wirklich erzählenswert, wie überhaupt am Ende dieses Romans Banalität der einzig mögliche Lebensmodus zu sein scheint. So heißt es im Anschluss an die zitierte Passage:

> Il [Frédéric] fréquenta le monde, il eut d'autres amours encore. Mais le souvenir continuel du premier les lui rendait insipides ; et puis la véhémence du désir, la fleur même de la sensation était *perdu*.[3]

Frédéric Moreaus erinnerte erste Liebe überstrahlt alle anderen Lieben, aber nicht etwa, weil sie so glücklich und ereignisreich gewesen wäre – bekanntermaßen war sie alles andere als das –, sondern weil sie eine *neue* Erfahrung bedeutete. Es ist in der *Éducation* insbesondere die Art und Weise, auf die das Reisen wie das Leben selbst zu einer Aneinanderreihung vollkommener Belanglosigkei-

---

1 Flaubert, *L'Éducation sentimentale*, OC II, S. 448. Dass Flaubert den Satz von „Puis il voyagea" zu „Il voyagea" gekürzt hat, spricht für eine literarische Strategie (vgl. hierzu Carlo Ginzburg, *Rapports de force. Histoire, rhétorique, preuve*, Paris 2003, darin das Kapitel „Déchiffrer un espace blanc", S. 87–100, hier S. 89 und S. 98).
2 Flaubert, *L'Éducation sentimentale*, OC II, S. 448.
3 Ebd.

ten erklärt werden, die unweigerlich an das letzte Gedicht der *Fleurs du Mal*, *Le Voyage*, denken lässt.

Die Radikalisierung der Ereignislosigkeit stellt das zentrale Argument für die These dar, die *Éducation* sei eine Ausarbeitung dessen, was in *Madame Bovary* lediglich angelegt sei,[4] oder anders ausgedrückt: Flauberts Stilideal des „livre sur rien"[5] finde erst in der *Éducation* zu seinem eigentlichen Ausdruck und habe diese deshalb zum ‚moderneren' Roman gemacht.[6] Zwar folgt *Madame Bovary* in der Tat wesentlich stärker als die *Éducation* dem traditionellen Muster einer in sich schlüssigen, ‚motivierten' Verkettung von Ereignissen, einer Handlung also, die am Ende des Romans als ‚auserzählt' bezeichnet werden kann, doch täuscht das Vorhandensein veritabler Ereignisse in *Madame Bovary* nicht darüber hinweg, dass Ereignishaftigkeit auch dort schon verneint wird, wo erwartete Ereignisse letztlich immer zu einer Enttäuschung führen. Mit anderen Worten: Vorgebliche Ereignishaftigkeit wird schon im früheren der beiden Romane de facto als gänzlich nichtige Ereignislosigkeit demaskiert – der Gedanke, dass das Leben schlechterdings auf grundsätzliche Weise mangelhaft ist, und dass diese Mangelhaftigkeit in der Belanglosigkeit aller Dinge begründet ist, findet sich bereits in *Madame Bovary* vollständig entwickelt.[7]

---

[4] Seit Marcel Prousts Essay *Sur le style de Flaubert* gilt diese Behauptung der Flaubert-Forschung als eine Tatsache (Paris 2014 [1920]). Weniger explizit, doch im Grunde von der gleichen These ausgehend, äußert sich schon Émile Zola in „Les Romanciers naturalistes" (ders., in: *Œuvres complètes*, Bd. 11, hg. von Henri Mitterand, Paris 1968 [1881], darin S. 97–155, bes. S. 122). Unabhängig davon, ob Zola und Proust Recht haben, bleibt dem Romancier, der die Positionen des *l'art pour l'art* vertritt, gewissermaßen gar nichts anderes übrig, als den Roman mit Ereignislosigkeit auszustatten und eben hierdurch dem Stil eine höhere Bedeutung zukommen zu lassen. In diesem Sinne schreibt Flaubert im Jahre 1860 an Amédée Pommier: „Les œuvres d'art qui me plaisent par-dessus toutes les autres sont celles où l'art excède. J'aime dans la peinture, la Peinture ; dans les vers, le Vers" (Flaubert, *Corr.* III, S. 111). Im Roman, so ließe sich ergänzen, kann es nur der Erzählstil sein, der Flaubert gefällt; vgl. hierzu Rousset, *Forme et signification*, darin „*Madame Bovary* ou le livre sur rien", S. 111 ff.

[5] Zu Beginn des Jahres 1852 schreibt er an Louise Colet: „Ce qui me semble beau, ce que je voudrais faire, c'est un livre sur rien, un livre sans attache extérieure, qui se tiendrait de lui-même par la force interne de son style, comme la terre sans être soutenue se tient en l'air, un livre qui n'aurait presque pas de sujet ou du moins où le sujet serait presque invisible, si cela se peut" (Flaubert, *Corr* II, S. 31).

[6] Jene Kritiker, die den radikalen Bruch mit der Romantradition in der *Éducation* vermuten, allererst Proust, äußern sich bezeichnenderweise nicht definitiv zum Status der *Madame Bovary* (vgl. Küpper, *Ästhetik der Wirklichkeitsdarstellung*, S. 110).

[7] Man kann insofern nicht uneingeschränkt behaupten, Flaubert habe von *Madame Bovary* bis zur *Éducation sentimentale* (und eigentlich müsste man sagen: bis hin zu *Bouvard et Pécuchet*) sein ästhetisches Absolutheitsdenken vom „livre sur rien" immer mehr verwirklicht, weil mit dem *rien* eben nicht ausschließlich eine Ereignislosigkeit bezeichnet wird. Zwar besteht die *Éducation*

Mit dem Ansinnen nach einem „livre sur rien" wird ein Wunsch nach literarästhetischer Absolutheit verkündet, der auf das Engste mit dem Baudelaireschen *Idéal* verwandt ist.[8] Im Roman wie im Gedichtband drückt sich dies in dem permanenten Versuch aus, des *Neuen* habhaft zu werden. In beiden Werken wird dieser Gedanke bis zum Ende konsequent verfolgt: Am Schluss von *Madame Bovary* wie im letzten Gedicht der *Fleurs du Mal* befreit der Tod von der Gleichförmigkeit des Lebens – er soll den von Ungenügen Geplagten endlich *Neues* bringen.[9] Diese

---

in der Tat aus den Beschreibungen jener Enttäuschungen und Belanglosigkeiten, mit denen das Leben immerfort aufwartet, und allein dem äußeren oder inneren Eindruck des Augenblicks, und wenn es auch nur der gescheiterte Besuch einer *maison publique* ist, wird ein Wert beigemessen. Zu einer eigentlichen Grenzüberschreitung, wie sie der Ehebruch in *Madame Bovary* bildet, kommt es tatsächlich gar nicht erst. Doch findet sich in der *Éducation* andererseits auch die Zusammenfassung bedeutender historischer Ereignisse – aus den Jahren 1840 bis 1852 –, in die eine Reihe fiktiver Geschehnisse eingebettet ist. Ob die „syntagmatische Progression der Geschichte" auch in *Madame Bovary* „paradigmatisiert" wird, wie Rainer Warning es vor allem für die *Éducation* geltend gemacht hat (zuletzt in: „Der Chronotopos Paris bei den Realisten", in: Andreas Kablitz/Wulf Oesterreicher/R. W. [Hg.], *Zeit und Text. Philosophische, kulturanthropologische, literarhistorische und linguistische Beiträge*, München 2003, S. 269–310, hier S. 294; vgl. hierzu auch Joachim Küpper, „Mimesis und Botschaft bei Flaubert", S. 210 f.), kann noch weniger eindeutig beantwortet werden als die Frage, ob das „livre sur rien" für *Madame Bovary* – und in die Entstehungszeit dieses Romans fällt das Zitat (Anfang des Jahres 1852) – überhaupt die Vermeidung von Ereignissen bedeuten kann. Erzählte Ereignisse sind in dem Roman ja durchaus vorhanden: Hochzeit und Familiengründung, doppelter Ehebruch, der Selbstmord Emmas sowie der Liebestod Charles' bilden nicht gerade das, was man einen sujetlosen Text nennen würde. Und auch den Plot der *Éducation* sollte man vielleicht eher als erfolgsarm denn als ereignisarm bezeichnen. Helmut Pfeiffer eröffnet eine dritte Deutungsperspektive, wenn er vermutet, bei dem ‚livre sur rien' sei die ‚Beliebigkeit' des behandelten Gegenstands gemeint (vgl. Pfeiffer, *Roman und historischer Kontext*, München 1984, S. 226). Indessen unterbreitet Joachim Küpper das überzeugendste Interpretationsangebot der Formel, die er auf die subjektive Sicht der Figuren bezieht, welche den provinziellen Alltag als eine Aneinanderreihung von Belanglosigkeiten erleben – und die letzten Endes mit der Sicht des Erzählers identisch ist (vgl. Küpper, „Mimesis und Botschaft bei Flaubert", S. 206). In diesem Sinne findet sich das *livre sur rien* schon in der Geschichte der Emma Bovary verwirklicht; schon hier ermöglicht es erstens eine Dominanz der Vermittlungsebene und zweitens die Inszenierung einer fundamentalen Mangelhaftigkeit und die damit einhergehende Empfindung eines strukturellen Ungenügens.

8 Man könnte nun einwenden, dass das Buch doch ein konkretes Produkt ist und somit der Vergleich mit dem *Idéal* hinkt. Als unerreichbares Ziel, dem ein Absolutheitsanspruch zugrunde liegt – und darauf verweist das *rien* – stellt es indessen ein nicht weniger unerfüllbares Abstraktum als das *Idéal* dar.

9 Das Bewusstsein vom Tod als ‚neuem Ereignis' ist in *Madame Bovary* auf einer übergeordneten Erzählebene angesiedelt: Die Figur, über die Flaubert das Neue ins Spiel bringt, ist Charles, der das qualvolle Sterben seiner Frau als „singulier" und „extraordinaire" qualifiziert (Flaubert, *OC* I, 3.VIII, S. 580). Das so sehr erhoffte ‚Einzigartige' wird hiermit endlich zu einem Attribut von Emmas Existenz (vgl. zum von Emma Bovary ersehnten „extraordinaire" die folgenden Stellen

Apotheose des *Neuen* als eines Werts an sich führt notwendigerweise in die Nivellierung aller semantischen Oppositionen – und damit auch in die Auflösung aller ästhetischen wie ethischen Unterschiede: Um ein bis dahin noch nie Dagewesenes in einem einmaligen Akt zu ‚erfahren', bleibt letzten Endes nur noch die (Selbst-)Zerstörung.[10]

Der Melancholie als Empfindung einer grundsätzlichen Mangelhaftigkeit der Welt kommt dabei eine maßgebliche Funktion zu, denn sie vermag das Neue als Denkfigur überhaupt erst sichtbar zu machen. In *Madame Bovary* wie in der *Éducation sentimentale* bildet sie die Basis des narrativ entfalteten Weltmodells. In den *Fleurs du Mal* wird sie gleich zu Beginn als das schlimmste aller menschlichen Laster genannt, und die Erkenntnis ihrer immerwährenden Herrschaft auf Erden darf als Fazit der Gedichtsammlung gelten. Bei Baudelaire wie bei Flaubert bezeichnet *ennui* nicht nur die Erfahrung einer grundsätzlichen Mangelhaftigkeit der Welt, sondern gleichzeitig auch die Einsicht in die Unmöglichkeit, dieser Empfindung durch die Kunst Herr zu werden oder sie gar zu überwinden – denn schließlich ist die Kunst ja auch nur ein Teil dieser mangelhaften Welt.

Was übrig bleibt, ist die immer schon zum Scheitern verurteilte Hoffnung, in einem neuen Versuch doch noch zu schaffen, was noch nie gelungen ist. Hierdurch wird das Ideal kontinuierlich auf die Zukunft verschoben, wodurch seine potentielle Einlösung nur noch in zeitlichen Strukturen gesucht werden kann. Die Kategorien haben sich umgekehrt, wenn in Ermangelung eines merkmalsbestimmten – und deshalb bestimmbaren – Idealen, das hierdurch letztlich leer bleiben muss, das Neue in die Systemstelle des Schönen getreten ist. Doch ist

---

im Roman: *OC* I, 1.VII, S. 332 und 2.X, S. 449) – und wird sogleich wieder ironisiert, denn erstens erlebt Emma selbst diese ‚Einzigartigkeit' nur noch sehr kurz und unter großen Schmerzen, und zweitens ist diese Zuschreibung an die Perspektive ihres bekanntermaßen beschränkten Gatten gebunden. Aber dennoch gilt: Erst der Tod befreit Emma von diesem Leben, in dem es allein darauf ankam, belanglose Ereignislosigkeit durch Neuheit zu überwinden. In Baudelaires *Le Voyage* wird der Tod ebenfalls zum Befreier, und dies nicht, weil er Erlösung, sondern weil er Neuheit verheißt: „Plonger au fond du gouffre, Enfer ou Ciel, qu'importe ? Au fond de l'Inconnu pour trouver du *nouveau* !" (Baudelaire, *OC* I, S. 134, V. 143–144).

**10** Paradigmatisch verweist Konrad Paul Liessmann in seiner Vorlesung zur *Philosophie der modernen Kunst* (Wien, 17. 11. 2011) hierzu auf Richard Wagners romantisch-moderne *Idee*, seine Tetralogie des *Ring des Nibelungen* in einem eigens hierfür gebauten Theater am Rhein nur ein einziges Mal aufzuführen – im Anschluss sei das gesamte Haus einzureißen und die Partitur zu verbrennen. Siehe Richard Wagners Briefe vom 14. 09. 1850 an Ernst Benedikt Kietz (S. 404 f.) und vom 20. 09. 1850 an Theodor Uhlig (Richard Wagner, *Sämtliche Briefe*, hg. im Auftrag des Richard-Wagner-Familien-Archivs Bayreuth von Gertrud Strobel und Werner Wolf, Bd. 3, Leipzig 1975, S. 404 f. und S. 426) und vom 12. 11. 1851 an Theodor Uhlig (Richard Wagner, *Sämtliche Briefe*, hg. im Auftrag der Richard-Wagner-Stiftung Bayreuth von Gertrud Strobel und Werner Wolf, Bd. 4, Leipzig 1979, S. 176).

das Neue die dialektische Ursache seiner eigenen Unmöglichkeit, weil es sich als etwas Neues durch seine Existenz auch schon abschafft – und an dieser Stelle tritt die Analogie zur Beschaffenheit des Kunstwerks der Moderne auf den Plan.

Es ist kaum verwunderlich, dass niemand anderes als Baudelaire in seiner *Madame-Bovary*-Kritik von 1857 die Verbindung zwischen Emmas Streben nach permanenter Erneuerung und dem künstlerischen Artefakt erkannt und herausgestellt hat. Die weibliche Hauptfigur bezeichnet er dabei deswegen als *poète* und damit als der Sprechinstanz seiner *Fleurs du Mal* ebenbürtig, weil sie stets versucht, die Leere zu füllen, die durch ihr strukturelles Empfinden von Mangelhaftigkeit und ihr Erahnen des *Idéal* verursacht wird. Wie in der Kunst der Moderne hängt der mittelfristige Erfolg der jeweiligen Unternehmung vom Grad der Neuheit des jeweils Angestrebten ab. Sowohl das Weltmodell in *Madame Bovary* als auch das der *Fleurs du Mal* ist ganz dieser Denkfigur verhaftet – Beispiele einer vollkommen belanglos gewordenen Welt des *ennui*, in der das Neue wieder und wieder in Form einer diffusen Erwartung nur aufscheint, um wieder zu verschwinden.

Aus dem scheiternden Bemühen um eine Ästhetik des Absoluten ergibt sich als vielleicht einzig sinnvolle Thematik die alle Zeiten und Lebensbereiche bestimmende Melancholie. Nicht zuletzt aus diesem Grunde schöpfen Baudelaire und Flaubert aus deren gesamter jahrtausendealter Bildtradition, von der Humoralpathologie über die christliche *acedia*, von der *Dame Melencolie* des Spätmittelalters über das melancholische Genie der Renaissance bis hin zum romantischen Melancholiker. Letzterer, und dies ist insbesondere in Bezug auf Flaubert zu betonen, stellt nur *eine* Variante aus einer langen historischen Reihe von Melancholiemotiven dar. Die ridikülisierende Darstellung des romantischen *ennui* in *Madame Bovary* lässt sich nicht dadurch erklären, dass es Flaubert insbesondere um eine Kritik und Entlarvung der Romantik gegangen wäre, ist doch Flauberts Kritik stets eine Generalkritik, welche schlichtweg *allen* Diskursen gilt, die menschliches Verhalten erklärbar machen wollen.[11]

Auf diese Weise löst sich das Paradoxon auf, dass einerseits sowohl der erste als ‚modern' bezeichnete Lyrikband als auch der erste als ‚modern' bezeichnete Roman generell als radikale Abwendungen von der Romantik gelten, und dass andererseits doch die Romantik selbst als Beginn der ästhetischen Moderne gilt.

---

11 Darüber hinaus ist es ja mitnichten so, dass diejenigen Romanfiguren in *Madame Bovary*, die der Romantik nicht anheim gefallen sind (also alle Figuren bis auf Emma und Léon), gelungenere, interessantere oder beglückendere Lebensentwürfe vorweisen könnten. Anders gesagt: Dass romantische Literatur als Lebensentwurf nicht trägt, darf als eine allseits bekannte Tatsache gelten – dies zu beweisen, kann Flaubert wohl kaum ein Anliegen gewesen sein.

In der Tat scheint die Romantikkritik bei beiden Autoren auf den ersten Blick rigoros, erwecken sie doch den Eindruck, alles abzulehnen, was den Romantikern lieb und teuer gewesen ist, um es durch Minderwertiges, Hässliches und Belangloses zu ersetzen.[12] Doch besteht die romantische Ästhetik bekanntermaßen weder allein aus „fleurs, [...] vers, [...] lune, [...] étoiles, ressources naïves d'une passion affaiblie"[13], wie sie in *Madame Bovary* genannt werden, noch aus „fleur, source, sillon"[14], wie der lyrische Sprecher in Baudelaires *Le coucher du soleil romantique* formuliert. Der Kern romantischer Ästhetik ist jenseits dieser Motivstereotype in einer Programmatik zu suchen, die mit dem Verlust der Vorstellung vom Idealschönen den Beginn einer Ästhetik der Moderne markiert. Die Darstellung der ereignislosen, nichtigen, von der Melancholie beherrschten Welt und das Streben nach etwas Anderem markiert – in den *Fleurs du Mal* wie in *Madame Bovary* – keine Abkehr von der romantischen Ästhetik des Absoluten, sondern deren Radikalisierung bis zu dem Punkt, an dem ihre Paradoxien unübersehbar werden.

---

**12** Die Konsequenz, mit der diese Umbesetzung geschieht, lässt beide Schriftsteller ihre eigene ästhetische Ablehnung der unmittelbar vorangegangenen Strömung ad absurdum führen. Andreas Kablitz hat gezeigt, in welchem Maße in *Madame Bovary* – auch die im Modus der Ironie enttäuschte – romantische Erwartung doch noch eine „kosmologische Korrespondenz zwischen allen Vorkommnissen dieser Welt voraussetzt". Flauberts Vorgehen gleiche hierdurch dem des romantischen Dichters – nur wird die Welt eben umgekehrt romantisiert – und so ist, wie Kablitz formuliert, „Flauberts Demaskierung der Romantik noch aus ihrem Geist geboren" (ders. „Jenseits der Décadence", S. 118 f.). In Analogie dazu ließe sich auch Hugo Friedrichs Formel vom ‚ruinösen Christentum' anders verstehen: Nicht im Sinne einer umfassenden Entfremdung von christlichen Lehren (in der jedoch noch gewisse Motive und Themen aufrechterhalten bleiben), sondern als eine Abkehr, die gleichwohl noch einer genuin christlich-dogmatischen Denkfigur verhaftet bleibt, und zwar in Form der Sehnsucht nach einem ebenso unerreichbaren wie unbeschreibbaren *Idéal*, wie es sich eben par excellence in der Vorstellung Gottes manifestiert. Baudelaires und letztlich auch Flauberts programmatische Äußerungen über das Schöne bzw. das geglückte Kunstwerk zeugen davon, inwiefern die Kunst im 19. Jahrhundert die Religion beerbt: Die Sehnsucht nach einem ungreifbaren Ideal ist womöglich nichts anderes als der Überrest eines christlichen Weltverständnisses. Auch dem Gläubigen ist die Welt ein Ort struktureller Mangelhaftigkeit, aber es bleibt ihm die Hoffnung auf ein inhaltlich bekanntes und vollkommenes Jenseits. ‚Ruinöses Christentum' ist nun eine Ästhetik, die zwar diesem Ideal der Vollkommenheit keinerlei Relevanz mehr beimisst, die aber gleichwohl die Sehnsucht selbst nach einer solchen Vollkommenheit im Schreiben aufrecht erhält. Auch wenn darin die Hoffnung auf ein vollkommenes Jenseits selbstredend keinen Platz mehr hat, so bleibt davon noch ein Rest erhalten, denn das ungreifbare, leere Ideal wird auch hier in die Zukunft verschoben, nicht bis zum Jüngsten Gericht, aber immerhin immer wieder aufs Neue auf ein diesseitiges ‚Zukünftiges'.

**13** Flaubert, *OC* I, 3, VI, S. 548.

**14** Baudelaire, *OC* I, S. 149, V. 5.

# Literaturverzeichnis

## Primärtexte

Aristoteles, *Problemata Physica*, übers. von Hellmut Flashar, hg. von Ernst Grumach, Darmstadt 1962.
Balzac, Honoré de, *Contes drôlatiques*, hg. von Roger Pierrot, Paris 1959.
Baudelaire, Charles, *Œuvres Complètes* I, hg. von Claude Pichois, Paris 1975.
Baudelaire, Charles, *Œuvres Complètes* II, hg. von Claude Pichois, Paris 1976.
Baudelaire, Charles, *Die Blumen des Bösen/Les Fleurs du Mal*. Vollständige zweisprachige Ausgabe. Deutsch von Friedhelm Kemp, München ⁴1991.
Baudelaire, Charles, *Les Fleurs du Mal. Die Blumen des Bösen*. Aus dem Französischen von Simon Werle, Reinbek bei Hamburg 2017.
Beaumont, Francis/Fletcher, John, *The Nice Valour*, or *The Passionate Madman*, in: *Works of Beaumont and Fletcher*, mit einer Einführung von George Darley, Bd. 2, London 1840.
Blake, William, *The Marriage of Heaven and Hell*, Oxford 1975.
Cabet, Etienne, *Reise nach Ikarien*. Materialien zum Verständnis von Cabet, hg. von Alexander Brandenburg und Ahlrich Meyer [1. Aufl., Nachdr. der Ausgabe Paris 1847], Berlin 1979.
Chartier, Alain, *Le livre de l'Espérance*, hg. von François Rouy, Paris 1989.
Chateaubriand, François-René de, *Atala*, in: *Œuvres romanesques et voyages*, hg. von Maurice Regard, Paris 1969.
Chateaubriand, *Essais sur les révolutions. Génie du christianisme*, hg. von Maurice Regard, Paris 1978.
Dante Alighieri, *L'enfer, poème du Dante, traduit de l'italien par M. le comte de Rivarol*, London/Paris 1788.
Dante Alighieri, *Die Göttliche Komödie*, übers. von Hermann Gmelin, I. Teil, Stuttgart 1949.
Diderot, Denis, *Encyclopédie ou Dictionnaire raisonné, des sciences, des arts et des métiers par une société de gens de lettres. Mis en ordre et publié par M. Diderot, et quant à la partie mathématique par M. d'Alembert, Paris 1751–1780*, Bd. 8, Paris 1765.
Diderot, Denis, *Œuvres complètes de Diderot. Encyclopédie*, Bd. 16, hg. von Jules Assézat, Paris 1876.
Eliot, T. S., *The Complete Poems and Plays of T. S. Eliot*, London 1969.
Flaubert, Gustave, *Œuvres Complètes* I, hg. von René Dumesnil und Albert Thibaudet, Paris 1951.
Flaubert, Gustave, *Œuvres Complètes* II, hg. von René Dumesnil und Albert Thibaudet, Paris 1952.
Flaubert, Gustave, *Correspondance* I, hg. von Jean Bruneau, Paris 1973.
Flaubert, Gustave, *Correspondance* II, hg. von Jean Bruneau, Paris 1980.
Flaubert, Gustave, *Correspondance* III, hg. von Jean Bruneau, Paris 1991.
Flaubert, Gustave, *Correspondance* IV, hg. von Jean Bruneau, Paris 1998.
Flaubert, Gustave, *Correspondance* V, hg. von Jean Bruneau und Yvan Leclerc, Paris 2007.
Flaubert, Gustave, *Œuvres de jeunesse*, hg. von Claudine Gothot-Mersch und Guy Sagnes, Paris 2001.
Flaubert, Gustave, *Madame Bovary. Nouvelle version précédée des scénarios inédits*, hg. von Jean Pommier und Gabrielle Leleu, Paris 1949.
Gautier, Théophile, *Poésies complètes* I, Paris 1902.

Gide, André, *Journal 1889–1939*, Paris 1948.
Goethe, Johann Wolfgang, *Dichtung und Wahrheit*, hg. von Klaus-Detlef Müller, Darmstadt 1998.
Heine, Heinrich, *Poëmes et Légendes*, übers. von Gérard de Nerval, Paris 1855.
Hippokrates, *Ausgewählte Schriften*, hg. und übers. von Charlotte Schubert und Wolfgang Leschhorn, Düsseldorf/Zürich 2006.
Hugo, Victor, *Œuvres poétiques* I, hg. von Pierre Abouy, Paris 1964.
Hugo, Victor, *Œuvres poétiques* II, hg. von Pierre Abouy, Paris 1967.
Kierkegaard, Sören, *Entweder – Oder, Teil I und II. Unter Mitwirkung von Niels Thulstrup und der Kopenhagener Kierkegaard-Gesellschaft herausgegeben von Hermann Diem und Walter Rest. Aus dem Dänischen von Heinrich Fauteck*, München ¹¹2012.
Lamartine, Alphonse de, *Œuvres poétiques complètes*, hg. von Marius-François Guyard, Paris 1963.
Lamartine, Alphonse de, *Receuillements Poètiques. Épitres et poésies diverses*, Paris 1907.
Nerval, Gérard de, *Œuvres Complètes* III, hg. von Jean Guillaume und Claude Pichois, Paris 1993
Milton, John, *The Poetical Works of John Milton*, hg. von Helen Darbishire, London 1960.
Nichols, John (Hg.), *Nichols' Select Collection of Poems*, Bd. 8, London 1782.
Pascal, Blaise, *Œuvres complètes* II, hg. von Michel Le Guern, Paris 2000.
Petrarca, Francesco, *Secretum meum*, hg., übers. und mit einem Nachwort von Gerhard Regn und Bernhard Huss, Mainz 2004.
Platon, *Symposion* 211 c, übers. von F. Schleiermacher, in: Platon, *Werke in acht Bänden*, Bd. 3, bearbeitet von D. Kurz, Darmstadt ³1990.
Poe, Edgar Allan, *The Raven*, in: *The Works of Edgar Allan Poe. In ten volumes*, Bd. 10, hg. von Edmund Clarence Stedman und George Edward Woodberry, New York/Pittsburg 1903.
René von Anjou, *Livre du Cuer d'amours espris ('Buch vom liebesentbrannten Herzen')*, Miniaturen und Text, Bd. 2, hg. von Ottokar Smital und Emil Winkler, Wien 1926.
Restif de la Bretonne, Nicolas Edme, *L'Année des dames nationales ; ou Histoire, jour-par-jour, d'une femme de France*, Paris 1791.
Sainte-Beuve, Charles-Augustin, *Port-Royal* I, hg. von Maxime Leroy, Paris 1953.
Sainte-Beuve, Charles-Augustin, *Volupté*, Paris 1840.
Sainte-Beuve, Charles-Augustin, *Causeries du lundi*, Bd. XIII, Paris 1925–1929.
Schlegel, Friedrich, „Über das Studium der griechischen Poesie", in: *Kritische Friedrich-Schlegel-Ausgabe*, hg. von Ernst Behler unter Mitwirkung von Jean-Jacques Anstett und Hans Eichner, Bd. 1, *Studien des klassischen Altertums*, eingeleitet und hg. von Ernst Behler, Paderborn/München/Wien 1979.
Seneca, *Von der Seelenruhe. Philosophische Schriften und Briefe.* Hg. und aus dem Lat. übertr. v. Heinz Berthold, Leipzig 2002.
Thomas von Aquin, *Summa theologica Iᵃ q. 1–49*, in: *Sancti Thomae de Aquinato Opera omnia iussu impensaque Leonis XIII P.M edita*, Tomus IV, *Prima Pars Summae theologiae*, cura et studio Fratrum Predicatorium, Romae 1888 [Corpus Thomisticum Editio Leonina].
Wagner, Richard, *Sämtliche Briefe*, hg. im Auftrag des Richard-Wagner-Familien-Archivs Bayreuth von Gertrud Strobel und Werner Wolf, Bd. 3, Leipzig 1975.
Wagner, Richard, *Sämtliche Briefe*, hg. im Auftrag der Richard-Wagner-Stiftung Bayreuth von Gertrud Strobel und Werner Wolf, Bd. 4, Leipzig 1979.
Warton, Joseph, „Ode to Fancy", in: *Select Works of the British Poets*, hg. von John Aikin, London 1820.

Whitehouse, John, „Elegy. Written near the Ruins of a Nunnery", in: *Poems. Consisting chiefly of original pieces*, London 1787.
Zola, Émile, „Les Romanciers naturalistes", in: *Œuvres complètes*, Bd. 11, hg. von Henri Mitterand, Paris 1968.

## Sekundärtexte

Adorno, Theodor W., *Ästhetische Theorie*, in: *Gesammelte Schriften*, Bd. 7, hg. von Rolf Tiedemann, Frankfurt a. M. ⁵2014.
Adorno, Theodor W., *Minima Moralia. Reflexionen aus dem beschädigten Leben*, in: *Gesammelte Schriften*, Bd. 4, hg. von Rolf Tiedemann, Frankfurt a. M. 1980.
Aikin, John (Hg.), *Select Works of the British Poets*, London 1820.
Alt, Peter-André, *Ästhetik des Bösen*, München ²2011.
Antoine, Gérald, „Pour une nouvelle exploration *stylistique* du *gouffre* baudelairien", in: *Le français moderne* 30 (1962), S. 81–98.
Aprile, Max, „L'Aveugle et sa signification dans Madame Bovary", in: *Revue d'Histoire littéraire de la France* 3 (1976), S. 385–392.
Auerbach, Erich, *Mimesis. Dargestellte Wirklichkeit in der abendländischen Literatur*, Tübingen ⁹1994.
Auerbach, Erich, *Vier Untersuchungen zur Geschichte der französischen Bildung*, Bern 1951.
Azoulai, Juliette, „Le savoir médical dans la scène des abricots", in: *Madame Bovary et les savoirs*, Pierre-Louis Rey/Gisèle Séginger (Hg.), Paris 2009, S. 231–241.
Babuts, Nicolae, „*Le mauvais vitrier* and *Mademoiselle Bistouri*", in: *Symposium* 2 (1995), S. 179–189.
Bachelard, Gaston, *La poétique de l'espace*, Paris 1957.
Bader, Günter, *Melancholie und Metapher*, Tübingen 1990.
Bart, Benjamin F., „Flauberts Romanbegriff", in: Winfried Engler (Hg.), *Der französische Roman im 19. Jahrhundert*, Darmstadt 1976, S. 325–338.
Bart, Benjamin F., „Aesthetic Distance in Madame Bovary", in: *PMLA* 69 (1954), S. 1112–1126.
Barthes, Roland, „L'effet de réel", in: *Communications* 11 (1968), S. 84–89.
Bauer, Roger, *Die schöne Décadence. Geschichte eines literarischen Paradoxons*, Frankfurt a. M. 2001.
Beyerle, Marianne, *Madame Bovary als Roman der Versuchung*, Frankfurt a. M. 1975.
Behrens, Rudolf „La représentation de l'agonie d'Emma et les désillusions du discours médical", in: Peter Fröhlicher/Barbara Vinken (Hg.), *Le Flaubert réel*, Tübingen 2009.
Benjamin, Walter, *Gesammelte Schriften*, Bd. V.1, hg. von Rolf Tiedemann, Frankfurt a. M. 1982.
Benjamin, Walter, *Charles Baudelaire. Ein Lyriker im Zeitalter des Hochkapitalismus*, Frankfurt a. M. 1974.
Benjamin, Walter, *Gesammelte Schriften*, Bd. I.3, hg. von Rolf Tiedemann und Hermann Schweppenhäuser, Frankfurt a. M. 1974.
Benveniste, Émile, *Problèmes de linguistique générale*, Paris 1966.
Billermann, Roderich, „Flauberts Stil-Reflexionen in seiner Korrespondenz (mit einem Exkurs zum Verhältnis Balzac–Flaubert)", in: *Zeitschrift für französische Sprache und Literatur* 109 (1999), S. 25–54.
Blank, Andreas, „*Le Voyage* von Charles Baudelaire – Mikrokosmos der *Fleurs du Mal* und Symbol der poetischen Suche des Dichters", in: *Französisch heute* 1 (1988), S. 15–27.

Boehm, Gottfried, „Augenblick und Ewigkeit. Bemerkung zur Zeiterfahrung in der Kunst der Moderne", in: Willem van Reijen (Hg.), *Allegorie und Melancholie*, Frankfurt a. M. 1992, S. 109–123.

Böhme, Hartmut, *Melencolia I. Im Labyrinth der Deutung*, Frankfurt a. M. 1989.

Böhme, Hartmut, „Zur literarischen Rezeption von Albrecht Dürers Kupferstich *Melencolia I*", in: Jörg Schönert/Harro Segeberg (Hg.), *Polyperspektivik in der literarischen Moderne. Studien zur Theorie, Geschichte und Wirkung der Literatur. Karl Robert Mandelkow gewidmet*, Frankfurt a. M. 1988, S. 84–123.

Bohrer, Karl Heinz, *Plötzlichkeit*, Frankfurt a. M. 1981.

Bohrer, Karl Heinz, *Der Abschied. Theorie der Trauer: Baudelaire, Goethe, Nietzsche, Benjamin*, Frankfurt a. M. 1997.

Bopp, Léon, *Commentaire sur* Madame Bovary, Paris 1951.

Borgas, Roland u. a. (Hg.), *Literatur und Wissen. Ein interdisziplinäres Handbuch*, Stuttgart/Weimar 2013.

Boismont, Brierre de, *L'Ennui (Taedium Vitae)*, Paris 1850.

Bost, Harald, *Der Weltschmerzler. Ein literarischer Typus und seine Methode*, St. Ingberg 1994.

Bouchez, Madeleine, *L'Ennui. De Sénèque à Moravia*, Paris 1973.

Bourdé, Guy/Martin, Hervé, *Les écoles historiques*, Paris 1983.

Brix, Michel, „Platon et le platonisme dans la littérature française de l'âge romantique", in: *Romantisme* 31 (2001), S. 43–60.

Brombert, Victor, *Flaubert par lui-même*, Paris 1971.

Brombert, Victor, *The Novels of Flaubert. A Study of Themes and Techniques*, Princeton 1966.

Bronfen, Elisabeth, „Gustave Flaubert's *Madame Bovary* and the Discourse of Hysteria", in: *Nineteenth-Century Prose* 25 (1998), S. 65–101.

Bürger, Peter, „Der Ursprung der ästhetischen Moderne aus dem *ennui*", in: Ludger Heidbrink (Hg.), *Entzauberte Zeit. Der melancholische Geist der Moderne*, München/Wien 1977, S. 101–119.

Burton, Richard D. E., „Destruction as Creation: ‚Le mauvais vitrier' and the Poetics and Politics of Violence", in: *Romanic Review* 83 (1992), S. 297–322.

Burton, Robert, *The Anatomy of Melancholy*, hg. von Floyd Dell und Paul Jordan-Smith, New York 1927.

Cargo, Robert T. (Hg.), *A Concordance to Baudelaire's* Les Fleurs du Mal, Chapel Hill 1965.

Chambers, Ross, „Vapeurs d'Emma, vertige du texte: *Madame Bovary* et la mélancolie", in: Guggenheim, Michel (Hg.), *Women in French literature*, Stanford 1988, S. 157–167.

Chambers, Ross, *Mélancolie et opposition. Les débuts du modernisme en France*, Paris 1987.

Chambers, Ross, „Baudelaire et l'espace poétique : À propos du *Soleil*", in: *Le lieu et la formule. Hommage à Marc Eigeldinger*, Neuchâtel 1978, S. 111–120.

Champfleury, Jules, *Les Vignettes romantiques. Histoire de la littérature et de l'art 1825–1840*, Paris 1883.

Chastel, André, *Fables, formes, figures*, Bd. 1, Paris 1978.

Chérix, Robert-Benoît, *Commentaire des* Fleurs du Mal, Genf 1962.

Clapton, Georg-Thomas, „Baudelaire, Sénèque et Saint Jean Chrysostome", in: *Revue d'Histoire littéraire de la France* 38 (1931), S. 235–261.

Compagnon, Antoine, *Baudelaire devant l'innombrable*, Paris 2003.

Conway, Martin, „Dürer und Milton", in: Georg Biermann (Hg.), *Albrecht Dürer. Festschrift der internationalen Dürer-Forschung*, Leipzig/Berlin 1928, S. 29 f.

Cooke, Peter, „The Dantesque and other Intertexts in Baudelaire's *Chacun sa chimère*", in: *French Studies* 53 (1999), S. 16–22.
Coquio, Catherine, „La figure du Thyrse dans l'esthétique décadente", in: *Romantisme. Revue du dix-neuvième siècle* 52 (1986), S. 77–94.
Counson, Albert, *Dante en France*, Paris 1906.
Cox, Joseph Mason, *Practical Observations on Insanity*, London 1806.
Culler, Jonathan, „The Real Madame Bovary", in: Peter Fröhlicher/Barbara Vinken (Hg.), *Le Flaubert réel*, Tübingen 2009, S. 9–20.
Culler, Jonathan, „The Uses of *Madame Bovary*", in: *Diacritics* 11 (1981), S. 74–81.
Culler, Jonathan, *Flaubert. The Uses of Uncertainty*, London 1974.
Cunen, Frédéric, „Le Gouffre et l'Abîme de Baudelaire", in: *Travaux de linguistique et de littérature* 15/2 (1977), S. 109–141.
Curtius, Ernst Robert, *Europäische Literatur und lateinisches Mittelalter*, Bern 1948.
Darley, George (Hg.), *The Nice Valour, or the Passionate Madman*, in: *Works of Beaumont and Fletcher*, Bd. 2, London 1840.
Demorest, Don Louis, *L'expression figurée et symbolique dans l'Œuvre de Gustave Flaubert*, Genf 1967.
Despierres, Gabriel, „Le serment d'Hippocrate. Qu'en reste-t-il aujourd'hui en France ?", in: Catherine Imbert-Valassopoulos/René Triau (Hg.), *Hippocrate et son héritage*, Lyon 1985, S. 123–128.
Dickhaut, Kirsten, *Positives Menschenbild und* venezianità. *Kythera als Modell einer geselligen Utopie in Literatur und Kunst von der italienischen Renaissance bis zur französischen Aufklärung*, Wiesbaden 2012.
Doering, Pia Claudia, „Die Schönheit – nur ein Glücksversprechen? Hobbes, Stendhal, Baudelaire", in: Karin Westerwelle (Hg.), *Charles Baudelaire. Dichter und Kunstkritiker*, Würzburg 2007, S. 107–121.
Doetsch, Hermann, „Momentaufnahmen des Flüchtigen. Skizzen zu einer Lektüre von *Le Peintre de la vie moderne*", in: Karin Westerwelle (Hg.), *Charles Baudelaire. Dichter und Kunstkritiker*, Würzburg 2007, S. 139–162.
Doetsch, Hermann, *Flüchtigkeit: Archäologie einer modernen Ästhetik bei Baudelaire und Proust*, Tübingen 2004.
Donaldson-Evans, Mary, „A Pox on Love: Diagnosing *Madame Bovary*'s Blind Beggar", *Symposium* 44 (1990), S. 15–27.
Doppler Alfred, *Der Abgrund. Studien zur Bedeutungsgeschichte eines Motivs*, Graz/Wien/Köln 1968.
Duchet, Claude, „Discours social, texte italique dans *Madame Bovary*", in: *Langages de Flaubert. Actes du Colloque de London (Canada)*, Paris 1976, S. 143–169.
Duchet, Claude, „Pour une socio-critique, ou variations sur un incipit", in: *Littérature* 1 (1971), S. 5–14.
Dufour, Pierre, „Les *Fleurs du Mal* : Dictionnaire de mélancolie", in: *Littérature* 72 (1988), S. 30–54.
Dünne, Jörg, *Asketisches Schreiben. Rousseau und Flaubert als Paradigmen literarischer Selbstpraxis in der Moderne*, Tübingen 2003.
Eigeldinger, Marc, „À propos de l'image du thyrse", in: *Revue d'histoire littéraire de la France* 75 (1975), S. 110–112.
Eigeldinger, Marc, „La symbolique solaire dans la poésie de Baudelaire", in: *Revue d'histoire littéraire de la France* 2 (1967), S. 357–374.
Eigeldinger, Marc, *Le platonisme de Baudelaire*, Neuchâtel 1951.

Ellerbrock, Karl Philipp, *Ästhetische Differenz. Zur Originalität von Baudelaires Poe-Übersetzungen*, Paderborn 2014.

Finke, Ulrich, „Dürers *Melancholie* in der französischen und englischen Literatur und Kunst des 19. Jahrhunderts", in: *Zeitschrift des deutschen Vereins für Kunstwissenschaft* 30 (1976), S. 67–85.

Fitch, Girdler B., „The Comic Sense of Flaubert in the Light of Bergson's *Le Rire*", in: *PMLA* 55 (1940), S. 511–530.

Flashar, Hellmut, *Melancholie und Melancholiker in den medizinischen Theorien der Antike*, Berlin 1966.

Föcking, Marc, *Pathologia litteralis. Erzählte Wissenschaft und wissenschaftliches Erzählen im französischen 19. Jahrhundert*, Tübingen 2002.

Föllinger, Sabine, „Σχέτλια δρῶσι: ‚Hysterie' in den hippokratischen Schriften", in: Renate Wittern/Pierre Pellegrin (Hg.), *Hippokratische Medizin und antike Philosophie. Verhandlungen des VIII. Internationalen Hippokrates-Kolloquiums in Kloster Banz/Staffelstein vom 23. bis zum 28. September 1993* (Medizin der Antike, Bd. 1), Hildesheim 1996, S. 437–450.

Foucault, Michel, *Les mots et les choses. Une archéologie du savoir*, Paris 1966.

Frank, Manfred, *Die unendliche Fahrt. Ein Motiv und sein Text*, Frankfurt a. M. 1979.

Freud, Sigmund, *Trauer und Melancholie*, Berlin 1982.

Frey, Gerhard, *Die ästhetische Begriffswelt Flauberts. Studien zu der ästhetischen Terminologie der Briefe Flauberts*, München 1972.

Friedrich, Hugo, *Die Struktur der modernen Lyrik. Von der Mitte des neunzehnten bis zur Mitte des zwanzigsten Jahrhunderts*, Hamburg $^9$2006.

Friedrich, Hugo, *Drei Klassiker des französischen Romans. Stendhal, Balzac, Flaubert*, Frankfurt a. M. $^7$1973.

Friedrich, Hugo, *Epochen der italienischen Lyrik*, Frankfurt a. M. 1964.

Full, Bettina, *Karikatur und Poiesis. Die Ästhetik Charles Baudelaires*, Heidelberg 2005.

Ganeval, Claudine, „Delacroix et les maîtres allemands du XVI$^e$ siècle", in: *Panthéon* (1976), S. 40–48.

Gale, John E., „Sainte-Beuve and Baudelaire on Madame Bovary", in: *The French Review* 41 (1967), S. 30–37.

Gardner Miller, Lewis, „Gustave Flaubert and Charles Baudelaire – Their Correspondance", in: *PMLA* 49 (1934), S. 630–644.

Gasarian, Gérard, „La figure du poète hystérique ou l'allégorie chez Baudelaire", in: *Poétique* 86 (1991), S. 177–191.

Genette, Gérard, *Figures I*, Paris 1966.

Genette, Gérard, *Figures III*, Paris 1972.

Gilman, Margaret, „Two Critics and an Author: *Madame Bovary*. Judged by Sainte-Beuve and by Baudelaire", in: *The French Review* 15 (1941), S. 138–146.

Ginzburg, Carlo, *Rapports de force. Histoire, rhétorique, preuve*, Paris 2003.

Golder, Werner, *Hippokrates und das* Corpus Hippocraticum, Würzburg 2007.

Gombrich, Ernst H., *Kunst und Fortschritt. Wirkung und Wandlung einer Idee*, Köln 1978.

González, Francisco, *La scène originaire de Madame Bovary*, Oviedo 1999.

Gothot-Mersch, Claudine, *La Genèse de* Madame Bovary, Paris 1966.

Gothot-Mersch, Claudine, „Le Point de vue dans *Madame Bovary*", in: *Cahiers de l'Association Internationale des Études Françaises* 23 (1971), S. 243–259.

Gothot-Mersch, Claudine, „Sur le narrateur chez Flaubert", in: *Nineteenth-Century French Studies* 12 (1984), S. 344–365.

Greschat, Katharina/Tilly, Michael (Hg.), *Die Mönchsviten des heiligen Hieronymus*, Wiesbaden 2009.
Groys, Boris, *Über das Neue. Versuch einer Kulturökonomie*, München/Wien 1992.
Havens, Raymond Dexter, *The Influence of Milton in English Poetry*, Cambridge 1922.
Heger, Henrik, *Die Melancholie bei den französischen Lyrikern des Spätmittelalters*, Bonn 1967.
Hempfer, Klaus W., „Die *Fleurs du Mal* und der Parnasse", in: Brunhilde Wehinger (Hg.), *Konkurrierende Diskurse. Studien zur französischen Literatur des 19. Jahrhunderts. Zu Ehren von Winfried Engler*, Stuttgart 1997, S. 154–174.
Hempfer, Klaus W., „Zu einigen Problemen einer Fiktionstheorie", in: *Zeitschrift für französische Sprache und Literatur* 100 (1990), S. 109–137.
Herold, Milan, *Der lyrische Augenblick als Paradigma des modernen Bewusstseins. Kant, Schlegel, Leopardi, Baudelaire, Rilke*, Göttingen 2017.
Hersant, Yves, *Mélancolies. De l'Antiquité au XX$^e$ siècle*, Paris 2005.
Hess, Gerhard, *Die Landschaft in Baudelaires* Fleurs du Mal, Heidelberg 1952.
Hochkirchen, Eva-Maria, *Präsenz des Singvogels im Minnesang und in der Trouvèrepoesie*, Heidelberg 2015.
Horstmann, Ulrich, „Die Kunst des Großen Umsonst: Melancholie als ästhetische Produktivkraft", in: Ders./Wolfgang Zach (Hg.), *Kunstgriffe. Auskünfte zur Reichweite von Literaturtheorie und Literaturkritik. Festschrift für Herbert Mainusch*, Frankfurt a. M. 1989, S. 127–138.
Hilberer, Thomas, *Victor Hugo*: Les Contemplations. *Struktur und Sinn*, Bonn 1987.
Hubert, Judd David, *L'esthétique des* Fleurs du Mal, Genf 1953.
Hyslop, Lois Boe, „Baudelaire's Elévation and E.T.A Hoffmann", in: *The French Review* 46/5 (1973), S. 951–959.
Iser, Wolfgang (Hg.), *Immanente Ästhetik – ästhetische Reflexion: Lyrik als Paradigma der Moderne*, München 1966.
Israël, Lucien, *L'hystérique, le sexe et le médecin*, Paris 1976.
Japp, Uwe, *Literatur und Modernität*, Frankfurt a. M. 1987.
Jauß, Hans Robert, *Studien zum Epochenwandel der ästhetischen Moderne*, Frankfurt a. M. 1989.
Jauß, Hans Robert, *Literaturgeschichte als Provokation*, Frankfurt a. M. 1970.
Jauß, Hans Robert, „Der Fall *Madame Bovary*", in: *Die Grünenthal Waage* 1 (1963), S. 9–14.
Jonard, Norbert, *L'ennui dans la littérature européenne. Des origines à l'aube du XX$^e$ siècle*, Paris 1998.
Kablitz, Andreas, *Der Zauberberg. Die Zergliederung der Welt*, Heidelberg 2017.
Kablitz, Andreas, *Zwischen Rhetorik und Ontologie. Struktur und Geschichte der Allegorie im Spiegel der jüngeren Literaturwissenschaft*, Heidelberg 2016.
Kablitz, Andreas, *Kunst des Möglichen. Theorie der Literatur*, Freiburg 2012.
Kablitz, Andreas, „Realism as a Poetics of Observation. The Function of Narrative Perspective in the Classic French Novel: Flaubert–Stendhal–Balzac", in: Tom Kindt/Hans-Harald Müller (Hg.), *What is Narratology? Questions and Answers Regarding the Status of a Theory*, Berlin/New York 2003, S. 99–135.
Kablitz, Andreas, „Baudelaires (Neu-)Platonismus", in: *Romanistisches Jahrbuch* 53 (2003), S. 158–178.
Kablitz, Andreas, „Jenseits der Décadence: Thomas Manns Tristan (mit einem Nachwort zur Funktion der Ironie in realistischem und nach-realistischem Erzählen: Gustave Flaubert –

Thomas Mann)", in: Rainer Warning/Winfried Wehle (Hg.), *Fin de Siècle*, München 2002, S. 89–122.

Kablitz, Andreas, „Erklärungsanspruch und Erklärungsdefizit im *Avant-propos* von Balzacs *Comédie humaine*", in: *Zeitschrift für französische Sprache und Literatur* 99 (1989), S. 261–286.

Kablitz, Andreas, „Das Spiel mit der Mimesis: Aspekte der Wirklichkeitsdarstellung in einigen Texten der *Fleurs du Mal*", in: *Zeitschrift für französische Sprache und Literatur* 94 (1984), S. 246–271.

Kaplan, Edward K., „Baudelaire's portrait of the poet as widow: three poëmes en prose and *Le Cygne*", in: *Symposium* 34 (1980), S. 233–248.

Kashiwagi, Kayoko, „Les vapeurs d'Emma Bovary et la médecine officielle de l'époque", in: Pierre-Louis Rey/Gisèle Séginger (Hg.), *Madame Bovary et les savoirs*, Paris 2009, S. 207–218.

Kleinstück, Johannes, *Der Gott, der uns entweicht: Baudelaire und die Romantik*, Stuttgart 1992.

Klibansky, Raymond/Panofsky, Erwin/Saxl, Fritz, *Saturn und Melancholie. Studien zur Geschichte der Naturphilosophie und Medizin, der Religion und der Kunst*, übers. von Christa Buschendorf, Frankfurt a. M. 1992.

Klinger, Cornelia, „Moderne", in: Karlheinz Barck/Martin Fontius u. a. (Hg.), *Ästhetische Grundbegriffe*, Bd. 4, Stuttgart/Weimar 2002, S. 121–167.

Klostermann, Wolf-Günther, „Acedia und schwarze Galle. Bemerkungen zu Dante, Inferno VII, 115 ff.", in: *Romanische Forschungen* 76 (1964), S. 183–193.

Klotz, Volker u. a., *Komödie. Etappen ihrer Geschichte von der Antike bis heute*, Frankfurt a. M. 2013.

Koppenfels, Martin von, „Flauberts Hand – Strategien der Selbstimmunisierung", in: *POETICA* 34 (2002), S. 171–191.

Koppenfels, Martin von, *Immune Erzähler. Flaubert und die Affektpolitik des modernen Romans*, München 2007.

Koselleck, Reinhart, „Fortschritt", in: Otto Brunner/Werner Conze/Reinhart Koselleck (Hg.), *Geschichtliche Grundbegriffe: Historisches Lexikon zur politisch-sozialen Sprache in Deutschland*, 8 Bde., Stuttgart 1972–1997, Bd. 2 [1979], S. 351–423.

Krauss, Werner/Kortum, Hans (Hg.), *Antike und Moderne in der Literaturdiskussion des 18. Jahrhunderts*, Berlin 1966.

Kris, Ernst/Kurz, Otto, *Die Legende vom Künstler. Ein geschichtlicher Versuch*, Frankfurt a. M. 1995.

Kristeva, Julia, *Soleil noir. Dépression et mélancolie*, Paris 1987.

Kuhn, Reinhard, „Ennui in der französischen Literatur", in: *Die Neueren Sprachen* 65 (1966), S. 17–30.

Kuhn, Reinhard, *The Demon of Noontide. Ennui in Western Literature*, Princeton 1973.

Küpper, Joachim, „Mimesis und Botschaft bei Flaubert", in: *Romanistisches Jahrbuch* 54 (2004), S. 180–212.

Küpper, Joachim, „Lyrik der Dekadenz. Zu Gabriele D'Annunzios Gestaltung der ‚schicksalhaften Begegnung' (*Ricordo di Ripetta*)", in: Rainer Warning/Winfried Wehle (Hg.), *Fin de siècle*, München 2002, S. 143–163.

Küpper, Joachim, „Das Ende von Emma Bovary", in: Hans-Otto Dill (Hg.), *Geschichte und Text in der Literatur Frankreichs, der Romania und der Literaturwissenschaft. Festschrift Rita Schober zum achtzigsten Geburtstag*, Berlin 2000, S. 71–93.

Küpper, Joachim, „Zum romantischen Mythos der Subjektivität. Lamartines *Invocation* und Nervals *El Desdichado*", in: *Zeitschrift für französische Sprache und Literatur* 98 (1988), S. 137–165.

Küpper, Joachim, *Ästhetik der Wirklichkeitsdarstellung und Evolution des Romans von der französischen Spätaufklärung bis zu Robbe-Grillet. Ausgewählte Probleme zum Verhältnis von Poetologie und literarischer Praxis*, Stuttgart 1987.

Lamenais, Félicité Robert de, *Esquisse d'une philosophie*, 4 Bde., Paris 1840–1846, Bd. 3 [1840].

Landouzy, Hector, *Traité complet de l'hystérie*, Paris 1846.

Launay, Claude, *Les Fleurs du Mal de Charles Baudelaire*, Paris 1995.

Leakey, Felix William, *Baudelaire and Nature*, Manchester 1969.

Leclerc, Yvan, „*Madame Bovary* et *Les Fleurs du mal* : lectures croisées", in: *Romantisme* 62 (1988), S. 41–49.

Lefebvre, Maurice-Jean, „L'ambiguité des symboles de Baudelaire à nous", in: *Cahiers internationaux de symbolisme* 5 (1964), S. 57–74.

Légée, Georgette, „Hippocrate et la doctrine de l'École Médicale de Montpellier", in: Catherine Imbert-Valassopoulos/René Triau (Hg.), *Hippocrate et son héritage*, Lyon 1985, S. 91–99.

Lepenies, Wolf, *Melancholie und Gesellschaft*, Frankfurt a. M. 1972.

Loos, Erich, „Die Hauptsünde der *acedia* in Dantes *Commedia* und in Petrarcas *Secretum*. Zum Problem der italienischen Renaissance", in: Fritz Schalk (Hg.), *Petrarca. Beiträge zu Werk und Wirkung*, Frankfurt a. M. 1975, S. 156–183.

Lotman, Juri, *Die Struktur literarischer Texte*, München ²1981.

Louyer-Villermay, Jean Baptiste, *Traité des vapeurs, ou maladies nerveuses et particulièrement de l'hystérie et de l'hypocondrie*, Bd. 1, Paris 1832.

McEvilley, Thomas, *Art & Discontent. Theory at the Millenium*, Kingston (New York) 1991.

Magné, Bernard, „Un *nous* à l'étude", in: *Conséquences* 15/16 (1991), S. 5–20.

Man, Paul de, *Blindness and Insight. Essays in the Rhetoric of Contemporary Criticism*, Minneapolis 1983.

Mandelkow, Valentin, *Der Prozeß um den ‚ennui' in der französischen Literatur und Literaturkritik*, Würzburg 1999.

Marquard, Odo, „Über einige Beziehungen zwischen Ästhetik und Therapeutik in der Philosophie des neunzehnten Jahrhunderts", in: Hans Joachim Schrimpf (Hg.), *Literatur und Gesellschaft. Vom neunzehnten ins zwanzigste Jahrhundert*, Bonn 1963, S. 22–55.

Mason Cox, Joseph, *Practical Observations on Insanity*, London 1806.

Massin, Jean, *Baudelaire. ‚Entre Dieu et Satan'*, Paris 1945.

Matz, Wolfgang, *1857. Flaubert, Baudelaire, Stifter*, Frankfurt a. M. 2007.

Maurer, Karl, „Lyrik in Raum und Zeit. Unterbrochene Gedichte vom Sturm und Drang bis zur europäischen Spätromantik", in: ders./Winfried Wehle (Hg.), *Romantik. Aufbruch zur Moderne*, München 1991, S. 459–508.

Mehnert, Henning, *Melancholie und Inspiration. Begriffs- und wissenschaftsgeschichtliche Untersuchungen zur poetischen „Psychologie" Baudelaires, Flauberts und Mallarmés. Mit einer Studie über Rabelais*, Heidelberg 1978.

Meyer-Lübke, Wilhelm (Hg.), *Etymologisches Wörterbuch der französischen Sprache*, Heidelberg 1928.

Michelet, Jules, *Histoire de France au XVI$^e$ siècle – La Réforme*, Paris 1922.

Milner, Max, „La poétique de la chute", in: William Bush (Hg.), *Regards sur Baudelaire. Acte du Colloque de London (Canada)*, Paris 1974, S. 85–107.

Milner, Max, *Le diable dans la littérature française. De Cazotte à Baudelaire, 1772–1861*, Bd. 2, Paris 1960.
Mirollo, James, „In Praise of *La bella mano*: Aspects of Late Renaissance Lyricism", in: *Comperative Literature Studies* 9 (1972), S. 31–43.
Moog-Grünewald, Maria, „Ennui – Curiosité – Nouveau. Zu einer ‚Archäologie' der Moderne mit Rücksicht auf Baudelaire", in: Heinrich Assel/Hans-Christoph Askani (Hg.), *Sprachgewinn – Festschrift für Günter Bader*, Münster 2008, S. 124–139.
Moog-Grünewald, Maria (Hg.), *Das Neue. Eine Denkfigur der Moderne*, Heidelberg 2002.
Moog-Grünewald, Maria, „Noch einmal: Über Baudelaire und Delacroix", in: dies./Christoph Rodiek (Hg.), *Dialog der Künste. Intermediale Fallstudien zur Literatur des 20. Jahrhunderts. Festschrift für Erwin Koppen*, Frankfurt a. M. 1989, S. 215–228.
Morel, Bénédict, *Traité des maladies mentales*, Paris 1860.
Most, Glenn W., „Urban Blues: Detective Fiction and the Metropolitan Sublime", in: *The Yale Review* 94 (2006), S. 56–72.
Müri, Walter, „Melancholie und schwarze Galle", in: *Museum Helveticum. Schweizerische Zeitschrift für klassische Altertumswissenschaft* 10 (1953), S. 21–38.
Neefs, Jacques, „La prose du réel", in: Barbara Vinken/Peter Fröhlicher (Hg.), *Le Flaubert réel*, Tübingen 2009, S. 21–29.
Neefs, Jacques, „L'Espace d'Emma", in: Michel Guggenheim (Hg.), *Women in French Literature*, Stanford 1988, S. 169–180.
Neumann, Johanna, „Furor Poeticus" in: Gert Ueding (Hg.), *Historisches Wörterbuch der Rhetorik*, Bd. 3, Tübingen 1996, S. 490–495.
Nøjgaard, Morten, *Elévation et expansion. Les deux dimensions de Baudelaire*, Odense 1973.
Nordström, Folke, „Baudelaire and Dürer's Melencolia I. A Study of a Portrait of Baudelaire by Manet", in: Per Bjurström/Teddy Brunius u. a. (Hg.), *Contributions to the History and Theory of Art*, Uppsala 1967, S. 148–160.
Noyer-Weidner, Alfred, „Aspekte der Gedichtstruktur in den *Fleurs du Mal* (die Stellung des *Chant d'automne* in der dichterischen Entwicklung Baudelaires)", in: *Romanische Forschungen* 71 (1959), S. 334–382.
Noyer-Weidner, Alfred, „Einleitung", in: ders. (Hg.), *Baudelaire*, Darmstadt 1976, S. 1–12.
Nünlist, René, *Poetologische Bildersprache in der frühgriechischen Dichtung*, Berlin/New York 2011.
Obermaier, Sabine, *Von Nachtigallen und Handwerkern. „Dichtung über Dichtung" in Minnesang und Sangspruchdichtung*, Tübingen 1995.
Oehler, Dolf, „Charles Baudelaire: *Le Cygne*", in: Hartmut Stenzel/Heinz Thoma (Hg.), *Die französische Lyrik des 19. Jahrhunderts. Modellanalysen*, München 1987, S. 148–165.
Oehler, Dolf, „Art-Névrose. Soziopsychoanalyse einer gescheiterten Revolution bei Flaubert und Baudelaire", in: *Akzente* 27 (1980), S. 113–130.
Oehler, Dolf, *Pariser Bilder I (1830–1848). Antibourgeoise Ästhetik bei Baudelaire, Daumier und Heine*, Frankfurt a. M. 1979.
Oetinger, Friedrich Christoph, *Biblisches und Emblematisches Wörterbuch*, Hildesheim 1969 [1776].
Orfila, Mathieu, *Traité de médecine légale*, Bd. II, Paris 1836.
Orfila, Mathieu, *Traité de médecine légale*, Bd. III, Paris 1836.
Orr, Mary, Madame Bovary. *Representations of the Masculine*, Bern 1999.
Orr, Mary, Madame Bovary, *Flaubert writing the Masculine*, New York 2002.

Ossola, Carlo, „Dante, poète européen (XIX<sup>e</sup> et XX<sup>e</sup> siècles)", in: ders./François Livi (Hg.), *De Florence à Venise. Études en l'honneur de Christian Bec*, Paris 2006, S. 477–512.
Oster, Angela, „Windhund", in: *Arsen bis Zucker. Flaubert-Wörterbuch*, Barbara Vinken/Cornelia Wild (Hg.), Berlin 2010, S. 279–283.
Ott, Christine, *Feinschmecker und Bücherfresser. Esskultur und literarische Einverleibung als Mythen der Moderne*, München 2011.
Panckoucke, Charles-Joseph (Hg.), *Dictionnaire des sciences médicales*, Bd. 23, Paris 1818.
Patty, James S., „Baudelaire and Dürer: Avatars of Melancholia", in: *Symposium* 38 (1984), S. 244–257.
Pethes, Nicolas/Richter, Sandra (Hg.), *Medizinische Schreibweisen. Ausdifferenzierung zwischen Medizin und Literatur (1600–1900)*, Tübingen 2008.
Peyre, Henri, *Connaissance de Baudelaire*, Paris 1951.
Peyre, Henri, „Baudelaire, Romantic and Classical", in: ders. (Hg.), *Baudelaire. A collection of critical essays*, Engelwood Cliffs 1962, S. 19–29.
Pfeiffer, Helmut, *Roman und historischer Kontext*, München 1984.
Piper, Ferdinand, *Mythologie der christlichen Kunst von der ältesten Zeit bis in's sechzehnte Jahrhundert*, Weimar 1847.
Pitwood, Michael, *Dante and the French Romantics*, Genf 1985.
Pommier, Jean, *La Mystique de Baudelaire*, Paris 1932.
Porché, François, *Baudelaire. Histoire d'une âme*, Paris 1944.
Poulet, Georges, *Études sur le temps humain*, Edinburgh 1949.
Poulet, Georges, *La poésie éclatée*, Paris 1980.
Poppenberg, Gerhard, „... une irréalisable envie d'une volupté plus haute ... Madame Bovary und die Moderne", in: *PhiN* 53 (2010), S. 33–61.
Prévost, Jean, *Baudelaire. Essai sur l'inspiration et la création poétiques*, Paris 1953.
Proust, Marcel, *Sur le style de Flaubert*, Paris 2014.
Rahner, Hugo, *Symbole der Kirche. Die Ekklesiologie der Väter*, Salzburg 1964.
Raitt, Alain, „Nous étions à l'étude ...", in: *La Revue des Lettres Modernes. Gustave Flaubert 2. Mythes et Religions* (1986), S. 161–192.
Rehm, Walther, „Tiefe und Abgrund in Hölderlins Dichtung", in: Paul Kluckhohn (Hg.), *Hölderlin. Gedenkschrift zu seinem 100. Todestag. 7. Juni 1943*, Tübingen 1943, S. 70–133.
Reichenberger, Kurt, „Die schöne Unbekannte. Realismus und Symbolhaftigkeit in den *Fleurs du mal* (Baudelairestudien 1)", in: *Zeitschrift für französische Sprache und Literatur* 71 (1961), S. 129–147.
Rey, Alain/Rey-Debove, Josette (Hg.), *Le Petit Robert*, Paris 1990.
Ricardou, Jean, „La belligérance du texte", in: Claudine Gothot-Mersch (Hg.), *La production du sens chez Flaubert*, Cerisy-La-Salle 1975, S. 85–124.
Richard, Jean-Pierre, *Poésie et Profondeur*, Paris 1955.
Rosen, Julia von, *Kulturtransfer als Diskurstransformation. Die Kantische Ästhetik in der Interpretation Madame de Staëls*, Heidelberg 2004.
Rosen, Julia von, „Deutsche Ästhetik in *De l'Allemagne*: Eine Transferstudie am Beispiel der Kant-Interpretation Mme de Staëls", in: Udo Schöning/Frank Seemann (Hg.), *Madame de Staël und die Internationalität der europäischen Romantik. Fallstudien zur interkulturellen Vernetzung*, Göttingen 2003, S. 173–202.
Rousset, Jean, *Forme et signification. Essais sur les structures littéraires de Corneille à Claudel*, Paris 1962.

Sachs, Murray, „La fonction du comique dans *Madame Bovary*", in: *Langages de Flaubert. Actes du Colloque de London (Canada)*, Paris 1976, S. 171–181.
Sachs, Murray, „The Role of the Blind Beggar in *Madame Bovary*", in: *Symposium* XXII, 1 (1968), S. 72–80.
Sagnes, Guy, *L'ennui dans la littérature française de Flaubert à Laforgue (1848–1884)*, Paris 1969.
Sahlberg, Oskar, *Baudelaire und seine Muse auf dem Weg zur Revolution*, Frankfurt a. M. 1980.
Sartori, Eric, „Mateu Orfila et l'affaire Marie Lafarge", in: *La Recherche* 481 (2013), S. 84–86.
Sartre, Jean-Paul, *L'Idiot de la famille. Gustave Flaubert de 1821–1857*, Paris 1971.
Sartre, Jean-Paul, *Baudelaire*, Paris 1947.
Schalk, Fritz, *Studien zur Französischen Aufklärung*, Frankfurt a. M. ²1977.
Schönwälder, Lena, „,La douceur qui fascine et le plaisir qui tue.' Der Blick der *Femme fatale* in Baudelaires *Fleurs du mal*", in: Milan Herold/Michael Bernsen (Hg.), *Der lyrische Augenblick*, Berlin/Boston 2015, S. 189–206.
Schuler, Dorothea, „,Nach Ikarien, Brüder, nach Ikarien!' – Robert Owen, Etienne Cabet, Giovanni Rossi: Experimente für eine bessere Gesellschaft", in: Joachim Meißner/Dorothee Meyer-Kahrweg/Hans Sarkowicz (Hg.), *Gelebte Utopien. Alternative Lebensentwürfe*, Frankfurt a. M./Leipzig 2001, S. 117–137.
Schulz-Buschhaus, Ulrich, *Das Rezensionswerk von Ulrich Schulz-Buschhaus*, hg. von Klaus-Dieter Ertler und Werner Helmich, Tübingen 2005.
Schulz-Buschhaus, Ulrich, „Charles Bovary – Probleme der Sympathiesteuerung und der Figurenkohärenz in einem Flaubertschen Roman", in: ders., *Flaubert – Die Rhetorik des Schweigens und die Poetik des Zitats*, Münster 1995, S. 31–45.
Schulz-Buschhaus, Ulrich, „Homais oder die Norm des fortschrittlichen Berufsbürgers. Zur Interpretation von Flauberts *Madame Bovary*", in: *Romanistisches Jahrbuch* 28 (1977), S. 126–149.
Schulze-Witzenrath, Elisabeth, *Großstadt und dichterischer Enthusiasmus. Baudelaire, Rilke, Sarraute*, Tübingen 2017.
Schuster, Peter-Klaus, *Melencolia I. Dürers Denkbild*, Berlin 1991.
Scialom, Marc, „La traduction de la *Divine Comédie*, baromètre de sa réception en France?", in: *Revue de littérature comparée* 63 (1989), S. 197–207.
Sickels, Eleanor M., *The Gloomy Egoist. Moods and Themes of Melancholy. From Gray to Keats*, New York 1932.
Siler, Douglas, „La mort d'Emma Bovary : Sources médicales", in: *Revue d'histoire littéraire de la France* 1 (1981), S. 719–746.
Spitzer, Leo, *Interpretationen zur Geschichte der französischen Lyrik*, Heidelberg 1961.
Stackelberg, Jürgen von, *Weltliteratur in deutscher Übersetzung. Vergleichende Analysen*, München 1978.
Stamelman, Richard, „The Shroud of Allegory: Death, Mourning, an Melancholy in Baudelaire's Work", in: *Texas Studies in Literature and Language* 25 (1983), S. 390–409.
Starkie, Enid, *Flaubert: The Making of the Master*, London 1967.
Starobinski, Jean, „Der Blick der Statuen", in: Ludger Heidbrink (Hg.), *Entzauberte Zeit. Der melancholische Geist der Moderne*, München 1997, S. 77–100.
Starobinski, Jean, *La mélancolie au miroir. Trois lectures de Baudelaire*, Paris 1997.
Starobinski, Jean, „L'encre de la mélancolie", in: *La Nouvelle Revue Française* 123 (1963), S. 410–423.

Starobinski, Jean, *Histoire du traitement de la mélancolie des origines à 1900*, Basel 1960.
Starobinski, Jean, „L'échelle des températures. Lecture du corps dans *Madame Bovary*", in: Raymonde Debray-Genette u. a. (Hg.), *Travail de Flaubert*, Paris 1983, S. 45–78.
Stempel, Wolf-Dieter, „Nachdenken über Andromaque (Zu Baudelaires *Le Cygne*)", in: Bernhard König/Jutta Lietz (Hg.), *Gestaltung – Umgestaltung: Beiträge zur Geschichte der romanischen Literaturen*, Tübingen 1990, S. 429–442.
Stierle, Karlheinz, *Der Mythos von Paris. Zeichen und Bewußtsein der Stadt*, München 1998.
Stierle, Karlheinz, „Trauer der Stimme, Melancholie der Schrift. Zur lyrischen Struktur des Rondeau bei Charles d'Orléans", in: Wolf-Dieter Stempel (Hg.), *Musique naturele. Interpretationen zur französischen Lyrik des Spätmittelalters*, München 1995, S. 141–174.
Stierle, Karlheinz, „Diderots Begriff des *Interessanten*", in: *Archiv für Begriffsgeschichte* 23 (1979), S. 55–76.
Stierle, Karlheinz, „Morten Nøjgaard: *Elévation et expansion. Les deux dimensions de Baudelaire*", in: *Romanistisches Jahrbuch* 15 (1974), S. 247–253.
Sugar, Charlotte L. de, *Baudelaire et R.M. Rilke. Étude d'influence et d'affinités spirituelles*, Paris 1954.
Sugaya, Norioki, *Flaubert épistémologue. Autour du dossier médical de Bouvard et Pécuchet*, Amsterdam 2010.
Taine, Hippolyte, „Les jeunes gens de Platon", in: ders., *Essais de critique et d'histoire*, Paris 1892 [1855].
Tellenbach, Hubertus, *Melancholie. Problemgeschichte. Endogenität. Typologie. Pathogenese. Klinik*, Berlin/Heidelberg/New York 1974.
Theunissen, Michael, *Vorentwürfe von Moderne. Antike Melancholie und die Acedia des Mittelalters*, Berlin/New York 1996.
Theunissen, Michael, „Melancholie und Acedia. Motive zur zweitbesten Fahrt in der Moderne", in: Ludger Heidbrink (Hg.), *Entzauberte Zeit. Der melancholische Geist der Moderne*, München/Wien 1997.
Thibaudet, Albert, *Gustave Flaubert. 1821–1880. Sa vie, ses romans, son style*, Paris 1922.
Tillett, Margaret G., *On Reading Flaubert*, London 1961.
Thomas, Yves, „La tentation du désert chez Flaubert", in: Raymonde Debray Genette u. a. (Hg.), *Gustave Flaubert 4. Intersections*, Paris 1994, S. 155–167.
Tucker, Holly, *Blood Work. A Tale of Medicine and Murder in the Scientific Revolution*, New York 2011.
Vaillant, Alain, *Le Veau de Flaubert*, Paris 2013.
Vallery-Radot, Pierre, „Baudelaire. Médecine et médecins", in: *La presse médicale* 64 (1956), S. 517 f.
Vatan, Florence, „Emma Bovary : parfaite hystérique ou *poète hystérique*", in: Pierre-Louis Rey/Gisèle Séginger (Hg.), *Madame Bovary et les savoirs*, Paris 2009, S. 219–229.
Vinken, Barbara, „Arsen/Zucker", in: dies./Cornelia Wild (Hg.), *Arsen bis Zucker. Flaubert-Wörterbuch*, Berlin 2010, S. 7–10.
Vinken, Barbara, *Flaubert. Durchkreuzte Moderne*, Frankfurt a. M. 2009.
Vinken, Barbara, „Ästhetische Erfahrung durchkreuzt: Der Fall Madame Bovary", in: Joachim Küpper/Christoph Menke (Hg.), *Dimensionen ästhetischer Erfahrung*, Frankfurt a. M. 2003.
Vogel, Claus, *Zur Entstehung der hippokratischen Viersäftelehre*, Marburg 1956.
Völker, Ludwig, „*Komm, heilige Melancholie*". *Eine Anthologie deutscher Melancholie-Gedichte. Mit Ausblicken auf die europäische Melancholie-Tradition in Literatur- und Kunstgeschichte*, Stuttgart 1983.

Wagner-Egelhaaf, Martina, *Die Melancholie in der Literatur. Diskursgeschichte und Textfiguration*, Stuttgart/Weimar 1997.
Warning, Rainer, „Der Chronotopos Paris bei den Realisten", in: Andreas Kablitz/Wulf Oesterreicher/Rainer Warning (Hg.), *Zeit und Text. Philosophische, kulturanthropologische, literarhistorische und linguistische Beiträge*, München 2003, S. 269–310.
Warning, Rainer, „Imitatio und Intertextualität. Zur Geschichte der Amortheologie: Dante, Petrarca, Baudelaire", in: Klaus W. Hempfer/Gerhard Regn (Hg.), *Interpretation. Das Paradigma der europäischen Renaissance-Literatur. Festschrift für Alfred Noyer-Weidner zum 60. Geburtstag*, Wiesbaden 1983, S. 288–317.
Warning, Rainer, „Der ironische Schein: Flaubert und die ‚Ordnung des Diskurses'", in: Eberhard Lämmer (Hg.), *Erzählforschung*, Stuttgart 1982, S. 290–317.
Wartburg, Walther von, *Französisches etymologisches Wörterbuch*, Bd. 4, Basel 1952.
Weber, Ulrich, *Ennui. Die Bedeutungen des Wortes in der französischen Romantik*, [Dissertation] Karlsruhe 1949.
Weinrich, Harald, *Literatur für Leser. Essays und Aufsätze zur Literaturwissenschaft*, Stuttgart 1971.
Weinrich, Harald, *Tempus. Besprochene und erzählte Welt*, München 1964.
Wenzel, Siegfried, *The Sin of Sloth: Acedia in Medieval Thought and Literature*, Durham (North Carolina) 1967.
Werle, Peter, „Nachahmung als Widerlegung – Jorge Isaacs' Roman *María* und das ‚genre pastoral'", in: *Romanistisches Jahrbuch* 47 (1996), S. 284–296.
Wesche, Tilo, „Adornos Engführung von Kunst und Moderne – Zum Begriff des Neuen in der Ästhetische[n] *Theorie*, in: Maria Moog-Grünewald (Hg.), *Das Neue. Eine Denkfigur der Moderne*, Heidelberg 2002, S. 73–89.
Westerwelle, Karin, „Bilderscheinung, flüchtige Schönheit und Ästhetik der Farbe. Baudelaires *À une passante* und *La belle Dorothée*", in: Milan Herold/Michael Bernsen (Hg.), *Der lyrische Augenblick*, Berlin/Boston 2015, S. 149–188.
Westerwelle, Karin, „Mütze", in: Barbara Vinken/Cornelia Wild (Hg.), *Arsen bis Zucker. Flaubert-Wörterbuch*, Berlin 2010, S. 199–206.
Westerwelle, Karin, „Saint Julien et le mythe de Narcisse – Les images du christianisme chez Gustave Flaubert", in: Barbara Vinken/Peter Fröhlicher (Hg.), *Le Flaubert réel*, Tübingen 2009, S. 107–123.
Westerwelle, Karin, „Baudelaires Rezeption der Antike. Zur Deutung von Spleen und Idéal", in: dies. (Hg.), *Charles Baudelaire. Dichter und Kunstkritiker*, Würzburg 2007, S. 27–75.
Westerwelle, Karin, „Baudelaire, critique de Wagner. Le problème des *Correspondances*", in: *L'Année Baudelaire. Baudelaire et l'Allemagne. L'Allemagne et Baudelaire* 8 (2004), S. 117–147.
Westerwelle, Karin, „Die Transgression von Gegenwart im allegorischen Verfahren. Baudelaires *À une passante*", in: *Romanische Forschungen* 107 (1996), S. 53–87.
Westerwelle, Karin, *Ästhetisches Interesse und nervöse Krankheit: Balzac, Baudelaire, Flaubert*, Stuttgart/Weimar 1993.
Westerwelle, Karin, „Zeit und Schock. Charles Baudelaires *Confiteor de l'artiste*", in: *Merkur* 553 (1993), S. 667–682.
Wetherill, Peter Michael, „Flaubert et les incertitudes du texte", in: ders. (Hg.), *Flaubert, la dimension du texte. Communications du congrès de Manchester*, 1982, S. 253–270.
Wetherill, Peter Michael, „*Madame Bovary*'s Blind Man: Symbolism in Flaubert", in: *Romanic Review* 61 (1970), S. 36–42.

Wild, Cornelia, „L'écriture de la mélancolie. Dürer et Flaubert", in: Pierre-Marc de Biasi/Anne Herschberg/Barbara Vinken (Hg.), *Voir, croire, savoir. Les épistémologies de la création chez Gustave Flaubert*, Berlin/Boston 2015, S. 85–100.

Wild, Cornelia, „Tinte", in: *Arsen bis Zucker. Flaubert-Wörterbuch*, Barbara Vinken/Cornelia Wild (Hg.), Berlin 2010, S. 263–267.

Wild, Cornelia, *Später Baudelaire. Praxis poetischer Zustände*, München 2008.

Wild, Ariane, *Poetologie und Décadence in der Lyrik Baudelaires, Verlaines, Trakls und Rilkes*, Würzburg 2002.

Williams, D. Anthony, „Une chanson de Rétif et sa réécriture par Flaubert", in: *Revue d'Histoire littéraire de la France* 2 (1991), S. 239–242.

Wittstock, Antje, „Die Inkubation des Textes. Krankheit, Melancholie und Schreiben bei Alain Chartier und Georg Wickram", in: Andrea Sieber/Antje Wittstock (Hg.), *Melancholie. Zwischen Attitüde und Diskurs. Konzepte in Mittelalter und Früher Neuzeit*, Göttingen 2009, S. 257–273.

Wolf, Norbert Christian, „Ästhetische Objektivität. Goethes und Flauberts Konzept des Stils", in: *POETICA* 34 (2002), S. 125–169.

Zimmermann, Norbert, *Der ästhetische Augenblick. Theodor W. Adornos Theorie der Zeitstruktur von Kunst und ästhetischer Erfahrung*, Frankfurt a. M. u. a. 1989.

Zirden, Sylvia, *Theorie des Neuen. Konstruktion einer ungeschriebenen Theorie Adornos*, Würzburg 2005.

www.ingramcontent.com/pod-product-compliance
Lightning Source LLC
Chambersburg PA
CBHW031808220426
43662CB00007B/573